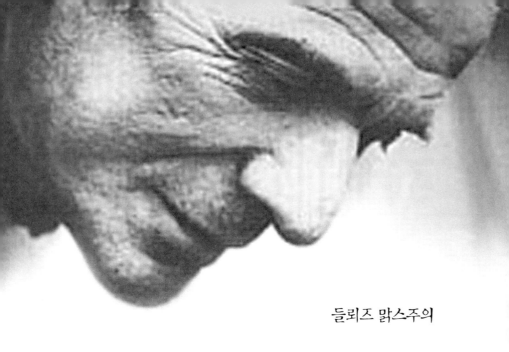

들뢰즈 맑스주의

국립중앙도서관 출판시도서목록(CIP)

들뢰즈 맑스주의 / 니콜래스 쏘번 지음 ; 조정환 옮김
-- 서울 : 갈무리, 2005
p. ;   cm. -- (아우또노미아총서 ; 8)

원서명: Deleuze, Marx and Politics
원저자명: Thoburn, Nicholas
참고문헌과 색인수록
ISBN   89-86114-82-8 04300 : \18000
      89-86114-21-6(세트)

340.24-KDC4
320.532-DDC21   CIP2005001900

 아우또노미아총서 8

들뢰즈 맑스주의 Deleuze, Marx and Politics

지은이 니콜래스 쏘번
옮긴이 조정환

펴낸이 장민성
책임운영 신은주 편집부 김선영 마케팅 오정민

펴낸곳 도서출판 갈무리 등록일 1994. 3. 3. 등록번호 제17-0161호
용지 화인페이퍼 인쇄 한영문화사 제본 한영제책사
초판인쇄 2005년 9월 29일 초판발행 2005년 10월 10일

주소 서울 마포구 서교동 375-13 성지빌딩 101호 (121-839)
전화 02-325-1485 팩스 02-325-1407
website http://galmuri.co.kr e-mail galmuri@galmuri.co.kr

ISBN 89-86114-82-8 04300 / 89-86114-21-6 (세트)

값 18,000원

들뢰즈 맑스주의

Deleuze, Marx and Politics

니콜래스 쏘번 지음

조정환 옮김

2005

Deleuze, Marx and Politics
by Nicholas Thoburn

줜, 존, 그리고 앨런을 위하여

들뢰즈 맑스주의
Deleuzian Marxism

들뢰즈의 소수정치(학)과 맑스의 자본주의 동학 비판 사이의 정치적, 개념적, 문화적 공명점들에 대한 비판적이고 도발적인 탐구인 『들뢰즈 맑스주의』는 들뢰즈의 부재하는 책, 『맑스의 위대함』을 비판적으로 탐구하는 첫 번째 책이다.

해석은 새로운 관계와 연결을 이끌어내야 한다고 들뢰즈는 요구한다. 이에 따라, 이 책은 코뮤니즘과 자본이라는 핵심 범주들을 룸펜프롤레타리아트와 아나키즘에서부터 이탈리아 아우또노미아와 안또니오 네그리, 비물질노동과 노동거부에 이르는 오늘날의 수많은 역사적 정치적 개념들 및 운동들과 연계시켜 탐구한다. 『들뢰즈 맑스주의』는, 사회적 흐름들 및 네트워크들과의 소수적 교전을 통해 출현하는 발명들, 스타일들 및 지식들에 대한 관심을 위해, 카프카나 베케트 같은 문학적 인물들에 주의를 돌리면서, 탈맑스주의의 지배적 틀 및 저항의 일차원적 모델들과 단절하는 정치학을 발전시킨다. 이 책은 또 동일성과 공동체의 새로운 형식들, 정보 테크놀로지, 노동의 강화 등에 관한 현대적 논쟁에의 개입이기도 하다.

이 책은 들뢰즈의 정치학, 맑스의 현대적 생명력을 학생들에게 소개해주는 입문서로 유용할 것이다. 그리고 또 이 책은 사회이론, 정치이론, 사회학, 문화연구 등의 분야에서 활동하는 학자들의 흥미를 끌 것이다.

감사의 말

이 책은 여러 해에 걸친 많은 관계의 산물이다. 그리고 그것의 일부였던 사람들에게 내가 드려야 하는 감사는 정말로 크다. 대부분의 연구는 골드스미스 대학, 런던 대학의 사회학과에서 착수한 박사학위논문의 일부로서 수행되었다. 나는 그 논문을 지도하면서 언제나 나를 지지해 주고, 격려해 주고 또 자극을 주었던 니콜라스 로즈에게 은혜를 입었다. 그 과정에서, 그리고 그 이후에, 마르타 미카일리도우는 나의 가장 좋은 친구였다. 그녀의 따뜻함, 지적 창조성, 비판적 기질이 없었다면 나의 작업은 불가능했을 것이다. 친구들 및 동료들과의 대화는 언제나 내가 이 생각들을 발전시키도록 도왔고 그 생각들이 다른 곳으로 나아가도록 이끌었다(그렇다고 여기에서 감사를 표하는 누군가가 이 책의 잘못에 책임이 있다는 것은 아니다). 이 때문에 나는 앤드류 배리, 체탄 바트, 마곳 버틀러, 키르스튼 캠프벨, 스티픈 크로스, 벤 기들리, 리즈 무어, 야스민 나라얀, 그리고 티지아나 테라노바 등에게 감사하고 싶다. 나는 또 폴 길로이와 케이쓰 앤셀 피어슨에게도 감사하고 싶다. 그들은 나의 논문이 심사받을 시기에 나를 격려해 주었다. 또 다이애너 록키어와 진 요크에게도 감사하고 싶다. 그들은 논문의 초기단계에서 나를 도와주었다. 그리고 연구와 노동의 쉽지 않은 결합 기간 동안

나를 도와주었던 골드스미스 대학의 카렌 캐트링과 도린 노먼에게도 감사하고 싶다. 나는 또 이 책의 출간을 주선해준 조 휘팅과 최종 단계에서 나를 지지해준 루틀리지 출판사의 편집팀에게 감사하고 싶다.

리 하그리브스, 마르셀라 트로웰, 밥 갠논, 제리 댐머스, 니콜라 이스트, 로저 아놀드, 시서로우 수저, 그리고 푼구스 문구스에서 온 사람들, 또 코몬(the Common)의 까페 등은 특이한 방식으로 내가 언제나 감사하게 될 런던생활로 나를 이끌었다. 나는 또 루나 칼리크에게 커다란 감사를 전하고 싶다. 그녀는 그녀 나름의 방식대로 나를 고무하고 후원하고 북돋워주었다.

에드 에머리와 레드 노츠(www.thefreeuniversity.com/RedNotesArchive)에 큰 감사를 전한다. 이들은 이탈리아 문서고를 이용할 수 있게 해 주었고 약간의 미출간 자료들로부터 인용을 할 수 있게 허락해 주었다. 케이트 샤플리 도서관(www.katesharpleylibrary.net)은 초기단계에서 문서고 자료를 이용할 수 있게 해 주었고, 안타고니즘 출판사(www.geocities.com/antagonism1)는 좌익 공산주의 자료를 이용할 수 있게 해 주었으며 조 케년은 그의 청구인의 소송장을 볼 수 있게 해주었다. 이들 모두에게 감사한다. 그리고 나는 힐러리 파트리지와 찰스 J. 스티발에게 감사를 전하고 싶은데, 이들은 자신들의 미출간 글들과 번역물들로부터 인용하는 것을 허락해 주었다.

다음 장들의 일부는 다른 곳에서 출판된 적이 있다. 이 글들을 여기에 출판할 수 있도록 허락해준 것에 대해 심심한 감사를 드린다. 3장은 *Economy and Society* 31(3), 2002에 실렸으며 4장의 일부는 세이지 출판사에서 나온 *Theory, Culture and Society* 18(5), 2001에 실렸었다.

차례

일러두기

1. 이 책은 Nicholas Thoburn, *Deleuze, Marx and Politics*, Routledge, 2003을 완역한 것이다.
2. 옮긴이의 주석은 아주 짧은 것은 본문 속에 넣었고 나머지는 [옮긴이]라는 표시를 하고 각주로 달았다.
3. 주석 속의 일부 어휘는 참고문헌과 대조를 쉽게 할 수 있도록 한국어로 옮기지 않았다. 이 중에서 n.d.는 출판년도 미상을, n.p.는 미출간원고를 말한다.
4. 영어 원문에 없으나 한국어로 이해하는 데 필요한 말은 [ ]속에 넣고 '옮긴이'의 것임을 밝혔으며 의미를 갖는 대문자 두 문자 단어(예, Whole)는 〈 〉를 사용하여 구별했다.
5. 번역어의 일관성을 추구하는 과정에서 우리말 번역어가 문맥에 부합하지 않을 때에는 [ ]속에 맥락상 의미를 특별한 표시 없이 보충했다.
6. 인명이나 지명, 그리고 작품명은 될 수 있는 한 「외래어 표기법」(문교부 고시 제85-11호, 1986년 1월 7일)과 이에 근거한 『편수자료』(1987년, 국어연구소 편)를 참조해 표기했으나 주로 원어에 가깝게 표기하는 것을 원칙으로 삼았다.
7. 단행본, 전집, 정기간행물, 영상·음반·공연물에는 겹낫표(『 』)를, 논문·논설·기고문·단편 등에는 홑낫표(「 」)를, 단체명이나 행사명에는 꺾쇠표(〈 〉)를, 영화제목은 겹꺾쇠표(《 》)를 사용하였다.

약어표

Deleuze의 저서:

   N   *Negotiations* : 1972~1990 (1995)

Deleuze and Guattari의 공저:

   AOE   *Anti-Oedipus : Capitalism and Schizophrenia*, volume I (1983)

   ATP   *A Thousand Plateaus : Capitalism and Schizophrenia*, volume II (1988)

   K   *Kafka : Toward a Minor Literature* (1986)

민중이 없는 시대의 정치와 정치학

들뢰즈-맑스의 공명을 고찰하는 일은 들뢰즈를 한정된 맑스주의로 환원하는 것이 아니다.
그것은 오히려 들뢰즈와 맑스 사이의 연결과 혼합의 지점들을 탐구하는 것이다.
-니콜래스 쏘번

　질 들뢰즈가 스스로 죽음을 택한 지 정확하게 10년이 지났다. 그는
죽었지만 그의 영향력은 날이 갈수록 오히려 더 커졌다. 지난 10년 동
안 그의 사상이 지구화에 대항하는 투쟁의 다양한 현장들로 확산되어
간 것은 이 사실을 뚜렷이 보여준다. 특히 들뢰즈의 정치사상은 21세
기 대안지구화 운동에서 가장 크게 주목받은 책인『제국』의 행간 속
에서 그의 생존시대보다도 더 강력한 실효적 정치학으로 되살아났다.
그것은 신자유주의적 지구화를 자본주의의 오래된 제국주의 경향의
단순한 지속으로 간주하고 그래서 전통적 투쟁에서 사용되었던 집중
화 방식들을 확대시키는 것만이 저항과 변혁의 유효한 길이라고 생각
하는 전통적인 좌파정치(학)과 그것의 20세기적 주류성을 침식했다.
이렇게 들뢰즈 바이러스가 확산되면서 대안적 사유방식으로 확산되고
있는 오늘날의 상황에서 그의 정신적 유산을 둘러싼 논쟁이 격화되고
있는 것은 결코 우연이 아니다.

과연 그는 누구인가? 모든 지식을 구성된 것으로 파악하는 인식론적 상대주의에 빠진 지적 사기꾼인가?(소칼) 근대적 거대서사를 거부하고 미시적 이야기의 긍정적 가능성을 제안하는 포스트모더니스트인가?(하버마스주의자들) 디지털 정보시대의 이데올로그들이 기생하는 숙주인가?(지젝) 국가를 포함하여 일체의 권위와 지도를 거부하는 아나키스트인가?(캘리니코스) 플라톤주의의의 전복을 주장하지만 실제로는 일자의 일의적인 통치를 잠재성의 수준에서 재연하는 신플라톤주의자인가?(아감벤) 헤겔적 전통 일반으로부터의 엑소더스를 선도하는 반헤겔주의자인가?(하트) 다양체, 리좀 등의 개념을 통해 네트워크적 제국과 유목적 다중의 형상을 그려내면서 21세기형 삶정치학의 모델을 구축한 코뮤니스트인가?(하트/네그리)

니콜래스 쏘번은『들뢰즈 맑스주의』(Nicholas Thoburn, *Deleuze, Marx and Politics*, Routledge, 2003)를 통해 이 격화되고 있는 논쟁에 참가한다. 그가 발견하고 구성하는 것은『맑스의 위대함』을 기획했던 '맑스주의자인 들뢰즈'와 그 들뢰즈 속의 '잠재적 맑스'이다. 이것은 들뢰즈를 탈맑스주의적 흐름 속에 위치시켜온 지금까지의 주된 들뢰즈 해석경향에 대한 직접적 거부이며 들뢰즈를 맑스와 결합시키려는 최근의 노력들 가운데에서 가장 명시적이고 단호한 것이다. 우리들은 이 책에서, 전통적 맑스주의자들을 그로부터 돌아서게 만들었던 들뢰즈의 생소한 신조어들이 상대적으로 친숙한 맑스의 용어들과 만나면서 가깝게 다가올 뿐만 아니라 거꾸로 맑스의 친숙한 용어들이 전에는 갖지 못했던, 아니 오히려 우리의 통념적 지식과는 완전히 다른 새로운 의미를 획득하는 의미론적 사건의 현장을 목격할 수 있다.

그 대표적이고 핵심적인 사례를 우리는 프롤레타리아트에 대한 쏘번의 새로운 개념규정(3장)에서 찾을 수 있다. 흔히 맑스의 프롤레타리아트는 상품과 가치를 생산하는 계급이면서도 생산수단을 소유하지 않아 생산과정에서 착취당하는 계급으로 그래서 사회주의적 계급의식을 통해 하나로 통일될 수 있는 실체적 동일성 집단으로 이해되어 왔다. 반대로 룸펜프롤레타리아트는 생산수단을 소유하지 않은 점에서는 프롤레타리아트이지만 직접적 생산과정에 참여하지 않고 있는 잡다한 계급이기 때문에 동일성을 가질 수 없는 실체적 집단으로 이해되어 왔다. 이 두 개념은 쏘번에 의해 정반대의 의미를 갖게 된다. 룸펜프롤레타리아트가 동일성을 추구하는 계급으로, 프롤레타리아트가 오히려 동일성을 거부하면서 탈주선을 찾아가는 반동일성의 계급으로, '이름 없는 프롤레타리아들'로 재해석되는 것이다. 이 놀라운 개념의 전복은 한편에서는 맑스에 대한 새로운 독해의 산물이다. 그는 『자본』에 프롤레타리아트가 나타나지 않는 것, 맑스의 강렬하고 소수적인 교전양식, 자본의 다양한 사회관계들에 대한 프롤레타리아트의 태도, 그리고 노동에 대한 비판 등에서 이러한 해석을 이끌어 낸다. 그리고 다른 한편에서 그것은 들뢰즈의 '소수적인 것'의 개념을 통해 맑스의 '프롤레타리아트'를 바라본 것의 효과이다(2장). 이제 프롤레타리아트는 사회적 집단이 아닌 하나의 '정치적 구성양식'으로서, '이름 붙일 수 없는 프롤레타리아'라는 소수적 형상으로 기능하기 시작한다.

들뢰즈와 맑스의 관계, 그리고 들뢰즈에 대한 해석을 둘러싸고 그가 수행하는 이 이론적 작업이 지구화하는 신자유주의를 문제로 삼고 있음은 물론이다. '지구적 신자유주의 경제학과 9/11 이후에 제도화된 항구적 비상사태의 새로운 제국 체제가 결합된 힘은 자본주의 사회의 전 지구적이고 준안정적인 전체의 수준에 조절된 코뮤니즘적 분석을 더욱더 긴급하게 만들었다'는 한국어판에 붙인 서문의 한 구절은 이 점을 분명히 보여준다. 하지만 그는 자본주의 사회의 전 지구적 질서에 대한 분석이 '자본주의 사회에 도전하는 운동, 지식, 전술, 발명의 복잡성'으로부터 분리될 수 없다고 보면서 우리 시대의 운동들의 논리, 지식, 전략과 전술, 조직화의 문제에 초점을 맞춘다. 이 점에서 이 책은 '지구화하는 신자유주의 시대에 좌파들은 무엇을 어떻게 사고하고 행동할 것인가'라는 긴급한 물음에 대한 응답이자 '들뢰즈와 맑스의 접속에 입각한 좌파 재구성을 위한 혁신적 제안'이라고 할 수 있다 (1장과 6장).

이 제안에서 그가 거리를 두는 첫번째 좌파 정치(학)은 무엇보다도 '신그람시주의적 탈맑스주의'와 그 정치적 표현으로서의 사회민주주의 및 사회주의이다. 이 책에서는 하나의 전형으로서 'PCI(이탈리아 공산당)'가 명명되고 있지만, 현실에서 그것은 현재 세계 각국의 주류 좌파 정당들의 주된 경향을 표상한다. 이 경향은 '생산의 정치(학)에서부터 민주주의 및 시민사회의 정치(학)으로의 이동'을 드러낸다는 점에서 '맑스주의적 문제틀로부터의 이탈'로 간주된다. 저자가 대안으로 제시하는 것은 생산에 대한 맑스의 강조이며 이것을 삶의 생산과 재생산의 영역으로 더욱 확장시킨 들뢰즈의 '초맑스주의'(동즐로)이다. 여기에서 저자는 이른바 맑스주의에 의거한다는 사회(민주)주의가 탈맑스주의적 경향을 보임에 반해 흔히 탈맑스주의로 치부되는 들뢰즈가 오히려 맑스의 관점을 확대하고 강화하고 있음을 발견한다. 들뢰즈가 이 책에서 줄곧 '맑스주의자'로 취급되는 것은 이러한 판단에 근거한다.

정보화하는 전 지구적 제국의 상황에서 생산의 이행과 주권의 이행의 상호관계를 규명하고 생산의 문제의식을 다시 부각시키는 데 성공한 것은 하트와 네그리의 『제국』이었다. 쏘번은 여러 가지 점에서 『제국』의 중요성을 인정하지만, 정작 그가 관심을 돌리고 연합하는 것은 『제국』의 네그리가 아니라 1960~70년대의 네그리이다. 그가 파악하기에, 들뢰즈와 맑스의 생산적 조위(교전)가 이루어진 장소는 '비물질노동'과 '다중', '삶정치' 그리고 '코뮤니스트로 살기의 기쁨'의 개념에 의해 특징지워지는 후기(後期)의 네그리가 아니라, PCI에 의해 억압되었던 1960년대의 오뻬라이스모(operaismo)와 1970년대의 아우또노미아(autonomia)에 적극적으로 관여했던 전기(前記)의 네그리라는 것이다(5장).

이러한 구분을 짓는 중요한 근거는 오뻬라이스모와 아우또노미아의 핵심적 정치(학)이었던 '노동거부'이다. 실제로 노동거부는 이 책을 관통하는 저자의 정치학의 뼈대이다. 저자는 '노동 = 자본'이라는 등식 위에서 '기계화된 노동' = '추상기계' = '기계(론)적 잉여가치를 생산하는 자본주의적 생산양식' = '실제적 포섭'이라고 파악한다. 이것은 소수자들의 창조성, 발명력, 지식, 계략 등을 가두는 공간이다(4장). 이 '갇힌 공간' 속에서 어떻게 코뮤니즘을 상상할 수 있을까? 이 질문에 대한 저자의 기본적 응답이 '노동거부' 위에서 구축되는 것이다. 그것은 프롤레타리아트, 자기가치화, 사회적 노동자에 대한 '소수적' 해석과 정의를 지향하는 저자의 방법론을 엮는 '붉은 실'이다.

따라서 우리는 그의 노동거부 개념을 좀더 깊이 이해하고 그가 제

기하는 쟁점을 좀 더 세밀하게 추적해 볼 필요가 있다. 저자는 노동거
부를 다음처럼 정의한다.

맑스의 이름 붙일 수 없는 프롤레타리아들에 핵심적인 이 노동거부는 그
러므로 단지 일단의 실천들로서만 이해되지 말아야 하며 노동 속의 어떤
충만함 또는 노동 속의 주체에 대한 거부의 메커니즘으로서, 노동과 그것
의 동일성에 대항하는 지속적 교전으로서 이해되어야만 한다. 따라서 노
동거부는, 민중의 모델을 긍정하는 것에 대한 오뻬라이스모의 거부와 더
불어, 동일성의 지속적 지연의 메커니즘으로, 그리고 사회적 공장의 생산
적 체제들 내부에서 그것에 대항하는 창의적 실천을 향한 추진력으로서
이해될 수 있다. 그리하여 그것은 추상적 강령이 아니라 프롤레타리아적
구성의 양식이다.

이 정의에 따르면 노동거부는 거부와 긍정의 두 측면으로 구성된
다. (1)노동 속의 충만함, 노동 속의 주체, 민중의 모델, 그리고 동일성
에 대한 거부 (2)사회적 공장의 생산적 체제 내부에서 그것에 대항하
는 창의적 실천을 향한 추진력이자 프롤레타리아적 구성의 양식. 프롤레
타리아적 구성양식으로서의 노동거부는 저자에 따르면 '전 지구적 노
동자 투쟁의 영속적 특징'이다. 왜냐하면 '노동은 언제나 이미 자본이
며, 정치는 필연적으로 노동과 그 주체들에 대한 거부'이기 때문이다.
이러한 시각은, '노동거부는 포드주의 하에서 적합한 전략이었다 하더
라도 오늘날 노동자들은 그들 자신의 두뇌 속에 노동의 도구들을 지
니고 다니므로 더 이상 사보타지적 러다이트적 의미의 노동거부는
더 이상 상상할 수 없다'고 보는 1980년대 이후 포스트-오뻬라이스

모(post-operaismo)의 네그리와는 다른, 심지어 대립하는 입장을 표현한다.

사상적 참조지점에서 맑스, 오뻬라이스모와 아우또노미아, 들뢰즈라는 커다란 교집합을 갖는 쏘번과 네그리가 정치학의 실제적 구성에서 드러내는 이 차이 혹은 대립의 지점은 과연 무엇인가? 내가 보기에 핵심적 쟁점은 노동을 어떻게 파악하는가에서, 즉 '노동 = 자본'으로 보아 거부의 대상으로 파악할 것인가 아니면 그것을 '살아 있는 형식 부여적인 불이자 살아 있는 시간에 의한 사물들의 형성'으로 보아 구성의 힘으로 파악할 것인가라는 강조점의 차이에서 나타난다.

쏘번의 주장은 소외된 노동의 참상에 대한 처절한 고발로 점철된 『경제학-철학 수고』의 맑스에 의해 지지된다. 하지만 『그룬트릿세』에서 맑스의 강조점은 노동을 세계변형과 재구성의 힘으로 파악하는 쪽으로 돌려진다. 또 『자본』의 맑스는 자본주의적 생산과 재생산을 '가치화과정'의 전개로 파악하면서도 그 과정을 규정하고 있는 '노동과정'의 잠재적 독립성을 놓치지 않는다.

그렇다면 들뢰즈는 어떠한가? 확실히 들뢰즈는 노동거부에 관한 오뻬라이스모와 아우또노미아의 주장에 공감을 표한다.

소수자가 혁명적인 것은 세계적 규모의 공리계를 의문시하는 이보다 훨씬 더 심층적인 운동을 하고 있기 때문이다. 소수자의 역량, 즉 독자성은 프롤레타리아 속에서 형상과 보편적 의식을 발견한다. 그러나 노동계급이 기왕에 획득한 사회적 지위나 심지어 이미 이론적으로 극복한 국가에 의해 규정되는 한 그것은 오직 "자본" 또는 자본의 일부(가변자본)로서 나타날 뿐 자본의 판(= 계획)에서 벗어날 수 없다. 기껏해야 그러한 계획은 관료적인 것이 될 뿐이다. 반대로 자본의 판에서 벗어나고 항상 그렇게 하고 있을 때에야 비로소 대중은 끊임없이 혁명적으로 되고 가산 집합들간에 성립되는 지배적 균형을 파괴할 수 있다. 아마존-국가, 여성들의 국가, 임시적 노동자들의 국가, (노동 "거부" 국가가 어떨지는 상상하기가 쉽지 않다). 소수자가 문화적·정치적·경제적으로 지속가능한 국가를 구성하지 않는 것은 국가-형식도 또 자본의 공리계 또는 이에 대응하는 문화라는 것이 소수자에 적합하지 않기 때문이다.[1]

들뢰즈가 노동거부를 지지하는 것은 노동계급이 '가변자본'으로서의 자신을 거부할 필요가 있다는 의미이다. 이런 의미에서 이것은 '노동 = 자본'이라는 쏘번의 등식과 깊이 공명한다. 그래서 들뢰즈는 주로 임금노동을 지칭하는 '노동'이라는 개념을 거부하면서, 비노동까지 포함할 수 있는 '생산'이라는 포괄적 개념 위에서('모든 것은 생산이다') 자신의 사유를 전개한다.

그러나 맑스에 따르면 노동과 가변자본은 직접적으로 동일시될 수 없다. 노동이 가변자본으로 되는 것은 그것이 자본가에 의해 구매되는 노동력 상품인 한에서이다.[2] 자본가에게 판매된 노동력 상품은 가변자본이다. 그것은 현실에서는 '고용된 노동자들'로 나타난다. 아직 판매/구매되지 않고 시장에 나와 있는 인력으로서의 노동력 상품은 잠재적으로는 가변자본이지만 현실적으로 가변자본인 것은 아니다. 또

---

1. 질 들뢰즈, 『천개의 고원』, 김재인 옮김, 새물결, 2001, 901~2쪽.
2. 『경제학-철학 수고』(1844) 이후 맑스의 사유에서 이루어진 결정적 발전이 이것이다. 그것은 '노동'과 '노동력'의 엄격한 개념적 구분으로 나타난다.

시장 외부의 노동능력들과 노동활동들은 가변자본이 아니다. 그러면 고용된 노동자들이 수행하는 노동은 어떠한가? 상품으로서의 노동력이 가변자본인 한에서, 자본가의 입장에서 보면, 노동은 그것의 사용가치의 발현이다. 분명히 노동은 가치를 보전하고 생산한다. 하지만 그 자체로서는 가치를 갖지 않으며 따라서 가변자본이라고 할 수 없다. 이렇게 가변자본 형태로 포섭되어 움직일 때조차 가변자본으로 취급될 수 없는 '활동으로서의 노동'을 지칭하기 위해 맑스는 '산 노동'이라는 용어를 사용했다. 네그리가 '디오니소스의 노동'이라고 명명하는 것은 바로 이것이다.

끝없이 동일한 것을 반복하는 자본주의적 노동(work)은 우리의 시간을 앗아가면서 우리의 힘을 노예화하는 하나의 감옥으로 나타난다. 그리고 그것이 우리에게 남겨 주는 시간, 즉 우리의 여가시간은 단지 우리 자신의 수동성, 우리들의 비생산성으로만 가득 채워지는 것으로 보인다. 우리가 긍정하는 노동은 이와는 다른 지평 위에서, 이와는 다른 시간 속에서 파악되어야만 한다. 산 노동은 노동(work)에 의해 주어진 분업을 가로지르는 시간 속에서, 자본주의적 노동(work)이라는 감옥들과 그것의 임금관계의 안팎에서, 노동(work)의 영역과 비노동(nonwork)의 영역 모두에서 삶을 생산하며 사회를 구성한다. 그것은 눈(snow)을 기다리며 누워 있는 하나의 씨앗이다. 보다 정확하게 말하면 그것은 역동적인 협업의 그물망 속에서 사회, 즉 자본에 의해 제시된 시간의 안과 밖에 있는 그 과정들의 생산과 재생산 속에서 언제나 이미 활동하고 있는 삶의 힘이다. 디오니소스는 산 노동의 신이며 그 자신의 시간의 창조자이다.[3]

---

3. 마이클 하트·안또니오 네그리, 『디오니소스의 노동·1』, 이원영 옮김, 갈무리, 1996, 24쪽.

이런 의미에서의 노동은 가치관계에 포섭되어 있을 때조차도 그것에서 독립적이며 바로 이 때문에 혁명의 존재론적 힘으로 기능할 수 있다. 산 노동에 대한 긍정은 노동 일반에 대한 긍정과 동일시될 수 없으며 따라서 사회민주주의 프로젝트로 환원될 수 없다.[4] 따라서 네그리에게서 노동거부는 임금노동 및 그와 연관된 소외된 노동 형태에 대한 거부이되 노동의 내용 그 자체에 대한 거부일 수는 없다. 역으로 산 노동에 대한 긍정은 임금노동에 대한 긍정이 아니라 생산적이고 창조적인 삶(Life)[5]에 대한 긍정이다.

산 노동은 물론 현실적인 것이 아니다. 그것은 가치화과정을 현실화 = 실현하면서도 그 자체로는 잠재적인 것에 머문다. 그것은 '살아 있는 시간에 의한 사물들의 형성으로서 사물들의 과도성, 그것들의 순간성이다'.[6] 그럼에도 불구하고 그것은 실재하는 것이다. 산 노동의 실재성에 대한 긍정이 맑스와 네그리의 작품을 엮어나가며 들뢰즈에게서 그것은 잠재력이라는 철학적 술어로, 혹은 생산이라는 정치경제학적 술어로 등장한다. 쏘번이 사회(민주)주의와 신그람시주의가 보이는 생산에서의 이탈 경향에 맞서 생산의 정치학을 옹호하고 발전시키는 것을 이 책의 전략적 목표로 설정했을 때, 그리고 소수자의 창조성을 소수정치(학)의 힘으로 설정할 때, 그는 이들과 정확하게 같은 방향에서 작업을 시작한 것이다.

---

4. 쏘번은 네그리의 '디오니소스의 노동' 개념을 '국가의 자율성'이라는 사회민주주의 개념의 거울상인 '노동의 자율성'이라고 비판하고 있다.

5. 이에 대해서는 Gilles Deleuze, *Pure Immanence : Essays on A Life*, trans. by Anne Boyman, Zone Books, 2001, pp. 25~35 참조.

6. K. Marx, *Grundrisse*, Vintage Books, New York, 1973, p. 361.

그렇다면 어디서 가지가 나누어지는 것일까? 쟁점은, 쏘번이 임금 노동에 대한 거부와 산 노동의 옹호라는 네그리의 절단선 대신에 노동에 대한 거부와 생산적 창조성에 대한 옹호라는 절단선을 선택할 때 발생한다. 그러므로 쏘번의 관점에서 생산적 창조성은 노동 내부에서는 실현될 수 없고 노동과의 교전(조우-대결-창조)을 통해서만 실현될 수 있다. 이 때문에 그는 네그리가 비물질노동 개념을 통해 노동(속에서)의 자율성을 주장한다고 비판한다. 이 작업에서 그는 들뢰즈의 소수적인 것의 개념에 의지한다. 하지만 소수적인 것의 개념이 노동과 창조성의 그렇토록 명확한 구획과 대치를 정당화해 줄 수 있을지는 의문이다.

소수파의 보편적 의식의 형상을 수립하면서 우리는 권력이나 지배의 영역과는 다른 영역인 생성의 영역에 관계한다. 연속적 변주는 〈누구나-임〉의 소수파 되기를 구성하며, 〈아무도-아님〉의 다수적 사실과 대립된다. 의식의 보편적 형상으로서의 소수파 되기는 자율이라고 불린다. 확실히 방언 같은 소수어를 사용하거나 게토나 지역주의를 만든다고 해서 우리가 혁명적으로 되는 것은 아니다. 오히려 수많은 소수적 요소들을 이용하고 연결접속시키고 결합함으로써 우리는 자율적이고 돌발적인 특수한 생성을 발명하게 된다.7

들뢰즈가 말하는 자율은 생성으로서의 자율이지 현실로서의 자율이 결코 아니다. 우리는 전자를 잠재로서의 자율로, 후자를 현실로서

---

7. 질 들뢰즈, 『천개의 고원』, 205쪽(강조는 인용자).

의 자율로 부를 수 있다. 경계되고 부정되어야 할 것은 후자, 즉 자본주의적 노동 내부에서 특정한 자율을 확인하고 또 주장하는 경향이다. 쏘번은 이 점을 날카롭게 비판한다. 다시 말해 소수적인 것과 자율적인 것의 연결고리를 끊으려는 쏘번의 노력은 '자율적인 것'을 '현실적인 것'으로 이해하는 일련의 소수자 운동들에 대한 정당하고 유효한 비판으로 받아들일 수 있다. 적지 않은 소수자 운동들이 자본주의에서 독립된 작은 '현실적' 영역의 구축을 대안으로 삼으면서 이것을 '자율'로 이해하고 있기 때문이다. 하지만 네그리의 자율 개념은 저항과 생산과 구성을 함축하는 'within−agaist−beyond'의 자율성이다. 그것은 '현존하는 관계들과의 교전을 통해 그 자신의 극복과 폐지를 모색하는 것'(쏘번의 맑스) 혹은 '갇힌 공간 속에서 그것과 교전하면서 그것의 극복을 지향하는 것'(쏘번의 들뢰즈)과 구별되기 어려우며 대립되기는 더욱 어렵다. 그것은 실재적이지만 현실적이지는 않은 잠재성의 자율이면서 부단히 현실의 구성과 재구성에 관여하는 구성적 자율성이다.

쏘번이 네그리의 자율 개념을 부단히 '현실성의 자율' 쪽으로 밀친다는 느낌을 받으면서, 내게 떠오르는 것은 쏘번이 현실적 자율성과 잠재적 자율성을 구분하지 않으며, 그 결과 '현실적 자율'의 가능성을 폐기하는 과정에서 '잠재적 자율'의 실재성까지 폐기하고 있지 않은가 하는 의문이다. 들뢰즈에게서 잠재적인 것은 현실적인 것으로부터 독립적이면서 항상 현실적인 것과 뒤섞여서 나타난다. 그것은 현실적인 것과 함께 가는 그것의 숨겨진 반쪽이다. 그러므로 들뢰즈가 말하는 '갇힌' 상황은 결코 자율성의 실재성을 부정하는 것이 아니다. 자율성이 체제에 봉인된 상황이 '갇힌' 상황이기 때문이다. 소수정치(학)은 이 '갇힌' 상황 속에서 그것에 저항하고 또 그것을 넘어서는 방식으로 자율성이 기능하는 양식, 정확하게 쏘번이 말하는 일종의 새로운 '구성의 양식', 바로 그것이다. 소수정치(학)에서 잠재적이고 구성적인 자율성의 개념을 뺄 때, 그것은 소수정치(학)을 갇힌 상황과의 교전이라는 시지프스의 노동, 저 악순환에 가두는 결과를 가져오지 않겠는가?

그러므로 맑스나 들뢰즈, 그리고 네그리의 사유에서 '역설'을 식별하는 것은 더 없이 중요한 일이다. 역능(puissance)은 이중흐름이며 역설적인 것으로 나타나기 때문이다. 현실 속에 민중은 없다. 만약 그것이 현실적이라면 그것은 동일자로 된 민중이며 주권의 몸체로서, 자본의 마디로서 기능하는 민중일 것이다. 그럼에도 불구하고 맑스는 프롤레타리아트의 발명에 대해, 그리고 들뢰즈는 민중의 발명에 대해 끊임없이 말한다.[8] 이것들은 차이들, 잠재력들, 소수적인 것들의 연합과 접속의 과정 혹은 구성의 과정이며 그 양식을 지칭한다. 네그리의 다중은 바로 이런 구성과정과 구성양식을 지칭하기 위해 발명되었다. 그것은 잠재적인 것이면서 그 잠재적인 것의 현실적인 것으로의 분화와 접속의 장소에서 발생한다. 이런 의미에서 다중과 산 노동은 능력들의 새로운 배치, 즉 가능성(possibility)의 범주이다.[9]

---

8. 질 들뢰즈, 『시네마·Ⅱ』, 이정하 옮김, 시각과 언어, 2005, 296쪽 참조.
9. 들뢰즈는 베르그송을 따라 '가능성'을 '유사성에 기초한 실재적인 것의 투영'으로 간주한다. 네그리는 이와는 달리 '가능성'을 잠재가 실재로 이행하는 창조과정의 실제적 고리로 설정한다 : "이제 우리는 잠재적인 것이 가능한 것의 경계들에 어떻게 압력을 가하고 또 이로써 실재적인 것을 건드리는지를 탐구해야만 한다. 잠재적인 것에서 가능한 것을 거쳐 실재적인 것에 이르는 이행은 창조의 근본적 활동이다. 산 노동은 잠재적인 것에서 실재적인 것에 이르는 이행로를 구축하는 것이다. 그것은 가능성의 담지체이다. 경제적, 사회적, 정치적 훈육의 새장을 열어 깨뜨렸고 근대 자본주의의 모든 규제적 차원

자율성을 오직 현실성의 범주로 간주하여 그것이 잠재성의 범주일 수 있음을 보지 않듯이 쏘번은 다중을 현실성의 범주로 간주하여 그 것이 잠재성과 현실성의 이행과정 속에 놓인 가능성의 범주임을 인정 하지 않는다. 그 결과 쏘번은, 노동의 현실적 자율성과 민중의 현실적 실존을 주장해온 사회민주주의적 조류에 네그리가 동화되고 있는 것 으로 간주한다. 이럴 때, 그것은 '다중'이라는 '이름'이 갖는 경향성, 기 획성, 사건성[10]을 희생시킬 뿐만 아니라 그것의 존재론적 기반으로서 의 산 노동이 갖는 혁명적 힘을 박탈하는 결과를 가져오지 않겠는가? 그리고 이제는 모든 사람의 삶과 중첩된 노동과정 그 자체가 가져오 는 현실적 변화를 외면하는 결과를 가져오지 않겠는가?

쏘번의 책이 자본주의의 갇힌 공간인 임금노동 상황을 벗어날 길이 없다는 비관주의적 느낌을 일반화한다고 보는 것은 성급하다. 그의 정 치학이 '기쁨'이라는 정서적 조건을 매우 중시하기 때문이다. 쏘번이 말하는 기쁨은 '갇힌 공간과의 교전에서 그리고 그것에 대한 비판에서 솟아오르는 특정한 기쁨과 유머'이다. 이 유머(해학)로서의 기쁨이 들 뢰즈의 중요한 개념들임은 분명하다.[11] 자본주의적 공리가 삶 자체를 포섭하며 그것이 통제의 더욱더 복잡한 메커니즘을 생산한다는 점에 대한 강조는 아무리 반복해도 지나치지 않을 것이다. 사실상 '정치적

을 그 국가-형태와 더불어 능가해 버린 노동은 이제 일반적인 사회적 활동성으로 나타 난다"(M. Hardt & A. Negri, *Empire*, Harvard University, p. 357). 여기서 '가능성' 개념 은 네그리의 개념에 따라 사용된다.

10. '이름' 부름의 사건적 성격에 대해서는 안또니오 네그리 『혁명의 시간』, 정남영 옮김, 갈무리, 2004, 29~54쪽 참조.

11. 질 들뢰즈, 『차이와 반복』, 김상환 옮김, 민음사, 2004, 34쪽.

구성이 출현하고 정치적 지리멸렬함의 문제가 극복될 수 있는 것은 갇힌 그리고 분산된 공간으로 경험되는 자본주의적인 사회적 생산의 한 가운데에서'라는 생각은 쏘번 뿐만 아니라 맑스, 아우또노미아, 들뢰즈, 네그리 모두에 공통되는 점이다. 문제는 기쁨이 자율성의 기쁨이 아니라 갇힌 공간과의 교전의 기쁨이라는 생각에 있다. 갇힌 상황과의 교전의 기쁨을 인식하는 것은 매우 중요하고 전진적이다. 하지만 우리의 기쁨이 그러한 상황을 전제하는 조건에서만 가능한 것일까? 이러한 관점은 갇힌 공간과의 교전이 영원한 만큼, 자본주의적인 갇힌 공간의 상황 그 자체가 영원하다는 생각을 낳게 되는 것은 아닌가? 갇힌 상황과의 교전이 드러내는 유머의 기쁨은 중요하다. 하지만 창조성이 왜 '갇힌' 상황과의 교전의 형태로만 나타나야 하는가? 쏘번도 이야기하고 있듯이 코뮤니즘이 현존하는 것을 폐지하고 극복하는 운동이라면 그것은 이미 갇힌 상황을 넘어서는 자율적 이행의 제곱능력, 소수적 생성의 활력을 부르는 이름이 아닌가? 그것이 다시 새로운 틀에 갇힌다고 할지라도 그것은 교전의 새로움만을 허용하는 갇힌 상황의 동일한 반복이기보다 완전히 새로운 상황의 도래, 오직 '다른 것'(차이)만이 회귀하는 영원회귀적 반복을 의미하는 것이지 않는가?

이상에서 나는 들뢰즈와 네그리에 대한 쏘번의 비판적 탐색이 제기한 핵심 쟁점을 잠재적인 것과 현실적인 것(그리고 가능한 것)의 관계에 대한 이해를 중심으로 살펴보고 비판적 견해를 제시했다. 그러나 들뢰즈의 역사적 전유를 둘러싼 지난 10년간의 논쟁 속에서 이 책이 갖는 중요성이 이것으로 인해 축소되는 것은 아니다. 오히려 이 책은 맑스와 들뢰즈의 조우를 통해 지구화하는 신자유주의에 대항할 혁명적 정치(학)을 모색한다는 점에서 들뢰즈 해석과 우리 시대의 좌파 정치(학)의 재구성에서 매우 중요한 의미를 갖는다. 그 중 놓칠 수 없는 중요성을 갖는 점들을 몇 가지 간결하게 요약하라면 무엇보다도 다음과 같은 것들을 들 수 있을 것이다.

무엇보다도 이 책은 흔히 포스트모더니즘의 선구자로 해석되어온 들뢰즈가 맑스의 혁명사상과 맺는 내적 관계를 밝혀준다. 둘째 기계화, 정보화, 금융화, 지구화 등이 통제의 강화과정이라는 점을 망각하고 그것을 긍정하기만 하는 조류들을 경계하도록 한다. 셋째 이 통제의 과정이 자본주의적 노동이 사회화하고 일반화하는 과정임을 보여주며 자본주의적 노동에 대한 거부의 필요성이 사라지지 않고 있음을 보여준다. 넷째 이 통제의 상황에 대항하는 힘이 어떤 사회적 실체적 집단에서 발생하기보다('민중은 없다') 그것과 교전하는 힘들의 소수적 생성과정에서 발생함('민중의 발명')을 가르쳐준다. 다섯째 비물질적 노동을 하나의 현실적 노동유형 그 자체로서 자율적인 것으로 사고하지 않도록 경계한다. 여섯째 다중을 현실적인 사회집단으로 사고하지 않도록 주의를 준다.

이 책에서는 'engage(ment)'라는 용어가 광범위하게 사용된다. 나는 1장의 첫 번째 옮긴이 주에서 이 용어의 번역어인 '교전'에 관해 약간의 설명을 달아두었다. 하지만 여기에 이 용어의 의미를 한정해 달라는 나의 요청에 대해 쏘번이 보내온 메일 응답을 있는 그대로 옮겨놓는 것이 이 용어의 좀더 심원한 이해에 도움을 줄 수 있을 것으로 보인다.

내가 이 용어를 전문적인 의미로 사용하지는 않지만 그것을 대체할 다른 단어를 사용하기도 어렵습니다. 어떤 것과 'engage'한다는 것은 그것과 'encounter'(조우/교전)하고, 그것과 'interact'(상호작용)하고, 그것을 'explore'(탐구)한다는 것입니다. 그 단어는 그 조우 속에서 무엇인가를 행하고 창조한다는 의미를 전달합니다. 가장 가까운 단어는 아마도 '탐구'와 '조우/교전'일 것입니다. 비록 이것들이 무엇인가를 창조한다는 적극적 의미를 늘 전달하지는 않지만 말입니다. 때때로는 '비판적 탐구' 혹은 '비판적 조우/교전'이 무엇인가를 적극적으로 창조한다는 의미를 더 명확하게 해 줄 수 있을 것입니다.

우리말에서 나는 이런 의미를 전달할 수 있는 단어를 찾지 못했다. 그렇지만 이 단어를 서술적으로 풀어쓰거나 문맥마다 다르게 사용하는 것은 오히려 읽기의 어려움을 가중시킨다. 이 책에서 내가 이 용어를 주로 '교전'이라는 일관된 단어로 옮긴 것은 이 때문이다. 그리고 이 책에는 (있을 수 있는 실수나 오역 외에도) 드물게 영어원문과 다른 곳이 발견될 수 있는데, 이는 쏘번의 요청에 따라 단어나 구절을 삭제하거나 변경시켰기 때문이다. 예컨대 쏘번은 영어판 143쪽의 'resolutely not-up-for-debate war'를 삭제하면서 그 문장을 좀더 이해하기 쉽게 고쳤고 163쪽의 'epinal figures'를 'icons of'로 고쳤으며, 158쪽의 'agitguignol'을 삭제했다.

이 책의 번역에 착수한 이후 어느덧 2년이 흘렀다. 이 작업은, 맑스와 네그리, 오뻬라이스모와 아우또노미아에 대한 지식뿐만 아니라 들뢰즈와 가따리에 대한 체계적 지식을 요구하는 것이었다. 지난 2년여 동안 다중네트워크센터의 세미나에서 들뢰즈의 초중기 저작과 미학관련 저작을 함께 공부해온 동료들과 출간의 기쁨을 나누고 싶다. 들뢰즈 공부로 인해 부단히 지연되었던 나의 번역작업을 인내심을 갖고 기다리며 격려의 메일들을 보내주었고 질문과 요구에 대해서는 친절하게 응답해 주었던 쏘번과도 출간의 기쁨을 나누고 싶다. 한국어판을 위해 특별히 추천의 글을 써준 콘스탄틴 바운다스(Constantine Boundas)와 그의 한국인 아내, 그리고 스티브 라이트(Steve Wright)에게도 고마움을 전한다.

2005년 9월 18일 한가위 날에

조정환

새로운 대지의 창조를 위하여

내가 이 책을 위한 연구를 시작했을 때, 들뢰즈와 맑스를 관련시킬 가능성, 그리고 좀더 일반적으로 말해, 차이의 정치(학)과 코뮤니즘의 정치(학)을 관련시킬 가능성은 거의 고려되지 않고 있었다. 유럽과 미국의 이론에서는 특히 그러했다. 그때 이후로, 자본주의적 지구화에 대항하는 사회운동의 발전에 뒤이어서, 하트와 네그리의『제국』이 얻은 인기에서 보여지듯이, 차이의 문제는 급진적 정치구성을 둘러싼 논쟁에 더욱 중심적인 것으로 되었다. 이러한 맥락에서 들뢰즈 저작의 정치적 가능성에 관한 관심이 증대하고 있다. 실제로, 지젝(Zizek 2004: xi)은 그의 최근의 비판에서, '들뢰즈는 오늘날 반지구화주의 좌파 및 그것의 대자본주의 저항의 이론적 기초로 봉사한다'고 주장한다. 최근 들뢰즈가 반자본주의적 문제의식과 보조를 같이하도록 만드는 주요한 전파수단은 하트와 네그리가 말하는 '다중(multitude)'이라는 주체였는데 이것에서 다양성, 특이성, 그리고 차이라는 들뢰즈의 개념들이 핵심적 자리를 차지한다.

　이것은 확실히 고무적이다. 왜냐하면 그것은 새로운 이론적 정치적 문제틀과 환경의 중요한 가능성을 시사하기 때문이다. 그렇지만 만약 정치적 실천을 발전시킴에 있어 들뢰즈의 사유가 갖고 있는 잠재력이 『제국』에 의해 제공된 것, 즉 맑스주의와 포스트구조주의의 종합에만 머물러 있게 된다면 그것은 아마도 우리가 들뢰즈의 사유에 손상을 입히는 일일 것이다. 들뢰즈의 관심은 네그리의 관심에 가깝지만, 들뢰즈의 정치학¹은 다중에 대한 『제국』의 설명과 여러모로 불편한 관계를 맺는다. 비물질적 노동과 삶정치적 노동의 발전이 자본주의적 관계로부터의 생산적 독립을 지향하는 다중을 보여준다는 하트와 네그리의 주장과는 특히 그러하다.

　『제국』의 선구자들인 오뻬라이스모 및 아우또노미아에 대한 연구를 포함하는 나의 연구는 하트와 네그리의 자율적 다중의 모델과는 다른 정치적 구성의 모델을 발견했다. 이 책에서 전개되는 '소수정치(학)'²은 카프카와 베케트에게서 발견되는 덜 낙관적인 정조(sentiment)에 의해 이끌린다. 이 정조는, 정치적 실천이 자본주의 사회에 존재하는 제약들, 공포들, 진부함들, 그리고 '갇힌 공간들'에서 시작한다는 인식에서 출현한다. 이것은 낙관주의 대신 비관주의를 제시하려는 것이 아니다. 오

---

1. [옮긴이] 'politics'는 어느 정도 분명하게 이론으로서의 정치학을 지칭할 때는 '정치학'으로, 또 어느 정도 분명하게 실천으로서의 정치를 지칭할 때는 '정치'로 옮기되 나머지의 경우는 '정치(학)'으로 옮기고 그것을 하나의 단어처럼 사용했다.

2. [옮긴이] 이 책에서 'minor'는 'minority(소수자, 소수성)' 'minoritarian(소수주의적)'과 구분하여 '소수적'이라고 옮겼지만, 'minor politics'와 'minor literature' 등과 같은 경우에는 '소수정치(학)', '소수문학' 등으로 옮겼다. 'major'도 이와 같은 방식으로 옮겼다.

히려 그것은, 프롤레타리아트는 자율적 주체나 동일성3이 아니라 자기폐지의 과정이라는 맑스의 명제를 진지하게 받아들이고자 하는 것이다. 이러한 정조(그것은 카프카와 베케트에게서 분명히 보이듯이 유머와 기쁨을 결여하고 있는 것이 아니다)를 그것의 추동력으로 삼으면서, 이 정치(학)은 사회적 평면을 가로지르는 갇힌 공간에서 출현하는 소수자의 기법들, 스타일들, 지식들, 발명들에, 그리고 들뢰즈가 표현하는 것처럼 '민중이 없는' 조건에 주의를 기울인다.

이 소수정치(학)을 발전시키고 그것의 코뮤니즘적 가능성을 탐구하기 위하여 이 책은 들뢰즈와 맑스 사이의 관계를 고찰하는 것에 관심을 기울인다. 이렇게 함에 있어서 나는 맑스가 지속적으로 우리가 되돌아가야할, 그리고 그것으로부터 벗어남으로써 우리가 길을 잃어서는 안 될 성스러운 텍스트라고 주장하고자 하지 않는다. 이런 종류의 해석은, 들뢰즈(Deleuze 2004)가 맑스주의에 대한 자신의 좀더 비판적인 평가들 중의 하나에서 주장했듯이, 정치적 발명을 억제하는 하나의 정치적 기억을 빚어내는 데 기여한다. 오히려 나의 관심은 들뢰즈와 맑스 사이의 정치적으로 생산적인 공명의 지점을 탐구하려는 것이다. 이 공명은, 정치(학)이 '그것의 시를 미래로부터 창조하려고' 노력함에 따라, (들뢰즈가 베르그송으로부터 빌려온 표현을 사용하면) 하나의 '새로운 대지'를 '지어낼' 내재적 힘들, 욕망들, 그리고 발명들을 동시적으로 모색하면서 당대의 사회형성체에 대한 내밀한 심문과 비판을 행하는 일에 대한 [두 사람 사이의—옮긴이] 공유된 관심에서부터 나온다.

---

3. [옮긴이] 'identity'는 이 책에서 맥락에 따라 '동일성' 혹은 '정체성'으로 옮긴다.

이러한 정치(학)의 분맥들(ramification)은 여기에서 프롤레타리아트와 룸펜프롤레타리아트, 이탈리아 오뻬라이스모와 아우또노미아, 그리고 좌파코뮤니즘 등에서 가치와 임금, 비물질적 노동과 정동적 노동, 테크놀로지와 지성, 통제사회 등에 이르는 명백히 정치적인 많은 개념들, 조류들, 사건들을 통해 탐구된다. 그러나 소수정치(학)은 동시에 문화적 힘이다. 그래서 논의는 대항문화, 소수언어, 그리고 정치적 글쓰기의 스타일 등에서부터 동일성에 대한 비판, 정치적 감정(emotion)의 성격 등에 이르는 문화적 관심사들, 형식들, 발명들에 대한 설명에 의해 횡단된다.

전 지구적 신자유주의 경제학과 9/11 이후에 제도화된 항구적 비상사태의 새로운 제국 체제가 결합된 힘은 자본주의 사회의 전 지구적이고 준안정적인 전체의 수준에 조절된 코뮤니즘적 분석을 더욱더 긴급한 것으로 만들었다. 그렇지만 그러한 분석이 우리를 이 과정의 특수하고 지역적인 경험들과 분맥들로부터 혹은 자본주의 사회에 도전하는 운동들, 지식들, 전술들, 발명들의 복잡성으로부터 분리시키지 말아야 한다. 확실히 이것은, 들뢰즈와 맑스의 만남이 자극하는 거시적이자 동시에 미시적인 깨달음이다. 이러한 맥락 속에서 볼 때, 런던에서 쓰여진 이 책이 세계의 다른 부분에서 다른 언어로 번역되어 읽히는 것은 매우 흥미로운 일이다. 왜냐하면 이를 통해 다양한 논쟁들에 참여할 수 있는 가능성이, 그리고 카프카가 소수문학의 활력소(life-blood)라고 말한 '끊임없는 활기'와 비판에 더욱더 많이 참여할 수 있는 가능성이 생겨나기 때문이다. 나는 한국의 독자들이 이 책이 유익하다고 생각하기를 희망한다. 그런데 그것은 분명히 이 책이 쓰여진 이러한 정신 속에서 그리고 이러한 목적['끊임없는 활기'와 비판에 참여하는 것 – 옮긴이]에 따라서이다.

이 책을 위해 쏟은 옮긴이 조정환과 갈무리 출판사의 노력에 커다란 감사를 표하며

니콜래스 쏘번
런던, 2005년 9월

1

서론 : 맑스의 위대함

1장

서론 : 맑스의 위대함

왜냐하면 예술이나 철학에 의해 소환된 집단은 순수하다고 자임하는 집단이 아니라 억압받은, 서출인, 하층의, 무정부적인, 유목적인, 그리고 돌이킬 수 없이 소수인 집단이었기 때문이다.

(Deleuze and Guattari 1994 : 109)

우리는 코뮤니즘에 속하지 않는다.
그리고 코뮤니즘은 자신이 이름 붙인 것에 의해 그 자신이 지시되도록 하지 않는다.

(Blanchot 1997 : 295)

질 들뢰즈는 죽기 전에 자신의 마지막 책이 『맑스의 위대함』이라고 이름 붙여질 것이라고 말했다. 그 미완의 책에 대한 그의 언급 (Gilles Deleuze 1995a: 51)은 그의 언어 자료에 적절한 개방성과 궁금한 질문들을 남겨 둔다. (설명보다는 공명이 철학적 교전[1]의 기초였던) 이 차이와 복잡성의 철학자가 어떻게 맑스의 '위대함'을 구성할 수

---

1. [옮긴이] 여기서 '교전'으로 번역된 'engage/engagement'는 이 책에서 매우 다양한 문맥에서 복잡한 의미를 갖는 핵심적 용어의 하나로 일관되게 사용된다. 이 용어는 긍정적 계승적 관계와 부정적 투쟁적 관계를 모두 함축하는 말로 사용된다. 특히 이것은 하나의 갇힌 조건 속에서 그것과 대결하며 새로운 대안을 발명해 나가는 실천의 방식을 지칭하는 용어로 사용된다. 우리말에서 이런 포괄성을 갖는 용어를 찾기 어려워, 이 책에서는 이것을 주로 '교전'이라는 말로 옮겼는데, 여기서 교전은 투쟁, 대결, 대치라는 의미뿐만 아니라 탐색, 관여, 맞물림, 연루, 공명 나아가 새로운 것의 생성, 발명, 창안의 의미까지 포함하는 것으로 그 통상적 뜻을 초과하여 사용된다.

있을까?[2] 그는 그 자신과 맑스 사이에 어떤 관계를 설정할까? 그리고 어떤 새로운 힘의 선들이 출현할까? 이 질문과 교전하면서, 그리고 그 것의 중요성을 보여주면서 에릭 알리에즈(Éric Alliez 1997: 81)는, '들 뢰즈 철학의 모든 것은 … "자본주의와 분열증"이라는 주제로 집약된다'고 주장했다. 자본주의의 '이성을 잃은' 배치에 관심을 가졌던 사람의 본래 이름은 물론 맑스이다.[3] 알리에즈는 계속한다 : '그러므로, 들 뢰즈가 『맑스의 위대함』이라고 이름 붙이고자 했던 책, 그가 자신의 마지막 책으로 계획했던 그 책을 쓸 수 없었던 것이 얼마나 후회스러웠겠는가를 깨달을 수 있다'.

그러나 이것은 비생산적 후회가 아니다. 왜냐하면, 알리에즈가 제기하듯이, 잃어버린 책은 들뢰즈의 작업과의 새로운 관계를 준비할 수 있게 하기 때문이다. 그 책이 없다는 사실이 들뢰즈의 텍스트들을 횡단하는 '잠재적(virtual) 맑스'와의 만남을 유도할 수 있다.

우리는, 들뢰즈가 『차이와 반복』의 서론에서 언급한 잠재적 맑스, 철학적

---

2. 들뢰즈가 '공명'의 철학적 실천의 성격에 대해 논의하는 곳 중의 하나에서, 그는 명시적으로 맑스를 언급한다. 여기에서 들뢰즈(Deleuze 1994b: xxi)는, 다소 불가해한 방식으로이긴 하지만, '주석은 참된 분신으로 행동해야 하며 분신에 알맞는 최대한의 수정을 갖고 있어야 한다'고 쓴다. (사람들은, 콧수염을 한 모나리자처럼, 철학적으로 턱수염을 기른 헤겔, 철학적으로 깨끗이 면도를 한 맑스를 상상한다.) 이렇게 약간의 설명을 하면서, 그는 계속해서, '가장 정확하고, 가장 엄격한 반복이 그 상관항으로 최대의 차이를 갖는다. 왜냐하면 그것이 '이전 텍스트와 현재의 텍스트 상호간의 순수한 반복'을 추구하기 때문이다'라고 쓴다(xxii).

3. '맑스의 『자본』에 대해 적절하게 논의되지 않은 것은, 그가 얼마만큼 자본주의 메커니즘에 사로잡혔는가 하는 문제이다. 왜냐하면 그 체제는 이성을 잃었지만 그럼에도 불구하고 잘 돌아가고 있었기 때문이다'(Deleuze, in Guattari 1995a: 54).

으로 깨끗이 수염을 민 이 맑스 … 가, 빈칸⁴의 형태로 움직이면서 우리로
하여금 원기 왕성한 다리로 들뢰즈의 시체 주위로 움직이게 할 수 있다는
점을 생각할 수 있다는 것에서 위안을 얻을 수 있다.

(Alliez 1997: 81).

들뢰즈와 가따리가 쓴 두 권짜리 책인『자본주의와 분열증』을 대강
읽어보아도, 들뢰즈맑스의 공명은 사실상 전적으로 새로운 것은 아니
다.⁵ 들뢰즈의 사유에서 맑스의 중요성은 분명히『안티-오이디푸스』이
후로 주목되었다(Donzelot 1977; Lyotard 1977 참조). 그리고 들뢰즈 자
신은 그와 가따리가 맑스주의자임을 한 번 이상 말한 바 있다(N: 171;
Deleuze 1995a: 51). 그러나 들뢰즈와 맑스의 관계는 별로 탐구되지 않은
문제로 남아 있다. 예를 들어, 들뢰즈의 '많은 유물론들'을 다룬 최근의 어
떤 논문은 맑스주의를 단 한 번만 언급한다. 그러면서 비난조로, 들뢰즈와
가따리가『안티-오이디푸스』에서 '생산'이라는 용어를 사용한 것은 '의심
할 바 없이 … 정통 맑스주의 사상의 잔존하는 영향'(Mullarkey 1997:
451)이라고 주장한다. 그렇지만 맑스에 대한 들뢰즈의 관계에 대한 관
심은 최근 들어 발전하고 있는 중이다(Hardt 1995; Holland 1997, 1998,
1999; Massumi 1992; Surin 1994, 1997). 이런 작품들 속에서 초점은 들
뢰즈의 체계에서 자본주의 동학 분석의 중심성에 두어져 있다. 이것은
올바르다. 왜냐하면 들뢰즈는 자본의 문제를, 즉 자본주의적 사회기계

---

4. 구조주의에서 '빈칸'의 기능을, 어떤 체계에서 고정된 의미를 갖는 항구적으로 비어있는
   공간으로 설명하는 것으로는 들뢰즈(Deleuze 1998a)를 참조하라.
5. Deleuze(1995a: 51)는,『안티-오이디푸스』와『천개의 고원』은 완전히 맑스와 맑스주의
   에 의해 횡단된다고 말한다.

혹은 '사회체'가 삶의 흐름을 교묘하게 운영하는 방식을 자신의 프로젝트의 중심에 두었으며 바로 이 맥락에서 그 자신을 맑스주의자로 선언하기 때문이다.

펠릭스 가따리와 나는 맑스주의자로 남아 있다. 우리의 방식은 각각 다르지만 아마도 둘 다 맑스주의자일 것이다. 당신이 알다시피, 우리는, 모든 정치철학은 자본주의 분석에 자신의 주의를 돌려야 하며 그것이 발전하는 방식에 주의를 기울여야 한다고 생각한다. 맑스에게서 우리가 가장 흥미 있는 것으로 생각하는 것은 그가 자본주의를, 끊임없이 그 자신의 한계들을 극복하면서 이후에 좀더 광범한 형태로 다시 한 번 그 한계들에 대면하게 되는(왜냐하면 자본의 근본적 한계는 자본 자신이기 때문이다) 하나의 내재적 체계로서 분석한 것이다.[6]

(N: 171)

맑스에게서와 마찬가지로 들뢰즈에게서도, 자본주의적 사회체는 이전의 사회형성체처럼 동일성을 전제로 하는 것이 아니라 설정, 극복, 한계의 과정 속에서 일종의 영원한 재배치와 관계들의 강화를 포함하는 지속적인 생산과정(생산을 위한 생산)을 전제로 하고 있기 때문이다. 이런 의미에서, 차이와 생성(혹은 특정한 형태의 생성)이 일차적이

---

6. 어떤 주어진 배열 속에서, 기하급수적 생산에의 경향과 잉여가치를 실현할 필요 사이의 긴장에 관한 이 논점은 들뢰즈(Deleuze n.d.b, n.p.)가 핵심적 중요성을 갖는 것으로 생각하는 텍스트인 『자본』 3권의 이윤율 하락 경향에 대한 논의에서 맑스(Marx 1974a, 특히 249~50)에 의해 만들어 진다. '우리는 맑스의 3가지 텍스트를 다시 읽어야 한다. 『자본』 1권에서 잉여가치의 생산을 다룬 대목, 3권에서 잉여가치의 경향적 하락에 관한 장, 『그룬트릿세』에서 자동화에 관한 장.'

다. 자본주의적 아상블라주에서는 '탈주선'이 일차적이며 또 그것에 기능적이라는 들뢰즈와 가따리의 주장은 '견고한 모든 것이 허공으로 녹아내리는' 존재의 상태로서의, 그리고 관계들이 '굳어지기 전에 낡아버리는' 존재의 상태(Marx and Engels 1973: 37)로서의 자본에 대한 맑스의 유명한 서술을 반향한다. 그러나 맑스에 대한 들뢰즈의 관계에 비판적인 태도를 보이는 저작들 속에서 별로 다루어지지 않는 맑스의 또 다른 측면이 있다. 정치학이 그것이다. 우리가 들뢰즈와 맑스 사이의 생산적 공명의 잠재력을 극대화하는 일에 흥미를 갖고 있다면, 정치학의 문제를 중심에 두어야 한다. 왜냐하면 맑스의 자본 분석이 이러한 렌즈를 통해 고찰될 때에만 우리가 맑스의 사유에 공정할 수 있을 것이기 때문이다.

자본주의에 대한 강조를 맑시언적 관심사의 최선두에 내세우는 일은 정치적 곤경의 시대에 부응하기 위한 것이었다고 이해할 수 있다. 예컨대 1968년 — 가따리(Guattari 1998: 213)가 '때로는 천정 위를 걷고 있는 인상을 받았다'고 말한 때 — 의 탈영토화하는 기쁨들이 지난 이후에, 그리고 들뢰즈와 가따리의 저작을 영어권에서 처음 수용할 때에, 그때보다는 좀더 암담한 우리의 시대가 복잡성과 차이의 과정과 자본주의의 생산성의 점증하는 동형성(isomorphism)에 대한 인식을 요구했던 것이 그 사례일 것이다(Holland 1998 참조).[7] 곤경은 들뢰즈와

---

7. 홀랜드(Holland 1998)는 『안티-오이디푸스』의 분열증의 정치학으로부터 『천개의 고원』과 이후의 다른 작품들에서 자본주의적 통제의 복잡함에 대한 좀더 냉정한 분석으로의 이동을 식별한다. 후자에서 '발전된 자본주의의 고도 통제라는 특징은 … 분열증이 잠재적으로 혁명적인 탈주선으로서 갖는 생존능력을 의심한다'(72)는 것이다. 홀랜드의 논문은, 『자본주의와 분열증』의 첫 권과 둘째 권 "사이에" 무슨 일이 일어났는가?'(65)라는

가따리에게는 낯선 조건이 아니었다. 그리고 우리는, 그들의 '즐거운'[8] 프로젝트가, 좌파의 최악의 형태들과 마찬가지로, 지속적 낙관주의를 중심으로 순환한다고 가정하지 말아야 한다. 실제로, 우리가 앞으로 보게 되겠지만, 삶을 살도록 강제하는 것은 삶의 불가능성 자체이다 ('나는 계속 갈 수 없다, 그래서 나는 계속 갈 것이다')라는 베케트 (Beckett 1979: 382)의 명제는 자유로운 욕망이라는 널리 퍼진 이미지 보다 들뢰즈적인 정치(학)을 묘사하기에 더 적절한 방향을 표현한다. 그럼에도 불구하고, 만약 들뢰즈의 잠재적 맑스를 중심으로 한 '원기 왕성한' 운동에 대한 알리에즈의 요구가, 마치 맑스가 들뢰즈를 정신 차리도록 만들기 위해 돌아왔다는 듯이, 정치적 가능성의 폐쇄를 보여 주는 측면에 배타적으로 집중한다면, 들뢰즈-맑스 공명의 잠재력에 공정하지 못한 일일 것이다.

이런 점을 생각하면서 나는, 들뢰즈의 정치학을 탐구함에 있어서 맑스가 더욱 중요하게 된 것은, 우리의 명백한 곤경 속에서라고 주장 하고 싶다. 이것은 자본주의 그 자체에 대한 분석의 중심성 때문이 아 니라(비록 자본주의의 동학에 대한 관심이 오늘날 재출현하고 있는

질문에 대한 응답의 일부로서, 이 변화를 축자적으로 파악하는 것에 관심을 갖는다. 『천 개의 고원』이 현대 자본주의 통제의 복잡함에 대한 좀더 풍부한 분석이며 분열증적 과 정에 대한 평가에서 좀더 신중하다(예컨대 『안티-오이디푸스』를 결론짓는, 절대적 탈영 토화에의 권고는 거의 포함하고 있지 않다)는 점은 의심의 여지가 없다. 그렇지만, 들뢰 즈와 가따리의 작품 자체가 현대적 근심과 두려움의 산물인 것만큼이나, 자본과 통제에 대한 홀랜드의 강조도 그렇다고 말하는 것은 잘못이 아니라고 생각한다.

8. 들뢰즈(Deleuze 1995b: 6)가, 전통적 '철학사'에 반대하여 루크레티우스, 흄, 스피노자, 니 체에 집중한 것에 관해 글을 썼을 때, 그의 관심을 끈 것은 '부정성에 대한 그들의 비판, 기쁨에 대한 그들의 장려'였다.

것이 분명히 시의 적절하지만), 맑스가 지긋지긋한 자본주의 기계로부터 정치적으로 손쉽게 혹은 정해진 길을 따라 도피하는 것이 불가능함을 생각하면서도 자본주의 그 자체 내부에서 형성되는, 그리고 그것에 특수한 관계 위에 그 도피의 가능성과 잠재력을 정립하려 한 탁월한 사상가로 남아 있기 때문이다. 이 조건이 바로, 맑스가 '코뮤니즘'이라고 부른 바의 것이다. 맑스의 코뮤니즘을 강조하는 것은, 맑스의 다른 텍스트 집합(예컨대 『자본』에 대립하는 것으로서의 초기저작들)으로 되돌아가는 것일 수 없다. 맑스에게서 코뮤니즘은 자본주의 속에서, 그것을 통해서 출몰하고 출현하는 내재적 잠재력이다. 그것은 그러므로 자본주의를 해석하고 정치학을 발전시키기 위한 하나의 관점이며 맑스의 저작 전체에서 발견되는 관점이다.[9] 맑스는, 탈자본주의적 삶의 양식이 포함할 수 있는 몇 가지의 일반적 측면들을 제시했다. 동일성의 제한을 극복하며, 노동을 폐지하고, 자연 혹은 세계와 물신화되지 않은 관계를 형성하는, 그리고 우리가 들뢰즈와 가따리의 해석을 따르고자 한다면, 욕망하는 기계들을 그것들의 인간중심주의적 섹슈얼리티로부터 해방시키는 생성의 환경이 그것이다.[10] 그렇지만 일반적으로 코뮤니즘적 관점은 하나의 다른 '코뮤니즘적 사회'의 가공이 아니다. 그리고 그것은, 니체적 술어를 빌면, 아름다운 내일을 위한 연

---

9. 도베(Dauvé)는, 이러한 입장의 중요성을 강조하면서, '이것은 틀림없이 맑스에 대한 가장 심오한 논평이다'(Dauvé and Martin 1997: 83에서 인용)라고 주장함으로써, 맑스의 작품 전체는 코뮤니즘에 대한 설명이라는 아마데오 보르디가(Amadeo Bordiga)의 주장에 응답한다.

10. 이러한 논점들은 각각, Marx(1973a: 488), Marx(1975b: 278~9), Marx and Engels(1974: 54~5), and Deleuze and Guattari(1983: 294)에서 만들어진다.

기로서 오늘의 삶을 반작용적으로 부정하는 것도 확실히 아니다. 오히려 그것은, 어쩔 수 없이 모호한 맑스와 엥겔스의 정의 속에서 분명히 드러나듯이, 자본주의적 사회체의 흐름 및 속박과 지속적으로 교전하면서 그것의 극복을 지향하는 과정이다.

> 코뮤니즘은 우리에게는 확립되어야 할 사물들의 상태도, 현실이 적응해야만 할 하나의 이상도 아니다. 우리는 코뮤니즘을, 현재의 사물들의 상태를 폐지하는 실재적 운동이라고 부른다. 이 운동의 조건들은 지금 실존하고 있는 전제들로부터 유래한다.
>
> (Marx and Engels 1974: 56~7)

정치(학)의 수수께끼

이 책은 자본주의적 관계들에 내재적인 정치(학)의 문제를 전면에 제기함으로써 들뢰즈-맑스 공명에 기여하려고 한다. 그것은, 어떤 의미에서, 맑스의 코뮤니즘과의 들뢰즈적 교전이다. 그것은 일련의 고원들과 개념적 영토들(프롤레타리아트의 문제에서 가치, 통제, 그리고 노동거부의 문제까지)을 탐구하여, 맑스와 맑스주의적 관심사와의 들뢰즈적 교전이 어떻게 유용하고 혁신적인 정치적 주체들을 발전시킬 수 있는지를 알아보려 한다. 이 책의 중심에는 들뢰즈의 정치학이라는 문제가 있다. 내가 지금 관심을 돌리려는 것은 이 주제에 대한 권두 소개, 그리고 그 주제의 가능한 문제점들에 관한 것이다.[11]

어떤 수준에서 볼 때, 들뢰즈의 정치학에 대한 권두 소개를 하는 일은 비교적 간단한 일이다. 들뢰즈와 가따리는 모두 자임하는 '정치적' 사상가들이다. 실제로, 삶의 형성에 관한 그들의 이해에서 정치는 너무나 중심적이어서 그들은, '정치가 존재에 선행한다'(*ATP*: 203)고 쓸 수 있었다. 들뢰즈의 정치학은, 그와 가따리의 모든 개념들 및 범주들과 마찬가지로, 스피노자주의적 및 니체주의적 유물론과 밀접하게 연관되어 있다. 그것은, 세계를 항상 변화하는 것으로, 그리고 실존의 양식들을 파괴함과 동시에 언제나 그것을 구성하는 힘들과 배치들의 복잡하게 얽힌 괴물스런 집합으로 생각한다. 그러한 유물론은 세계를 끝이 없는 것으로 생각할 뿐만 아니라 이미 그려진 주체들이나 객체들도 없는 것으로 생각한다. 여기서 그것들[주체들이나 객체들—옮긴이]을 '사물들'(things)이라고 부르자.12 물론 이것은 사물들이 실존하지 않는다고 말하는 것이 아니다. 그것은, 사물들을 어떤 존재론적 혹은 인식론적

---

11. 들뢰즈의 작품과 가따리의 작품 사이에, 그리고 그들 각각의 작품과 그들의 집단작업 사이에 주제와 스타일의 차이와 변이가 있지만, 이 책은 단일한 작품의 일부로서의 그들의 개별적인 작품들과 집단적 작품들에 관심을 돌린다. 편의상 나는 그것을 종종 (책의 제목에서처럼) '들뢰즈'라는 이름으로 기호화한다. 가따리(Guattari 1998: 192~3) 는, 그가 다른 곳에서 '들뢰즈가따리언' 프로젝트라고 부르는 것으로부터, 그의 이름의 잦은 생략의 문제에 대해, 그리고 그 생략의 동기에 대해 논의하지만(Guattari 1980a: 234), '들뢰즈'라는 말이 그것에 대한 수용가능한 공통명사가 되었다고 주장한다.

12. 니체는 그것을 이렇게 표현한다. '이 세계, 시작도 끝도 없는 에너지의 괴물; 그 자신을 확장하지 않고 오직 변형할 뿐인, 더 크게도 더 작게도 되지 않는 공고하고 확고한 크기의 힘'(Nietzsche 1969: §1067). 사물은 존재하지 않고 단지 관점들만이 있을 뿐이라는 니체의 주장(Nietzsche 1968: §552)은, 가장 작은 '단위들'에조차 적용가능하다 : '우리가 사물의 실재성을 발명하고 또 그것을 잡다한 감각들 속으로 투사한 것은 주체의 모델 이후일 뿐이다. 만약 우리가 실제적 주체를 더 이상 믿지 않는다면, 믿음은 실제적 사물들 속으로, 우리가 사물들이라고 부르는 현상들 사이의 상호관계, 원인, 결과 속으로 사라진다. 물론 거기에서 실제적 원자들의 세계도 사라진다.'

우선성 속에서 제시하는 것을 거부하는 것이다. 사물들은 존재한다. 하지만 그것들은 단지 힘들의 특수한, 변화하는, 그리고 변덕스러운 관계들 속에서 구성된다.[13]

만약 세계가 형식이나 상수가 없는 물질들의 일차적 흐름이라면, 사물들은 언제나, 들뢰즈와 가따리가 '아상블라주' 혹은 '배치'라고 부르는 것(ATP: 503~5) 속에서 이 흐름의 회로의 일시적 생산이다.[14] 니체는 이 회로화를 '해석'의 과정이라고 부른다. 일련의 특수한 힘들에 의해 물질이 절단되고 조합되는 과정은, 푸코의 작품이 강조했듯이, '이념적'/'물질적'을 나누는 어떤 이분법도 받아들이지 않는다. 사물 혹은 사건에 대한 어떤 해석도 사실 이후에 오지 않으며, 그것에 내재적인 많은 힘들 중의 하나처럼, 그 사실의 구성요소이다. 들뢰즈가 말했듯이(Deleuze n.d.a, n.p.), '니체의 생각은, 사물들과 행동들이 이미 해석이라는 것이다. 그래서 해석하는 것은 해석들을 해석하는 것이며 이런 식으로 사물들을 변화시키는 것이고 "삶을 변화시키는 것이다".' 사물들의 일관성(coherence)은, 그러므로, 일련의 회로화나 해석의 동심원들의 중심 속에서, 그것들이 차지하는 위치의 기능이 아니다. 사물들은 이보

---

13. 들뢰즈(Deleuze 1983: 3)는, '사물의 역사는 일반적으로 그것을 소유한 힘들의 연속이며 그것을 소유하려고 싸우는 힘들의 공존이다'라고 쓴다. '그렇지만 이 표현 속에도 여전히 "사물"에 관한 무언가가 있다.' 푸코(Foucault 1972: 47)는 다음처럼 쓸 때, 니체의 물질 개념을 좀더 잘 표현한다. '요컨대 우리가 하고자 하는 것은 "사물들" 없이 지내는 것이다. … 담론에 선행하는 "사물들"이라는 수수께끼같은 보물을 담론 속에서만 출현하는 대상들의 일정한 형성으로 대체하는 것이다.'

14. 본질적으로, '아상블라주'라는 용어는 어떤 근접성의 관계들의 과정을 서술한다. 이 과정에서, 서로 관련되는 힘들을 가로지르는 연결과 흐름은 다양하다. 그리하여 거기에서는 아상블라주를 정의하는 바의 것은 (내용과 표현의 형식들을 가진) 그것의 독특한 기능이며 (영토화와 탈영토화의 놀이를 중심으로 하는) 그것의 변화이다.

다도 훨씬 더 불안정하다. 사물들은 해석 이전에 어떤 근원적 형식도 갖지 않는다. 사물은 해석들/힘들의 영원히 변화하는 계열들의 합류점에 자리 잡는다. 그래서 그것은 결코 '종료되지' 않는다.[15] 이처럼 사물은 자신 내부의 차이를, 상이한 해석과 배치 속에서 현실화될 '잠재성'(virtuality) 혹은 '잠재력'(potential)으로 구체화한다.[16]

이 '잠재성'은 '실재적인 것'과 대립하지 않는다. 오히려 그것은, 실재적인 것의 기초로서 끊임없이 새로운 배치들 속에 실존하는, 창조적 물질의 실재성이다. (그것은 단지 관계들의 고정된 결정과만 대립한다.)(*ATP*: 99) 낸시(Nancy 1996: 110)가 이 점을 잘 표현한다. 들뢰즈가 말하는 '사유는 "실재적인 것"을 "대상"으로 갖지 않는다는 것이다. 그것은 어떤 "대상"도 갖지 않는다. 그것은 실재적인 것의 또 다른 발효(effectuation)이다. 실재적인 것 "그 자체"는 카오스이며, 발효 없는 유효성(effectivity)의 일종이다.'[17] 그러므로 '사실들은, 엄밀히 말하면, 존재하지 않는 것'이며 역사적으로 형성된 우리들의 가치들로부터 도출된 '해석들일 뿐'이다(Nietzsche 1968: §481). 그리고 우리는 새롭고

---

15. '하나의 사물은, 그것을 점유할 수 있는 힘들이 있는 만큼, 많은 감각들을 갖고 있다. 그러나 사물 그 자체는 중립적인 것이 아니며 현재 그것을 점유하고 있는 힘과 다소간의 친연성을 가질 것이다(Deleuze 1983: 4).

16. 들뢰즈에게 있어서, 모든 '사물'은 두 가지 측면을 갖는다. '현실적' 측면과 '잠재적' 측면이 그것이다. 여기에서 전자는 후자의 다면적 잠재력 중에서의 '선택'이다(Deleuze 1994b 참조).

17. 들뢰즈는 여기에서 1968년 5월의 다양한 성격 중에서 하나의 유용한 예를 제공한다 : 『안티-오이디푸스』는 실재적인 것의 일의성, 무의식적인 것에 관한 일종의 스피노자주의에 관한 것이었습니다. 그리고 나는 68혁명이 이러한 발견 자체였다고 생각합니다. 68혁명을 미워하는 사람들, 혹은 그것이 실수였다고 말하는 사람들은 그것을 상징적이거나 상상적인 어떤 것으로 간주합니다. 그러나 사실은 정반대였습니다. 그것은 새로운 사태를 발견하고 있는, 순수한 실재였습니다'(*N*: 144~5).

다른 해석들, 혹은 '삶들'을 능동적으로 창조하도록 요구된다. 만약 모든 것이 존재의 생산을 둘러싸고 이루어지는 논쟁적 해석이라면, 정치(학)은 삶에 내재적이며 정치(학)은 존재에 선행한다. '실천은 항들과 그 항들의 상호관계가 자리잡힌 후에 시작되는 것이 아니라 선들을 긋는 행위에 능동적으로 참여하는 것이다'(*ATP*: 203, 208). 해석 혹은 정치(학)은 사물을 정합적으로 만드는 일에, 아상블라주가 작동하도록 만드는 일에, 그리고 가능한 한(그것은 변화를 이루려는 단순한 의지의 산물이 아니라, 복잡하고 어려운 교전이다) 새로운 감각들, 새로운 삶들, 새로운 가능성들을 형성하는 일에 세심한 주의를 기울이는 일이다.

그러므로 들뢰즈와 가따리의 일원론적 사유 속에서 '삶'은 어떠한 근원적 형식들이나 동일성들도 갖지 않으며 배치와 변이의 항구적 과정이다. 그곳에서 정치(학)은 구성(composition)의 예술, 삶의 변이와 창조를 긍정하는 예술이며, '다수적'(major) 과정 혹은 '몰적'(molar) 과정인 선긋기와 동일성에 맞서는 (나중에 내가 설명하듯이, 소수/다수의 단순 이분법은 존재하지 않지만) '분자적'(molecular) 혹은 '소수적'(minor) 과정이다.[18] 삶의 지평을 가로지르는 정치(학)의 이러한 일반화가 이루는 가지치기는 거대하다. 이 기동전은 최근에 들뢰즈와 가따리의 저작들을 긍정적으로 받아들이고 이용함에 있어서 중요한 역할을 수행한다.

---

18. 들뢰즈와 가따리의 일원론에는 무한한 과정 이외의 어떤 근본적인 요소도 없다는 것을 이해하는 것이 결정적으로 중요하다. '우리가 말하고 있는 것은 실체의 통일성이 아니라 삶의 이 독특한 평면 위에서 서로의 일부를 구성하는 수정들(modifications)의 무한성이다'(*ATP*: 254).

여기에서 자주 등장하는 주제는 '생성의 정치(학)' 속에서 이 정치화된 삶을 설명하는 것이다. 그렇지만 다른 수준에서, 정치(학)의 이러한 일반화는 들뢰즈의 정치(학)에 대한 설명을 필요로 하는, 실제로는 그 것의 발전을 필요로 하는 문제들을 제기한다. 왜냐하면, 만약 정치가 삶의 창조에 내재적이고 그래서 정치가 어디에나 있는 것이라면, 우리는, 정치(학)의 특유함이 무엇인가를 의심하지 않을 수 없는 상태에 놓이기 때문이다. 이 질문은 알랭 바디우(Alain Badiou 1998: 16~17; 2001)에 의해 명시적으로 제기되었다. 바디우는, 정치를 모든 곳에 일반화함으로서 들뢰즈의 체계는 사유의 특별히 정치적인 층을 잃게 된다고 주장한다. 『철학이란 무엇인가』에서 들뢰즈와 가따리는 예술, 과학, 그리고 철학의 장을 분리하여 각각에 특유한 창조양식에 깊은 주의를 기울인다. 하지만 그들은 정치(학)에 대해서는 그 같은 일을 하지 않는다. 정치(학)을 그 자체로 특유한 어떤 것으로서보다는 예술, 과학, 그리고 철학과 같은 영역들에 내재적인 창조의 과정 혹은 본질로 간주해 버리는 것이다. 바디우에게 있어서 특유하게 정치적인 층의 표지는 자본과의 교전이다. 정치(학)은 자본에 적실해야만 한다. 물론 바디우는, 특유하게 자본주의적인 동학과의 교전이 들뢰즈 작품의 중심적 특징임을 안다. 그렇지만 그는, 자본의 정치(학)이 문제로 될 때에는, 들뢰즈가 창조의 정치를 포기하고 정치적으로는 다소 공허한 '비판'의 모델로 후퇴한다고 주장한다.[19]

바디우의 논점은 중요하다. 그리고 정치(학)을 삶의 지형을 가로질

---

19. [옮긴이] 이에 대해서는 알랭 바디우, 『존재의 함성』, 박정태 옮김, 이학사, 2001 참조.

러 일반화는 것이 가져올 수 있는 가능한 문제들에 주의를 돌리는 것은 올바르다. 그렇지만 이 수준에서 그의 비판은 들뢰즈의 정치(학)의 깊이와 복잡성에는 상응하지 않는다. 왜냐하면 들뢰즈의 저작에서는, 일련의 특유한 현장들과 문제들을 통해 그리고 특유하게 자본주의적인 배치들과의 정치적 교전에 관한 상당히 많은 논의들을 통해 삶의 정치가 탐구되고 있듯이, 삶의 정치가 무엇일 수 있는가에 관한 풍부한 개념화가 그 속에 존재하기 때문이다. 실제로 나는, 창조와 비판 사이의 [바디우식-옮긴이] 구분과는 반대로, 들뢰즈의 프로젝트는 엄밀히 말하면, 자본에 적합한 발명(invention)의 정치를 발전시키는 것에 관심이 있다고 주장하고 싶다. 그리고 바디우가 결여되어 있다고 말하는 것, 즉 사유의 특유하게 정치적인 층을 들뢰즈가 서술하지 않는다는 느낌을 필연적인 것으로 만드는 것이 바로 이 프로젝트의 난점이자 동시에 이 프로젝트의 약속이라고 주장하고 싶다. 들뢰즈에게 있어서 정치(학)은 인간 행동의 특유한 장이 아니며 일반화된 발명의 과정도 아니다. 그의 정치(학)에는, 들뢰즈와 가따리(*AOE*: 382)가 '새로운 대지'의 호출이라고 서술하는 하나의 프로젝트, 즉 맑스의 코뮤니즘 프로젝트와 놀랍도록 유사한 거대 프로젝트에의 지향이 있다. 이 프로젝트는 정치적 해결책으로 환원될 수 없다. 그것은 오히려 하나의 과정이거나 혹은 사회적 총체성에의 참여이다. 그 이유는, 엥겔스(Marx and Engels 1973: 12)가 맑스를 '단순한 정치적' 혁명보다는 사회적 혁명의 사상가로 묘사하는 것과 유사하며 네그리(Negri 1999: 266)가, 사회적인 것과 정치적인 것의 분리는 '맑스 속에서는 생각될 수 없다'고 주장하는 것과도 유사하고 또 좌파 코뮤니즘 환경과 연관된 사람들이 흔히 자신들의 정치(학)을 '반정치적'인 것으로 제시하는 것(Bordiga n.d.; Dauvé and Martin 1997)과도 유사하다. 이러한 정치(학) 속에서, 새로운 대지의 프로젝트는, 피어슨(Ansell Pearson 1999: 211)이 적절하게 표현했듯이, 일종의 '수수께끼'이다.[20] 즉 그것은 설계되고 계획되고 결정될 수 있는 무엇이 아니다. 그것은 집합구조나 내러티브를 가질 수 없다. 요컨 대 그것은, 맑스의 말(Marx 1976: 99)을 빌리면, 미래의 식당들을 위해 서술해 놓을 수 있는 조리법처럼 입수 가능한 것이 아니다. 그것은 오히려 세계의 힘들과의 지속적이고 발명적인 교전을 통해 발전되고 끌어내져야 한다. 그러므로 들뢰즈에게서 정치(학)은 삶을 발명하는 과정인 동시에 특유하게 자본주의적인 관계들과의 교전과정이다. 그리고 바로 이 점에서 그것은 수수께끼의 실천이며, 비결정적이고 지속적으로 열린, 그럼에도 불구하고 실천적인 프로젝트이다.

자본에 적실한 삶의 정치에 대한 이 이중적인 강조는 '소수'에 대한 들뢰즈와 가따리의 개념 속에 매우 분명하게 나타난다. 이 점은, 그들이 '소수적인 것'(the minor)이라는 그들의 특권적 정치(학) 범주를 (자본을 극복하는 맑스의 주체인) 프롤레타리아트와 분명한 용어로 연합시켰을 때 분명히 강조된다. '소수의 힘, 특수성의 힘은 자신의 주체성을 혹은 자신의 보편적 의식을 프롤레타리아트 속에서 발견한다'(ATP: 472). 프롤레타리아트와 소수적인 것의 이러한 만남은 (이 책의 주제인) 맑스주

---

20. 맑스(Marx 1975a: 348) 자신은, '[코뮤니즘은 역사의 수수께끼의 해결이며 그 자체로 그 해결임을 안다'고 쓴다. '그 "해결"이, 그것이 실제로 탈자본주의 사회체를 가리킬 수 있지만, 수수께끼 그 자체와의 교전에 내재적이라는 것은, 실재적 운동에 대한 맑스의 정의를 미루어보아 분명하다.'

의적 문제틀에 대한 들뢰즈주의적 참여에 중심적이다. 나는 여기서 그 주장을 미리 다 설명하고 싶지는 않다. 아마도 이 책의 정치적인 핵심 주제인 '소수정치'(minor politics)[21]를 소개하는 것이, 그리고 그것과 맑스의 코뮤니즘과의 관계를 보여주는 것이 좀더 유익할 것이다.

소수정치

내가 위에서 주목한 것처럼, 소수적인 것은 몰적인 것 혹은 다수적인 것에 대립한다. 소수적인 것과 다수적인 것은, 실체들을 설명하는 표현들이 아니라 삶의 과정들과 태도들(treatments)을 설명하는 표현들이다. 본질적으로, 다수적 과정들은, 판단의 규범이나 기초로 작용하는 상수 혹은 표준의 형성과 옹호를 그 전제로 삼는다. 다수적 관계들은 그 자체로 고정되고 셀 수 없는 관계들이다. 그것들은 동일성의 관계들이다. 들뢰즈와 가따리는 그 상황을 이렇게 설명한다.

상수와 표준은 평균적인 성인-백인-이성애자-유럽인-남성-표준어사용자라고 가정해 보자(조이스 혹은 파운드의 율리시즈). '남자'가, 모기들, 아이들, 여성들, 흑인들, 농민들, 동성애자들 등등보다 숫자가 적다고 할지라도, 다수에 해당하는 것은 분명하다. 왜냐하면 그는 두 번, 즉 한 번은

---

21. '소수정치(학)'이라는 술어는 '소수적(minor)', '소수주의적(minoritarian)', 그리고 '소수문학(minor literature)'이라는 들뢰즈와 가따리의 개념에서 나왔다.' 그들이 '소수적 문학과 정치(학)'(minor literature and politics)이나 '카프카 정치(학)'이라는 표현은 사용했지만(*K*: 86, 7), '소수정치(학)'은 그들이 사용한 용어는 아니다.

상수로, 또 한 번은 그 상수가 추출되는 변수로 나타나기 때문이다.

(ATP: 105).

다수적인 것이 가수적[可數的, denumberable; 양의 정수와 일대일 대응이 가능한 것 – 옮긴이]이고 표준과 관련된다면, 소수적인 것은, 그것이 동일성의 관계가 아니라 어떤 다수적 공리나 표준으로부터, 그리고 각각의 연관 속에서 혹은 하위분할 속에서 성격이 변화하는 집합으로부터 벗어나는 변이와 생성의 관계인 한에서 비가수적이다(ATP: 470). 어떤 의미에서, 몰적인 동일성주의의 형식이 먼저 온다. 왜냐하면 사람들은 언제나 충화된, 동일화된 몰적 배치(관계들이 추상적 표준과의 관계 속에서 존재하는 배치, 다시 말해 동일성들 사이에서 결정되는 배치) 속에 있는 자신을 발견하기 때문이다. 정치(학)이 출현하는 것은 이러한 배치에 대항해서이다. 그렇지만 몰적 형태의 추상적 표준은 바로 그것, 즉 추상적인 것이다. 몰적 표준은 삶의 지평을 가로질러 존재하며 삶의 배치를 판단하고 결정한다. 이 속에서 그것은 필연적으로 '아무도-아님(nobody)'이다. 그것은 세계를 하나의 모델에 순응시키려 유도하는, 그러나 그 자체로는 구체적 형식 속에서 완전히 존재할 수 없는 추상적 틀이다. 다른 한편, 소수적인 것은 모델로부터의 일탈의 구체적 순간에 발견된다. 왜냐하면 그 모델은 결코 완전히 실현되지 못하며 소수적인 것은 '누구나-임(everybody)'이기 때문이다.

다수성은, 그것이 추상적 표준 속에 분석적으로 포함되는 한에서, 결코 누군가

-임(anybody)이 아니다. 그것은 언제나 〈아무도-아님〉(Nobody) ─ 율리시즈[22] ─인 반면 소수성은 누구나-임(everybody)의 생성이며 어떤 사람이 모델에서 이탈하는 정도로 생성하는 그 사람의 잠재력이다.

(ATP: 105)

그러므로 소수적인 것은 삶의 일탈 혹은 탈영토화의 과정이다. 그것은 몰적 표준에 대항하여 세계의 잠재성을 불러내는 과정이다. 이런 의미에서 그것은, 아직 무정형의 것이지만, 능동적이다. 아니 오히려 그것은, 그것이 이미 형성된 것으로부터 도피하는 한에서 능동적이다. 들뢰즈와 가따리가 이와 관련하여 전쟁기계라는 개념을 사용하듯, '그것은 단지 그 나름의 변형 속에 존재한다'(ATP: 360). 삶의 태도 속에 있는 이 두 가지 경향을 고려하면서, 들뢰즈와 가따리는 세 가지의 기본적 형태를 확인한다. '상수적이고 동질적인 체계로서의 다수주의적인 것 ; 하위체계로서의 소수성(minority) ; 그리고 잠재적이고 창조적이며 창조된 생성으로서의 소수주의적인 것'(ATP: 105~6) 등이 그것이다. 그러므로 소수적인 것은 소수의 하위집단이 아니며 집단들의 운동 속에서, 그들의 변이, 변화, 그리고 차이 속에서 나타나는 것이다. 그래서 소수적인 것은 그 자체로 어떤 소속도, 일관성도, 동일성도, 혹은 유권자도 갖지 않는다. 그것은, 어느 누구도 '소유권'을 갖지 않는 것의 생성이다(ATP: 106). 그렇다고 해서 소수적인 것이 동일성의 '외부'에

---

22. [옮긴이] 제임스 조이스가 현대화한 호머의 『오딧세이』에서 오디세우스는 외눈박이 괴물 퀴클롭스의 일원인 폴리페무스(Polyphemus)가 자신의 부하들을 한 끼에 두 명씩, 무려 여섯 명을 잡아먹고, 오디세우스에게 이름을 알려주면 선물을 주겠다고 약속했을 때, 자신은 '아무도-아님씨(Nobody)'라고 대답하여 위기를 모면한다.

있는 것은 아니다. 오히려 그것은 언제나 이러저러한 다수적 혹은 소수적 배치 속에 교전되어 있다. 들뢰즈와 가따리는, 그들이 새로운 이원론을 생산하고 있는 것이 아니라고 단호히 주장한다. 동일성과 차이는 다소간 탈영토화되고 탈코드화된 형식들의 연속체 속에 복잡하게 얽혀 있다. (몰적인 것은 동일성처럼 보인다. 그러나 그것은 단지, 늘 확산하고 있는 무엇의 표면 위에 생산된 '외관' 혹은 '광학적 효과'일 뿐이다.)

만약 다수적인 것과 소수적인 것이 삶의 배치 속에 있는 경향들을 서술한다면, 그것들은 정치라는 인간적 영역 속에 그것들의 상관물을 갖는다. 다수 정치는 동일성을 전제로 한다. 근대 민주주의는 그 고전적 사례이다. 민주주의는, 한 덩어리의 '민중'을 이루는 시민들로서 서로 동등한, 사법적으로 정의된 동일성 위에 기초한 통치 체제이다. 소수정치는 이와는 달리, 들뢰즈(Deleuze 1989: 216)가 썼듯이, '민중이 없다'는 기본적 조건에서 시작한다. 정치는 민중을 재현하는(그러므로 주로 '정의'와 '진리'의 문제 주위에서 순환하는) 영역이 아니라 민중들의 창조의 영역이다. 이 창조적 구성의 조건은, 아마도 관례적으로는 자기창조를 연상시킬, 주체적이고 물질적인 자원들(법적으로 인가된 자율적인 주체성들, 인정된 역사들, 문화적 견고함들)이 아니다. 이것들은 몰적 형식들이다. 오히려 소수정치의 창조성은 이러한 자원들을 결여한 사람들, 혹은 그 자원들을 억압적이거나 부적합한 것으로 경험하는 사람들의 조건이다. 그래서 들뢰즈는, '누구나 – 임(Everybody)'은 이러저러한 방식으로, 만약 그들이 그것을 따라가기로 마음먹는다면 그들을 미지의 길로 이끌게 될, 소수적 생성 속에 붙들려 있다고 쓴다. 그러면서 그와 가따리는, 소수성들의 '하위체계들'이 자신들의 투쟁 속에서 그리고 추상적인 몰적 표준으로부터의 그것들의 미세한 일탈들 속에서 상이한 관계를 형성하는 경향을 갖고 있기나 한 것처럼, 그 '하위체계들' 내부에서 소수적 과정들을 찾는 경향이 있다.

> 물론 소수성들은 객관적으로 정의 가능한 상태, 즉 그들 나름의 게토 영역들을 갖고 있는 언어, 민족성(ethnicity), 혹은 성의 상태이다. 그러나 그것들은 또한 씨앗들로, 생성의 결정체들로 생각되어야 한다. 소수성들의 가치는 통제 불가능한 운동들을, 수단 혹은 다수성의 탈영토화를 유발하는 것이다.
>
> (*ATP*: 106)

그러므로 소수적인 것은 소수성들의 창조이다. 즉 소수적인 것이란, 그들의 운동과 표현들이 모든 면에서 '갇힌' 것을 발견하는 사람들, 그래서 그들이 '민중'이라고 불려질 수 있는 곳에서 어떤 관례적 의미에서도 그들 '나름의' 획정된 사회적 공간을 개척했다고 말할 수 없는 사람들이다. 자율적이고 획정된 영역이 없기 때문에, 소수정치의 현장은, 소수성들을 가로지르면서 운동을 동일성으로 가두는 사회적 힘들이 풍부한 곳으로 된다. 정치가 출현하는 곳은 바로 그들이 갇힌 복잡한 상황들로부터이다. 이것은 더 이상 동일성을 촉진하고 강화하는 과정이 아니라 삶의 혁신, 실험, 그리고 뒤섞임의 과정이다. 이제 그 속에서 공통체의 형식들, 실천의 기술들, 윤리적 태도들, 스타일들, 지식들, 그리고 문화적 형식들이 구성된다.

얼핏 보면 이것은 코뮤니즘 정치와는 거리가 먼 것으로 보인다. 그리고 코뮤니즘 운동이 들뢰즈주의 정치(학)에 줄 것이 거의 없다고 생각하는 것이 아무런 문제가 없을 수도 있다. 확실히 코뮤니즘 운동은, 소비예뜨 모델이라는 몰적 매혹주체(attractor) 주위에, 그리고 그 나름의 몰적 척도 표준인 '자격증 있는, 35세 이상의 남성 민족적 노동자'(Moulier-Boutang, *ATP*: 105에서 인용)를 중심으로 굳어졌기 때문에 급진 정치에 폭넓은 통제효과를 미쳤다. 그러나 코뮤니즘을 그 상태에 내버려 두는 것은, 입장들이 쉽게 그려지고, 애매함과 변이들이 무시되며, 상식이 지배하는, 몰적 풍경의 덫 속으로 빠져드는 것이다. 이곳에서는 '모든 사람이' 코뮤니즘이 차이의 적임을 '안다'. 맑스의 코뮤니즘은, 그리고 실제로 코뮤니즘 운동의 많은 부분은, 레닌주의 정당과 소비예뜨 국가의 틀로 환원할 수 없다. 위에서 인용한 맑스의 정식에서 코뮤니즘은 전체로서의 삶(그것이 비록 자본주의적 사회관계 속에 배치되어 있다고 할지라도)에 내재적인 운동이다. 그것의 주체인 프롤레타리아트는 현존을 요란스럽게 요구하고 있는 동일성이 아니다. 그것은 현존하는 관계들과의 교전을 통해 그 자신의 극복과 폐지를 모색하는 이 관계들과의 교전양식이다(Marx 1975a: 256). 그러므로 코뮤니즘 운동은, 공식 정당이나 자율적 전통을 통해 연속성을 유지하는 그 무엇이 아니며 특수한 집단이나 특수한 역사적 조류가 소유권을 갖는 그 무엇이 아니다. 오히려 그것은 교전의 양식, 정치적 변수들과 기술들의 열린 집합이며, 블랑쇼(Blanchot 1997: 295)의 주장에 따르면, 어떤 특유한 정치적 표현 내부에서 그것을 가로지르며 또 그것을 넘어서는 잠재적 엔진으로 작용하는 문제화의 현장이다.[23] 물론 이러한 설명은, 『공산주의자 선언』에서 맑스로 하여금 자신의 정치(학)을 부르기 위해 사용하도록 했던 말(Marx and Engels 1973: 12~3에 실린 엥겔스의 말 참조)의 강렬도 — 블랑쇼(Blanchot 1997: 96)가 말한 바에 따르면 '조바심'과 '비트는 폭력' — 의 축소로 해석되지 말아야 한다.24

비록 들뢰즈가 자신의 정치(학)을 코뮤니즘적인 것이라고 말하지 않는 경향을 갖고 있지만,25 그는 그 자신을 '좌파'에 속한다고 생각한다(Deleuze 1997a: *G comme Gauche* ; Stivale 2000). '좌파'라는 말은 그의 정치(학)을 귀속시키기에는 좀 약한 이름이다. (왜냐하면 사실상 그 말은 부르주아 혁명의 좌/우 양극에 묶여 있는 말이기 때문이다.) 그러나 들뢰즈는 그 말의 의미를 급진적 방식으로 서술한다. 그는 좌파에 속한다는 것을 전 세계적 아상블라주 속에서 사유하고 행동하기의 '지평'에 대한 지각(perception)을 필요로 하는 것으로, 즉 삶을 소수주의적 생산의 맥락에서 제시하는 것으로 서술한다. 맑스의 코뮤니즘에 대한 들뢰즈의 공명이 가장 분명하게 나타나는 것은, '누구나-임(everybody)'을 포함하는 전 지구적 아상블라주에 대한 지각의 이러한 상호관계 속에서, 그리고 이 누구나-임의 소수적 극복(혹은 생성)에 대한 강조 속에서이다. 소수주의적 극복에 대한 들뢰즈의 이해에서 코뮤니즘적 공명은, (그의 책 『시네마』에서 매우 중요하게 취급되는 인물인) 지가 베르또

---

23. 니체주의에 대한 이와 유사한 종류의 설명으로는 마수미(Massumi 1997: 760~1), 그리고 무스타파와 에켄(Mustapha and Eken 2001: 6)을 참조하라.
24. 그것은, 자기선언적 코뮤니즘 운동을 통해 발전해 온, 정치 이론과 정치 실천의 결정적 공간에 대한 거부로 간주되어서는 안 된다.
25. 그렇지만 들뢰즈는 때때로 자신의 정치(학)을 '계급투쟁'이라는 용어로, 그리고 '혁명적' 기획이라는 용어로 제시하기도 한다(Deleuze 1977: 100~1 참조).

프(Dziga Vertov)가 소비예뜨 혁명 초기에 수행한 영화 실천을 그가 해석할 때에 매우 분명하게 나타난다. 여기에서 들뢰즈(Deleuze 1992: 40)는, 에이젠쉬타인의 이미지가 (그리고 많은 점에서 정통적인 맑스주의 변증법이) 인간적인 것(즉 인간과 자연)을 중심으로 하는 변증법을 작동시킴에 반해 베르또프는 물질의 변증법을 구성한다고 주장한다. 그래서 베르또프의 영화에서 눈(혹은, 아마도 관점)은 더 이상 너무나 인간적이어서 움직일 수 없는 인간의 눈이 아니라 움직일 수 있는 카메라의 눈, 즉 '물질의 눈'이다.

> 기계들, 풍경들, 건물들 혹은 사람들이 있는가 없는가는 별로 중요하지 않다 : 이들 각각은 — 심지어 가장 매혹적인 농부(農婦)나 가장 감동적인 어린아이조차도 — 항구적으로 상호작용하는 물질적 체계로 제시된다. 그것들은 운동을 받아들이고 다시 내보내는 촉매자들이며 변환기들이고 변형자들이다. 그들은, 물질이 덜 '그럼 직한' 상태를 향해 발전되도록 만들면서, 그리고 그들 고유의 차원들에 잘 들어맞지 않는 변화들을 발생시키면서, 그 운동의 속도, 방향, 질서를 변화시킨다.
>
> (Deleuze 1992: 39)

베르또프의 '현실에 대한 코뮤니즘적 해독'(82)의 본질은, 무한한 상호작용의 물질적 우주와 물질의 눈의 비인간적 지각의 이 같은 조합이라고 들뢰즈는 주장한다. 그 조합은 '물질의 공통체와 인간의 코뮤니즘의 동일성'(40)을 보여준다. 그것은 (물론 소비예뜨 체제가 선언하고 있었던 것과 같은) 도래한 '사람(man)'이 아니라, 앞으로 올 인간(human) 혹은 초극하고 있는 인간, 즉 물질의 상호작용에 적실한 인간이었다.

'베르또프에게서 변증법은 물질 속에서의 변증법이며 물질의 변증법이다. 그것은 비인간적 지각을 미래의 초인(overman), 물질적 공통체 그리고 형식적 코뮤니즘과 화해시킬 수 있을 뿐이다'(83).[26]

소비예뜨 국가의 경화 속에서 '아버지의 귀환'이 있은 이후에, 코뮤니즘적 프로젝트는 너무 불신되어서 들뢰즈로서는(Deleuze 1997b: 86) 자신의 정치(학)을 묘사하기 위해 코뮤니즘이라는 이름을 쓸 수 없게 되었다.[27] 이와는 달리, 가따리는 계속해서 자신의 정치(학)을 코뮤니즘 운동의 맥락에서 이해했다. 어떤 의미에서 그는 실제로 (그것의 특수한 역사에 의해 그리고 소비예뜨 국가에 의해 표식된 재영토화에 의해 결정된 그 무엇으로서가 아니라 자본에 대한 내재적이고 리좀적인 비판과 극복으로서의) 코뮤니즘 운동에서, '나에게 맑스주의 일반은 결코 존재한 적이 없다'(Guattari 1996a: 87. 강조는 인용자)라는 자신의 견해에 따라, 좀더 들뢰즈-가따리주의적인 관점을 유지한다.

---

26. 들뢰즈(Deleuze 1990: 72~3)는, 『의미의 논리』에서 '위대한 정치(학)'에 대해 쓸 때, 자신의 기획을 이러한 용어로 제시하는 것으로 아주 가까이 다가간다. '"위대한 정치 (학)"이 시작할 수 있도록 하기 위해서는, 우리가 우리 자신을 다소 해체하는 것으로, 우리가 표면에 있을 수 있도록 하는 것으로, 우리가 우리의 피부를 북처럼 펼치는 것으로 충분하다. 빈칸은 인간을 위한 것도 신을 위한 것도 아니다. 일반적이지도 개별 적이지도 않은, 인격적이지도 보편적이지도 않은 특이성들. 이 모든 것들은 인간이 여 태껏 꿈꾸어 온, 혹은 신이 지금까지 생각해 온 것보다 더 많은 의미, 더 많은 자유, 더 많은 힘을 생산하는, 유통들, 반향들, 사건들에 의해 횡단된다.'

27. 들뢰즈(Deleuze 1992: 85)는 이렇게 쓴다 : 물질-이미지의 기계적 아상블라주로서의 영 화에 '상응하는 발화의 아상블라주의 문제'는 '베르또프의 해답(공산주의 사회)이 그 의미를 상실했기 때문에, 열려진 채 남아 있다.'

탈맑스주의에 반대하여

차이의 정치(학)에 대한 포스트구조주의적 관심과 맑스주의가 서로 만날 가능성은 오랫동안, 적어도 영미의 문화연구에서는, 라클라우와 무페의 『헤게모니와 사회주의 전략』(*Hegemony and Socialist Strategy*, 1985)에 의해 가장 잘 설명된 신그람시주의적 탈맑스주의에 의해 지배되어 왔다. '헤게모니'에 대한 신그람시주의적 작품은 계급, 자본, 그리고 경제 등에 대한 명시적으로 정통적인 관심사로부터 차이, 행위자, 민중적 실천의 가능성에 대한, 그리고 사회민주주의적 정치공간의 '등가 사슬(chain of equivalence)'에 포함되기 위해 투쟁하는 새로운 사회운동에 대한 탈맑스주의적 관심으로의 이행을 보여준다. 그리고 그것은 이러한 이동을 '변명 없는 탈맑스주의'(Laclau and Mouffe 1987 참조)와 같은 좀더 분명한 술어로 수행했다. 이러한 발전에 대한 역사적 지지는, 신그람시주의적 사상이 중심에 놓였던, 이탈리아 공산당 (PCI)의 '유로코뮤니즘'과 무관하지 않았다. 앱스(Abse 1985)가 주장했듯이, 유로코뮤니즘은 (특히 영향력 있는 『맑시즘 투데이』 주위의) 영국 좌파의 많은 사람들에게는 맑스주의적 정통과 노동당 강령의 한계를 극복할 수 있을 민중적이고 급진적인 사회민주주의의 가능성을 나타내는 것으로 보였다. 결국 PCI는 유럽에서 가장 큰 공산당이 되었고 급속하게 정부 속의 한 자리로 접근하고 있었다.

'탈'이라는 말이 내포하는 비판적 교전의 의미에도 불구하고, 신그람시주의적 탈맑스주의는 많은 점에서 맑스주의적 문제틀로부터의 탈주였다. 분명히 그것은 생산의 정치(학)에서부터 민주주의 및 시민사회의 정치(학)으로의 이동을 표현했다. 맑스에 대한 들뢰즈의 입장은 이와는 매우 다르다. 들뢰즈의 맑스와의 교전은, 생산의 문제로부터 벗어나는 것이 아니라, 내가 위에서 암시했듯이, 생산의 문제에 의해 완전히 횡단된다. 들뢰즈는 '토대'와 '상부구조' 사이의 속류 맑스주의적 구분과는 어떠한 거래도 하지 않는다. 오히려 그는 맑스를 따라 삶의 생산이라는 영역 속으로, 즉 정치, 경제, 사상, 문화, 욕망 등에 걸친 모든 과정들, 흐름들, 제약들의 지평인 생산의 영역(Deleuze 1977: 105)[28]으로 침잠한다. 이것은, 동즐로(Donzelot 1977)가 들뢰즈의 작업을 — 적어도 『안티-오이디푸스』에서는 — 일종의 초(超)맑스주의라고 불렀을 정도이다. 맑스로부터의 탈(脫)이기는커녕 오히려 맑스의 강화라는 의미였다. 이런 점을 고려할 때, 맑스주의의 문제틀에 대한 들뢰즈의 교전은 PCI와는 크게 다른 이탈리아 맑스주의의 한 조류와 일정한 관계가 있다. 그 조류는 실제로는 PCI가 적극적으로 억압하려 했던 조류이다. 1960년대에는 오뻬라이스모[operaismo; '노동자주의'라는 뜻-옮긴이]로 알려졌고 1970년대에는 아우또노미아[autonomia; '자율'이라는 뜻-옮긴이]로 알려졌던 이 조류는, 노동, 계급, 자본 등에 명백히 정통적이며 때로는 신비한 강조점을 두면서 맑스에 대한 끊임없는 재해석에 관여했다. 이 속에서, 그리고 신그람시주의적 정치(학)에 대한 그것의

---

28. 들뢰즈(Deleuze 1994b: 186)는 '경제적인 것'에 일정한 우선권을 부여한다. 그러나 그것은, 언제나 양적 조직화와 추상적 흐름의 결합을 통해 작동하는 자본 속에 삶을 배치하는 평면으로서의 경제적인 것이다 : '요컨대, 경제적인 것은 사회적 변증법 자체이다. 다른 말로 하면 그것은 어떤 주어진 사회에 제시된 문제의 총체성이거나 그 사회의 종합적 장 혹은 문제화하는 장이다. 엄밀하게 말하면, 그 해법들이 사법적이거나 정치적이거나 이데올로기적이나 간에, 오직 경제적인 사회적 문제만이 존재하며 문제들은 이러한 해결가능성의 장들 속에서 표현될 수 있다.'

비판적 자세 속에서, 오뻬라이스모 조류가 크게 보아 문화연구 전통 외부에 머물렀다는 것은 아마도 놀라운 일이 결코 아닐 것이다. 그렇지만 시대는 바뀌었다. 지구화, 상품화, 노동의 강화, 지식경제 등의 문제가 갖는 최근의 중요성과 더불어, 탈맑스주의 궤적은 좀더 불안정해 보인다. 그리고 생산이라는 맑스주의적 문제틀과 다시 교전할 가능성이 발생한 것으로 보인다. 확실히 이것은 하트와 네그리의 책『제국』(Hardt and Negri *Empire* 2000) — 오뻬라이스모와 아우또노미아의 주요 이론가 중의 한 사람인 안또니오 네그리에 의해 공저되었으며 이 조류의 많은 통찰들에 관심을 불러일으킨 책 — 에 쏟아진 관심과 어떤 관계가 있는 것으로 보인다.

내가 들뢰즈의 잠재적 맑스를 놓고 싶은 곳은 신그람시주의적 탈맑스주의에 대항하여 생산(혹은, 노동과 자본)의 정치(학)이 재활성화되는 이러한 맥락 속이다. 노동이 거의 사회성의 본질이면서도 매우 문제시되지 않는 사회적 배치로 된 지금이, 그것에 관심을 갖기에 적절한 때라고 나는 주장하고 싶다. 이러한 맥락에서, 그리고 정통 맑스주의 및 탈맑스주의의 궤적과는 다른 대안적 궤적을 이끌어내기 위하여 내가 들뢰즈와 맑스의 텍스트들 외부의 자료와 맺는 주요한 관계들 중의 하나는 오뻬라이스모와 아우또노미아와의 관계이다. 들뢰즈의 잠재적 맑스는 이 조류와 완전히 일치하지는 않는다. 하지만 (그리고 부분적으로는 그 긴장 때문에) 오뻬라이스모와 아우또노미아에 대한 소수적 독해는 들뢰즈의 맑스가 갖는 가능성과 그것의 함축들 중의 일부를 탐구할 기회를 줄 뿐만 아니라 오늘날의 사회-정치적 배치에 관한 유용하고 또 최근에는 영향력 있는 관점과 비판적으로 교전할 수 있게 한다. 아우또노미아를 분리시켜서 다루는 데에는 위험이 따른다. 한편에서, 이 위험은 선명한 '자율주의적 맑스주의' 학파의 서술 속에서 나타날 수 있다. 그리고 다른 한편에서 그 위험은, 비판적으로는 비생산적 방식으로, 정치적으로 그리고 역사적으로는 추상화된 방식으로 나타난 그것의 최근의 대중적 표현(하트와 네그리의 『제국』)을 (비록 다소 냉소적으로이지만, 『뉴욕 타임즈』가 표현한 것처럼) 이론의 '이 다음의 거대 사상'으로 다루는 데에서 나타날 수도 있다. 이 조류에 대한 (생산적 교전을 목표로 삼는[29]) 소수적 독해 속에서, 그리고 다른 코뮤니즘적 자료를 그 주장에 적실한 것으로 사용함으로써, 이 책은 그러한 책략들을 피하고자 한다.

각 장들의 개요

이 책은 들뢰즈가 맑스와 교전한 모든 영역을 서술하거나 그리려고 시도하지는 않는다. '들뢰즈의 맑스'에 대한 자세한 텍스트 독해는 여기에서 취해지지 않은 여러 가지의 중요한 방향으로 진행될 수 있다. 그렇지만 이 책은 세 가지의 특수한 관심사를 갖고 있다. 우선 이 책은 (맑스의 코뮤니즘과의 공명을 강조하는 맥락 속에서) 들뢰즈의 소

---

29. 『제국』의 가장 중요한 가능한 효과들 중의 하나는, 그것이 그 텍스트와의 비판적 교전을 통해 연구와 정치(학)을 위한 새로운 문제틀의 집합을 끌어내는 방식이다. 그것은, '우리의 책은 비판받기를 요청하는 종류의 책이다'라고 말하면서 하트와 네그리(Negri 2001: 236)가 요구한 그 무엇이다.

수정치(학)의 기법과 스타일을 발전시켜 핵심적인 맑스주의 문제틀에 대한 소수적 독해를 진행시키고 또 소수적 관점에서 특정의 코뮤니즘 운동들 및 조류들과 비판적으로 교전하려 한다. 둘째로 이 작업 속에서 이 책은 맑스에 대한 들뢰즈의 교전의 특유한 측면들을 숙고한다. 셋째로 이 책은, 들뢰즈의 잠재적 맑스를 채워넣기 위해서가 아니라 그것이 일련의 새로운 연관들과 가능성들 속으로 어떻게 열릴 수 있는가를 보기 위해서, 새로운 자료들을 그러모아 들뢰즈의 텍스트들 외부에서 새로운 연관을 만들려고 한다.

독립된 첫 번째 장(2장)은 소수정치(학)의 일반적 틀을 서술한다. 그에 이어지는 각각의 장은 들뢰즈와 맑스 사이의 특유한 교전 지대에 초점을 맞춘다. 프롤레타리아트(3장), 자본, 기계, 노동, 그리고 통제(4장), 그리고 노동거부(5장) 등이 그것이다. 때때로 이 교전은 들뢰즈가 그 관계를 모호하게 주장하는 대목에서 발생한다. 또 다른 경우에 그 교전은 들뢰즈의 작업의 중심적 측면이다. 그렇지만 이 교전의 지대들은 고립적으로 탐구되지 않는다. 오히려 들뢰즈의 경험론의 정신[30] 속

---

30. 들뢰즈의 경험론은, (동일성 사유가 주체와 객체, 보편자와 특수자의 이원론을 갖고 있기 때문에) '사물들' 내부에서, 그것을 가로지르며 그것에 대항하는 연결과 공명의 관계를 긍정하면서, 동일성과 재현의 모든 사유를 전복하기 위한 관점주의(perspectivism)이다. 들뢰즈(Deleuze 1994b: 57)가 쓰고 있듯이, '우리가, 감각가능한 존재 및 질들의 배후에서 그 이유를 찾는, 차이들의 강도적 세계는 초월적 경험론의 대상이다. 이 경험론은 우리에게 낯선 "이유"(reason)를, 다양체, 카오스, 차이(유목적 분배들, 왕관 쓴 아나키)의 이유를 가르친다.' 들뢰즈의 경험론에서는, 유물론에 대한 나의 논의에서 분명해진 것처럼, 관계들이 사물들로부터 도출되는 것이 아니라 사물들이 관계들로부터 도출된다. '관계들은 〈전체〉(Whole)에 내부적이지 않고 〈전체〉가 주어진 계기의 외부적 관계들로부터 도출되며 또 그것들과 더불어 변화한다(Deleuze 1997b: 59)'. 그러므로 경험론의 단위로서의 특수한 것은 이처럼 결코 하나의 단위가 아니며 관계들의 다양체이다. 이러한 다양체들에 직면하여 경험론은 새로운 관계들과 공명들을 통해 새로운 차이를 창출하

에서, 각 장들은 직접적인 들뢰즈-맑스 관계 외부에서 특수한 개념적 및 경험적 문제나 사건을 설명한다. 맑스에게서 차이의 문제와 룸펜프롤레타리아트의 문제(3장), 맑스의 '실제적 포섭' 명제에 관한 오뻬라이스모와 아우또노미아의 이해, 그리고 출현중인 생산-에서의-자율성에 대한 네그리의 분석의 문제(4장), 그리고 '노동거부'의 정치(학), '관점의 역전', 그리고 오뻬라이스모와 아우또노미아에서 '에마르지나띠(emarginati)'[31](5장) 등이 그것이다. 이런 식으로 각각의 장들은, 텍스트 해설에 자신을 한정하기보다, 하나의 사건에 대한 소수적 독해를 제시하려 한다. 예컨대 3장은, 맑스의 정치적 주체와 소수적인 것을 연결시키려는 들뢰즈와 가따리의 노력을 따라가면서, 맑스의 프롤레타리아트를 탐구한다. 이 장은, 소수적인 것과 프롤레타리아트의 관계를 단순히 보여 주기보다, 룸펜프롤레타리아 및 아나키즘과 관련하여 프롤레타리아 개념을 설명하려는 맑스 자신의 노력을 통해 프롤레타리아트를 탐구한다. 논의의 과정에서 이 장은 프롤레타리아트와 소수적인 것이 어떻게 공명하며, 맑스 자신이 일종의 소수적 실천과 어떻게 교전하는지를 보여주려 한다.

그러므로 2장은 들뢰즈의 소수정치(학)에 대한 설명이다. '민중이 없는' 시대를 위한 정치(학)으로서 소수적인 것의 일반적 무대를 설치한 후에, 이 장은 소수적 구성의 특유한 기법들과 과정들—창조로부터, 그

려고 노력한다. 그러므로 그것은 '있음/임(is)'의 방법론이기보다 '그리고(and)'의 방법론이다(Deleuze and Parnet 1987: 54~9 참조).

31. [옮긴이] 전통적인 대중 노동자 모델에 합치하지 않으면서 1977년 운동에 적극적으로 참여했던 사람들.

리고 속박된 공간으로부터 탈영토화로, 특수한 계략들32, 사회적인 것에 관한 소수적 관계, 탈주선, 그리고 소수적 글쓰기 등—에 초점을 맞춘다. 그것은 또 맑스의 창조 양식을 소수적 저술 행위, 가따리의 집단 분석, 그리고 푸코의 '저항' 모델에 대한 들뢰즈의 비판 등의 맥락에서 고려한다. 이 장은 카프카의 '소수문학'에 대한 들뢰즈와 가따리(Deleuze and Guattari 1986)의 논의에 집중한다. 그러나 그것은 소수정치(학)의 좀더 보편적인 경제를 발전시킨다. 비록 내가 소수적인 것의 기법과 관심을 상세히 논의했지만, 나는 소수정치(학)이라는 것이 올바른 '들뢰즈주의 정치(학)'의 일단의 강령적 규칙이 아니라 늘 어떤 상황이나 사건의 '중간에' 시작하며 그 사건의 윤곽에 특유한 교전의 양식이라는 것을 강조해야겠다. 이 장은 자본주의적 관계와 이 관계들과 교전하는 운동들 사이의 카프카식 '이중 흐름(double flux)'의 중심성을 지적하는 것으로 끝나는데 이렇게 해서 맑스의 프롤레타리아트에 관한 소수적 관계의 보편적 틀이 설정되게 된다. 이 장은 소수정치적 기법들을 문학적이고 정치적인 사건들 및 문제들에 관련짓는다. 그러나 대체로 이 장은, 소수적인 것의 실천적 정치(학)을 명료하게 밝힐 목적으로, 들뢰즈 주장의 세부에 초점을 맞춘다.

3장은, 내가 위에서 설명했듯이, 맑스가 프롤레타리아트의 개념을 룸펜 프롤레타리아트와의 관련 속에서 발전시킨 방식을 탐구함으로

---

32. [옮긴이] 음모, 술책, 계략 등 통상적으로 부정적 의미를 함축하는 'intrigue'는 이 책에서 자본의 통제를 벗어나 새로운 대지를 구성하기 위한 소수적이고 집단적인 기법들이라는 의미로 적극적으로 그리고 일관되게 사용된다. 이 일관성을 살리기 위해 이 책에서는 다소 무리한 경우에도 '계략'으로 옮긴다.

써, 소수적인 것과 프롤레타리아트 사이의 관계를 다룬다. 룸펜 프롤레타리아트 범주가 출현하는 정치적 토대를 강조하는, 그 범주에 대한 상세한 고찰 (이것은 제1인터내셔널 속에서 아나키스트들에 대한 맑스의 논쟁 속에 나타난다) 이후에, 나는, 그 계급과 결부된 과도한 전율(그리고 일부 집단들에 의해 때때로 이루어진 차이의 '계급'으로의 전경화)에도 불구하고, 룸펜 프롤레타리아트는 맑스에 대한 들뢰즈주의적 독해가 수용하기에 문제적인 범주라고 주장한다. 그 이유는 그 범주가, 차이처럼 보일 때조차도, 사회관계로부터 제거된 동일성을 서술하려는 범주이기 때문이다. 이 장의 후반부는 프롤레타리아트는 동일성이기보다 소수적 형상 혹은 '이름 붙일 수 없는' 형상이라는 생각을 발전시킨다. 즉 그것은 자본주의적 사회체의 다면성이자 그것을 극복하는 상황적 과정이다.

4장은 자본, 기계, 노동, 통제 등의 문제에 관한 들뢰즈와 맑스 사이의 관계에 집중한다. 그것의 경험적 초점은 오뻬라이스모와 아우또노미아에 의해 수행된 맑스 독해이다. 이 장은 오뻬라이스모가 어떻게, 정통 맑스주의와 신그람시주의적 탈맑스주의와는 다른, 맑스에 대한 급진적이고 또 상당히 소수적인 독해를 발전시켰는가를 보여 준다. 이 장은 또 자본에 대한 네그리의 이해와 그의 들뢰즈 해석에 문제를 제기하는 것에 관심을 갖고 있다. 이 장은 테크놀로지에 대한 맑스의 비판과 오뻬라이스모의 비판을 설명하고 '실제적 포섭'과 '사회적 공장'에 대해 서술하는 것에서 시작하여 맑스의 '기계에 관한 단상들'로, 그리고 이 텍스트에 대한 네그리의 독해의 문제점들로 나아간다. 그리고 나서 이 장은 자본, 공리, 통제, 그리고 기계[론]적(machini c)[33] 잉여가치에 대한, 오뻬라이스모의 통찰을 네그리와는 다른 방향으로 확장시키려는 방식으로 이루어지는, 들뢰즈와 가따리의 이해를 제시한다. 이 장은 기계[론]적 노동의 현재적 조건의 일부를 스케치하는 것으로 끝맺는다.

5장은 카프카의 '이중 흐름'의 다른 측면으로 돌아가 정치(학)의 문제를 고찰한다. 초점은 '노동거부'의 정치(학)에 놓여 있다. 그리고 이 장은 다시 오뻬라이스모와 아우또노미아와 교전한다. 그것은 노동이라는 주제에 대한 오뻬라이스모와 아우또노미아의 비판의 개념적 구성요소들을, 그리고 투쟁의 우선성에 대한 그들의 강조를 탐구하며, '에마르지나띠'의 문제에서부터 〈가사 노동에 대한 임금지급〉 캠페인, 〈대도시 원주민들〉, 그리고 〈라디오 알리체〉 등에 이르는 일련의 특수한 소수자적 개입의 장소를 고찰한다. 이 장은 이 조류의 정식화가 갖는 일부의 문제점들을 지적하지만, 그 관심은 오뻬라이스모와 아우또노미아의 소수정치적 구성과 발명들 중의 일부를, 그리고 그것의 소수자적 기법들과 스타일들의 증식을 탐구하는 것이다.

6장은 맑스의 코뮤니즘에 대한 들뢰즈의 관계라는 문제로 되돌아가서 이것이 민주적 정치(학)에 어떻게 하나의 도전을 제기하는지를 보여 주는 것으로 끝맺는다. 그러므로 이 장은, 민주적 정치(학)의 성장하는 사회적 공간 외부에서 이 정치적 관점으로부터 발생하는 정서적 조건을 고려한다. 코뮤니즘적 정치(학)의 '쾌활함과 기쁨'에 대한 하트

---

33. [옮긴이] 'machinic'은 mechanical(기계적), technical(기술적), technology(테크놀로지)와 구분하여 '기계[론]적'으로 옮긴다.

와 네그리의 긍정으로부터 출발하면서, 이 장은 카프카와 푸코에 대한 독해에서 들뢰즈가 설명한 바 있는, 소수정치(학)의 저 이상한 정서적 '기쁨'과 '유머'를 탐구한다.

2

소수정치(학) : 갇힌 창조의 스타일들

2장

소수정치(학) : 갇힌 창조의 스타일

우리는 성격에 관심을 갖고 있지 않다. 우리의 흥미를 끄는 것은 확장, 선전, 점령, 전염,
식민이다.
(*ATP*: 239)

혁신적 형식으로서의 '특수한 것'을 놓치지 말라.
(*ATP*: 471; 강조는 인용자)

들뢰즈의 과제는 삶의 복잡성에 상응하는 정치(학)을, 인간적인 것을 무한히 상호작용하는 물질적 우주에 어울리는 것으로 만들 수 있는 정치(학)을 발전시키는 것이다. 이것은 카오스에 대한 단순한 긍정과 동일한 것이 아니다. 들뢰즈는 추상적이고 일반적인 생성의 이론가로, 혹은 순수한 탈영토화의 이론가로 말해지는데 이것은 잘못이다. 정치는 주로 (몰적) 동일성에 대항하는 (소수적) 차이의 과정이다. 그러나 사람들은 동일성을 쉽게 떠나지 못한다. 그리고 영토의 구성은 삶에 필연적인 것이다. 내가 1장에서 말했다시피, 소수적인 것과 몰적인 것은 물질 속의 두 경향들처럼 지속적인 상호관계 속에 존재한다. 가장 일반적인 의미에서 정치는 소수적 과정을 증폭시키기 위해 존재

한다. 그러나 그것은 몰적 계층화 및 특유한 사회정치적 관계들과의 지속적 교전을 통해서만, 그리고 삶의 방식의 복잡한 구성 속에서만 이 일을 수행한다. 이러한 교전과 구성 속에서 정치는, 줄잡아 말해, 복잡한 과정이다. 이 장에서 나는 이 과정의 기법들과 스타일들을, 다시 말해 소수정치의 구성양식들(modes of composition)을 탐구하려 한다.

　이 장은 '민중이 없다'는 조건 위에서 소수정치를 위한 가능성의 사회역사적 출현을 서술하는 것에서 시작한다(Deleuze 1989: 216). 그것은, 정치가 사회적 세력들에 의해 완전히 횡단되는 '갇힌 공간들' 속에 존재하는 소수의 민중들 혹은 소수자들의 경험에서 시작된다는 것을, 그리하여 소수적인 것의 제1원리는 동일성이 아니라 창조라는 것을 보여준다. 이 일반적인 상황을 탐구한 후에 이 장은 '탈영토화'라는 문제의식을 고찰하여, 소수적인 것이 어째서, 자율적인 정치적 공간이기보다, 몰적 체제와의 지속적 교전의 과정인가를 보여준다. 그래서 '특수한 것'과 '사회적인 것'이 소수적 구성 속에서 취급되는 방식이 상세히 고찰된다. 이 절에서는 (각각의 '특수한' 상황 혹은 동일성 속에서 그리고 그것들에 맞서 지속적 실험과 재배치의 환경이 어떻게 출현하는가를 보여주기 위해) '포함적 이접(離接)'의 개념들을, 그리고 사회적 '탈주선의 우선성을 (그래서 소수적인 것이 '프롤레타리아트'와 유사성을 갖고 있음을) 설명한다. 소수적 저자기능(authorfunction) 및 맑스 자신의 소수적이고 창조적인 측면에 대한 논의를 한 후에, 이 장은 맑스의 당 개념에 대한 들뢰즈의 태도와 가따리의 집단 분석을 고찰한다. 푸코의 저작과 들뢰즈의 저작 사이에 공명이 있기 때문에, 그리고 현대의 정치적 토론에서 푸코의 '저항' 모델이 두드러지고 있기 때문에, 이 장은 푸코의 저항모델에 대한 들뢰즈의 비판에 대해 고찰하는 것으로 매듭 지어진다. 여기서 전개된 소수정치(학)이 추상적 기법들을 강조한다는 점이 중요하다. 구체적 실천에서 소수정치의 표현은 필연적으로 각각 의 특수한 상황의 형세에 내재적이다. 그렇지만 너무 추상적으로 되지 않기 위해서 각각의 절은 특수한 논점을 예시할 문헌적 정치적 사건 들을 이용한다. 이 다음 장들에서, 좀더 구체적인 영역들에서 작용하 고 있는 소수정치의 양상들이 제시될 것이다.

민중이 없다

소수정치는, 들뢰즈(1989: 216)가 표현한 바처럼, '민중이 없다'는 기초적(founding) 조건에서 시작한다. 이러한 상황판단을 위해, 그리 고 그 상황에 대한 상세한 설명을 위해 들뢰즈와 가따리가 내세우는 특권적 인물은 카프카이다. 그리고 이 장은 들뢰즈–가따리의 카프카 와의 교전을 중심적으로 다룬다. 그러나 이 교전을 추적하기 전에, 소 수적 조건을 역사적 전망 가운데 놓는 것이 유용하다. 들뢰즈 (Deleuze 1997b)에게 있어서, '민중'의 두 가지의 위대한 역사적 모델 은 미국의 '신세계인'과 소비예뜨의 '프롤레타리아트'이다. 이러한 형상 들 속에는 아버지도 없고 특수성도 없이 완전히 '새로운 인간'의 상호 혼합적 메시아주의가 있다. 전자에게서, 이 메시아주의는 (민족, 가족, 유산 등과 같은 유럽적 예복을 걸치지 않고) 보편적 이민을 통해 구성되는 '형제들의 사회'이다. 후자에게서 그것은 (소유, 가족, 민족 없이) **보편적 프롤레타리아화**를 통해 구성되는 '동지들의 사회'이다.[1] 민중의 이러한 모델들의 구성형식을 논하면서 들뢰즈(1989: 216)는 그 모델들이 소련 영화와 미국 영화에서 어떻게 그 표현을 발견했는지를 보여준다. 예를 들어 에이젠쉬타인에게서 우리는 짜르에 대항하는(《끔찍한 사람, 이반》), 그리고 사장들과 그 종복들에 대항하는(《파업》) 변화의 전위로서 계급투쟁의 우여곡절을 거쳐 만장일치에 이르고 있는 민중을 본다. 미국 영화에서 민중은 (카프라나 포드와 같은 서부사람들 속에서 분명히 나타나듯이) 경제적 위기, 도덕적 편견, 폭리취득자들, 악선동가들 등에 대항하는 투쟁 속에 존재한다.

이 모델들, 이 민중들은 그렇지만 지속될 수 없었다. '보편적 이민은 보편적 프롤레타리아화보다 더 성공적이지 않았다'. 그리고 (시민전쟁에 의해 고지된) '민족의 탄생과 더불어', 그리고 레닌이 소비예뜨를 해체시킴과 더불어, 아버지들이 다시 질주해 왔다(Deleuze 1997b: 88). 적어도 미국 민중에 대해 논의하면서 들뢰즈는 역사적 기억의 쇠퇴를 보는 것 같다. 일차적인 이탈 공동체들을 논외로 할 때(Sakolsky and Koehnline 1993; Linebaugh and Rediker 2000 참조), 미국의 보편적 이민 속에서 민중의 모델은 처음부터 오염되었다. 왜냐하면 그 모델은

---

1. '볼세비키 러시아가 보편적 프롤레타리아화 속에, "세계의 프롤레타리아트들" 속에 그 힘이 놓여 있는 그런 혁명을 만들어 내려고 했던 것처럼, 미국은 보편적 이민 속에, 세계의 이민자들 속에 그 힘이 놓여 있는 그런 혁명을 만들어 내려고 했다. … 이것이 계급투쟁의 두 형태이다. 그래서 19세기의 메시아주의는 두 개의 머리를 갖고 있다. 그리고 그것은 사회주의의 궁극적으로 러시아적인 형태 속에서 만큼이나 미국 실용주의 속에서도 표현된다'(Deleuze 1997b: 86).

'민중을 형성한 것은 원주민이었다'는 점에 대한 절대적 부정 위에 구성되었기 때문이다.[2] 그럼에도 불구하고 중요한 점은, 미국과 소련 경험의 실패로 인해 (그리고 스딸린주의와 히틀러주의 속에 구성된 민중의 형식으로 이 모델의 실패가 최종적으로 그리고 극적으로 확인됨으로써) 민중의 모델이 점차 죽은 것으로 인식된다는 것이다. 들뢰즈에게서 이것은, '억압받는 민족과 착취당하는 민족들이 항구적인 소수자의 상태에, 집단적 정체성의 위기에 놓여있는'(Deleuze 1989: 217) '제3세계'의 식민주의 경험 속에서 처음으로 인식된다. 물론 식민화된 민족들은 민중의 모델로 충전되었다. 외인적인 '문명화' 과정의 모델과 내부의 민중적 신화의 모델 모두가 식민지 체제들에 들어맞았다. 그러나 들뢰즈가 주장하듯이, 이것들이 사람들을 정복하고 있었으며 식민화되고 있는 사람들의 실재하는 정치적 잠재력과 희망을 거의 반영하지 못하고 있었다는 점은 더욱더 분명하다. 이러한 인식은, 민중에 대한 재현과 단절하고 '민중은 없다'는 조건 위에서 발명의 과정을 시작하는 근대 영화의 출현에서 드러난다. 1970년대의 흑인 영화를 예로 들어보면,

---

2. 팔레스타인 사람들에 대한 오늘날의 박해에 대해 논하면서 들뢰즈는, 식민주의의 특정한 형태들은 — 특히 아무도 없는 땅(terra nullius)을 찾는 식민주의의 형태들(Deleuze 1998b)은 — 구성되고 있는 '민중들'의 일부가 아닌 사람들의 실존에 대한 절대적 부정을 통해 작동한다 : '[시온주의적 테러리즘은, 처음부터 끝까지, 팔레스타인 민중이 실존하지 말아야 할 뿐만 아니라 결코 실존한 적이 없다는 듯이 행동하곤 한다'(Deleuze 1998c: 30). 팔레스타인 사람들과 북미 원주민들의 경험의 일정한 공통성은 「팔레스타인의 원주민들」이라는 제목으로 들뢰즈와 엘리아스 샌버(Elias Sanber 1998) 사이에 이루어진 대화 속에 기록된다.

[그것은] 흑인에 대한 부정적 이미지를 긍정적 이미지로 대체하는 대신 전형들과 '성격들'을 증식시킨다. 그리고 그것은 매번, 행동들의 연쇄에 더 이상 조응하지 않으며 파편화된 정서 상태 혹은 충동 상태에만 조응하는 그 이미지의 작은 부분만을 순수한 이미지와 소리로 표현가능하게끔 창조하고 재창조한다.

(Deleuze 1989: 220)

민중이 없다는 것은, 그러므로, 푸념이 아니다. 오히려 그것은, 민중이라는 사회–정치적 형상이 최상의 경우에는 흘러넘치고 있으며 최악의 경우에는 그 자체로 (그리고 민중의 모델이 동일성주의적 매혹자들—그 중에서 가장 악명높은 것은 '인종'과 '민족'이다—을 둘러싼 복잡한 욕망의 관계를 분할하는 일을 너무 쉽사리 수행하는 한에서는 너무 위험스럽게) 정치를 종말에 이르게 한다는 주장이다(AOE:특히 2장 참조). 들뢰즈에게 있어서, '시민'이라는 사회민주적 모델과 '의식하게 되기'라는 정통 맑스주의적 모델은 그러므로 모두 끝났다.[3] 그래서 정치는 민중을 재현하는 과정이 아니라 '새로운 세계와 도래할 민중'을 창조하는 과정으로 된다.

들뢰즈와 가따리는 이 기초적(founding) 조건으로부터 구성의 일련의 소수적 기법들과 양식들을 개발한다. 여기에서 카프카는 특권적 인물이다. 들뢰즈와 가따리(Deleuze and Guattari, K)는 '카프카를, 모든 것을 (함수관계와 탈주선을 가진) 이상블라주들로 바꾸고자 하는 특정 모델의 '글쓰기

---

3. 소비예뜨 혁명의 재영토화 이후에는, '의식하게 되기의 문제만을 갖고 있는 … 프롤레타리아트들의 이미지는 더 이상 존재하지 않는다'(N: 173).

기계'를 가지고 심리학적, 전기적, 개인주의적 독해에 도전하는, 그리하여 그 독자들에게 실험적 효과를 유발하고자 하는 창조의 한 형식으로서 탐구한다.[4] 모리스(Morris 1994: 130)가 썼듯이, 『카프카』는 창조의 특수한 양식의 하나의 전기(biography)이다.' 이와 동시에 『카프카』는 어떤 정전(正典)적인 문학작품들을 '다룸'에 있어서 소수적 실천 그 자체이며 창조의 소수적 양식의 조건과 과정을 정교화한 것이다. 이 장이 탐구하는 것은 이 후자의 조건들과 기법들이다.

들뢰즈와 가따리는 카프카의 글쓰기 기계의 세 가지 구성요소를 서술한다. 편지, 단편소설, 그리고 장편소설 등이 그것이다. 비록 이 구성요소들 사이에 소통이 있지만, 각각은 구성과 효과의 특수한 양식을 갖고 있다. 장편소설은 사회적 아상블라주들을 강조하기 때문에 진정한 성취로 꼽힌다(K: 39). 그리고 카프카의 일기는 '리좀 그 자체'로, 모든 작품이 분배되는 환경이자 장소(K: 96)로 간주된다. 들뢰즈와 가따리가 소수적 과정에 대한 자신들의 설명을 시작하는 것은 1911년 12월 15일자 일기의 도입부를 가지고서이다. 여기에서 카프카(Kafka 1999)는 '소수 민중들'을, 즉 민족적 다수자들의 한 가운데에 놓인 미발전의 '민족들'을 문학적으로 생산하는 상황과 그것의 이점에 대해 곰곰이 생각한다. 문학은, '공적 삶에서 종종 실현되지 않으며 … 적대적 세계에 직면하여 언제나 해체하는 경향이 있는 민족의식'을 발전시켜야 하는 과제를 갖고 있다. 소수 민중들의 문학은 일종의 민족 '일

---

4. '글쓰기는 이중의 기능을 갖는다 : 모든 것을 아상블라주로 번역하고 또 아상블라주를 해체하는 것. 이 두 가지는 동일한 것이다'(K: 47).

기' 이다. 그것은 '역사학과는 완전히 다르며, 더욱 급속한 (그러나 언제나 세심하게 검토된) 발전을, 그리고 공적 삶의 광범위한 영역의 정신화를 가져오는 그 무엇(148)'이다. 들뢰즈와 가따리의 독해에서 이 소수 민중의 일기는, 민중이 없는 때에, 소수자 구성의 패러다임적 조건으로 (그리고 그것의 발명 환경으로) 된다. 그것으로부터 그들은 소수문학이 갖고 있는 세 가지의 밀접하게 연관된 규정적 특징들을 도출한다. 1) 그것들은 일반적으로 '탈영토화라는 높은 계수(係數)'를 가지고 언어와 주요 형식들에 영향을 미친다. 2) 개인은 사회적 관심사에 의해 완전히 횡단되며 '모든 것은 정치적이다'. 3) 그리고 그것들은 '집단적 발화'의 양식을 만들어낸다(*K*: 16~18).[5] 나는 들뢰즈와 가따리의 정치학에 대한 보다 일반적인 설명 속에서 소수적인 것을 고찰하고 있기 때문에, 이 세 가지 특징들은 아래에서 그것들의 개념적 장치의 다른 측면과 연관되어 논의된다.[6] 나는 여기에서 (비록 그것이 위에서 고지되었고 또 앞으로의 논의 속에서 분명해질 것이지만), '소수문학'이 특별히 '문학적인' 관심사가 아니라는 점을 여기에서 말해야겠다. 어떤 수준에서 그것은 모든 예술형식과 관련된다. 그 중에서 영화, 특히 연극이 선발된 것이다(Deleuze 1989: 222; 1997c). 소수적인 것에 대한 논의에서 특권화된 인물인 베케트(Beckett)가 문학, 영화, 연극 등 세

---

5. 카프카(Kafka 1999: 150~1) 자신은, '작은 민중들의 문학'을 이렇게 설명했다 : '1. 활기 넘침 : a. 갈등, b. 학교들, c. 잡지들. 2. 더 적은 속박 : a. 원칙들의 부재, b. 소수적 주제들, c. 상징들의 손쉬운 형성, d. 재능 없는 사람들을 경멸하기. 3. 대중성 : a. 정치와의 연결, b. 문학사, c. 문학에 대한 믿음 등이 그들 자신의 법률을 만들어 낼 수 있다.'

6. 소수정치(학)의 기준과 기법에 대한 나의 논의는 『시네마·2』에 나오는 소수적 영화의 기준에 대한 들뢰즈(Deleuze 1989: 215~24)의 설명의 구조와 더욱 밀접하게 연관된다. 이곳에서 제일 원칙은 민중이 없다는 것이다.

가지 매체 모두에서 활동한다는 점은 주목할 만하다. 그러나 이에서 더 나아가, '소수문학'은 소수자들의 구성과정을 서술하는데, 그곳에서 '예술'과 '삶', 내용과 표현은 완전히 뒤얽힌다. '삶과 글쓰기, 예술과 삶은 소수문학의 관점에서만 대립된다'(*K*: 41). 그러므로 소수문학의 중요한 측면은 문학적, 영화적, 연극적 생산물 자체가 아니라 그것이 소수적 구성의 일반적 과정을 표현한다는 것이다. 이 논의의 여러 측면들은 문학적·언어적 생산에 더 많이 초점을 맞추는 반면, 다른 생산들은 더욱 분명하게 물질적인 사회적 관계에 개입하는 일에 더 많은 관심을 갖는다. 그러나 소수 '문학'이 이 장에서 '소수정치'의 일반 경제의 주위에 놓여졌을 때는, 문학적 절차로서가 아니라 소수자 집단들의 구성, 계략, 그리고 실천을 표현하기 위한 일반적 술어로서 읽혀져야 한다.

갇힌 공간, 그리고 창조의 중심성

만약 민중이 없다면, 소수정치는 자기결정된 주체적 완전함과 자율의 공간에서 시작하지 않고 '갇힌 공간'(*K*: 17) 속에서, 자신들의 운동들과 표현들이 모든 면에서 '갇힌' 것을 발견하는 피억압의, 서발턴의 소수자 민중들 사이에서 시작한다. 이런 의미에서 소수자들은, 스피박 (Spivak 1996: 289)이 말했듯이, 문화의 '동선들(lines of mobility)'로부터 분리되어 있는 사람들이다. 그들은, 분리된 자율적 정체성으로 하여금 문화를 통해서 쉽게 진행할 수 있게끔 하는, 역사, 담화, 그리고 전통의 기성 구조를 갖고 있지 않다. 그래서 소수자들에게 삶은 다소 까다롭다. 그래서 실천은, 사람들이 그 속에 자신을 '끼워 맞출', 합법적인 사회적 길을 따라 걷는 단순한 자기표현의 문제가 아니며 각각의 상황 내부에서 그 상황을 둘러싸고 전개되는 그때그때의 시험적 작전행동이다. 이 갇힌 소수자의 조건은 특수한 반응을 유발한다. 들뢰즈와 가따리는, 자유와 창조성을 개인적 자율과 자기표현의 공간으로 보는 자유주의적이고 인간주의적인 관념과 정면으로 교전하는 작전행동에서, 창조가 일어나는 것은 바로 갇힌 상황 속에서, 즉 민중, 역사, 언어 등의 강제된 근접성(proximity) 속에서라고 주장한다. '창조는 질식할 것 같은 회로 속에서 발생한다'(*N*: 133).[7] 실제로 들뢰즈는, '일단의 불가능성들에 의해 목구멍이 붙들리지 않은 창조자는 창조자가 아니다'(133)고 쓰기에 이르렀다. 그래서, 소수정치에서는 매우 실재적이며 갇힌 소수자 조건에 대한 지각적 민감성과 더불어 어떤 '자발적 가난'(*K*: 19), 즉 정체성과 완전성의 지속적 지연이 있다. 그리하여 '사람들은 심지어 [경계가 거기에 있기도 전에 그것을 보려고 하며 종종 이 한정짓는 경계를 어디에서나 본다'(Kafka. *K*: 17에서 인용).[8] 이 지연은 몰적 표준을 제약적인 것으로 경험하곤 한 '누구에게나' 소수정치를 개방하는 데 기여할 뿐만 아니라, 지속적 실험을 도입하기 위한 메커니즘으로 작용한다. 왜냐하면 그러한 '자발적 가난'은 특수한 정치

7. 들뢰즈가 자유에 대한 자유주의적 이해와 단절한 것에 대한 좀더 폭넓은 논의로는 패튼 (Patton 2000: 83~7)을 참조하라.

8. 카프카는 야노우치(Janouch 1971: 20)에게 자신이 새장 속에 있다고 말하는데, 이 때 그가 이 점을 성찰하고 있는 것으로 보인다. '사무실에서뿐만 아니라 어디에서나 … 나는 항상 내 자신 내부에 빗장을 지르고 다닌다.'

적・문화적 경로들, 형식들, 정체성들의 경직화를 허용하기보다 오히려, 사유와 실천을 경합, 논쟁, 교전의 환경 속으로 다시 끌고 오는데 기여하며 갇힌 경험에 대한 상세한 이해를 통해 끊임없이 새로운 실험의 형식을 이끌어 내도록 강제하기 때문이다.

이처럼 소수적인 것은 특정한 '불가능성'에 의해 채색된다. 모든 운동은 단순한 가능성이나 선택을 제시하기보다 운동의 경계나 그것이 이를 막다른 골목을 제시한다. 문제없이 사는 것이 '불가능하지' 않은 정체성, 다시 말해 문제없이 살 수 있는 정체성은 전혀 존재하지 않는다. 그러나 어떤 것이 살아질 수 있는 한에서 행동의 불가능성은 수동의 불가능성과 조화된다. 베케트(Beckett 1979: 382)의 신조 '나는 갈 수 없다. 그러므로 나는 갈 것이다'[9]에서처럼, 창조는 '불가능성들 사이의 길을 추적하는 과정'이 된다(*N*: 133). 자유와 창조에 대한 자유주의적 이해와 갇힌 창조성 사이의 차이는, 커다란 소수적 감수성을 드러낸 단편소설인 「어느 학술원에 보낸 보고서」에서 카프카에 의해 잘 표현된다. 여기에서, 한 원숭이가 배 위의 한 궤짝에 '갇혀' 있었고 그래서 그 원숭이는 자신을 잡은 인간 포획자를 흉내내어 자신이 처한 곤경에서 벗어날 길을 열어줄 특정한 인간-되기의 운동을 하는 것 외에 다른 가능성을 갖고 있지 않았다. 그의 혁신적 변화를 이끌어내고 또 강제하는 것은 갇힌 존재라는 조건 자체이다. 그러나 그 이유는 그 원숭이가 추상적 자유를 원하기 때문이 아니며, 사실을 말하자면, 그 원숭이가 인간되기에 관한 특수한 어떤 것을 욕망하기 때문이다.

---

9. 이 참고문헌을 찾을 수 있게 도와준 데롤 팔머(Derrol Palmer)에게 감사한다.

'자유'는 뭔가 가치를 갖고 있는 것처럼 보이지만, 그것은 모호한 형식이다(카프카가 쓰고 있듯이, '인간은 너무나 자주 자유라는 말에 의해 배신당했다'; Kafka 150). 그리고 이 경우에 '자유'라는 것은 배 밖으로의 자살적 탈주를 제공할 뿐이다. 그 대신 원숭이는 자신이 처한 특수한 조건에서 벗어날 '출구'를 찾는다. 이에 대해 경계와 가능성을 동시에 제공하는 것은 인간이다.[10] 그리하여 원숭이는 자신이 처한 상황의 형세에 대한 치밀한 관찰과 교전을 통해, 그리고 근면한 반복을 통해 일련의 인간적 특성들을 배우고 익힌다. (이 과정에서 화자(話者)인 원숭이는 승무원들이 갖고 있는 특정한 동물성의 도움을 받는데, 그것은 하나의 작은 이중생성 속에 반영된다. 즉 화자인 원숭이의 본성이 그 자신으로부터 빠져나옴에 반해 그의 첫 번째 선생이 거의 원숭이로 되는 것이다.) 인간이-되는-원숭이는 자신의 '도주'의 형식을 이렇게 서술한다:

저는 제가 '출구'라는 말로 뜻하는 바가 제대로 이해되지 못할까봐 걱정이 됩니다. 저는 이 단어를 그것의 가장 일상적이고 가장 완전한 의미로 사용하고 있습니다. 저는 의도적으로 자유라고 말하지 않습니다. 저는 사방으로 열려진 자유의 저 위대한 감정을 의미하는 것이 아닙니다. … '자신이 통제하는 운동'. 이 얼마나 성스러운 어머니 자연을 우롱하는 것입니까! 만약 원숭이들이 그러한 광경을 볼 수 있었다면, 그들의 터져나오는

---

10. 파스칼(Pascal 1982: 197~201)은 원숭이의 '탈출' 및 자유에 대한 낭만적 생각, 그리고 진실로 독립적인 자아 사이의 차이가 그 이야기의 중심적 측면이라고 주장한다. 그가 주장하는 이야기는 사회적 제약 하에서 [살아가는-옮긴이] 실존의 딜레마를 하나의 개방적이고 지속적이며 미묘하고 실용적인 실험으로 제시한다.

웃음소리의 충격 때문에 어떤 극장 벽도 견딜 수 없었을 것입니다.

(Kafka 1978: 150)

그러므로 소수정치는 소수자 집단들이 '큰소리로 외치는', 어떤 동일성을 발성하는 다원적 과정이 아니다. 소수주의적인 것은 표현에 관심을 갖지만(들뢰즈는 심지어, 그것이 '말할 권리를 갖지 않은 사람들로 하여금 말하게끔' 하는 문제라고 쓴다; N: 41), 그러한 표현은 어떤 동일성의 표명이라는 의미에서의 '소통'이나 혹은 모든 사람이 들을 수 있는 공공영역으로 사람들을 데려가는 과정이 아니다. 그 문제는 오히려 갇힌 공간에서 일어나는 발명 혹은 창조의 문제이다. 소수정치의 문제는 '우리가 충분히 소통하고 있는가?' 혹은 '우리 모두가 듣고 있는가?'의 문제가 아니라 상이한 질서의 것이며, 우리가 어떻게 구성되는가? 그리고 지배적 형식들이나 주요한 형식들을 탈영토화하는 방식으로 우리가 어떻게 창조하는가?에 관심을 갖는 문제이다. 거기에서 '창조는 언제나 소통하는 것과는 다른 그 무엇이었다'(N: 175). 우리는 이제 갇힌 공간과의 그러한 창조적 교전이 일어나는 방식을 고찰하기 위해 이동할 수 있다.

탈영토화

소수적인 것은 오히려 자기말소적인 형상이다. 그것은 구획된 주체 입장을 갖고 있지 않을 뿐만 아니라 정치적인 것에 대해 매우 공공연하게 진술하는 거만함도, 확실성도 또 자만심도 갖고 있지 않다. 이렇게 말한다고 해서 소수적인 것의 효과가, 들뢰즈와 가따리가 말한 상관 개념인 '전쟁기계'가 상기시키는 의미에서 '폭력적'이지 않다고 말하는 것은 아니다. (오히려 소수적이라고 하는 것은 "주인들의 모든 언어를 증오하는 것이다"; *K*: 26). 그러나 그것의 폭력은, 소수자의 잠재력을 가두는 주요한 형태들의 질서, 방향, 구조를 겨냥한다. 따라서 그 폭력은 비한정적이며 불확실하고 잠정적이며 변덕스러운 과정으로 나타난다. (그래서 들뢰즈와 가따리는 카프카와 베케트를 좋아하며 그들은 이 작가들의 작품을 '더듬거리기', '무미건조함', '엄숙함', 그리고 '자발적 가난' 등의 용어로 설명한다.) 그래서 소수문학에 대한 들뢰즈와 가따리의 최초의 설명에 따르면 소수문학은 '높은 계수의 탈영토화를 이루는' 언어를 달성한다. 이것을 설명하기 위해서는 다수언어와 소수언어의 차이를 명백하게 밝히는 것이 필요하다.

들뢰즈와 가따리에게 있어서 언어는, 특수한 물질적 아상블라주 외부에서 그 자체로 고찰될 수 있는, 별개의 인간관계의 평면이 아니다. 언어는 '재현'이 아니다. 그것은 (비록 일차적인 구조화 주체를 갖고 있지는 않지만) 명백하게 구체적인 실천 혹은 과정이면서 또 그만큼 물질적인 형식이다. 또 그것은 물질의 배치 혹은 아상블라주를 현실화하는 관계들의 체계에 내재적이다. 푸코(Foucault 1970)에게서 그렇듯이, 언어는 '말과 사물'의 구분을 중요하게 생각하지 않는 환경의 구성이다.[11] 그러므로 '다수언어'는 자율적 언어가 아니며 몰적 동일성의

---

11. Deleuze and Guattari(1988: 83)는 그것을 이렇게 표현한다 : '진술의 어떤 유형은 실용

형성에 내재적인 언어이다. (비록 다수언어의 특징 중의 하나가, 그것이, 주로 언어과학에 의해서, 자율적 실천으로 자연화된다는 것이지만 말이다.) 그것은 상수, 보편자, 표준, 그리고 정규 문법에 의해 작동한다. 그것은 '약호들'과 '영토'를 구성한다. 그러나 소수적인 것은 그 자체로 다른 언어를 지시하지 않는다. 그것은 동일성들 사이의 소통과정이라기보다 동일성을 가로지르며 그것에 대항하는 창조이다. 소수언어는, 자율적 공동체들의 자기동일적 반영으로 실존하는, 소수자들의 케토화된 언어가 아니다. 만약 민중이 없다면, 그들은 언어 속에서 결코 '편안할' 수 없고 오히려 언제나 '그들 자신의 것이 아닌' 언어 속에서 산다. (그래서 유대계 프라하인인 카프카는 독일어로 글을 쓴다.) 그 대신 소수언어들은 다수언어에 대한 다른 취급법들을 서술한다. '소수언어들은 그 자체로 존재하지 않는다. 그것들은 다수언어와의 관계 속에서만 존재한다. 그것들은 다수언어를 소수적인 것으로 만들기 위하여 다수언어를 포위하는 것이다'(*ATP*: 105). 소수언어의 상이한 기법들과 특징들은 저자들에 따라 다르다. 그러나 본질적으로 소수언어들은 상수에 의해 특징지어지는 것이 아니라 '지속적 변이'에 의해 특징지어진다. 소수언어는 (비록, 조이스에게서처럼 과도함과 풍만함을 갖고 있기보다 베케트나 카프카에게서처럼 엄숙함과 무미건조함을 더 많이 갖고 있는 것처럼 보이지만; *K*: 19) 상수들을 제약하며 변수들에 지나친 짐을 싣거나 그것을 확장한다. 그리하여 상수들은 '옆으로 비

적 함축의 기능으로서만, 달리 말해, 그 진술이 표현하는 그리고 새로운 몸체 배치들을 도입하는 함축적 전제들, 내재적 행동들, 혹은 비물리적 변형들과 관련해서만 평가될 수 있다.'

켜난다'(*ATP*: 104). 들뢰즈(Deleuze 1994b: 25)는, '음악에서처럼 … 소수적 코드는 항구적인 불균형의 상태에 있는 역동적 조합을 가리킨다.'

들뢰즈와 가따리는 '게토 언어'를 이런 식으로 서술한다. 예를 들어, 미국의 흑인 대중문화 언어는 영어의 타자로서의 자율적인 '흑인' 언어로 (혹은 심지어는 별개의 방언으로) 제시되지 않고 영어의 소수화(minoring)로, '흑인 영어'로 제시된다(*ATP*: 104 참조). 카프카(1954) 자신은 이디시어[12] 극장에 대한 서술에서 그 점을 예증한다. 거기에서 그는 이디시어를 일관된 문법이 없이 '지속적인 흐름' 속에 있는 하나의 '뒤얽힘(tangle)'으로 제시한다(382). 물론 이디시어는 그 자체로 하나의 언어지만, 카프카가 보기에 그것의 중요성은 하나의 구성형태이자 실천양식이라는 것에 있었다.

> 그것은 단지 외국어로 구성되어 있을 뿐이다. 그러나 이 말들은 외국어에 굳게 뿌리박고 있지 않다. 그것들은 외국어들이 채용된 속도와 생동감을 갖고 있다. 거대한 이민들이 이쪽 끝에서 저쪽 끝까지 이디시어를 사용하며 움직인다. 독일어, 헤브루어, 프랑스어, 영어, 슬라브어, 네덜란드어, 루마니아어, 심지어 라틴어 등 이 모든 언어들이, 일단 이디시어로 오염되기만 하면 호기심과 경박함에 사로잡힌다. 그리고 이 모든 언어들을 이 국가 속에서 함께 유지하는 것은 상당한 힘이 든다.
>
> (Kafka 1954: 382)

---

12. [옮긴이] Yiddish. 독일어에 헤브루어와 슬라브어가 혼화한 것으로, 헤브루 문자로 쓰며 중부동부 유럽 및 미국의 유대인이 사용하는 언어이다.

언어의 이러한 탈영토화는 정체성에 영향을 미친다. 카프카는 이디시어와의 교전 양식, 있는 그대로의 변이하는 뒤얽힘은 (재현으로서의) '감각'이기보다는 '직관'의 일종이고 또 이 속에서 그 뒤얽힘은 몰적 주체의 탈영토화 과정이기도 하다고 주장한다.

당신이 무엇을 알고 있는가와는 별도로, 당신 자신 속에는 당신으로 하여금 이디시어를 직관적으로 이해할 수 있게 하는 힘이, 그리고 그러한 힘을 가진 연상이 꿈틀거리고 있음을 명심하라. 그러면, 당신은 이디시어에 매우 가까이 다가가기 시작할 것이다. … 그러나 일단 이디시어가 당신을 사로잡고 또 당신을 움직이면 — 그리고 이디시어는 모든 것이며 말들이며 카시드의(Chasidic)[13] 멜로디이며 그리고 이 동유럽 유대인 배우 자신의 본질적 성격이다 — 당신이 이전에 무엇을 비축해 두었건 그것을 잊어버릴 것이다. 그리하여 당신은 이디시어의 진정한 통일성을 느끼게 될 것이다. 그리고 그 통일성은 당신을 너무나 놀라게 할 것이지만 더 이상 그것이 이디시어를 두려워하지는 않을 것이고 당신 자신을 두려워할 것이다.

(Kafka 1954: 385~6)

그러므로 소수적인 것은 우리가 누구인가를 묻는 것이 아니라 우리가 어떤 특수한 일단의 정체성들, 관계들, 실천들, 언어들과 관련하여 어디에 자리잡는가, 그리고 이 자리에서 우리가 무엇을 하는가를 묻는 것이다. 우리는 언제나 다수언어가 제공하는 일단의 조건과 가능성을 가지고 작업하면서 다수언어의 '중간에' 있다. 우리가 갇힌 것을 느끼

---

13. [옮긴이] 'Chasid'는 '경건한'의 뜻을 갖는다. Chasidism은 정통 유대교의 일파이다.

고 또 다른 공동체를 표현하려 하는 한에서, 소수적인 것은 이 조건들과 관계를 맺는 과정이다. 그 조건들을 탈영토화하거나 혹은 그 조건들로 하여금 마치 새로운 무언가가 창조된 것처럼 변이하도록 만드는 관계를 말이다.

> 우리가 우리 자신의 다수언어를 소수적인 것으로 만들 수 있는 기반 위에서, 우리는 소수언어, 지방어, 혹은 개인어를 발견해야만 한다. … 우리가 두 가지 언어에 통달하거나 여러 언어에 통달하는 것은 우리 자신의 언어 속에서이다. 다수언어 속에서 아직 미지의 소수언어들로서 그 윤곽을 드러내기 위해서는 다수언어를 정복하라. 다수언어로 하여금 경쟁을 하도록 만들기 위해서 소수언어를 사용하라.
>
> (*ATP*: 105)

장 주네(Jean Genet)의 작품에서 따온 두 가지 예가 갇힌 공간, 창조, 그리고 탈영토화 사이의 관계를 설명하는 데 도움을 줄 수 있다. 주네는, 조지 잭슨(George Jackson 1971)이 『독신아빠 형제』(*Soledad Brother*)에서 사용한 언어를 연구하면서, 갇혀 있으면서 탈영토화하는 어떤 특정한 구성양식을 부각시킨다. 감옥이라는 갇힌 상황(간수와의 어쩔 수 없는 공모, 인종주의의 강화)에 대해, 그리고 수인의 몸과 마음에 요구되는 '까다롭고 잔인한' 노동에 대해 논의한 후에, 주네는 잭슨의 문학적 표현양식에 대해 고찰하기 시작한다. 잭슨의 편지모음인 『독신아빠 형제』 중의 '그 어느 것도 책을 위해서 의도되거나 씌어지거나 구성되지 않았다'(17). 편지를 쓰도록 추동하는 욕망, 사랑, 증오, 그리고 정치적 동맹은 책-형태에 필요한 갇혀-답답한 긴박성을 너무나 많이 갖고 있다. 또 주네에게 그 편지들은 흑인문학의 새로운 측면을 표현하는 것으로 보인다. 어떤 특정한 일관된 전통의 거부 혹은 '제거', 그리고 '날 것이며' '특이하고' '명석한' 직접성이 그것이다. '그들에게 울적함의 시간은 끝났다. 그들은, 제각각 자기 나름의 수단으로, 혁명적 의식을 창조하고 있다. 그리고 그들의 눈은 맑다'(24). 리차드 라이트에서 조지 잭슨에 이르는 사람들에게서 '우리는 지금 위대한 헤브루 예언자들의 메아리를 거의 듣지 못한다'(20~21)고 주네는 주장한다. 이 특이성은 '오직 그의 민중에게만 속하는 분리된 언어'(22)에 대한 갈망으로 채워져 있다. 그러나 그 긴급성은 풍부함을 완전히 결여하고 있다는 사실에 대한 인식을 전제로 하고 있다. 민중이 없다는 조건에서 살고 있는 잭슨은 실제로 지배적 언어와 교전하지 않을 수 없고 그것을 그와는 다른 것에 개방하기 위해 열심히 노력하지 않을 수 없다.

> 그러므로 그가 의지할 곳이라곤 단 하나뿐이다. [적]의 언어를 받아들여 그것을 매우 노련하게 부패시킴으로써 백인들이 자신들의 덫에 걸리게 하는 것이다. 그 언어를 풍부한 채로 받아들여 그 풍부함을 더욱 증대시키고 그리고 나서 그것을 백인에 대해 자신이 갖고 있는 온갖 집착과 증오로 채우는 것이다. 그것이 과제이다. … 말들은 더 이상 백인에 의해 가르쳐진 개념을 위해 복무하지 않으며 새로운 개념들을 위해 복무한다.
> (Jackson 1971: 22에서 주네)

두 번째 예는 소수문학의 배타적이지 않은 문학적 측면을 강조하는 데 도움을 줄 수 있다. 팔레스타인 사람들과 흑표범당(BPP)의 투쟁에 대한 자신의 경험을 중심으로 삼고 있는 『사랑의 죄수』(*Prisoner of*

Love)에서, 주네(1989)는 (상 퀭땅 감옥에서 촬영된) 흑표범당의 바비 씰(Bobby Seale)과의 텔레비전 인터뷰에서 생산된 급진적 효과(여기에서는 소수적 용어로 만들어진)에 대해 보고한다. 그 영화가 상영되도록 한 캘리포니아 당국의 결정 배후에 어떤 동기가 놓여 있든, 우리는 그 상영이 다소 무거운 다수자주의적 틀 속에서 발생했음을 의심할 수 없다(그것은 분명히 흑표범당 '고유의' 혹은 '자연스러운' 표현영역이거나 표현양식은 아니었다). 그리고 실제로, 씰이 그의 어머니나 부인의 요리에 대해 상세히 서술함으로써 음식에 관한 첫 번째 질문에 응답하는 것과 마찬가지로, 주네는, 혁명적 지도자를 보고서 '환상이 깨지게 되면' '주방장처럼 말하기'로 바뀐다고 쓴다. 그러나 그때 '갑자기' ― 왜냐하면 처음에 주네는 그것을 알아챌 수 없었기 때문이다 ― 그는 깨닫는다. 한 화면 꽉차게 사람의 얼굴을 비추는 방송(*broadcast*)이라는 몰적 틀 안에서 뭔가 그와 다른 것이, '주방장'이라는 몰적 주체 입장을 탈영토화하고 '혁명가'를 탈맥락화하는 어떤 것이 발생하고 있다는 것을 말이다. 음식에 대한 씰의 설명이 갖는 친숙함, 편안함, 정성스런 자세함은 공동체와 그의 정서적 조화를 현실화하는 데 기여했다. 그 결과 씰이 정치에 대해 말하기 시작할 때, 그는 적극적이고 강렬한 구성공간을 열 수 있었다.

> 그때 갑자기 ― 그리고 그것은 다시, 갑자기였다 ― 그의 얼굴과 그의 목소리가 경직되었다. 그리고 게토에서 귀를 기울이고 있는 모든 흑인들을 향해 그는 더욱더 공공연하고 또 강경하게 혁명적 구호를 외쳤다. 왜냐하면 시작 부분에서 추천된 소스(sauce)가 너무 부드러웠기 때문이었다.
>
> (Genet 1989: 216)

소수적 구성에서 특수한 것과 사회적인 것

들뢰즈와 가따리가 말하는 소수적 구성의 두 번째 특징은 '모든 것
은 정치적'이라는 것이다. 아니, 다른 식으로 표현하면, 특수한 개인적
관심사는 직접적으로 사회적 힘들과 뒤섞인다는 것이다. '내부적인 것
의 동맥들은 외부적인 것의 선들과 직접적으로 잇닿아 있다'(Deleuze
1989: 220). 다수적 구성에서 자율적이고 특수한 혹은 개인적인 관심사
들은 자신의 잠재력을 실현하는 원대함으로 상승한다. 왜냐하면 사회
적인 것은 몰적인 개별적 형식의 촉진자로 존재하기 때문이다. 물론
그러그러한 사회에서 이 개인적인 관심사는 타인들의 개인적 관심사
와 만난다. 그러나 그 관계에는 어떤 실재적인 강렬함이 없다. 왜냐하
면 각각의 개인적 관심사가 (이 정체성 아니면 저 정체성이지 그 사이
의 것은 있을 수 없는)[14] 격리된 내부 공간을 갖고 있는 '배타적 이접'

---

14. 『안타-오이디푸스』의 1장은 욕망하는 생산의 세 가지 '종합들'을 서술한다 : 생산의 연
결적 종합, 등록의 이접적 종합, 그리고 소비-완료의 통접적 종합. 본질적으로, 첫 번
째 종합은 욕망하는 생산의 미분화(未分化)된 '흐름'의 장소이며 여기에서 욕망하는 기
계는 '그리고 … 그리고 … 그리고' 유형의 지속적 결합을 이룬다. 두 번째 것은, 생산을
좌표들의 격자, 네트워크 혹은 계열들로 분배되는 일련의 이접들로 표면(기관 없는
몸)에 기입하는, 욕망하는 생산의 등록적 '절단'이다. 세 번째 종합은 감각적 쾌락 혹은
이접들의 생산물의 국지화와 소비를 통해 일종의 주체를 생산하기 위해 기관 없는 몸
의 등록 표면에 출현한다. 이 세 가지 종합은, 함께 작동하면서, 사회체제 속에서 주체
성의 생산과 투자를 서술한다. '배타적 이접'의 관계는, 종합들의 산물이자 따라서 그
종합들에 늘 '뒤따르는' 주체가 그 자신을 원인으로 인식하게 됨에 따라, 세 가지 종합
에서 형성되는 정체성의 경계를 강화한다. 다른 한편, '포함적 이접'의 관계는, '여기서,
거기서, 그리고 모든 곳에서 생성 혹은 화신(avatar)의 형태로 보상을 모으고, 그것이
소비하는 상태들에서 태어나며 매번 새로운 상태로 다시 태어나면서', 모든 새로운 이
접 속에서, 주체가 그 자신을 지속적으로 그리고 다양하게 '완성하도록(consummate) 만든다
(*AOE*: 16). 세 가지 종합에 대한 날카로운 설명으로는 Holland(1999: Ch. 2)을 보라.

으로서 엇비슷한 규모를 갖고 있기 때문이다.

> 다수 문학에서 … (가정에 관한, 부부에 관한 등등의) 개인적 관심사는 그
> 에 못지않은 여타의 개인적 관심사와 결합하며, 사회적 환경은 단지 환경
> 으로서 혹은 배경으로서만 기능한다. 이 오이디푸스적 계략들 중의 어느
> 것도 특별히 불가결하지도 않고 절대적으로 필요하지도 않다. 그러나 이
> 모든 것은 커다란 공간에서 하나가 된다.
>
> (*K*: 17)

특수한 것과 사회적인 것이 소수적 구성에서 맺는 관계는 오히려 좀
더 복잡하다. 소수적 구성에서는 사회적 환경이 모든 것이다. '개인적
관심자들'이 있다. 그러나 자율적인 동일성주의적 공간은 없기 때문에
각각의 개인적 관심사는 함께 이어지고 엮여진 상이한 형태, 상이한
규모의 많은 상이한 개인적 관심사들의 통접(conjunction)을 통해 구
성된다. 이 모든 것들은 그것들을 횡단하고 구성하는 사회적 힘들과의
긴밀한 접촉을 갖는다. 이 관계는 좀더 깊이 고찰될 필요가 있다.

특수한 이접과 포함적 이접

소수적 구성에는 거대 주제들, 거대 전통들, 거대 기획들로부터 특
수한 세부, 평범한 세부, 소수적 세부로의 일정한 이동이 있다. 카프카
(Kafka 1999: 150)의 주장에 따르면, 평범한 '사소한 주제'가 '삶과 죽
음'의 문제로 증폭될 정도의 중요성을 갖게 된다. 그러나 이와 동시에

그것은 '작은 열광'이라는 자신의 위치를 넘어서지 않도록 해야 한다. 왜냐하면 갇힌 공간에서는, '언어행위'나 '노동'을 함에 있어서, 특수한 것을 거대한 자율적 사건으로 손쉽게 이행케 하거나 고양시킬 수 있는 표준적 구조들에 연결되는 것이 불가능하기 때문이다. 『독신아빠 형제』의 경우에서 우리가 보았듯이, 소수문학은 관습적인 문학적 생산이라는 조건 속에서 작동하지 않는다. 카프카는 '학교'와 '잡지'가 소수문학의 논쟁, 토론, 경합의 장소라고 말한다. 이러한 환경에서는 명백히 사소한 주제가 편안하게 토론되며 '해석의 다양성'과 뒤섞이고 또 그것에 종속된다(Kafka 1999: 149).

> 사소한 주제들을 문학적으로 다루는 일에는 일반적으로 즐거움이 따르지만 그것의 범위는 작은 열광의 능력을 넘어서지 않아야 한다. 그리고 그것은 논쟁적 가능성들에 의해 지탱된다. 문학작품을 위해 사용되는 모욕적 언사들이 앞뒤로 굴러다닌다. 위대한 문학에서는 건축물에 비유할 때 반드시 있어야 하는 것은 아닌 지하실 같은 역할을 하면서 아래에 놓이는 것이, 여기에서는 백주대낮에 발생한다. 위대한 문학에서는 소수의 사람들에게 흥미를 주는 문제가 여기에서는 삶과 죽음의 문제만큼이나 모든 사람을 열중시킨다.
>
> (Kafka 1999: 150)

그렇지만 특수한 것에 이런 식으로 초점을 맞춘다 할지라도, 개인적 관심사로의 후퇴는 나타나지 않는다. 들뢰즈와 가따리가 베케트에 대한 자신들의 논의를 통해 보여주듯이, 특수한 것과의 교전 양식은 개인화된 관심사를, 심지어 가장 내밀한 수준의 관심사조차 깨뜨려 여는 효과를 갖는다.

베케트는 여러 명의 인물이나 복잡한 계략줄거리을 제시하지 않는다. 그리고 그의 작품구성은 개체적이고 자율적인 형식을 갖고 있지도 않다. 오히려 그는 극도로 한정되고 텅 빈 공간에서 복잡한 요소가 뒤얽힌 하나의 초점을 발전시킨다. 베케트의 『고도를 기다리며』(1954)가 바로 그 경우이다. 베케트의 가장 성공적인 연극에서, '결말'과 '이유'는 시조의 이름을 딴 고도(Godot)의 도착이 거의 매저키즘적으로 지연됨으로써 보류된다. 우리는 일련의 특수한, 진부한 사건들과 더불어 이 지연의 공간 속에 남겨진다. 연극은 에스트라공이 버려진 곳이나 다름없는 공간에 앉아있는 장면에서 시작된다. 그곳에서 그는 첫 행에 나타난 바와 같은 분명한 결말을 말하기 전에, 단순한 동작을 시작하고 기진맥진하여 멈추고 그리고 다시 시작하는 식의 행위를 하고 있다.

> *시골길. 한 그루 나무.*
> *저녁.*
> *낮은 언덕 위에 앉아 있는 에스트라공이 자신의 장화*
> *를 벗으려 낑낑대고 있다. 양손*
> *으로 장화를 잡아당긴다. 기진맥진해서 포기했다가는*
> *쉬고 나서 다시 장화를 벗으려고 낑낑댄다.*
> *지금까지 그랬던 것처럼.*
> *블라디미르가 들어온다.*
> 에스트라공 : (*다시 포기하면서*). 아무것도 할 수 없군.
>
> (Beckett 1954: 6~7)

아무것도 할 수 없는 곳인 텅 빈 공간으로의 이러한 이동은 그것의 초점 — '일상의 시'와 같은 어떤 것 — 때문이 아니라 그 속에서 생겨나는 특수성과의 교전 양식 때문에 중요하다. 베케트에게서는, 가장 간단한 상황(혹은 구획된 '이접')이라 할지라도 탐구되고, 반복되고 또 재배치되어야 할 복합적 형식이다. 들뢰즈는, 베케트의 인물들이 질서, 우선순위, 혹은 결말 등이 없는 지속적 조합의 과정 속에서 상황의 가능한 변이들을 '소진시킨다'고 주장한다. '인물들은, 어떤 우선순위도, 목표와 관련한 어떤 조직화도, 어떤 의미화도 포기하는 조건 위에서, 상황의 일단의 변이들과 순열들을 결합한다'(1997c: 153). 고도의 도착이 지연됨에 의해 창출되는 공간에는, 그러므로, 단순한 관심사와 실행들의 지속적 반복이 있다. 자신의 장화를 벗으려는 에스트라공의 시도, 두 사람의 방랑자가 자신의 목을 매달려는 거듭 실패하는 노력, 고도를 '기다리는 것'에 대한 그들의 토론, 럭키와 포조의 돌아옴. 이것들은, 아무것도 이루어지지 않음에도 불구하고 정도의 차이를 가지고 변화하는 것으로 보이는 하나의 회로를 구성한다.

이 과정은 『안티-오이디푸스』에서 '포함적 이접'으로 설명된다. 특수성들 혹은 이접들과의 소수적 교전양식 속에서, 각각의 이접들이 '그 고유의 항들 내부에 … 격리되는' '~이든/아니면(either/or)'의 공식, 즉 '불변의 항들 사이의 결정적 선택'이라는 배제적 이접은 이접들을 가로지르는 지속적 운동과 관계를 표현하는 '~이든 … 이든 … 이든(either … or … or)'의 포함적 이접으로 대체된다(*AOE*: 12). 이접들을 '가로지르는' 이 관계는 이접들로부터 정체성을 새롭게 종합하는 헤겔주의적 책략이 아니다(*AOE*: 76). 그리고 그것은 '흐름'의 단순한 긍정이 아니다.

세 가지 종합의 작용을 통해서 이접은 모든 삶에 내재적인 것으로 된다 (각주 14 참조). 이접들은 새로운 전체 속에 포섭되지 않는다. 그들 사이의 차이는 유지된다. 그러나 그것들이 지속적으로 재배치되는 순열 속에서 서로 관계맺음에 따라, 그리고 '주체'가 그것들을 가로질러 배회함에 따라, 배타적 이접의 구조를 깨뜨리는 탈개인화의 과정이 발생한다. 그러나 포함적 이접의 순수한 효과는 그 자체로 결코 자율적이지 않은 강렬한 환경의 구축이다. 그러한 환경이 아무리 작고 사사롭고 개인적이라 할지라도 그것은 언제나와 마찬가지로 여전히 조합적 과정에 의해 특징지어진다. 특수성들과 변칙들은 (마치 '더 나은', 좀 더 '적실한' 이접이 발견될 수 있다는 듯이)종합되거나 부정되어야 할 낯선 몸체들로 나타나지 않으며, 오히려 적극적으로 서로 교전하고 있는 것으로 나타난다. 이접들(어떤 식으로건 구현되거나 사용될 수 있는 환경 속에 있는 모든 것) 사이의 교전이 가속화됨에 따라, 일군의 구성성분들(요소들, 이론들, 문학들, 개념들)은 실험과 재배치의 공간 속에서 자신의 뚜렷한 정체성을 상실한다. 가장 작은 계력줄거리조차도 연결되고 논쟁되고 긍정되고 부정되고 그리고 무엇보다도 그 환경 내부에 '자리를 잡는다'. 극단들에서 포함적 이접의 과정은 어떤 특수한 현실성 내부에서 무한정한 잠재성(무한정한 순열의 잠재력)을 긍정한다. 니체의 혼미스러운 정식인 '역사 속의 모든 이름은 나(I)다'(*AOE*: 21)에서처럼, 여기에서 각각의 이름은 어떤 존재의 상태를, 기관 없는 몸 위에서의 어떤 강렬도의 지대를 의미하며 그것은 '주체'가 횡단하는 재배치 계열의 일부로 긍정된다. 그 극단은 '분열증적' 과정에 대한 들뢰즈와 가따리의 설명에서도 분명히 나타난다.

[분열증적인 사람은 이접 속에 남아 있다. 그는 노력을 통해 모순적 요소들을 정체화함으로써 이접을 없애지 않는다. 그 대신, 그는 나눌 수 없는 거리를 메울 지속적 상공비행을 함으로써 그것을 긍정한다. 그는 양성애적이기도 하고, 이성애적이기도 하고, 간(間)성애적이기도 하다. 그는 성애에서 산 것과 죽은 것을 가로지르며 부모와 아이를 가로지른다. 그는 양극을 동일한 것의 정체성으로 환원하지 않는다. 그는 그 두 극이 서로 다른 것으로 관계 맺는 것으로서 그것들 사이의 거리를 긍정한다. 그는 그 자신을 모순들 속에 가두지 않는다. 반대로 그는 홀씨들이 가득 찬 홀씨주머니처럼 문을 열어, 자신이 부당하게 잠가놓았던 매우 많은 특이성들을 풀어놓듯이 그 극들을 풀어놓는다.

(AOE: 76~7)

그렇지만 이 극한점은 소수적 구성을 설명하는 데에서 그다지 유용하지 않다. 소수적 구성은 언제나 하나의 맥락화된, 시간적인 그리고 실용적인 과정이며 극한점에 도달하지 않는다. 그 대신 강조할 점은, 정치는 각각의 특수한 이접에서 시작하며 각각의 이접은 혼성적이고 언제나 다른 이접들과의 순열조합 관계에 개방되어 있다는 것이다. 벤스마이어(Bensmaïa 1994: 214~15)는 카프카와 소수문학을 주제로 한 그녀의 논문에서 이 점을 분명히 밝힌다. '문학은 더 이상 인간 일반에서 시작하지 않으며 … 특수한 이 남자 혹은 특수한 저 여자에게서 시작한다'. 특수한 것은 그것의 가장 작은 차원에서도 그 자체가 하나의 복잡한 포함적 이접이기 때문에, 카프카의 '특수성'은 실제로 '유대인, 체코인, 이디시어와 체코어로 말하지만 프라하 게토에서 독일어로 글을 쓰는 사람'과 같은 하나의 포함적 계열이다. 소수적 구성은 그러므로 종합이 아니라 이접들의 증폭이다. 그것은 통일성을 통해서가 아니라 차이들의 재배치를 통해서 출현하는 하나의 사회적 환경 혹은 집단성이다. 말하자면 그것은 어떤 자율적인 운동 공간이 없이 모든 이접들이 강렬한 진동을, 모종의 리좀적 도미노 효과를 일으켜서 소수적 구성의 '모든 것'이 '정치적인' 것으로 되는 것과 같다(*K*: 17). 하나의 이접은 경계에 도달하며, 계략들은 서로 얽히고 증식한다. 그래서 아무것도 홀로 서 있을 수 없다. 가따리(Guattari 1996b: 220)가 주네에 대해 쓰고 있듯이, '그의 글쓰기는 변증법적 고양을 가져오는 것이 아니라 모순과 혼란의 격화를 가져온다'.

사회적인 것과 탈주선

소수정치에서 특수한 것에 두어진 두 번째 강조점은 사회적 힘들과의 내밀한 관계이다. 비록 소수정치가 소수적 세부 및 작은 계략에 관심을 갖고 있다고 하더라도, 그것은 국지적(parochial) 관심과는 거리가 멀다. 실제로 국지적인 것은 다수적 문학들의 특징과 훨씬 더 잘 맞아 떨어진다. 왜냐하면 다수적 문학들이 어떤 주어진 환경에서 번창하는 한에서 그것들은 대개 사회적 힘들을 문제삼지 않는다. 소수문학에 있어서는, 사회적 힘들이 소수자적 환경을 완전히 횡단하고 또 그것을 가두기 때문에, 사회적인 심지어 전 지구적인(global) 관심이 그것들의 실체 자체이다. 그러므로 (카프카가 이디시어에 관해 말하는 것을 살펴보았듯이) 소수적인 것이 '감각'(sense)을 탈영토화하는 경향이 있다면,

그것은 감각가능한(sensible) 몰적 제도들로 구성된 정체성들에 의해서이다. 소수적인 것은 무감각(nonsense)을 가리키는 것이 아니라 비-동일성을 가리킨다. 실제로 동일성의 탈영토화가 '실재적인 것' ─ 물질의 일차적 기계주의 ─ 과의 교전인 한에서, 그것은 세계에 대한 좀더 훌륭한 이해(理解)에 내재적이다(*AOE*: 87; Deleuze 1990: 72~3).[15]

들뢰즈와 가따리(*K*: 41, 95)는, 사회적인 것과의 이러한 소수적 관계를 탐구하면서, 카프카를 가장 분개하게 만든 것은 그 자신이 세상으로부터 고립된 고독함과 내밀성의 작가로 제시되고 있다는 점이었다고 지적한다. 실제로 그들은, 카프카 연구들은 사실상, 비평가들이 노동자 사고보험회사[16]의 완강한 관료제에 소속되어 있으면서 프라하 사회주의 운동과 아나키스트 운동에 이끌린 그의 '이중 흐름'의 중요성을 주목하기 시작했을 때에 시작되었다고 주장한다.

그는 철저히 정치적인 작가이며 미래 세계의 예언자이다. 왜냐하면 그는 두 개의 극을 갖고 있는데, 그 두 개의 극을 어떻게 완전히 새로운 아상블라주로 통합해야 해야 하는지를 알고 있기 때문이다. 카프카는 자신의 방

---

15. (상품물신주의에 대한 맑스의 분석이 갖는 의미를 따라; Marx 1976: 163~77) 맑스의 물신주의, 가치 그리고 상식(common sense)에 대해서 글을 쓰면서 들뢰즈(Deleuze 1994a: 207~8)는, 사회적 문제에 대한 모든 '해(解)'는 '거짓 문제'와 겹쳐지는데, 이 '거짓 문제'에서는 사회체제에서 생산된 정체성들이 사회적 의식 속에서 객관적 진리로 되며 (그리하여 '가치인식과 관련한 사회적 의식 혹은 상식의 자연적 대상이 물신으로 된다.')(*AOE*: 4도 참조하라).

16. 노동자 사고보험기관에 미친 카프카 작품의 복잡한 효과와 그 중요성에 대한 논의로는 Wagenbach(1984)과 Werckmeister(1997)을 참조하라. 이것은 카프카의 고용을 그의 예술에 지워진 무거운 짐으로, 그리고 그것으로부터의 기분전환으로 보는 통상적 해석과는 다르다.

안으로 물러난 작가기이는커녕, 자신의 방이 그에게 이중 흐름을 제공한다는 것을 발견하는 작가이다. 모양을 갖추어 가는 과정 속에 있는 현실적 이상블라주들과 결합되어 위대한 미래를 갖고서 자신 앞에 놓여 있는 관료제의 흐름이 하나요, 가장 현대적인 방식으로 달아나고 있는 것들 속에 포함되어 사회주의, 아나키즘, 그리고 사회운동들 속으로 결합하는 노마드적 흐름이 또 다른 하나이다.

(K: 41)

들뢰즈와 가따리는 카프카를 가장 현대적인 사회관계들 및 이 관계들로부터 벗어나고자 하는 사회운동의 이 '이중 흐름'에 놓음으로써, 사회적인 것에 대한 소수적 관계의 가장 중요한 두 가지 측면을 제시한다. 첫째 소수적인 것은, 삶이 휩쓸려 들어 있는 현대의 사회적 배치의 복잡함과 특별하게 교전한다. 그래서 들뢰즈와 가따리는 위에서 주어진 다수적 문학에 대한 정의와는 달리:

소수문학은 완전히 다르다; 그것의 갇힌 공간은 각각의 개별적 계략들이 직접적으로 정치에 연결되도록 강제한다. 그 개별적 관심사는 이렇게 하여 더욱더 필연적으로 되며 불가결하게 되고 또 확대된다. 왜냐하면 다른 모든 이야기가 그 속에서 진동하고 있기 때문이다. 이런 식으로, 가족 삼각형은 그것의 가치를 규정하는 다른 삼각형들 ─ 상업적, 경제적, 관료적, 사법적 삼각형들 ─ 에 연결된다.

(K: 17. 강조는 인용자)

그러므로 카프카는 생성에 관한 추상적 학술논문을 쓰지 않는다. 그러나 그는 ─ 특히 장편소설에서 ─ 이 상업적, 경제적, 관료적, 그리고 사법적 힘들의 구성양식을 탐구하며 하녀들, 하인들, 노동자들, 판사들, 관료들, 변호사들, 집행관들, 그리고 기계들―이 모든 것은 사회적 기계의 부품으로 간주된다―등에 대한 지속적 매혹을 전개한다. 둘째로 카프카의 '이중 흐름'의 다른 편으로 이동할 때에 그의 정치학은 자신이 드러내고자 하는 이상적 형태나 강령을 발전시키지 않으며 '역사 속의 모든 이름'을 추상적으로 긍정하지도 않는다. 오히려 그의 정치학은 아나키즘이나 사회운동과 같은 사회운동들, 혹은 논의의 편의를 위하여 내가 코뮤니즘이라고 부를 것 속에서 나타나는 이 사회적 힘들의 '가장 현대적인' 문제화를 중심으로 제시된다.

이 정치학에는 두 가지 측면이 있다. 첫째, 정치적 과정을 시작하는 것은 동시대적 문제들이며 더욱 분명한 문제들이다. 들뢰즈와 가따리(ATP: 470~1)는 이렇게 쓴다 : '다시 한 번 말하지만, 이것은 공리 차원에서의 투쟁이 중요하지 않다고 말하는 것이 아니다. 오히려 그것은 (매우 다양한 차원에서, 즉 선거권을 위한, 낙태를 위한, 일자리를 위한 … 여성들의 투쟁에서) 결정적으로 중요하다.' 소수적인 것은 본질적으로 실리적인 과정이다. 소수자들은 당연히 그들이 가장 억압적이라고 느끼는 조건에서, 그들이 처한 상황을 향상시킬 수 있는 일말의 가능성을 제공하는 조건에서 시작할 수 있다. 그러나 두 번째 측면으로 돌아가기 위해서는 이것이 그 과정의 유일한 출발점이다. 소수적인 것은, 이 다수적 형식들이 탈영토화되고 따라서 변화가 지속되는 한에서만 현실화될 수 있다. '그러나 이 투쟁들이 공존하는 다른 전투의 지표임을 나타내는 하나의 기호가 언제나 존재한다.' 이 '공존하는 다른 전투'는, 들뢰즈가 삶의 본질이라고 주장하는 탈영토화의 일반적 과정이다. 그러나 탈영토화는 사회적 체제들 내부에서만 나타나며 그 체제들 각각은 그 자신의 탈영토화의 선을 설계한다. 그리하여 '사회를 가로지르는 [탈주 혹은 탈영토화의] 객관적 선들'(Deleuze 1997d: 189)이 존재하게 된다. 만약 소수적인 것이 사회적 힘들과의 교전이며 특수하게 갇힌 사회적 장소들에 대한 문제제기들에서 시작한다면, 카프카의 '이중 흐름'의 두 번째 측면은 소수적인 것을 추상적인 것으로서의 탈영토화에, 혹은 맥락화된 사회운동들 일반에 단순히 연결하는 것이 아니라 사회체제에 내재적인 '객관적' 탈주선들과 교전하려고[맞물리려고] 애쓰는 사회운동들과 연결한다.

이것은 결정적 지점이다. 그리고 좀더 상세한 설명을 필요로 한다. 동일성에 비해 흐름과 차이가 갖는 우선성에 대한 들뢰즈와 가따리의 긍정이 이러하기 때문에, 사회적 아상블라주에 대한 그들의 설명에서 강조점은 무엇이 하나의 아상블라주를 정합적으로 만드는가 하는 것에 뿐만 아니라 무엇이 그것을 변이하게 만드는가 하는 것(즉 그것에 내재적인 탈주선들)에도 두어진다. '다이어그램과 추상기계는 일차적인 탈주선들을 갖고 있다. 그것은 아상블라주 속에서의 저항이나 반격의 현상이 아니라 탈영토화의 절단선들이다'(*ATP*: 531). 아상블라주들은 이처럼 그것들이 고정시키는 것에 의해서만큼 그것들을 빠져나가는 것에 의해서도 규정된다. 아니 오히려, 아상블라주는 언제나 그것의 탈주선을 통해서 구성된다. 들뢰즈와 가따리는 종종 '모순'의 우선성에 대한 맑스주의의 긍정과는 달리 탈주선의 우선성을 제시한다 (*ATP*: 216). 그러나 들뢰즈와 가따리의 탈주 개념이 모순들의 단순한 양극성(생산력/생산관계, 부르주아지/프롤레타리아트)에 도전하는 것은 사실이지만, 이것이 맑스와 심각한 차이를 갖는 것은 아니다.[17] 맑스, 들뢰즈, 그리고 가따리에게서 자본주의는 탈주선을 전제조건으로 하는 매우 변형적인 사회체제이다. 그것은 화폐의 기동적이고 결합적인 흐름들 및 노동의 흐름들이라는 새로운 수단을 거쳐서 태어났다. 자본의 본질은, 착취의 새로운 영토를 열어젖히기 위해서, 그것이 지속적으로 그것의 탈주선들(그것의 미친 과학자들, 그것의 대항문화들, 그것의 전쟁광들)을 해방시킨다는 것이다. 그러므로 그것은 한계를 설정하고 또 깨뜨리는 항구적인 과정이다. 정치(학)은 계급 혹은 소수자 정체성을 주장하는 것이 아니라 이 '객관적인' 탈주선들과 교전하는 과정이다. 하나의 사회체제 속에서 어떤 아상블라주가 '작동하는' 한에서, 그것의 탈주선들은 그것에 기능적이다. 그것들은 그 자체로 혁명적이지 않다. 정치(학)은 이처럼 (상호관계하고 있는 민중들, 생각들, 관계들, 기계들의) 이 흐름들과 교전하기 위해 애쓰며 어떤 의미에서는, 잉여가치의 실현에 기능적인 방식으로 움직이는 그것들의 내재적 탈영토화에 맞서, 그것들을 더 밀어붙이고 그것들을 다른 곳으로 가져가기 위해 애쓴다. 맑스에게서 코뮤니즘 운동이 자본주의에 하나의 정체성을 대립시키는 것이 아니라 그것의 흐름들을 통과하는 경로를 따라

---

17. 실제로 『차이와 반복』에서 들뢰즈(Deleuze 1994a: 207, 327)는 알뛰세와 『자본을 읽자』 주위의 그룹에 의해 발전된 입장과 연합한다. 그것은, 맑스가 모순보다는 차이와 변이의 과정을 전제로 하는 자본 이론을 제기한다는 것이다. '맑스와 헤겔 사이의 근본적 차이를 주장하는 맑스에 대한 주석가들은, 『자본』에서 분화(differenciation)의 범주(사회적 다양성의 핵심에 놓여 있는 분화 : 노동분업)가 대립, 모순, 소외와 같은 헤겔주의적 개념들 대신에 사용된다고 올바르게 지적한다. 후자는 외관상의 운동만을 형성하며 그것들의 생산의 원리와 실제적 운동으로부터 분리된 추상적 효과들만을 나타낸다'(Deleuze 1994a: 207).

갈 필요가 있는 이유가 이것이다. 그리고 들뢰즈와 가따리가, 소수자들은 탈주선들을 창출하기보다 탈주선들에 그들 자신을 달라붙게(attach)해야 한다고 주장하는 이유도 이것이다(Deleuze and Parnet 1987: 43).

그렇지만 소수정치의 이중흐름의 두 번째 측면을 코뮤니즘에 연결시킴에 있어서 우리는 주의를 기울여야 한다. 우리는 적어도 (내가 1장에서 맑스를 통해 스케치한 바와 같은) 교전 일반의 코뮤니즘적 양식과, 특수하게 코뮤니즘적이고 아나키즘적인 운동들을 구분해야만 한다. 만약 우리가 카프카를 예로 들면, 그의 이중 흐름의 코뮤니즘은 코뮤니즘적 실천의 구체적 현시를 통하지 않고(비록 카프카가 이것과 관계를 갖고 있긴 하지만)[18] 탈영토화의 사회적 과정에 대한

---

18. 카프카가 사회주의 운동 및 아나키즘 운동과 맺은 관계에 대해 조금 말하는 것이 필요하다. 카프카가 Janouch(1971: 86)에게 보고하고 있는 것처럼, 그의 가족이 즐겁게 요리를 하다가 그를 라바촐(Ravachol, 프랑스 아나키스트의 이름. 그렇지만 카프카는 이 사실을 나중에서야 알았고 당시에는 그 이름이 살인자인 범죄자를 의미한다고 들었을 뿐이다)이라고 불렀는데, 그의 청년 시절의 이 작은 사건이 그에게 오래 지속되는 '근거없는 가책'을 남겨주었다. 그래서 그는 '나는 내가 이쉬마엘이고 범죄자이며, 간단히 말해 라바촐임을 알았다'고 말한다(89). 나중에 그는 아나키즘의 역사적 인물들의 삶과 사상을 깊이 연구했고 1910년에 아나키스트 청년클럽에 가입한 것을 포함하여 여러가지 서클들과 회합들을 드나들었다. 그는, 자신이 '그 주제에 많은 시간과 돈을 바쳤다'고 말한다(90). 브로트(Brod)는 '크로포트킨을 잊지 말라'는 카프카의 일기 도입부에 관해 언급하면서, '크로포트킨의 회상록은 알렉산더 헤르첸의 회상록과 마찬가지로 카프카가 가장 좋아하는 책들 중의 하나였다'고 말한다(Kafka 1999: 233, 496). 그러나 카프카의 관계는, 사람들이 짐작하곤 하듯이, 이 운동과의 단순한 동일성의 관계가 아니다. Janouch(1971: 90)의 다음 절을 보면 어떤 애매함의 느낌이 분명히 드러난다 : '"아나키스트들은 모두 품위(Grace)의 도움 없이 인류의 행복을 실현하려고 시도했다. 그러나 —," 카프카는 양팔을 한 쌍의 부러진 날개처럼 들어올려, 그것들을 힘없이 떨어뜨렸다. "나는 그들과 오랫동안 어깨를 걸고 행진할 수는 없었다."' 카프카는 또 Janouch에게 자신이 체코의 아나키스트들을 알고 있다고 말하면서, 그들은 '소수이지만' '매우 멋지고 유쾌한 사람들'인데 자신은 그들의 급진적 주장을 진지하게 받아들

그의 접근을 통한다. 그러므로 중요한 점은 카프카를 코뮤니스트로 부르는 것이 아니라 카프카의 소수적 교전양식이 코뮤니즘과 어떻게 공명하는가를 살피는 것이다. 그리고 들뢰즈와 가따리(*ATP*: 472)가 소수적인 것을 프롤레타리아트와 나란히 놓는 것의 기초는, 교전의 양식과 스타일의 수준에서 작동하는, 그러한 공명이라고 나는 주장하고 싶다. 이 점은, '[프롤레타리아 문학의] 기준은, 만약 우리가 좀더 객관적인 개념, 즉 소수문학의 개념에서 시작하지 않으면 분명히 확립하기 어렵다'(*K*: 18)는 그들의 주장을 보면 알 수 있다.

소수적 저자기능

소수문학에 대한 들뢰즈와 가따리의 세 번째 명시적(defining) 성격 (그것이 '집단적 발화'를 일으킨다는 것)은 소수적 저술(authorship)의 특유한 양식과 관계가 있다. 들뢰즈와 가따리는 저술의 두 가지 모델을 거부한다. 집단적 '재현'과 개별적 '대가(大家; master)'가 그것이다. 만약 소수

이는 데에 어려움을 겪고 있다고 말했다. 그리고 그는 노동자들의 행진대오와 부딪혔을 때, '이 사람들은 매우 차분하고 자부심 있으며 싹싹하다. 그들은 거리를 지배한다. 따라서 그들은 자신들이 세상을 지배한다고 생각한다. 사실은 그들이 잘못 생각하고 있는 것이다. 그들의 뒤에는 이미 장관들, 장교들, 직업정치가들이 있으며 이들이 권력에 이를 길을 준비하고 있는 현대의 온갖 지방관리들이 있다. … 모든 진정한 혁명적 발전의 끝에는 나폴레옹 보나빠르뜨가 나타난다'(Janouch 1971: 119~20)고 말한다. 그리고 러시아 혁명의 확장에 대해 어떻게 생각하느냐는 Janouch의 질문에 대해, 카프카는 이렇게 말한다: '홍수가 더 넓게 퍼지면 그럴수록 물은 점점 더 얕아지고 또더 더러워진다. 혁명은 증발하며 그 뒤에는 새로운 관료제의 진흙탕이 남을 뿐이다. 고통당하는 인류의 쇠사슬은 붉은 테이프로 만들어진다'(119~20).

적 구성에서 '모든 것이 집단적 가치를 획득한다면'(*K*: 17), 이것은 소수적 저자가 '그의 민중의 민족학자(ethnologist)'(Deleuze 1989: 222)이기 때문이 아니다. 그러한 저자 모델은 '의식'이라는 원형에 여전히 기반하고 있다. 바로 그 기반 위에서 저자는 특수한 집단의 조건들과 진리들을 하나의 충만하게 현존하는 민중으로 표현하거나 재현한다. 이 모델은 민중의 정치적 모델과 더불어 죽는다:

> 의식하게 되기(becoming consciousness)를 위한 조종(弔鐘)은 바로 민중은 없으며 언제나 문제를 변화시키기 위해 통일되어야 하거나 혹은 또 통일되지 말아야 할 상태로 남아 있는 여러 가지의 민중들이, 무수한 민중들이 있다는 의식이었다.
>
> (Deleuze 1989: 220)

그러나 그 저자는, 그의 창작이 공동체로부터 분리된 자율적 저자의 생산물인, 개별적 '대가(大家)'가 아니다. 그와 달리, 소수적 저자는 하나의 문화의 갇힌 조건에서 출현하는 '집단적 발화'이다. 그것이 비록 특수한 저자들에 의해 특수한 계기들에 표현된다고 할지라도 그것은 집단적 계략의 가공이며 증식이다:

> 실제로, 소수문학에서 소질이 풍부하지는 않기 때문에, 이 혹은 저 '대가(大家)'에게 속할, 그리고 집단적 발화에서 분리될 수 있는 개별화된 발화를 위한 가능성은 전혀 없다. 실제로, 소질의 부족함은 사실상 도움이 되며 대가(大家)들의 문학과는 다른 무엇에 대한 생각을 가능하게 한다. 각각의 저자가 개별적으로 말하는 것이 이미 공통적 행동을 구성한다. 그리

고 그 혹은 그녀가 말하고 행하는 것은, 비록 다른 사람들이 동의하지 않더라도, 필연적으로 정치적이다.

(K: 17)

집단적 발화에 대한 이러한 강조는, 혁신이나 특이성을 위한 공간이 전혀 없다고 말하는 것이 아니다. 아니 그것과는 아주 거리가 멀다. 저자는 다음과 같은 두 가지의 환경을 나타낸다. 하나의 환경은 그/녀가 '집단적으로' 실현하며, 민중이 없거나 혹은 일관성을 결여하고 있는 한에서 하나의 고정된 정체성에 의해 제약되지 않은 다른 배치를, 다른 감수성을 표현하는 입장에 있다는 것이다. 또 하나의 환경은 그/녀가 정합적인 민중에게 동반하곤 하는 전통의 무게로부터 상대적으로 자유롭다는 것이다. (공동체가 갇혀 답답하지만) 대가(大家) 저자의 부상을 위한 공간이 전혀 없기 때문에, 저자기능은 그 환경을 가로질러 분배되며 그 결과 그 집단과 저자는 하나의 지속적 피드백 과정 속에서 모두 서로 뒤얽힌다. 이처럼 소수적 저자기능은, 정합적이고 정규적인 개별 작품을 생산하기 위해 기능하는 것으로 바르뜨와 푸코에 의해 확인된 기능의 역전이다. 내가 위에서 말했듯이, 소수적 저술의 순간은, 카프카가, 공동체 속의 차이를 통합하고 증폭하는 일련의 끊임없이 새롭고 변화하는 '경계선들' 혹은 '이례적' 지점들 속에서 일어나고 있는 '잡지들' 및 '학파들'의 '끊임없는 활기'라고 묘사한 것 속에서 출현하는 경향이 있다.[19] 소수적 저자는 '떼-형태'(pack-form)

---

19. '이례적인 것이 언제나 최전선에, 무리나 다양체의 경계에 있다; 그것은 후자의 일부이지만 늘 그것이 다른 다양체 속으로 들어가도록 만들고 있다. 그것은 그것이 생성되게

을 취하는 이 설명의 주체와 흡사하다. 그것이 그 때의 모든 요소들의 특징인 것이다:

> 나는 군중의 변두리에, 주변에 서 있다. 그러나 나는 그것에 속한다. 나는 나의 극단들 중의 하나에 의해, 손이나 발에 의해 그것에 부착되어 있다. 나는 주변이 내가 있을 수 있는 유일한 장소임을 안다. 그리고 나는 내가 그 싸움의 중심으로 끌려 들어가면 죽을 것이라는 것을 알고 있다. 그러나 내가 군중의 바깥으로 밀려나도 그와 똑같이 나는 확실히 죽을 것이다.
>
> (*ATP*: 29)

만약 저자기능이 주변부에, 즉 공동체와 외부 사이에 위치지워지면, 그것은 제한된 공동체의 관심에 의해서뿐만 아니라 그것을 가로지르는 관계들에 의해, 그리고 그것을 그 밖의 곳으로 이끄는 별난 점들에 의해 움직인다. 이런 의미에서, 저자적 순간은, 소수적 구성의 일반적 과정과는 달리 외부와의 교전, '선택되기'보다 거의 '강요되는' 교전이지만, 그 교전 속에서 포함적 이접을 위한 새로운 관계들, 새로운 가능성들을 발견하는 그러한 교전이다. 그래서, 소수적 저자는 주체가 아니라 하나의 사건 혹은 하나의 특이성이며 합성적인 '강조의 초점들'(Deleuze 1998d: 42)이다. 이 창조의 초점들에는, 카프카(Kafka 1999: 150)

하며 사이선(line-between)을 찾아나간다(Deleuze and Parnet 1987: 42)'. 이례적인 것은 또 집단의 외부로부터 올 수도 있다: '때때로 경계선은, 조련사, 국외자 등으로뿐만 아니라 잠재적으로 어떤 위협으로 작용하면서, 더 이상 그 집단에 속하지 않는, 혹은 결코 그 집단에 속한 적이 없는, 그래서 다른 질서의 힘을 나타내는, 다른 성질의 존재에 의해 정의되거나 이중화된다(*ATP*: 245~6)'.

가 쓰고 있듯이, 논쟁을 위한 풍부한 공간이 있다. 아니, 가따리(Guattari 1998: 196)가 말하는 것처럼, '그것은 동의를 창출하는 문제가 아니다 ; 오히려 우리가 더 적게 동의할수록 우리는 활력의 영역과 장을 더 많이 창조한다.' 그러나 논쟁과 의견불일치는 이접들을 자율적 동일성의 자기 확실성으로 경직시키는 수단으로서가 아니라 이접들을 가로지르는 관계의 점들로서, 생산적 경계선들로서 발전해야만 한다.[20]

소수적 저자로서의 맑스

소수적 저술의 한 예를 살펴보기 위하여 우리는 맑스 자신의 창조 양식으로 돌아갈 수 있다. 물론 맑스를 몰적 저자로 이해하고 '근대 사회주의의 아버지'로서의 맑스라는 20세기의 지배적 이미지를 받아들이는 것은 쉬운 일이다. 이 때, 정통 맑스주의 전통 속에서 맑스의 역할은 70년 이상 동안 크레믈린 벽과 공산당 당사들을 장식했던 인습적 초상들에 의해 보증된다. 그러나 맑스의 우상적 지위와 자본주의 동학에 대한 그의 분석의 중요성이 이렇게 결합되어 있기 때문에 그의 저술 양식을 조사한 텍스트는 거의 없다. 주목할 만한 예외가 있다

---

20. Slater(2001)는, 〈국제상황주의자〉 조직의 형성과 분열에 대한 자신의 분석에서, 불화, 논쟁, 토론이 소수자 공동체에서 취할 수 있는 가능한 방향에 대한 탁월한 분석을 제공한다. 여기에서 그 경향들은 한편에서는, 상황주의자 바우하우스의 슬로건 '우리는 분열되어 있다'와 '개방적 창조'에 대한 Asger Jorn의 해석에 표현된 개방적이고 실험적이며 비판적인 교전을 향한 운동으로 이해된다. 다른 한편에서, 그것들은 이론적 일관성과 상황주의적 훈련(discipline)에 관한 드보르의 강조를 통해 자율적 비합법조직의 경직화를 향한 움직임으로 이해된다.

면 『리비도 경제』(Libidinal Economy)에 실린 료따르의 논문(1993) 「맑스라는 이름의 욕망」이다. 그것은 여기에서 충분히 설명되기에는 너무 이해하기가 어렵고 또 복잡하다. 그러나 그것은 맑스의 소수적 저작의 구성양식에 대한 논의를 시작하기에 유용한 자리를 제공한다.

료따르는 맑스의 리비도 경제 속에서 자본을 하나하나 축자적으로 '기소'하려는 강박관념('노인' 맑스, '고발자')과 프롤레타리아트에 대한 개념적이고 실천적인 설명의 지속적 지연(인류와 자연의 공산주의적 화해를 열망하는 '소녀 맑스') 사이의 분열을 식별한다. 료따르는 이 긴장 속에서 작동하고 있는 나쁜 양심(bad conscience)의 모델을, '맑스가 『자본』 작업을 끝내는 것을 부단히 연기하는 가운데'(96) 프롤레타리아트가 겪는 고통에 대한 지속적 강조를 통해 프롤레타리아트가 불가피하게 지연되는 일종의 종교적-속죄 이야기를 본다.

자본의 다형적 몸체의 심술궂음에 의해 상처를 받은 작은 소녀 맑스는 엄청난 사랑을 필요로 한다. 도착자들에 대한 기소의 과제를 할당받은, 위대한 기소자인 칼 맑스는 기소된 자본가들의 파일을 연구하려고 애썼다. 기소의 임무를 부여받은 사람이, 피기소인에 의해 공격당한 만큼 피기소인에게 매료될 때에 무슨 일이 일어나는가? 기소자가 그 파일에 대한 연구를 지연시킬 수많은 멋진 이유를 찾아내고, 그 조사가 지나치게 세심하고 또 세심하게 되는 사태가 발생한다. … (변증법적으로) 생산해야만 하게 되어 있는 도착적 흐름들의 이 쇄도는 물러서기, 도망치기, 연기되기를 결코 멈추지 않는다.

(Lyotard 1993: 97)

료따르(Lyotard 1993: 99)는 맑스가, 『자본』의 수정이 지체되고 있는 것과 관련하여, 그의 책의 러시아어 번역자인 다니엘슨에게 보낸 편지를 증거로 인용한다. 여기에서 맑스는, 노동자 운동에 관해 언급하면서 이렇게 쓰고 있다. '연구와 이론적 탐구보다 훨씬 덜 매력적인 일에 어쩔 수 없이 바쁠 수밖에 없는 경우가 있습니다.'

료따르가 그렇게 말하지는 않지만, 그의 주장은 포이에르바하에 관한 맑스의 열한 번째 테제('지금까지 철학자들은 세계를 다양하게 해석하기만 했다 ; 중요한 것은 세계를 변화시키는 것이다'(Marx and Engels 1974: 123))를 중시하는 것이다. 자본의 까다로운 몸체 속으로 빨려들어 갔을 때, 맑스는 해석의 차원을 떠나지 못하는 것으로 보였을는지도 모르겠다. 그렇지만 맑스의 교전과 그의 '부단한 연기(延期)'를 읽는 다른 방식이 있다. 료따르의 주장은 문제적이다. 왜냐하면 그것은 맑스 속에 두 가지 이항대립을 설정하기 때문이다. (맑스가 다니엘슨에게 보낸 편지를 그가 선택한 것에서 분명하게 드러나듯이) '기소/실천'의 이항대립과 '자본/(프롤레타리아트의 '어울리는 애인'인) 비유기적 자연의 충만한 몸체'의 이항대립이 그것이다. 이 이항대립이 갖고 있는 문제점을 보여주면서, 스피박(Spivak 1996)이 제시하는 열한 번째 테제에 대한 독해는 계몽적이다. 스피박은 맑스의 개념들이, 변형의 주체를 고정하지 않으면서, 그것이 개념화하는 상황의 변형을 향해 정치적으로 움직이는 방법의 일부라고 주장한다. 독일어로 돌아가서, 스피박은, 열한 번째 테제에서 '해석'과 '변화' 사이의 명백한 구분은 첫눈에 보이는 것처럼 그렇게 단순한 것이 아님을 보여준다. '해석해 왔다'(haben interpretiert)가 현상에 조응하는 완결된 의미를 갖고 있음에 반해, '변화시키는'(zu verändern)은 어떤 완결된 변형보다는 (추론해 보면, 자기동일적인 것의) 개방적인 '다르게 만들기'(making other)이다 (Spivak 1996: 217~8). 그러므로, 열한 번째 테제는 이론과 실천 사이의 이항대립을 보여주지 않고 오히려 자기동일적인 것을 지속적으로 '다르게 만들려고' 하는 비판과 실천의 형식에 대한 권고이다.[21] 이러한 틀에서 볼 때, 맑스의 자본 비판(료따르가 말하는 '기소'의 계기)은 그의 교전의 한 측면이 아니라 그의 실천에 내재적이다. 극복의 운동으로서의 프롤레타리아트가 불러내어지는 것은 (노동자 운동의 환경의 일부인) 자본과의 이 매혹적인 교전 속에서, 이 비판 속에서이다.

이론/실천 및 프롤레타리아트/자본의 이항대립이 그렇게 명백하지 않다면, 우리는 맑스의 교전양식을 나쁜 양심의 산물이 아니라 소수정치학으로 간주할 수 있다. 다니엘슨에게 보낸 편지가 예증하는 바와 같은, 『자본』 쓰기와 노동자 운동에의 참여 사이의 긴장은 소수적 저자의 긴장으로 간주될 수 있다. 맑스는 (다른 많은 사람들과 더불어) 노동자 운동의 일부였지만, 그 노동자 운동은, 맑스가 웬일인지 대표해야만 했던 이미 도달한 민중이 아니라 형성중인 민중이다. 맑스가 『자본』을 쓰면서 자본주의의 동학과 교전한 것은 그러므로 그 그룹의 경계선에서 수행한 기여일 것이며 그가 결코 완전히 하나로 될 수 없었던 그 그룹과의 논쟁이며 계략일 것이다. 작은 민중들의 문학에 대

---

21. 열한 번째 테제에 대한 비판으로 제기되었을 수도 있지만, 들뢰즈(Deleuze n.d.a)는, 그가 니체주의적 해석에 대해 쓸 때 이와 유사한 것을 제시한다 : '해석에 대한 지금의 생각 속에는 세계에 대한 "앎"[connaître]과 "변형"의 변증법적 대립을 넘어설 수 있는 그 무엇이 있을 수 있다.'

한 카프카(Kafka 1999: 150)의 설명을 따르면 그것의 형성을 위해서는 불화, 계략, 심지어는 모욕까지 필수적으로 요구되었기 때문에 그 그룹은 아마도 '덜 매력적이었을' 것이다. 맑스는『자본』을 쓰다가 말다가를 부단히 반복한 것으로 유명하다(그것의 첫 권은 그가 그 책을 쓰기 시작한 지 16년이 지나서야 출간되었다 : "내가 계속 작업하고 있는 것은 너무 지긋지긋하게 사람을 사로잡아서, 내가 최선을 다한다 할지라도, 앞으로 6~8주 동안에 끝내지 못할 것이다; Wheen 1999: 188에서 인용). 또 맑스는 노동자 운동의 투쟁에 참가했다가 또 그것으로부터 물러나곤 한 것으로 유명하다. (1851년 〈공산주의자 동맹〉의 붕괴 이후에 맑스는 1864년 〈국제 노동자 협회〉가 형성될 때까지 노동자조직에 가담하지 않았다.)[22] 비정상적 상황 속에서 그를 혹사시

---

22. 〈공산주의자 동맹〉의 붕괴 후, 맑스가 그 그룹에 참가하고 있지 않았던 때에 그는 엥겔스에게 이렇게 말한다 : '자네와 나, 우리 두 사람이 지금 처해 있는 공적이고 진실된 고립을 나는 매우 기쁘게 생각하네'(Wheen 1999: 265에서 인용). 이 맥락에서 인물 숭배에 대한 맑스의 혐오는 주목할 가치가 있다. 흥미롭게도 까맛떼(Camatte)는 이것을 집단 정체성 지연의 필수불가결한 측면으로 제시하면서 맑스를 인용한다 : '우리 두 사람은 대중적인 것을 조소합니다. 무엇보다도, 모든 인물 숭배에 대한 우리의 혐오가 그 증거입니다. … 엥겔스와 내가 공산주의자들의 비밀협회에 처음 가입했을 때, 우리는 그들이 권위 숭배에 도움이 될 수 있는 모든 규칙들을 폐지한다는 것을 필수조건으로 가입했습니다(Blos에게 보낸 맑스의 편지. Camatte 1995: 20에서 인용)'. 정체성의 이와 같은 회피는 (자신의 작품에 서명을 하지 않았던) 보르디가에 의해 다음처럼 설명된다 : '모든 상품들이 그 제작자들의 이름을 달고 다니는 것이 부르주아 세계의 속성이다. 모든 생각들은 그 저자들의 서명을 붙이고 다닌다. 모든 당은 그 지도자들의 이름에 의해 정의된다 …. 우리들의 작품은 부르주아지의 홍보 기술들의 도움을 받지 않고서, 사람을 숭배하고 사람에게 아첨하는 나쁜 경향의 도움을 빌지 않고서 근면하게 공들임으로써만 성공할 수 있다'(Camatte 1995: 175에서 인용). 이 입장의 소수적 측면은 분명하지만, Camatte(1995: 175~6)가 말했듯이, 자기희생적 전투성이 회귀하거나 삶의 특이성들을 '교조적 일괴암주의'의 독재에 종속시킬 부수적 위험이 늘 있음을 지적할 필요가 있다.

킨 것은 엄청난 양의 연구작업(work)이 아니라 [노동자 운동에의—옮긴이] 특별한 개입이었는데, 이것은 엥겔스를 낙담시켰다. 정치적 사건, 적수(adversary), 전쟁, 혁명, 경제위기 등이 그를 촉발시킴으로써 맑스는 또 다른 팜플렛을 쓰고 또 다른 동맹을 맺고 또 다른 열띤 논쟁에 참가한다. 즉 그는 분명히 '사소한 주제'인 그 특별한 사건에 끼어들어 골치를 썩이면서 그것과 교전한다. 이러한 교전 양식은 맑스의 저널기고에 관한 엥겔스의 언급 속에서 매우 분명하게 나타난다.

> 그는 저널리스트가 아니다. 그리고 그는 결코 저널리스트가 되지 않을 것이다. 그는, 다른 사람이라면 몇 시간 밖에 걸리지 않을 논설을 쓰느라고 하루 종일을 심사숙고한다. 마치 그것이 심오한 철학적 문제를 다루는 일에 관련되어 있기라도 한 것처럼. 그는 바꾸고 고친 후에 다시 그 바꾼 것을 또 바꾼다. 그의 중단 없는 철저함 덕분에 그가 제 시간에 원고를 마무리 짓는 일은 결코 있을 수 없다.
>
> (Wheen 1999: 131~3에 인용된 엥겔스의 말)

그리고 이 끊임없고 복잡한 교전 속에서, 맑스는 그 자신을 어떤 특수하고 독립적인 분과에 한정하지 않고 그를 둘러싸고 있는 다양한 분야들에, 정치경제학에서부터 문학(특히 세익스피어와 디킨스)에까지, 그리고 심지어는 가십 란 같은 것에조차(Wheen 1999: 237) 관심을 가진다. 그리고 그는 기술적 설명에서 문학적 미사여구 및 논쟁글까지 다양한 양식의 주장을 사용한다. (『자본』은 부르주아지를 탄핵하는 외설적 어조가 없었다면 오늘날 우리가 보고 있는 그것과는 같지 않았을 것이다.) 그의 작업은 그를 사로잡아 그것이 '삶이냐 죽음이냐의 문제'(Kafka 1999: 150)로 된 것으로 보인다. 팜플렛들은, 때때로는 사소한 언쟁에서 발생해서는 길이가 늘어난다(『신성가족』은 20페이지짜리 논쟁글에서 200페이지짜리의 작품으로 늘어난다). 그리고 그는 글을 쓰는 때에 언제나 병에 걸리고 열에 치받고 종기가 난다.

그러므로, 맑스는 끝없이 연기한다는 료타르의 주장에는 일말의 진리가 있다. 그러나 이 연기는 끝없는 '기소'의 원한에 의해 이끌리는 것이 아니며 (그것이 『자본』의 완성이든 노동자 운동의 형성이든 간에) 자신이 착수한 실제적 문제를 우회하는 것도 아니다. 오히려 고도의 도착이 지연되는 것처럼, 자본이 자신의 한계를 부단히 극복하기 때문에 그리고 프롤레타리아트가 자본을 관통해서 그 자신을 극복할 필요 때문에 야기되어진 이 연기는 강렬하고 복잡한 교전이 발생하게 되는 지평을 구축하는 일에 내재적이다.

가따리의 집단 분석

집단 조직화의 문제는 소수적인 것에 관한 이 논의를 통해 명백해 졌다. 그러나 여기에서 집단의 문제를 좀더 깊이있게 다루는 것이 유용하다. 이를 위해 나는 집단 형성에 관한 가따리의 연구에 초점을 맞출 것이다. 가따리의 정치적, 임상적, 그리고 이론적 작업은 집단 형성의 문제로 가득 차 있다. 자아의 '무리'에 관한 들뢰즈와 가따리(*ATP* : 3)의 주장을 논외로 하더라도, 들뢰즈는, '펠릭스는 집단의 사람, 모임(band)의 사람, 부족의 사람'(Deleuze and Parnet 1987: 16)이었다고 쓴다. 그 자체로, 집단이라는 문제는 가따리 작품의 뚜렷한 측면이라기보다는 그의 작품을 전체로서 읽기 위한 하나의 관점이다. 그리고 실제로 소수적인 것은 본질적으로 집단 형성의 문제이다. 그러나 가따리는 집단 형성의 양식에 관한 특유한 분석들을 제시하기도 한다. 특히 (반-정신의학 단체들을 포함하는; Guattari 1995a에 실린 「메리 반즈의 '여행」 참조) 정신건강 단체들(institutions)과 관련하여, 그리고 좌파-정치 환경과 관련하여. 이 분석들이 서로 얽혀있지만, 내가 살펴보고자 하는 것은 후자에 관한 가따리의 연구작업이다.

정치 집단들에 대해 들뢰즈와 가따리가 각각 맺은 관계는 우리가 이야기를 시작하기에 유용한 장소이다. 들뢰즈는 그의 세대에서는 공산당에 전혀 가입한 적이 없다는 점에서 독특하다(푸코조차도 프랑스 공산당에 짧게나마 가담했던 적이 있다; Macey 1993: 37 참조). 그가 정신분석을 한 적이 전혀 없듯이, 그는 프랑스의 이론적·정치적 실천을 지배했던 두 학파들의 바깥에 머물러 있었다. 들뢰즈는 포스트 68 집단의 활동에 — 특히 푸코와 함께 감옥정보집단(Prison Information Group)에 — 얼마간 가담했었고 팔레스타인 사람들의 투쟁을 지지하거나, 베트남 폭격에 항의하거나, 대학에서 정치적으로 적극적인 동성애자들을 해고하는 것에 항의하거나 이란에서의 인권 침해에 항의하거나, 이탈리아 아우또노미아에 대한 억압과 안또니오 네그리의 투옥에 항의하거나, 적군파의 변호사인 클라우스 끄롸쌍(Klaus Croissant)의 본국송환에 항의하거나 걸프전에 항의하는 식의 많은 논설과 편지를 썼다.[23] 그럼에도 불구하고, 들뢰즈의 정치학은 특별히 실천적이지는 않았다(Guattari 1995a: 28~30; Deleuze 1997a 참조). 다른 한편 가따리는

—물론 그의 삶의 '사나운 로데오'(Deleuze and Parnet 1987: 11)의 일부로서— 급진 정치에 평생 동안 가담했다. 그는 10년 동안 프랑스 공산당의 당원이었다가 1968년 5월에는 오데온 점거투쟁에서 핵심적 역할을 수행한 뜨로쯔끼주의 소집단과 FGERI(제도연구 학습집단 연맹)에서 활동했으며 그의 기반은 아카데미에 있지 않았고 라 보르드(La Borde)의 정신병원에 있었다(Guattari 1995a; Guattari 1996b에 실린 Genosko의 서론; *N*: 13~24, 183 참조). 이 문제에서 들뢰즈와 가따리의 스타일 차이는 그들이 만나서 공동작업을 하기로 결정한 것에 관한 가따리의 설명을 보면 분명히 알 수 있다.

[안티-오이디푸스 집필을 위한] 들뢰즈오와의 사전 작업은 여전히 대개는 [FGERI의] 이 노선을 따랐다. 함께 일을 하고, 함께 일을 토론하자는 것이 그것의 기본적인 생각이었다. 그때는 1968년의 소요가 여전히 각인을 남기고 있었던 때인 1969년이었다. 함께 뭔가를 하는 것이 들뢰즈를 조바심 속으로 몰아넣었다. 사실상, 그는 이미 거기에 있었고, 사람들을 만나고 있었으며 온갖 종류의 일을 하고 있었다. … 내가 푸코와 함께 들뢰즈를 만난 것은 〈감옥정보그룹〉 시기였다. 이 때 우리가 착수한 일은, 그들과 그들의 공동작업자를 위한 연구 교부금을 얻음으로써 CERFI(학습, 연구, 그리고 제도적 훈련 센터)로 발전되었다. 그래서 실제로 어떤 의미에서건 이런 종류의 집단 작업을 위한 기회가 있었다. 그러나 우리가 함께 작업하기로 합의하자마자, 들뢰즈는 다른 모든 문을 닫아버렸다. 내가 예상하지 못했던 일이었다.

(Guattari 1995a: 28~9)

---

23. Murphy(n.d.: section 6), Macey(1993: 392~4), 그리고 들뢰즈의 짧은 정치 기사들 및 *Discourse* 20(3)에 실린 편지글들을 참조하라.

여기서 들뢰즈가 집단 활동에서 물러난 방식을 묘사한 대목은 흥미있다. 가따리(Guattari 1995a: 27~8)는 들뢰즈와의 관계를 자신의 집단 작업의 한 측면으로 명확하게 인식했다. 이 맥락에서 들뢰즈가 집단 작업에서 물러난 것은 다소 문제적인 것으로 묘사된다. 그와 동시에, 그리고 같은 대화에서, 가따리는 들뢰즈가 그로 하여금 집단들에 대한 특정한 관계를 문제시하도록 도왔던 방식에 대해 이야기한다. '들뢰즈는 조심스럽게, 그리고 가볍게, 집단에 대한 (내가 갖고 있었던) 일종의 신화를 부수었다'고 가따리(Guattari 1995a: 31)는 말한다. 그 구절은 모호하다. 하지만 가따리는, 그가 집단 작업이 그 자체로 마치 진보적인 활동양식인 것처럼, 마치 집단의 형성이 언제나 옳은 방향으로의 운동이었던 것처럼, 집단 작업이라는 생각에 너무 많은 투자를 했다고 말하고 있는 것으로 보인다. 그가 '어떤 적극적 기획, "좋은 이유"를 향해 모든 것을 밀어붙이는 나의 방식'이라고 말하거나 또 다른 글에서는 '특정한 행동주의, 유효성의 환상, 저돌적인 돌진[에의] 기여'(Guattari 1995a: 32, 1984: 29)라고 말하고 있는 것을 보면 이 점은 분명하다. 포스트 68 소집단들의 독단주의에 대한 가따리의 감각이 점차 증가하는 것을 고려하면, 가따리가 그것에서 빠져나올 길을 제시한 것은 들뢰즈였던 것으로 보인다.[24] 집단 작업에 대한 문제시라

---

24. '나에게, 68년의 여파는 행동위원회, 정신의학 대안들, 페미니스트 운동, 동성애 운동 … 등으로 이루어졌다. 나는, 집단적 발전이 추구될 수 있기를 바랐으나 오히려 사유하기에 대한 일종의 금지가 도입되었다. 오늘날 뱅센느와 그 주변을 지배했던 종류의 악선동을 상상하기란 어렵다 : "대체 뭘 말하고 있는거야?" "이해할 수 없어!" "그게 무얼 의미하는 거야?" "왜 그렇게 복잡한 말을 쓰지?" 들뢰즈의 강의는 믿을 수 없는 천치들에 의해 지속적으로 방해되었다'(Guattari 1995a: 30).

는 맥락 속에서, 가따리는 집단들에 대한 그의 관계의 다른 측면에 주의를 돌리는데, '무의식적 사보타지의 다른 차원, 영점으로의 회귀에 대한 일종의 정열'(32)이 그것이다. 집단에의 몰입과 거리두기 사이의 긴장은, 가따리는 '집단의 사람'이었으며 동시에 '홀로 있는 사람'이었다(Deleuze and Parnet 1987: 16)는 들뢰즈의 언급에서 명확하게 나타난다. 집단 형성에 대한 이러한 감각은 '떼-형태'(pack-form), 즉 집단 관계의 소수적 양식에 대한 들뢰즈와 가따리의 설명에 중심적이다. 떼(pack)에서, 우리는 주변이나 경계선에 있다. 집단의 일부인 동시에 그 외부에 있는 것이다. 들뢰즈가 『천 개의 고원』에서 인용하고 있는 프래니(Franny)의 말처럼. '나는, 주변이 내가 있을 수 있는 유일한 장소임을 안다. 그래서 나는, 싸움의 중심으로 끌려 들어가게 되더라도 죽을 것이며 군중에서 벗어나더라도 분명히 죽을 것이다'(*ATP*: 29). 가따리의 입장에 나타나는 긴장은, 집단 분석을 계급투쟁에 도입하려는 자신의 시도에 가해진 비난들에 대해 쓰고 있는, 그의 논문 「집단과 개인」에서 가장 분명히 나타난다. 가따리는 말한다. '어떤 뜨로쯔끼주의 집단'은

> 집단 주체성에 관한 나의 지루한 이론들을 격렬하게 비난하는 일에 16쪽짜리 팜플렛의 반이 넘는 분량을 할애하는 영광을 나에게 주었다. 나는 그들의 비난의 무게 때문에 거의 무너질 뻔했다. 쁘띠-부르주아, 완고한 관념론자, 무책임한 분자! '당신의 거짓 이론들이 훌륭한 투사들을 오도할 수 있다.' 그들은 나를, 전쟁이 끝나고 나서 궐석 재판에서 강제노동형을 선고받았던 앙리 드 망(Henri de Man)에 비교했다.
>
> (Guattari 1984: 25)

이 비난이 반영하고 있는 종류의 미시파시즘적 집단 자아에 대한 다소 극단적인 경험들은 많은 사람들을 급진 집단들로부터 등 돌리도록 만들었고 지금도 여전히 그렇게 하고 있다. 그러나 가따리는, 소수적 교전의 긴장과 정동적 복잡성을 보여주면서, 급진 집단들에의 연루가 자신의 정치적 기획에 핵심적이었다고 여전히 완강하게 주장한다. 그리고 그는, '여전히 나는, 청년조직이나 대중운동에, 공산당이나 여타의 소수정당에 투사로 참가해 본 경험을 가진 사람은 누구나 그런 경험을 갖지 못한 사람과는 다르리라고 믿는다'고 쓴다(Guattari 1984: 29).

가따리가 자신의 집단분석 이론을 정교화하는 것은 그 자신의 교전 양식의 맥락 속에서이다. 가따리의 집단분석은 집단의 존재양식과 존재속성들(그것의 발화구조와 전술구조, 그것의 지도형식과 전투형식, 그것의 정동적 관계, 그리고 그것의 외부와의 관계)을 풍부하게 설명하려고 노력한다.[25] 이 복잡성은 소집단에 대한 그의 논의 문맥 속에 명확하게 드러난다.

그것은 음성론적 수준(특정한 단어를 조음하는 방식, 그것에 수반되는 제스처)에서부터 조직구조, 동맹자나 중앙파 혹은 적대자와 관계를 유지하는 방식에 대한 생각 등에까지 걸쳐 있는, 하나의 총체적 공리계이다.

(Guattari 1995a: 58)

---

25. 가따리(Guattari 1984: 35)의 집단 분석 양식의 복잡성의 의미는 그의 다음과 같은 개탄 속에 분명히 드러난다 : '예를 들어, 파리코뮌를 구축했던 노동계급의 특별한 성격에 대해서, 그 계급의 창조적 상상력에 대해서는 어떠한 서술도 없다'.

가따리의 정치집단 분석은 자생성주의적인 아나키즘과 레닌주의 정당의 '민주집중제' 사이의 이분모델에 대한 거부에서 시작한다(Guattari 1984: 63; 1995a: 24, 62 참조). 자생적 아나키즘 모델(이것은 3장에서는 인간주의 정치학으로 간주된다)은 통합된 자본기계에 직면해서 완전히 부적절하다. 들뢰즈는 가따리의 『정신분석과 횡단성』에 붙인 서문에서, '혁명기계는 지역적이고 국지적인(punctual) 투쟁에 만족할 수 없다'고 쓴다. 그러나 다른 한편에서 정통적인 당 모델은 욕망하는 생산을 국가형태로 집중하고 정치를 자본에 통합하는 데 기여할 뿐이다. 들뢰즈가 보기에는(Deleuze 1977: 102) 이것이 공산당의 일차적 기능이었다. 문제는, 들뢰즈가 집단적 생산을 확장하는 데 도움이 되는 '통합(unification)'이라고 서술한 형식을, 그리고 가따리(Guattari 199a: 60)가 사회체를 횡단하는 발명의 화학적 '결정' 모델로 제시한 형식을 발전시키는 것이다. 첫 단계에서는 대중의 자발성을 필요로 하는 혁명적 계기가 있고 그 다음 단계에는 (소련 경험에서처럼) 집중주의를 필요로 하는 혁명적 계기가 있다고 보는 단계론 모델에 대항하여, 들뢰즈(1977: 104)는 '처음부터 우리는 집중주의자들보다도 더 집중주의적이어야만 한다'고 도발적으로 쓴다. 이것은 레닌주의의 성가신 침입으로 보인다. 하지만 들뢰즈의 '집중주의' 혹은 '통합'은 집단과 대중 형성의 사회적, 정치적, 경제적, 리비도적 관계를 '분석하기'(혹은 추출하기, 문제화하기, 연결하기)의 과정으로 제안된다. '그 … 통합은 분석에 의해 발생되어야만 한다. 그리고 그것은 합리화, 총체화, 배제 등에 의해 진행되는 종합의 역할보다는 집단욕망과 대중욕망과 관련하여 분석가의 역할을 지녀야만 한다.' 프랑스 1968년 봉기에서 3월 22일 운동[26]은, 그 나름의 문제점(그것은 적잖게 자발성에 대한 숭배를 보였는데, '아마도 미지의 것에 직면하여 거대한 불안의 분출을 나타냈다'는 점이 그러하다)을 갖고 있긴 하지만, 가따리가 보기에는, 모범적인 것이다.

> 모든 것이, 어떤 전반적 운동의 일부가 되지 않고서 혹은 어떤 다른 정치 집단에 의해 장악되지 않고서, 그것의 주위를 회전했다. 그것에 가담한 사람들은 연이어진 회의에서 설정된 어떤 프로그램에 의해서가 아니라 점차 시간 속에서 펼쳐지는 상황 그 자체에 따라 상황을 해석하려 했다. … 그들은 자신들의 운동을 상황의 구체화로 제시하기를 거부하고 대중들이 자신들의 억제를 전이하는 것에 영향을 미칠 수 있는 그 무엇으로 제시했을 뿐이며 어떤 순응주의의 틀 바깥에서 새로운 이해와 새로운 논리적 정식화를 끌어낼 수 있는 길을 열어젖혔다.
>
> (Guattari 1984: 214~15)

가따리는 집단이라는 일반적 문제틀을 집단 형성의 두 종류 혹은 두 양식(주체집단과 종속집단)에 관한 분석가로 제시한다. 그 이유 중의 하나는 가따리가 집단에 대해 더욱 신중해졌다는 점이다. 『안티-오이디푸스』 이후에 그는, 소수정치에 대한 이 장의 설명과 좀더 유사한 방식으로, 이 범주들[주체집단과 종속집단-옮긴이]을 특유한 영역들(그것이 '집단'이건 아니건)의 분석을 위해 사용하기를 멈춘다.[27] 그렇

---

26. 3월 22일 운동의 형성에 대한 설명으로는 Cohn-Bendit and Cohn-Bendit(1969: 특히 48~57)를 참조하라.
27. 1980년에 가졌던 한 인터뷰에서 가따리는 이렇게 말한다 : '나는 생각을 바꿨습니다.

지만 특유한 정치집단의 분석과 관련해서 이 범주들은 여전히 유용하다. 물론 두 가지 양식은 상호 관련되며, 그 자체로 그것들은 어떤 형식화에 내재하는 경향들로 간주되는 것이 최상이다(Deleuze 1977: 103). '주체집단들'은 소수정치의 집단상관항이다. 그들은 소수적 실천을 행하려 하며 외부로 개방되려 하고 발화와 집단적 구성의 혁신적 형식을 발전시키려 한다. 이 속에서 그들은 집단의 '죽음'을 허용한다. 다른 한편, '종속집단들'은 조직의 몰적 양식들을 현시하며, 적대적인 것으로 취급되는 외부에 대항하여 [집단의-옮긴이] 응집성을 유지하려 하는 집단들이다. 들뢰즈에 따르면,

> 종속집단들은 그들의 대중들에 의해 종속되듯이, 그들이 받아들인 '주인들'에 의해 종속된다. 그들을 특징짓는 위계, 수직적이거나 피라미드적인 조직은 그 집단의 몸체 속으로 무의미(nonsense), 죽음 혹은 폭발이 기입될 수 없도록 하는 방식으로, 창조적 파괴의 발전을 저지하는 방식으로, 그에 의해 다른 집단들의 배제에 기초한 자기보존 메커니즘을 보장하는 방식으로 구축된다. 그들의 집중주의는, 실제적이고 집합적인 '발화'의 조건들을 실재와 주체성 모두로부터 분리된 판에 박힌 진술들의 배치로 대체하면서, 구조화, 총체화, 통합화에 의해 작동한다.
>
> (Deleuze 1977: 103)

종속집단의 고전적 모델은 공산당과 그것의 뜨로츠끼주의적 분파

어떤 주체-집단도 없고 발화(enunciation)의, 주체화(subjectivization)의 배치만이 있습니다. 구획된 집단들과 일치하지 않는 실용적 배치 말입니다. 이 배치들은 개인들을 포함할 수도 있고 세계를 보는 방식들, 정서 체계들, 개념 기계들, 기억 장치들, 모든 종류의 경제적 사회적 구성요소들을 포함할 수도 있습니다'(Guattari 1996a: 227~8).

들이다. 그러나 가따리가 보기에 이 모델들도 소집단들로 나타난다. 예를 들어, 아나키스트 집단과 마오주의 집단은 스타일('지도자나 선전 에 대한 정의, 훈육, 충성, 절도에 대한 생각, 그리고 투사의 금욕주 의')에서 다를 수 있다. 그러나 '작은 교회'라는 종속된 집단-형식은 결코 그렇게 다르지 않다(Guattari 1995a: 59).[28] 가따리는 이 모델의 출현을, 그가 1917년의 '레닌주의적 절단'이라고 부르는 것 속에 위치 시킨다(Guattari 1984: 30~2; 184~95). 그리고 그의 주장이 그의 분석 스타일의 일부를 예시해 준다고 보아도 좋을 것 같다. 여기에서 가따 리는, 20세기의 급진 환경을 지배하게 되는, 좌파 종속집단의 많은 속 성들을 인식한다. 가따리가 1917년 2월에서 10월 사이에 볼셰비키가 행한 개입에서 창조적인 무엇인가(러시아 프롤레타리아트의 연약함에 도 불구하고, 또 가능한 반동을 고려하지 않고서, 군사적, 경제적, 사회 적, 정치적 붕괴를 임박한 사회주의 혁명의 잠재력으로 해석하는 것)를 본다는 것은 중요하다. 이 속에서 볼셰비키들은,

---

28. Jacques Camatte(1995)는 소집단에 대한 혹은 프롤레타리아 환경 속에서의 '비합법조 직(racket)' 형식에 대한 좌익공산주의적 비판을 제시하는데, 그것은 종속집단에 대한 들뢰즈와 가따리의 비판과 공명한다. Camatte는, 정치적 비합법조직들은 자본의 실제 적 포섭 국면에서의 기업조직의 정치적 상관물이라고 주장한다. 비합법조직은, 내적 차이가 외적 관계들(그것들이 사회적 세력들이건 다른 비합법조직들이건)과 대립하는 '진정한' 통일의 모델 속으로 포섭됨에 따라, 그것이 수행하는 비판적 실천에 의해서보 다는, 그것이 집단적으로 긍정하는 정체성에 의해 융합하는 경향이 있다. 일관성과 내적 위계는 지도자들의 매력점들(그것들은 공식적일 수도 있고 비공식적일 수도 있다[Freeman n.d. 참조]. 때때로 이것은 어떤 특수한 멤버들의 문화자본[예컨대 그 들의 이론적 세련성 같은 것]에 근거한다), 존경받는 텍스트들, 개념적 추상들, 그리 고 특수한 정치적 모델들 혹은 지지받는 실천들을 중심으로 생산되며 실천적 '헌신' 이라는 동력에 의해, 지속되는 '비합법주의적 마켓팅'에 의해, 그리고 배제의 공포에 의해 강화된다.

사태의 자연스런 발전을 방해했다 ; 그들은 그러한 규모의 전국적 붕괴에 '일반적으로' 뒤따라 발생했을 것(좌파와 중도파의 모종의 연합, 더 나은 시대에 대한 희망 속에 살기, 그리고 전통적 당들에 의한 권력의 회복)을 저지했다.

(Guattari 1984: 184)

독일 혁명의 실패, 사회민주주의의 병합적(incorporative) 효과 등을 고려할 때, 우리는 혁명의 후속 발전과 소비예뜨 국가를 의 '회복된(recuperative)' 권력으로, 혹은 혁명의 궁극적 불가능성으로 해석할 수도 있을 것이다. 그렇지만, 가따리는 그와는 달리 사건이 '결정되는 상이한 질서들'에 대한 좀더 복잡한 분석을 제시한다. 그는 특히 레닌에, 볼셰비즘의 조직적 정치적 이론적 윤리적 측면에 초점을 맞추면서, 1903년 전 러시아 사회민주노동당 2차 대회의 말미에 있었던 '근본적 레닌주의적인 돌파의 순간'으로 되돌아간다. 당원 규약 속에 들어있는 두 낱말, 『이스크라』 편집위원회의 구성원 수, 그리고 최소의 조직적 동일성을 유지하려는 유대인 투사들의 욕구 등을 둘러싼 일련의 논쟁들은 무수한 분열의 '밀폐공포증 싸이코드라마'와 당규율에 대한 천명을 점화시켰다. 그것으로부터 '하나의 새로운 기표기의화하는(sygnifying) 체계, 혁명운동의 새로운 공리가 생겨났는데, 우리의 생각은 오늘날도 여전히 그것에 크게 의존하고 있다.'(Guattari 1984: 189). 가따리는 이 '전문적 볼셰비키 스타일과 태도', 그리고 새로운 '투사 주체성'을 진술의 도그마로의 경직화, 발산적 발화를 통제하는 기능을 하는 지배적 발화의 형성, 원칙 문제에서 거의 표리부동할 정도의 전술적 유연성과 결합되어 분열을 일으키기 좋아하는 취미, 개방성을 제한하는 기능을 하며 슬로건과 교조에 대한 무비판적 수용을 고무하는 무력함의 새로운 영역, 그리고 그 이후로 '대중들'로 알려지곤 한 사람들에 대한 경멸적 태도 등으로 서술한다. 그 핵심에 놓여 있는 것이 투사 모델이다. '경험에 앞서 모든 것을 알고 있으며 당 노선 외에는 그 어떤 것도 듣기를 거부하는 증오에 찬 투사의 "사랑"'(Guattari 1984: 190). 이러한 집단 형성 때문에, 가따리는, '레닌주의적 절단'의 힘에도 불구하고, 궁극적으로 볼셰비키는 혁명의 발전을 당과 그것의 '메시아적 소명'(Guattari 1984: 187)을 통해서만 생각할 수 있었을 뿐이라고 주장한다. 그러므로 뜨로츠끼가 주장했던 바와 같은 국가, 즉 '관료제에 의해 더럽혀졌다고 가정되는 건강한 프롤레타리아 국가'는 결코 존재한 적이 없었다. 오히려, 볼셰비키가 당 속에서 당을 통해 위기에 답한 방식 속에서는, '모든 것이 이미 소진되고 배반당했다'(Deleuze 1977: 103).[29]

분석가로서의 주체 집단에 대한 들뢰즈와 가따리의 이해로 되돌아가면서 우리는 레닌주의적 절단에 대한 비판으로부터, 들뢰즈와 가따리가 단순한 반당 입장을 제시한다고 추론해서는 안 된다. 들뢰즈의 『푸코』에 붙인 서문에서, 보베(Bové)는 푸코가 우리를 '당에 대한 또 다른 생각'으로 인도한다는 (그가 이해한 바의) 들뢰즈의 주장에 주의를 돌린다(Deleuze 1988: xxix~xxx). '우리는 들뢰즈가 실수를 했다고

---

29. Guattari(1984: 187~88; 192~3)는 레닌 및 소비예뜨 국가와 뜨로츠끼의 관계에 대한 통찰력 있는 설명을 제시한다. 그의 주장을 따르면, '뜨로츠끼는 이전에는, 레닌주의적 집중주의에 내재하는 "정치적 대리주의"의 위험을 누구보다도 목청높여 비난했지만, 혁명 과정에서 레닌주의로 기울어져 … 야만적 엄격함으로 기괴한 볼세비즘을 실시했다(188).'

생각해야만 한다'고 보는 보베의 불신은 놀라운 것이 아니다. 권위의 교묘함에 대한 푸코의 주목과 맑스주의의 개념적 형상에 대한 그의 신중함을 생각해 보면 푸코가 자신의 작품에서 당형성을 조금이라도 촉진하는 점을 발견하리라고 기대하기는 어려울 것이다. 물론 들뢰즈가 남다른 주장을 함에 있어서 약간은 짓궂은 점이 있다. 그렇지만 들뢰즈가 '다시 당을 갖고 싶은' 자신의 욕망을 드러내고 있다는 보베의 결론은 흔히 생각할 수 있는 것만큼 그렇게 별나지는 않다. 우리가 레닌주의 모델로부터 『공산당 선언』에서 맑스가 한 당에 관한 언급으로 되돌아가 보면, 우리는 거기에서 투쟁에 대한 분석가로서의 집단의 역할이라는 들뢰즈의 이해와 그렇게 다르지 않은 하나의 정식화를 식별할 수 있다. 『선언』은 우리가 기대할 수 있는 종류의 당과는 아무런 상관도 없다. 그것은 '코뮤니즘이라는 유령에 관한' 부르주아지의 '소문'에 '당 자체의 선언'을 대치시키기 위한 것이다(Marx and Engels 1973: 31). 그러나 이 당은 일단의 조직적 규약이나 강령으로 선언되는 것이 아니라 오히려 자본주의 사회체에 대한(1부와 2부), 그리고 현대의 사회주의 조직에 대한(3부) 내재적 비판으로 제시된다. 이러한 점을 고려하면, 맑스가 쓰고 있다시피;

> 공산주의자들은 다른 노동자 정당들에 대립되는 특수한 당이 결코 아니다.
> 그들은 프롤레타리아트 전체의 이해관계로부터 분리된 이해관계라고는 갖고 있지 않다.
> 그들은 프롤레타리아트의 운동을 거기에 짜 맞추고자 하는 바의 특수한

원리들이라고는 세우지 않는다.

공산주의자들은 그들이 한편으로는 프롤레타리아의 다양한 일국적 투쟁들에 있어서 국적에 상관없는, 프롤레타리아트 전체의 공동이해를 내세우고 주장한다는 점에서만, 다른 한편으로 프롤레타리아트와 부르주아지 사이의 투쟁이 경과하는 다양한 발전단계들에 있어서 항상 운동 전체의 이해를 대변한다는 점에서만 다른 프롤레타리아 정당들과 구별된다.

(Marx and Engels 1973: 49)

'여러 가지 현존하는 반대당들에 대한 공산당의 입장'을 설명하는 『선언』의 마지막 절(그리고 그것은 단연 가장 짧은 절이다)에서 맑스는 당대의 일련의 유럽의 투쟁들을 가리키며, '소유 문제'가 전면에 부각될 것이라는 유일한 조건을 달면서, 공산주의적 소수파가 지지할 특유한 측면들을 조명한다. 『선언』은 끝부분에서 '요컨대 공산주의자들은 어디에서나, 현존하는 사회적 정치적 상태를 반대하는 모든 혁명운동을 지지한다'고 언급한다(Marx and Engels 1973: 77).

맑스는 공산당을 뚜렷이 구분되고 시간을 초월한 조직 형식으로 제시하지 않고 투쟁하는─프롤레타리아의 내용에 내재적인 (그리고 그 내용은 다시 자본의 특수한 배치에 내재적이다) 교전양식으로 제시한다.[30] 물론 이렇게 말하는 것이, 맑스가 때때로 특유한 집단의 형성에, 특히 〈공산주의자 동맹〉이나 〈제1인터내셔널〉의 형성에 참가하거나

---

30. Dauvé and Martin(1997: 67)이 레닌주의와 평의회주의에 의해 각각 '당의 필요성/당에 대한 공포'라는 거짓 문제로 정식화했던 것과는 달리, 자본에 내재적인 운동으로서의 당에 대한 이러한 이해의 발전으로는 Antagonism(2001), Camatte(n.d., 1995), 그리고 Dauvé and Martin(1997: 63~76)을 참조하라.

적극적으로 기여하지 않았음을 의미하지 않는다. 단지 그는 이 집단들이 전체로서의 프롤레타리아 운동에서 분리된 몸체로 되는 것을 경계했을 뿐이다. 그리고, 예를 들어 그가 차티스트들에게서 보았듯이, 그가 자본의 극복 운동을 위치시킨 곳은 어떤 뚜렷이 구분되는 정치적 형성체나 어떤 대기 중인 국가 속이 아니라 현실적 투쟁 속이었다.31 그러므로 우리는 맑스가 말하는 '당'을, 특수한 역사적 경험들과 운동들을 통해 발전하는 일단의 경험, 실천, 그리고 지식이 발전해 나오며, 이와 동시에 특수한 경험을 초월하고 또 이 운동들의 여러 측면들에 비판적 태세를 유지할 수 있는 한편, 특정 순간들에는 투쟁의 촉진자로 작동하고 있는 그러한 평면으로 생각할 수 있다.32 이상하게 보일지 모르지만, 나는 들뢰즈의 '통합' 모델과 '분석가'로서의 집단이 바로

---

31. 여기에서 나는 맑스가 『선언』을 쓸 때에 다소 모호했던 점을 중시하고 있다. 『선언』에서 맑스는 사실상, '모든 생산수단들을 국가의 수중에 집중시킬' 필요에 대해 쓴다(Marx and Engels 1973: 59). 이것은 문제적이지만, 맑스의 이론이 발전함에 따라 ─ 특히 파리코뮌의 경험 이후에 ─ 그는 국가에 대한 이러한 이해와 단절한다. 그리하여 엥겔스가 1988년에 쓰고 있듯이, 『선언』의 국가에 대한 정식화는 '시대에 뒤지게' 된다. 엥겔스는 맑스의 『프랑스에서의 내전』을 인용하면서 이렇게 쓴다 : '코뮌에 의해 특히 한 가지 것이 입증되었다. 그것은, "노동계급은 기존의 국가기계를 단순히 장악하여 그것을 그 자신의 목적을 위해 사용할 수 없다"(Marx and Engels 1973: 14)는 것이다.'

32. 맑스가 '형식적' 당과 '실질적 당'을 구분한 것에 의거하면서, 보르디가를 비롯한 이탈리아 좌파에 관련된 이론가들 및 집단들은 이런 맥락에서 당에 대한 가장 유용한 코뮤니즘적 분석 중의 하나를 발전시켰다. 보르디가가 보기에 시간을 초월하는 형식적 당의 필연적 연속성은 존재하지 않는다. 실제로, 강력한 프롤레타리아 운동이 없이는, 당의 형식적 연속성은, 러시아 모델에서 그러했듯이, 지배의 메커니즘으로 기능할 수 있다. 그래서 보르디가는, 프롤레타리아의 활동성이 약해지는 시기에는, 좀더 비형식적이고 확산된 실질적 당을 제안한다. Antagonism(2001: 18)의 서문이 보르디가의 입장을 서술하는 바처럼, '당은, 여러 집단 ─ 그 중 어느 것도 혹은 그 모든 것을 합쳐도 당이라고 불릴 수 없는 ─ 의 좀더 확산된 운동으로 존재할 수도 있다.'

이러한 맥락 속에서 고려되어야 한다고 주장하고 싶다. 물론 비판활동이 어떤 집단에서 그리고 사회체 전체에서 작동하는 (전술적일 뿐만 아니라 리비도적이고 정동적이며 인격적인) 수많은 관계들과 힘들을 끌어내고 또 문제화해야 한다는 조건에서지만 말이다. 나는 들뢰즈와 가따리가 당 이론가들이라고 주장하고 있는 것이 아니다. 굳이 이들을, 오늘날 너무 문제적이어서 정치적으로 생산적일 수 없게 된 것으로 보이는 범주 속으로 끌고 들어갈 필요가 있는 것도 아니다(그렇지만 *AOE*: 344를 참조하라). 그러나, 집단행동에 대한 들뢰즈와 가따리의 이해와 맑스의 당에 대한 생각은, 즉자적 투쟁의 자발성이나 국지적 투쟁의 적실성을 긍정하는 모델과는 달리, 협소한 친당–반당 이분법의 어느 한 쪽으로 잘못 포괄되어서는 안 될 공명점들을 갖고 있다.

저항에 대항하는 창조(들뢰즈와 푸코)

이 장을 끝맺기 전에, 소수정치가 어떻게 저항의 이론에 문제를 제기하는지를 강조하기 위하여 나는 푸코에게서 '저항'의 문제틀에 대한 들뢰즈의 해석으로 잠깐 돌아가서 들뢰즈와 푸코의 정치학 사이의 관계의 일면을 보여주고 싶다.[33] 저항의 개념은, 마치 그것이 근대의 계

---

33. 나는, 푸코에 대한 그의 독해의 정확성을 '객관적으로' 평가하지 않은 채, 이 문제설정을 들뢰즈의 관점에서 읽고 있을 뿐이다. 푸코의 작품을 통해 그 질문에 접근하는 것은 이 책의 범위를 넘어선다. 그렇지만, 푸코가 저항에 관한 [들뢰즈의–옮긴이] 질문에 답해야 할 과제들을 갖고 있었다고 할지라도, 그는 들뢰즈의 해석에 곧장 응답할 필요를 느끼지는 않았다. 추측컨대 푸코의 죽음 이후에 그들의 관계에 대한 들뢰즈의 다소

급투쟁 패러다임보다 더 적절한 과제를, 어떤 맥락성(situated–ness)을 전달하는 것처럼, 탈근대의 정치적 담론에서 꽤 중요하게 취급된다. 저항의 개념에 초점을 맞추는 이러한 태도는, 암묵적으로는, 푸코와 연결되어 왔다(물론 이것은 자신의 작업을 맑스적 프로젝트에 연결짓기를 거부한 푸코의 태도에 의해 도움을 받았다).[34] 푸코가 정치를 훈육적 열도에 유폐했다는 그에 대한 좀더 악의적인 비판[35]이 일단 극복되면, 그의 이름은 우리의 미시권력 시대의 전조가 될 뿐만 아니라 그에 대한 우리의 적절한 정치적 대응의 전조가 된다. 그가 말했듯이, '다양한 … 저항의 점들은 권력 네트워크의 도처에 현존한다'(Foucault 1980: 95)는 것을 보여주면서 말이다. 그러나 이 저항의 이념은 그 나름의 문제를 갖고 있다.

감동적인 논평 속에 어떤 진실이 있는 것 같다 : '나는, 그가 나를 필요로 한 것보다, 그를 더 필요로 했다'(*N*: 83). 들뢰즈와 푸코의 전기적 및 철학적 관계에 대한 좀더 상세한 고찰로는 Goodchild(1996: 131~5)를 참조하라.

34. 푸코의 '반-맑스주의'는, 그것이 진지하고 폭넓은 정치적 기획에 대한 거부로 간주되면 잘못 이해되는 것이다. 푸코가 맑스주의에 대해 가진 문제의식이 있다면 그것은 맑스주의가 **충분히** 급진적이질 않아서, 그가 보기에, 삶, 노동, 언어에 대한 19세기 패러다임과 그 시대의 인간 모델에 사로잡혀 있다는 것이었다. 어떤 지점에서 푸코(Foucault 1970: 262)는, 다소 가혹하게, '맑스주의'를 '물 속의 물고기처럼 19세기 사상 속에 존재하는, 즉 그 밖의 장소에서는 호흡할 수 없는' 그 무엇으로 묘사하지만, 그가 또한 맑스를 니체라는 특권적 인물과 더불어 인류학과 인간주의를 **탈중심화하는 힘**(비록 계속해서 재영토화에 종속되긴 하지만)으로 제시한다는 점을 주목할 필요가 있다 : '그래서 우리는 맑스를 인류화하고, 그를 총체성의 역사가로 만들고, 그리고 그 속에서 인간주의의 메시지를 재발견하도록 이끌린다. 그래서 우리는 니체를 초월철학의 맥락 속에서 해석하도록, 그리고 그의 계보학을 기원탐구의 차원으로 환원하도록 이끌린다'(Foucault 1972: 13).

35. 푸코에 대한 그 두 가지 지배적 오해('인간의 죽음'이 허무주의라는 것과 푸코의 말년의 작품이 '주체로의 회귀'를 특징짓는다는 것)를 결합하면서, 들뢰즈는, '오해들은 결코 순진하지 않다. 그것들은 어리석음과 악의의 혼합물이다'(*N*: 99).

저항의 문제틀은 푸코에 대한 들뢰즈의 교전 속에 끈덕지게 존속하는 주제이다. 들뢰즈의 작업과 푸코의 작업 사이의 공명(N: 85 참조)이 워낙 크기 때문에 이 문제를 어떤 심각한 이접의 문제로 제시하는 것은 실로 잘못된 방법일 것이다. 차라리 그것을 그들의 관계 속의 생산적 차이소(differential)로 생각하는 것이 더 나을 것이다. 이 점은 그 주제에로의 들뢰즈의 잦은 회귀가 보여주는 바와 같다. 들뢰즈 주장의 요지는 만년에 푸코가 '자신이 증오한 것에 갇힌'(N: 109) 느낌을 가졌다는 것이다. 그것이 '권력(power)'의 문제이다. 들뢰즈는, 푸코가 자신이 도표화한 '힘들(forces)의 놀이 속에 갇힌' 느낌을 받았고 그래서 '그는 "어떤 출구"를 필요로 하고 있었다'고 주장했다(N: 92, 109). 그래서 들뢰즈는『성의 역사』제1권을 쓴 후에 푸코가 책을 출판하지 않고 절필했던 8년 동안(들뢰즈가 '전반적 위기'의 시기라고 부르는 기간; N: 83)에 상당한 중요성을 둔다. (그 연구가 대부분 완료되었음에도; N: 108~9) 그 시리즈의 계획된 구조는 중지되었고 '주체화'와 '자기의 기술'이라는 새로운 패러다임을 중심으로 제2권과 제3권이 나온다. 푸코는 이것을 자신의 세 번째 '탐구 양식'이라고 부른다(Foucault 1982: 208). 물론 들뢰즈는 매우 조심스럽게, 이 세 번째 차원을 모종의 '새로운 푸코'로서보다는 푸코의 작품 전체의 생산물로, 그의 발명, 위기, 탐색의 '단절선'(N: 92)이자 그 자체로 '창조성의 표지, 궁극적 일관성의 표지'인 어떤 봉쇄로서 제시한다(그것은 '철회가 아니라 창조적 위기'이다)(N: 83: 98). 그렇지만, 들뢰즈가 이 지점을 저항의 문제에 대한 푸코의 극복으로 본다는 것은 분명하다.

들뢰즈가 푸코에게, 서로의 유사함과 차이에 대한 자신의 해석에 관한 일련의 노트들을 넘겨주려고 마음먹는 것은 바로 이 '위기'의 시간에이다. 이것은 저항의 문제와 탈주선의 문제를 다루고 있는 짧은 글이다(Deleuze 1997d).[36] 푸코에 관한 들뢰즈의 논평들 중에서 이 노트들은 가장 비판적(critical)이다. 비록 그 노트들이 다른 작품들과의 공명의 선을 그려내는 들뢰즈의 일반적인 실천을 따르고 있지만, 여기에서 그는 자신과 푸코의 차이를 아주 분명하게 새겨내기도 한다. 들뢰즈의 주장은 (권력보다는) 욕망의 아상블라주의 일차성을, 그리고 아상블라주의 구성에서 탈주선의 중심성을 정립하는 데 집중되고 있다(*ATP*: 530~1도 참조). 들뢰즈는, 그에게서는 탈주선과 욕망 관계가 일차적이며 그래서 정치적 구성의 자리가 일차적이기 때문에 그는 '저항이라는 현상의 자리를 위한 어떤 필요도 갖고 있지 않다'고 주장한다(1997d: 189). 다른 한편, 푸코에게서는 권력의 배치가 일차적이며 자신의 작품의 탈주선에 상응하는 어떤 등가물도 갖고 있지 않는 것으로 보이기 때문에, 정치는 오직 권력에 대한 '저항'일 수 있을 뿐이다. 그래서 정치는 이상하게 정당한 동기를 갖고 있지 않고 있고 거의 반작용적인 현상으로 남는다(188). 푸코(1982)에게서 저항은 권력의 핵심에 놓여 있지만 이런 식으로 해서 그것은 언제나 권력 배치에 기능적이다. 비록 『성의 역사』 1권(1980)에서 세 개의 정치적 가능성(배치에 대해 작동하는 충분히 정립된 미시저항들의 집합, 진리의 대항정치라는 새로운 생각, 그리고 '성' 정체성에 반대하고 '몸과 쾌락'을 긍

---

36. François Ewald(1994)는 1977년에 들뢰즈가 어떻게 해서 이 노트들을 자신에게 맡겨 푸코에게 전해지도록 했는지를 설명하며 그 노트들이 친밀하고 비밀스럽고 은밀한 무엇을 가진 것이라고 서술한다.

정하는 것)을 제시하지만, 들뢰즈는 푸코가 이 현상들의 '지위'의 문제와, 그리고 그것들이 어디에서 나오는가 하는 문제와 씨름하고 있다고 본다. 그리고 그는 '그것들의 성격, 기원, 생산은 여전히 모호하다'고 주장한다(Deleuze 1997d: 188; *N*: 98, 109). 들뢰즈는 이것이 푸코의 논문 「악명 높은 사람들의 삶」(1979) — 들뢰즈가 걸작이자 동시에 '위기'의 텍스트(*N*: 90; 108)라고 서술하는 텍스트 — 에서 가장 분명하게 드러난다고 본다. 여기에서 푸코는 과잉(excess), 범죄, 위반과 같은 작은 계기들을 그것들의 강도를 상실하지 않고서 분석 속으로 가져오는 문제와 씨름을 한다. 과거에 푸코(Foucault 1979: 77)는, '필요한 소질의 부족 때문에' 이 강도들은 자신의 분석에서 제외되지만, 그는 이 계기들의 진동과 강도가 자신의 탐구의 근본적 추동력이라고 믿는다고 말했다. 우리는 푸코가 이 강도들을 가지고 뭔가를 할 의향을 갖고 있었다고 생각할 수 있다. 하지만 여기서 그의 해결책은 이 작은 위반들을, 그것들이 권력관계에 의해 잠시 동안 조명되듯이, 피카레스크 양식 속에서 제시하는 것이다.

그렇지만 '위기' 이후 — 그가 『성의 역사』 2권과 3권에서 일단 '주체화'와 '자기의 기술'의 문제로 진입한 후 — 의 푸코의 작품(Foucault 1990, 1992)에서, 들뢰즈는 저항의 문제가 극복되는 것으로 본다. 그는 그 새로운 작품을 푸코의 작품 전체에 스며있던 '〈외부〉(Outside)'의 문제틀을 최종적으로 해결한 것으로 읽는다. 탈주선 자체로서, 혹은 일종의 활력론 속에서 미결정된 힘의 우선성으로서 말이다(*N*: 91). 이것은 결코 주체의 회귀가 아니다. 그것은 오히려, 권력이 굴절되고 개방되는 방식에 대한, 그리고 〈외부〉/힘이 '삶의 스타일들'의 발명 속에 '접히는 과정' 속에서 사건(혹은 일련의 사건들)으로서의-자기의 공간이 생산되는 방식에 대한 강조이다(N: 93, 108~9, 114~6). 권력에 기능적이거나 혹은 위반의 섬광인 (비행(非行), 광기 등등으로서의) 외부의 모델에 대항하여, 외부는 (자기에 관한 주의깊고 주저하는 작업을 통해) 삶에 내재적인 것으로, 자기를 벗어나는 방식으로 출현한다. 들뢰즈가 보기에 푸코가 언명하고 있는 문제는 '[외부의] 선을 횡단하면서도 그것을 참을 수 있고 실행가능하고 사유가능한 것으로 만들 필요'의 문제이다(N : 111). '우리가 숨쉴 수 없는 허공으로, 죽음으로 추락하지 않고서 어떻게 그 선을 펼칠 수 있을까? 그것과의 접촉을 잃지 않으면서, 우리가 그 선을 어떻게 접을 수 있을까? 외부에 상응하는 내부를, 외부와 공존하는 내부를 우리가 어떻게 생산할 수 있을까?'(113). 그래서 푸코의 말년의 작품에서 접힘은 다음과 같은 문제로 된다.

우리가 그것에 의거해 그리고 그것과 더불어 살아내기 위해 [〈외부〉의] 선을 구부리기의 문제, 삶과 죽음의 문제. 선 그 자체는, 우리가 '우리인 느린 존재'를 생산하기 위해 그것을 접으려고 노력함에 따라, (미쇼가 말하듯이) '허리케인의 눈'에 도달하기 위해 미친 듯한 속도로 끊임없이 펼쳐지고 있다.

(N: 111)

푸코의 작품 전체에 대한 들뢰즈의 독해(1988)는 푸코식의 '저항의 우선성'(이것은 구성에 대한 들뢰즈 자신의 강조와 공명한다)을 통해 니체의 초인을 고찰하는 것으로 끝맺는다. 여기에는, 이전에는 분명했던 것, 즉 푸코와 가따리 및 자신의 차이를 정립하려는 시도가 전혀 나타나지 않는다. 그렇다고 해서 이것이, 들뢰즈의 『푸코』가 두 저자를 동일한 것으로 제시한다고 말하는 것은 아니다. 그들 사이의 구분은, 욕망의 우선성의 문제에 관한 들뢰즈의 비교(Deleuze 1997d: 189)를 확장한다면, '단어의 문제 이상'이다. 오히려 이것은, 들뢰즈가 보기에, '저항'은 정치의 나쁜 모델이며 궁극적으로는 푸코 자신이 극복하는 모델이라는 말하는 것이다.

결론

이 장은, 소수정치(학)이, '민중'의 형식에서건 혹은 자기선언적 주변인의 형식에서건, 어떤 윤곽지어진 동일성 — 여기에서 어떤 특수한 민중은 세계의 생성에 대항하는 일관된 의식, 역사, 그리고 궤적을 결정하려 한다 — 에 정초한 정치적 모델에 대한 직접적 도전을 제시한다고 주장했다. 이미 현존하는 정체성의 물신화를 전제조건으로 하는 이 몰적 모델에 대항하여, 소수정치는 정체성들, 프로그램들, 그리고 실천들을 횡단하는 그 내부의 창조, 구성, 그리고 변화의 과정 속에서 이해된다. 이 장은 이 창조의 소수적 양식과 기법을 서술하려고 했다. 우선, 정치는 특유하고 특수한 경험에서, '갇힌 공간들'에서의 억압에서, 그리고 일관된 정체성을 결여하거나 그것을 거부하는 '작은 민중들'(요컨대 수많은 결정적 사회관계에 의해 감금되어, '민중이 없다'는 조건 아래에 놓여 있거나 또는 어떤 의미에서는 그것을 긍정하는 사람들)의 '불가능한' 입장들에서 시작한다. 그러나 소수정치(학)은 지역적인 것이나 특수한 것 자체로의 체념적 회귀가 아니다. 오히려 그것은 사회적 관계를 지향하는 정치(학)이며 동일성을 넘어서는 생성의 가능성을 지향하는 정치(학)이다. 왜냐하면 갇힌 공간에서 정치(학)은, 확고하게 서술된 정체성이나 자율적 관심사를 갖지 않은 채, 자기실현의 자기참조적 과정이기를 멈추기 때문이며 소수자들을 횡단하고 그들의 운동을 결정하는 사회관계와의 교전과정으로 되기 때문이다. 이것은, 만약 어떤 것이 적극적으로 살아질 수 있으려면 필요한 움직임이다. 각각의 갇힌 상황은 출발점을, 탈영토화의 지점을 보여준다. 이런 의미에서 정치(학)은 사회적인 것을 가로질러서 출현한다. 소수정치(학)의 어떤 특권적 장소나 주체도 없다. 그렇지만 이것은 각각의 소수적 관심을 긍정하는 다원론적 과정은 아니다. 소수자들이 소수정치(학)을 실현하는 것은, 그들이 지속적으로 사회관계에, 그리고 사회적인 것의 탈영토화의 선들에 개방되는 한에서일 뿐이다. 특수한 계략과 사회관계 사이의 계주(繼走) 때문에, 정치(학)은 상황과 사건에 의해서뿐만 아니라 특수한 소수자의 관심사에 의해 추동된다. 그 결과, 게토화된 주변적인 사람들의 어떤 실존적이고 정치적인 안전은 사라진다. 들뢰즈는 실제로 그러한 상태를 다소간 경멸한다. '주변적인 사람들은 언제나 우리들 속에 두려움을, 어떤 약한 공포를 불러일으킨다. 그들은 충분히 은밀하지 않다'(Deleuze and Parnet 1987: 139).[37]

---

37. 상세히 인용할 만한 가치가 있는 한 구절에서 들뢰즈는 이렇게 계속한다 : '하여튼 그들은 나를 겁준다. 생체 밖에서의(in virto) 정신과의사의 거대 담론들보다 더 타당하지 않은, 생체 안에서의(in vivo) 광기 혹은 마약 중독 혹은 비행에 대한 분자적 담화들이 있다. 전자의 담론에 확실성이 있는 만큼이나 후자의 담화에는 자기확신이 있다. 그 선들을 창조하는 것은 주변인들(marginals)이 아니다. 그들은 이 선들 위에 앉으며

이런 의미에서 주변인들은, 이 관계들과 교전하기를 선택하여 세계에 대항하는 그들 자신의 특수성을 떠받치면서 그것들에 대항하는 어떤 자율적 정체성을 개척해 내려하기보다, 다수적 형식들의 가두는 힘을 인정하는 사람들이다. 이것이 아마도 소수자 집단들의 소수주의적 생성에 대한 가장 큰 위협일 것이다. 이들은, (문화적 민족적 소수자, 노동자, 이성애자 등등으로서) 다수적 정체성을 탈영화한 후에 (민족주의자, 공산주의자, 무정부주의자, 여성주의자, 동성애자 등등의 외부 배제적이며 자기긍정적인 소수자로서) 어떤 특수한 소수자 정체성 주변에 쉽게 재영토화할 수 있다. 소수정치(학)에서는, 주변적 정체성을 물신화하기보다, 특수한 소수자적 상황이나 이접들이 격렬하게 교전되고 가공되고 복합되어(complicated), 정체성의 그 … 이거나/아니면(either/or)의 이접들을, 이접들을 횡단하는 운동들과 치환들 속으로 개방하여 포함적 이접의 강렬한 환경이 출현하게 한다. 그리하여 그 특수한 것은, 소수자들이 그들의 영토를 바꾸고 자신들의 경계를 다양화함에 따라 (정체성이 아닌) 혁신의 장소가 된다. 각각의 순간에, 심지어 그것의 관심사가 집단적인 '삶과 죽음'의 문제로 됨에 따라, 작은 계략들은 — 어떤 '자발적 빈곤'을 통해, 그리고 사회적인 것과의 지속적 교전을 통해 — 결정된 실천양식들로 굳어지지 못하게 된다. 그리하여 소수적 계략은 언제나 실험이라는 환경 속으로 되돌려진다. 그러

그 선들이 그들의 소유물로 되도록 만든다. 그들이 그 선의 사람들이 갖는 이상한 조심성을, 실험가의 신중함을 가진다면 그것은 좋은 일이다. 하지만 그들이 자신들의 종속성과 그들의 경박성에 관한 미시-파시즘적 담화("우리는 아방-가르드다", "우리는 주변인들이다") 이외의 그 어떤 것도 더 이상 표현하지 못하게 되는, 블랙홀로 빠져든다면 그것은 재앙이다(Deleuze and Parnet 1987: 139).

한 교전의 환경은 그 자체로 결코 진정될 수 없으며 민중이나 그 대표자들, 정통한 저자의 자기실현적 위대함 속으로 결코 솟아오를 수 없다. 오히려 그것은 활력으로, 논쟁으로, 지속적 심문, 계략, 발명의 과정으로 충전된 '끊임없는 활기'이다. 왜냐하면 소수자들은 이 사회적 관계들과 교전하고 그 관계들을 그것들의 몰적 효과로부터 벗겨내어, 들뢰즈와 가따리(*AOE*: 382)가 수수께끼처럼 주장하듯 끊임없이 갱신되는 '새로운 대지'의 호출 속에서 '누구나/모든-것 되기'로 바꾸려고 하기 때문이다.

이 일반적 과정 너머에서, 사회적인 것에 대한 소수적 관계는 카프카의 '이중 흐름'으로, 즉 현대의 사회적 배치들의 장소이자 그것의 탈주선들의 자리로 설명된다. 이중 흐름의 첫 부분은, 사회적 기계가 작동하는 방식(예를 들면, 끝없는 연기의 복잡한 기계로서의 『심문』의 관료제)에 대해서뿐만 아니라 그것들이 변이하는 방식들, 그리고 그것들이 꾀하는 탈주선들에 대한 지각적 인식을 필요로 한다. (그래서 카프카의 관료제는, '도래할 악마적 권력'(*K*: 83)의 기호로서, 사람들과 방들이 자기변형적 미로 속에서 다형적으로 연결되는 '불가능한' 연결체를 만드는 것으로 보인다.) 소수적 구성의 작은 계략들이 출현하고 작동하는 것은 사회적 아상블라주들과 그것들의 탈주의 바로 이 지점에서이다. 그래서 소수정치는, 카프카의 이중 흐름의 두 번째 측면을 따라, 자본주의 사회체의 흐름들과 배열들 속에서 균열들, 금들, 일탈들을 찾아내고 현실화하려 한, '가장 현대적인' 정치운동들(즉 프롤레타리아트와 코뮤니즘)과 친화성을 갖는다.

내가 주장했듯이, 그러한 소수적 배치는 집단과 사회적인 것 사이의 계주로서 작동하는 집단의 경계선 위에서 창조의 중심들로 기능하는 저자됨의 형식들 속에 그것의 상관물을 갖는다. 맑스의 창조양식은 그러한 저술됨을 현시하는 것으로 보인다. 이 장은 또, 주체 집단들에 대한 들뢰즈와 가따리의 이해, 사회형성체의 분석가로서의 집단, 그리고 당에 대한 들뢰즈의 이해와 맑스의 이해 사이의 공명 등에 대한 토론을 통해, 이러한 구성의 스타일이 집단 형성의 문제와 어떻게 연관되는가를 보여주었다.

그렇지만 소수적인 것은, 이러한 양식들, 스타일들, 그리고 기법들 너머에 어떤 강령도 갖고 있지 않다. 들뢰즈와 빠르네(Deleuze and Parnet 1987: 137)가 쓰고 있듯이, '정치(학)은 능동적 실험이다. 왜냐하면 우리는 어떤 선이 어떤 길로 나아갈지를 미리 알지 못하기 때문이다.' 우리는 성공이냐 실패냐 ─ 그것들이 일단의 목표를 달성했는가 못했는가 ─ 에 따라 정치운동들을 판단하지 않는다. 왜냐하면 소수적인 것은 어떤 최종적 목표도 갖고 있지 않기 때문이다. '오직 정체만이 해로울 수 있을 뿐이다'(Kafka 1999: 148). 이것은, 창조가 의도된 목표와 무관하다거나 혹은 작고 일시적인 창조를 위해 근본적 사회변화의 가능성을 포기한다거나 하는 것을 의미하지 않는다. 만약 그렇게 이해된다면 그것은 들뢰즈와 가따리의 정치(학)에 대한 오해일 것이며, 들뢰즈(Deleuze 1994a: xx)가 주장한 것처럼, 차이에 대한 그의 호소의 '가장 커다란 위험'일 것이다. 차이를 '아름다운 영혼의 재현으로' 빠지게 하는 것. '여기에는 피흘리는 투쟁으로부터는 멀어진, 단지 조화롭고 연합적인 차이들만이 있을 뿐이다.' 요컨대 정치운동을 해석하는 방법은, 그것들의 다수적 경향과 소수적 경향을, 그것들이 어떤 동일성의 관계를 탈영토화하는가, 그리고 그것들이 무엇을 창조해 내는가를 고찰하는 것이다. '만약 우리가 특정한 시대에 노동운동의 기관들이 새로운 유형의 주체성을', '주체성의 진실한 전쟁들' 속에서 '변화하고 있는' 노동자들을 '생산해 왔다는 것을 이해하지 못한다면 우리는 노동자 운동의 역사를 이해할 수 없다'고 한 가따리(Guattari 1996b: 124)의 고찰의 의미를 되새기면서.

3

룸펜 프롤레타리아트와
이름 붙일 수 없는 프롤레타리아들

3장

룸펜 프롤레타리아트와 이름 붙일 수 없는
프롤레타리아들

프롤레타리아가 기존의 세계질서의 해체를 선언할 때, 그것은 단지 그 자신의 실존의 비밀을
공표하는 것이다. 왜냐하면 그것은 그 질서의 **실제적 해체**이기 때문이다.
(Marx 1975a : 256)

모든 계급들은 사회적 초개인들이 아니며 객체들도 아니고 주체들도 아니라는 점을
최종적으로 받아들이자.
(Balibar 1991 : 179)

맑스가 『루이 보나빠르뜨 브뤼메르 18일』에서 프롤레타리아트에 대
해 쓸 때, 그는 진정한 역사적 주체의 말끔한 변증법적 궤적을 제시하기
보다 복합(complication), 심문(interrogation), 그리고 반복의 과정을 제
시한다. 그는, '프롤레타리아 혁명들'은 '19세기의 혁명들처럼, 끊임없이
자기비판에, 그들 자신의 과정에 대한 반복된 중단에 참여한다. 그것
들은 그 과제를 다시 시작하기 위하여 분명히 이미 달성된 것으로 되
돌아간다.'고 쓴다. 이 회귀가 같은 것의 반복이 아니라 새로운 것 속
에 끌어들이려는 늘 자리 잡히는 과정임을 밝히기 위해 맑스는 우리

에게, 프롤레타리아의 사회혁명은 '미래로부터 자신의 시를 창조할 수 있을 뿐이다'라고 말한다(Marx 1973b: 150, 149). 이 장은 맑스의 권고의 일부를 취하여 프롤레타리아트라는 문제로 돌아간다. 이 되돌아감은, 동즐로(Donzelot 1979: 73)가 일단의 존경받는 정치적 인물들에 대한 의무적 존경이라고 서술하는 사고방식을 재생산하기 위해서가 아니라, 현대적 관심에서 맑스의 프롤레타리아적 관점 속에 '차이'의 기능과 자리를 명료하게 밝혀두기 위해서이다. 프롤레타리아트에 대한 맑스의 정식화의 핵심에 ─ 그리고 정통 맑스주의의 작업에도 불구하고, 그리고 근대주의적 정치사상과 탈근대주의적 정치사상 사이의 억사적 단절선을 너무나 밀끔하게 그으려는 사람들에도 불구하고 ─ 동일성의 문제를 조명하면서 동시에 발명과 생성의 소수적 실천을 강제하는 정치(학)이 놓여 있음을 보여주려는 것이다. (1990년대 기업 잡지들의 맑스에 대한 악의적 찬양이 그러했듯; Wheen 1999: 5) 맑스가 자본의 동학에 대한 분석가로서 현대적 적합성을 갖는다고 주장할 뿐만 아니라 그가 자본의 극복에 대한 사상가로서 현대적 적합성을 갖는다고 주장할 수 있으려면 이것은 중요한 방법이다.

프롤레타리아트를 차이라는 측면에서 설명하는 것은 약간 이상하게 보일지 모른다. 왜냐하면 프롤레타리아트는 여러 가지 점에서 거대하게 통일된 목적론적 주체이며, 차이를 다룬 1968혁명 이후의 많은 연구들이 바로 이 목적론적 주체에 대항하여 나타났기 때문이다. 프란츠 파농과 〈블랙 팬더 당〉에서부터, 영국의 『힛웨이브』(*Heatwave*) 지나 네덜란드의 〈프로보스〉(이 둘 모두는 〈국제상황주의자〉와 일정한 연관을 갖고 있다)와 같은 유럽의 대항문화 집단들, 1970년대의 일탈 이론

을 거쳐, 동일성을 넘어서는 정치(학)에 대한 최근의 포스트구조주의
적 설명에 이르기까지, 맑스에서 복잡성과 차이에 대한 관심이 경향적
으로 모아졌던 것은 **룸펜프롤레타리아트**였다.[1] 여기에서 룸펜프롤레타
리아트는 합동된 노동계급과의 탈계급적(de'classe) 단절로, 노동거부
계급으로,[2] 혹은 (다른 점에서는 근대주의적인 맑스의 메타담론과 단
절하는) 동화불가능한 이질성의 장소로 다양하게 이해된다. 물론 이러
한 관점들 가운데에서 이 범주를 채택하는 다양한 이유들이 있지만
(적어도 그 범주에 대한 초기의 주목에는) 두 가지 이유가 지배적이
다. 첫째로 공산당이 맑스의 프롤레타리아트를 당과 합성한 것, 그리
고 ('부르주아지화', '일차원성', '회복'(recuperation) 등등의 과정에서)
정규고용과 소비문화의 병합 효과가 프롤레타리아트의 혁명적 잠재력
을 갉아먹었다는 일반적 인식이 있는 것으로 보인다. 둘째, 점증하는

---

1. 이 룸펜프롤레타리아 입장들의 예로는 Fanon(1967), Clarke et al.(1994), E. Cleaver(1970, 1972), K. Cleaver(1975), Heatwave(1993)에 실린 'What is the Provotariat?', 그리고 Gray and Radcliffe(1966) 등을 참조하라. 미국의 흑인 게토의 계급구성을 이론화하려는 시도 속에서 이루어진 Eldridge Cleaver(1970: 7~8)의 룸펜프롤레타리아트에 대한 서술이 전형적이다 : '그렇다. 우리는 룸펜이다. 옳다. 룸펜프롤레타리아트는 생산수단과 자본주의 사회의 제도들 속에서 어떤 확실한 관계나 주어진 이해관계를 갖고 있지 않은 모든 사람들이다. "산업 예비군"의 저 부분은 항상 예비 상태에 두어진다. 그 사람들은 결코 노동한 적이 없고 또 결코 노동하지 못할 것이다 … 복지에 의지하거나 국가보조를 받는 모든 사람들. / 또 자신들의 재주로 살아가는 사람들, 자신들이 빼앗을 수 있는 것에 의지해서 살아가는 사람들, 기업가의 얼굴에 권총을 갖다대고서는 "손들어" 혹은 "항복해!"라고 말하는 사람들, 이른바 "범죄적 요소"도 룸펜프롤레타리아트이다. 일자리를 원치도 않고 일하기를 싫어하는 사람들. … / 그러나 우리가 룸펜일지라도, 우리는 여전히 프롤레타리아트의 구성원이다 …. 모국과 흑인거주지 모두에서 노동계급은 프롤레타리아트의 우익이고 룸펜프롤레타리아트는 그 좌익이다.'
2. 예를 들어, 실제로 그들 자신이 룸펜프롤레타리아적 입장을 취하고 있지는 않지만, 〈국제상황주의자〉들은, '룸펜프롤레타리아트는 노동사회에 대한 매우 급진적이고 함축적인 비판을 나타낸다'고 주장한다(Vaneigem, in Knabb 1981: 126).

비임금의, 주변의, 배제된, 그리고 대항문화적인 집단들의 인구가, 노동에 기초를 두고 있었음에도 불구하고, 프롤레타리아의 전통적 형상 속에서 대의되지 못하고 있는 것으로 이해되었다.[3] 그리하여 여전히 맑스의 독자로 남아 있고 또 '자본'의 수준에서의 실천을 고집하고 있었지만, 이 집단들과 관점들은 프롤레타리아트를 명백하게 혁명적인 다른 주체로, 실제로 매우 과도한 어떤 특수한 전율을 수행한 주체로 대체했다.

민중들의 속성으로서의 차이와 이례성(anomaly)이 맑스에 의해 가장 분명하게 드러난 곳은 룸펜프롤레타리아트에서이다. 그래서 맑스적 프롤레타리아트의 전통석 이미지와 대비되게 설정되있을 때, 룸펜프롤레타리아트는 차이의 정치(학)을 발전시키려 하는 사람들을 위한 매혹적 범주로 나타난다.[4] 룸펜프롤레타리아트에 대한 맑스의 비판이 흔히 도덕적 술어 속에서 주형된다는 점은 그것의 호소력을 더하는 것으로 보일 뿐이다. 심지어 맑스주의자들에게서조차, 룸펜프롤레타

---

3. 일탈과 정치적 주변성(marginality)에 대한 1960년대와 1970년대의 연구는 흔히, 예를 들면, 통합된 노동계급, 그리고 법외적이고 하위문화적인 룸펜프롤레타리아트라는 모델을 채용한다(Hall 1974; Horowitz and Liebowitz 1968; Taylor and Taylor 1968 참조). Horowitz and Liebowitz(1968: 293)는 다음과 같이 쓰면서 이 명제를 명확하게 표현한다 : '만약 어떤 집단이 정치적 일탈과 사적 일탈 사이의 분열을 실어나르는 인간적 운반자로 출현하면 그 집단은 **룸펜프롤레타리아트** 혹은 비노동계급이다. 이 집단은 미국에서 결정적 정치세력으로서 기존의 노동계급과 중간계급을 대체한다.'

4. 여기(Benjamin 1986)에서 Walter Benjamin과 Asja Lacis가 나폴리 사람들의 틈 많고 열정적인 삶을 들뢰즈와 가따리의 소수적 삶(거기에서 '각각의 사적 태도 혹은 행위는 공통적 삶의 흐름에 의해 삼투되어지며' '빈곤은, 가장 찬란한 사상의 자유를 비추는, 경계의 확장을 가져왔다'; 171)과 비슷한 방식으로 서술할 때, 그들이, 맑스와 엥겔스가 가장 룸펜적인 도시들로 보았던 것에 대해 쓰고 있는 것임을 주목할 필요가 있다(Bovenkerk 1984: 25 참조).

리아의 정치(학)이 그의 세계관에 남아 있는 부르주아 도덕성의 마지막 찌꺼기를 극복할 가능성을 제공해주기라도 하는 것처럼 말이다. 그렇지만 이 장은, 이것이 문제성 있는 해석이라고 주장한다. 맑스가 룸펜프롤레타리아트와의 일종의 fort/da(가!/서!) 게임 속에서 (즉 그 범주의 지속적 추방과 또 그 범주로의 지속적 회귀 속에서) 프롤레타리아트의 윤곽을 설명하는 방식에 대한 고찰을 통해, 이 장은 전통적 해석과는 달리, 그들이 사회적 집단이 아니라 정치적 구성의 양식을 서술한다는 점을 보여주려 할 것이다. 룸펜프롤레타리아트가 차이의 범주처럼 보이기 때문에 그 범주를 중심으로 순환하는 과도한 전율에도 불구하고, 이 장은 룸펜프롤레타리아트가 실제로 동일성의 유지를 지향하는 하나의 구성양식이라고, 또 차이가 자본주의적 사회체의 사회적 흐름과 관계에 내재적인 복합(complication), 발명, 그리고 생성의 양식으로서 출현하는 곳은 프롤레타리아트에서라고 주장한다.

이 주장을 옹호하기 위해서 이 장은, 맑스의 프롤레타리아트가 들뢰즈와 가따리의 소수정치(학)에서 설명된 차이, 생성, 그리고 창조와 공명하는 것임을 보여주려 한다. 2장의 주장을 잠깐 요약해 보면, 맑스의 프롤레타리아트를 고찰하는 데 유익한, 소수정치(학)의 세 가지 상호 관련된 측면들이 있다. (1) 동일성에 반대하는 정치(학) (2) 사회관계에 대한 일관된 강조 그리고 (3) 강렬한(intensive) 교전양식 등이 그것이다. (1) 내가 주장했듯이, 들뢰즈와 가따리의 소수정치(학)은, '민중'의 형식으로건 아니면 자임하는 주변인의 형식으로건, 어떤 주체 혹은 어떤 동일성의 재현에 기초한 정치적 모델에 대한 직접적 도전이다. 소수정치(학)은, 이미 주어진 동일성의 물신화를 전제로 하는 이 목적 모델과는 달리, '갇힌 공간'에서, 일관된 동일성을 갖고 있지 않거나 거부하는 '작은 민중들'과 '소수자들'(많은 규정적 사회관계들에 의해 갇혀 '민중이 없다'(*K*: 16~17; Deleuze 1989: 216)는 조건 아래에서 살고 있고 또 어떤 의미에서는 그것을 긍정하는 사람들)의 '불가능한' 입장에서 작동한다. (2) 그러나 소수정치(학)은 지역적이거나 특수한 문제 그 자체로의 체념적 회귀는 아니다. 오히려 그것은 사회적 관계들과 동일성을 넘어서 생성을 가능케 하는 그것들의 가능성을 지향하는 정치(학)이다. 왜냐하면 갇힌 공간에서는, 확고하게 윤곽지어진 동일성이나 자율적 관심사들을 갖지 않은 채, 정치(학)가 자기실현의 자기참조석 과성이기를 멈추며 소수자들을 횡단하면서 그들의 운동을 규정하는 사회관계와의 교전과정으로 되며 이것은 어떤 것이 적극적으로 살아지려면 필요불가결한 방법이기 때문이다. (3) 그러한 교전의 환경은 진정될 수 없고 또 민중과 그 대표자들, 대가 저자들의 자기실현적 위대함 속으로 솟아오를 수도 없다. 오히려 그것은, 소수자들이 이러한 사회관계들과 교전하고 또 그들의 몰적 효과로부터 벗어나, 들뢰즈와 가따리(*AOE*: 382)가 수수께끼처럼 주장하듯이, '새로운 대지'의 부단히 갱신되는 호출 속에서 '모두가/모든-것이 되기'를 지향하려고 함에 따라, 활력, 논쟁, 지속적 심문, 계략, 발명의 과정으로 충만한 '끊임없는 활기'이다. 이 프로젝트를 맑스와 연결지으면서, 들뢰즈와 가따리(*ATP*: 472)는, 별달리 결정적인 주목을 받지 못한 구절에서, '소수자의, 특수성의 힘은 자신의 형성이나 그것의 보편적 의식을 프롤레타리아트 속에서 발견한다'고 주장한다.

소수정치 형상으로서의 프롤레타리아트를 검토함에 있어서, 이 장은 크게 두 부분으로 구성된다. 첫 번째 부분은 룸펜프롤레타리아트에 대한 맑스의 설명을 검토한다. 그것은 그 범주에 대한 비판적 연구의 간략한 요약에서 출발한 후, 룸펜프롤레타리아트가 어떻게 맑스의 작품들을 가로질러 (역사, 생산, 그리고 정치행동과의 관계 속에서) 나타나는가를 보여준다. 이 부분은, 맑스가 룸펜프롤레타리아트를 비혁명적 (비–)계급으로 비판한 것이 그의 바꾸닌주의 아나키즘 비판과 어떻게 연관되는지를 보여주는 것으로 끝난다. 차이처럼 보임에도 불구하고, 룸펜프롤레타리아트는 사회관계들로부터 단절된 동일성의 강화(bolstering)를 지향하는 실천양식으로 이해된다. 이 장의 두 번째 부분은 프롤레타리아트로 돌아간다. 이 부분은, 프롤레타리아트는 일군의 민중이라기보다 민중이 없는 소수적 조건을 전제로 하는 실천양식이라고 주장한다. 그것은 맑스의 텍스트들에서 자본의 변화하는 사회관계에 내재적인 비동일성주의적 실천양식(소수적 형상 혹은 '이름 붙일 수 없는' 형상)으로 존재한다.5 이 부분은 『자본』에서 프롤레타리아트가 나타나지 않는 것, 맑스의 강렬하고 소수적인 교전양식, 자본의 다양한 사회관계들에 대한 프롤레타리아트의 태도, 그리고 노동에 대한 비판 등을 검토한다. 이 장의 첫 부분이 룸펜프롤레타리아트에 대한 맑스의 비판에 대한 경험적 비판을 따라감에 반해 (그리고 이 과

---

5. 나는 베케트(Beckett 1979)의 용어인 '이름 붙일 수 없는'을 사용했다. 왜냐하면 그것은 프롤레타리아트를, 어떤 시간 혹은 공간에 고정될 수 없고 또 '이름 붙일' 수 없는, 내재적 잠재력으로 설명하는 유용한 수단이기 때문이다. 그 용어의 들뢰즈·가따리적(Deleuze and Guattari 1983: 20~1) 용법을 따르면, 이름 붙일 수 없는 것은 포함적 이접(2장 참조)의 소수적 과정의 한계점이자 소수적 구성 속에서 살아지고 또 표현되는 평면으로 이해될 수 있다. 이것은 맑스의 코뮤니즘이 사회체의 극복이자 그것과의 내재적 교전인 것과 같다.

정에서, 자신을 둘러싼 환경에 대한 맑스 자신의 소수적이고 프롤레타리아적인 교전양식의 일부를 보여줌에 반해), 두 번째 부분은 좀더 개념적인 수준에서 작업하며 상대적으로 간명하다. 맑스의 실제 실천에 대한 약간의 토의가 있긴 하지만 여기에서 요점은 맑스의 이름 붙일 수 없는 프롤레타리아들에 대한 일반적 틀 혹은 구성양식의 지도를 그리는 것이다. 이것의 실제적 정교화는 불가피하게, 프롤레타리아트가 자신을 발견하는 특유하고 부단히 새로운 사회역사적 상황의 복잡성에 남겨지게 된다.

맑스의 룸펜프롤레타리아트에 관한 비판적 작업

맑스의 룸펜프롤레타리아트에 대한 해명에 바쳐진 상대적으로 적은 양의 비판적 연구에서 통상적인 생각은, 맑스가 그 범주를 다소 미발전된 상태로 남겨두었다는 것이다. 이 개념적 미발전을 맑스주의 정치경제학이라는 진지한 업무에 비교해서 그 범주가 상대적으로 중요치 않다는 것의 기호로 해석하고 싶을지 모르겠지만 (그래서 그 범주가 가장 두드러지게 모습을 드러내는 곳이 『자본』보다는 맑스의 역사적 저널리즘적 글들에서라고 지적하고 싶을지 모르겠지만) 룸펜프롤레타리아트는 실제로 급진적 계급형성에 대한 맑스의 이해에서 극히 중요한 자리를 차지한다. 맑스의 범주에 대한 비판적 연구는 크게 보아 두 가지 관점으로 나누어진다. 첫째, 1970년대의 연구는 룸펜프롤레타리아트와 프롤레타리아트의 명확한 구성을 윤곽짓는 과정에서 그 범주를 약도화하고 명료화하는 경향이 있었다. 둘째로, 1980년대와 1990년대에 맑스를 해체하여 그의 텍스트들 속에서 차이를 개방해 내기 위한 포스트구조주의적 시도들에서 룸펜프롤레타리아트는 차이의 장소로서 되돌아온다.[6] 나는 이 관점들을 간략하게 살펴볼 것이다.

드레이퍼의 고전적 작품(Draper 1972)은 룸펜프롤레타리아트의 범주에 수반되어온 뒤얽힌 '오인들, 오해들, 오역들'(Draper 1972: 2285)을 개탄하는 것으로 시작한다. 하나의 훌륭한 설명 작업에서 드레이퍼는, 비록 미발전 상태에 있지만, 그럼에도 불구하고 룸펜프롤레타리아트에는, 가장 본질적으로는, '계급구조에서 배어나오고 분출되고 분비되어 쓰레기더미가 되고 있는'(2308) 사람들이라는 아주 분명한 무엇인가가 있다고 주장하면서, 그가 그 범주의 특유한 역사적 정치적 경제적 의미라고 간주하는 것을 발전시킨다. 허스트(Hirst 1972)도, 맑스의 경멸을 그대로 반복하는 분석적 재판(arbitration) 속에서 맑스의 계급분석의 사실들을 밝혀내기 위해서이기는 하지만, 이와 유사한 설명 작업을 수행한다. 그러나 그 작업은 이제 특히, 범죄적 실천과 주변인들을 노동자 운동의 공동체 내부에 포함시키려 하는, 급진적 일탈이론가들을 겨냥한다. 허스트는, 룸펜프롤레타리아트에 대한 비난은 맑스와 엥겔스의 입장에서는 단순히 부르주아 도덕주의로 처리되어서는 안 되며, 그것은 주변 계급과 범죄 계급의 반동적 성격에 대한 정

---

6. 세 번째 관점은 — '인종', 범죄, 치안, 그리고 실업 등의 통접 위에서 — 좀더 경험적으로 근거지어진다(예컨대 E. Cleaver 1970; Gilroy and Simm 1985; Hall et al. 1978 참조). 이 장은, 룸펜프롤레타리아트가 맑스의 텍스트들 속에서 작용하는 방식에 초점을 맞추기 때문에, 이 [세 번째-옮긴이]작업에 대한 고찰은 그 범위를 넘어선다.

교한 유물론적 이해의 결과라고 주장한다.

그렇지만 룸펜프롤레타리아트의 개념적 윤곽은 그렇게 쉽게 확인되지 않는다. 룸펜프롤레타리아트에 대한 맑스의 설명은, 성공적으로 실행되었건 아니건 그가 명확한 구성요소(constituency)를 생산해 내지 못한다는 단순한 이유 때문에 그 위험한 계급들을 단순히 분석적으로 정화하는 것으로 쉽게 읽힐 수는 없다. 이 불분명한 비계급은 다양한 모습(금융귀족과 루이 보나빠르뜨에서부터 비밀결사의 음모가들, 범죄자들, 서비스 노동자들, 그리고 또 '점원들'에 이르기까지)을 지니며 다양한 역사적 궤적들(때로는 전산업적 형식의 마지막 현현으로, 때로는 산업도시들의 엄격하게 근대적인 **현현**으로) 속에 놓인다. 그래서 그것은 말끔하고 분명한 사회집단으로 실존하기보다 도처에서 불쑥불쑥 나타난다.[7] 그러한 혼란은 정신분석적 틀과 포스트구조주의적 틀의 영향을 받은 일부의 좀더 최근의 이론가들로 하여금 룸펜프롤레타리아트를 사회집단으로서가 아니라 맑스의 개념적 체계 속에

---

7. 실제로 Bovenkerk(1984)는, Traugott(1980)의 역사적 작업을 따르면서, 맑스와 엥겔스가 룸펜프롤레타리아트라고 서술하는 경험적으로 핵심적인 사람들은 그들 고유의 기준에 의해 그렇게 쉽게 그처럼 정의될 수 없음이 드러난다고 주장했다. 예컨대 Traugott는 이 동수비대의 보나빠르뜨주의적 '습지화(swamp flower)'는 프롤레타리아 반란군과 매우 흡사한 사회적 구성을 갖고 있었던 것으로 보았다. 실제로 이들은 일반적으로 더욱 숙련되어 있었고 (그들의 청년층은 매우 현저한 차이를 갖고 있었다). Bovenkerk는, 12월 10일 협회(이것은 거의 룸펜프롤레타리아트의 원형이며 맑스가 보기에는 루이 보나빠르뜨가 황제 직위를 계승하는 데에서 핵심적 중요성을 갖고 있었다)에 대해서는 기록에 거의 남아 있지 않아서, Traugott가 심지어, 이 '신비한 협회는 거의 상상의 산물일 수 있다'(Bovenkerk 1984: 41에서 인용)고 주장한다고 지적하는데, 이는 매우 별난 것이다. Bovenkerk를 따르자거나 혹은 이 주장을 맑스의 범주의 분석적 유효성에 대한 반박으로 받아들이자는 것은 아니다. 그렇지만 이 별남이 우리로 하여금 룸펜프롤레타리아트를 어떤 사회적 집단으로 보기보다, 내가 주장하고 있는 것처럼, 하나의 실천양식으로 보도록 자극한다는 것만은 분명하다.

들어 있는 이질성의 난입으로 보도록 이끌었다. 룸펜의 낡은 과잉에 대한 매혹/반발 [유형의—옮긴이] 설명 속에서, 앤드류 파커(Parker 1993)는 맑스의 룸펜프롤레타리아트 속에서 우리는 '에로티시즘의 (탈)구조화하는 효과'(23)를, 그리고 맑스와 엥겔스 사이의 억압된 '항문쾌락의 경제'를 본다고 주장한다. 그리고 피터 스탤리브라스(Stallybrass 1990)는, 맑스가 룸펜적 이질성의 스펙터클을 통해 변증법의 순수성을 구성한다고 주장하기 위해 정신분석적 틀을 이용한다. 여기에서 그는 (라클라우와 무페를, 그들이 말하는 '정치적인 것의 자율성'을 가지고, 현대의 룸펜적 습지화(濕地花)의 경작자로 만드는 것처럼 보일 수 있는 주장 속에서), 룸펜프롤레타리아트가 결정된 계급구성에서 벗어남에 따라, '정치적인 것'의 공간이 될 수 있다고 주장한다. 그러나 여기에서 고전적인 작품은 제프리 멜먼(Mehlman 1977)의 책 『혁명과 반복』이다. 멜먼은, 『브뤼메르 18일』에서 맑스의 룸펜프롤레타리아트와의 접촉에 관해, 동화불가능한 이질성을 가진 모든 변증법적 동일성들을 파열시키는 '어떤 증식하는 에너지가 … 풀려났다'(Mehlman 1977: 13)고 주장한다.

더 높은 지위의 사람들이 더 낮은 지위의 사람들에 의해 — 즉 부르주아지가 프롤레타리아트에 의해 — 필연적으로 전복될 운명인 곳에서, 그 두 극들은 상수로 남아 있고 낮은 지위의 사람보다 더 낮은 어떤 것의 꼭대기로의 낯선 침입에 의해 함께 낮아진다. 왜냐하면 보나빠르뜨는 '모든 계급들의 쓰레기, 찌꺼기, 폐물'을 모으는 일에 있어서 변증법과 계급투쟁 모두를 단락(短絡)시키는 것으로 보인다. … 반사적인 — 혹은 가역적인 — 관계는, 그들의 처지가 애초의 대립의 극들 중의 하나와의 관계 속에서 볼 때 일탈 혹은 대체의 처지인, 이질적이고 음전하(陰電荷)를 가진 사례에 의해 초과된다.

(Mehlman 1977: 12, 13)

그럼에도 불구하고 맑스는 룸펜프롤레타리아트의 이질성을 긍정하지 않을 수 없었다는 멜먼의 다소 데리다적인 결론들과 차이가 출현하는 곳은 특히 문학적인 맑스에게서라는 그의 생각은 문제적이다(데리다(Derrida 1994)의 경우도 마찬가지인데, 특히 그 주장은 맑스의 명제의 유물론적 핵심을 전혀 설명하지 못하기 때문이다). 룸펜프롤레타리아트의 동일성을 자세히 설명하지 않고 오히려 맑스 체계 전체를 가로질러 나타나는 이질성과 룸펜프롤레타리아트의 관계를 고찰하려는 멜먼의 방법은 나의 방법과 일정한 유사성을 갖는다. 이 장이 멜먼의 방법과 다른 점은, 이 장이 두 개의 명료히 구분되는 계급들로서의 부르주아지와 프롤레타리아트라는 말끔한 변증법적 도식에 대한 룸펜적 파열로서 이 이질성을 제시하는 것이 아니라, 그것을 프롤레타리아트라는 범주의 속성으로 제시한다는 점이다. 이것을 이해하기 위해서 우리는 맑스의 작업으로 돌아갈 필요가 있다.

맑스가 말한 악당 계급으로서의 룸펜프롤레타리아트

룸펜프롤레타리아트라는 맑스의 범주는, 명확하게 밝혀진 계급 행위자들이 사용하고 있는 이미 충분히 발전된 역사유물론 어휘사전에 단지 덧붙여지는 하나의 단어로 출현한 것이 아니다. 실제로 많은 점에서 프롤레타리아트와 룸펜프롤레타리아트라는 범주는 통합적으로 발전되었다. 1840년대에, 베스토어(Bestor 1948)가 보여주었듯이, 발생기의 사회주의, 코뮤니스트, 그리고 아나키스트 운동들의 어휘는 형성 중에 있었다. 그리고 다른 많은 용어들은 실로 신조어적(neological) 향연 속에서 빠르게 주조되고 있었다.[8] 예를 들어, 1848년에 맑스와 엥겔스(1973)가 코뮤니스트 강령을 내놓았을 때, '코뮤니스트'라는 말은 (7월 군주제 하의 비밀결사에서 생겨나서) 겨우 여덟 살밖에 되지 않았고 그 내용에서도 아직 매우 미규정적이었다.[9] 나의 주장을 더욱더 뒷받침 해 주는 것은, proletarius라는 말이 고대 로마 공동체의 가장 낮은 계급을 서술하는 데 사용되었지만, 'proletariat'와 'proletarian'이라는 말의 유럽식 변이들은 1830년대와 1840년대에 노동자 운동의 발전과 더불어서 '자유 임금 노동자'라는 근대적 정의 속으로 이제 막 들어오고 있었을 뿐이다(Bestor 1948: 275; Draper 1972: 2286; Linebaugh 1991: 121~2 참조)

---

8. 한 예로서, 1842년 작성된 빠리 '코뮤니스트 섹트들'의 일부 리스트는 평등주의자들 (égalitaires), 우애주의자들(fraternitaires), 인도주의자들(humanitaires), 단일정부주의자 들(unitaires), 공동체주의자들(communitaires) 혹은 공화파공산주의자들(icariens), 공산주의 자들(communistes), 영성통일주의자들(communionistes), 공동화주의자들(communautistes), 합리주의자들(rationalistes)(Louis Reybaud, Revue des Deux Mondes Bestor 1948: 291에서 인용) 등을 포함했다.

9. 엥겔스는, 『선언』에서 그 혁명적 함축 때문에 사회주의자보다는 공산주의자가 사용되 었다고 설명한다 : '노동계급의 어느 정도가 단순한 정치혁명의 불충분성을 확신하게 되 고 또 총체적 사회변화의 필연성을 선언했던 간에 …. 이처럼 1847년에 사회주의는 중 간계급 운동이었고 공산주의는 노동계급 운동이었다. 적어도 대륙에서 사회주의는 "점 잖은" 것이었지만 공산주의는 그와는 정반대였다'(Engels. Marx and Engels 1973[1888 년 영어판 서문]: 12~13).

는 것이다.[10] 그때까지 그것은 매우 경멸적인 함의를 가지고 있었다.

'프롤레타리아(proletarian)'라는 말은, 원래는 자손을 낳는 것 이외의 어떤 가치도 갖지 않는 사람들을 지칭했고 그 후 제2차 기독교 시대에는 사용되지 않았으며(Briefs 1937), 14세기부터 맑스의 시대까지는 '폭도(rabble)'나 '악당(knave)'에 가까운 경멸적인 용어였다. 예를 들면, 사무엘 존슨이 편찬한 1755년 사전에서는(Linebaugh 1991: 122에서 인용) 프롤레타리아트는 '천하고 사악하며 야비하고 속되다'고 서술되었다. 그 후 1838년에 『노동계급과 부르주아 계급의 역사』에서 그라니에 드 까사냑(Granier de Cassagnac)은 프롤레타리아트를 도둑들과 매춘부들 사이의 경계에 형성된 인간 이하 세급으로 서술했다(Benjamin 1983: 22). 하우스만(Hausmann)은 프롤레타리아트를 '일군의 노마드들'로 묘사했고 1850년데 띠에르(Thiers)는 공인된 가족도 갖고 있지 않고 거주지도 없는 '이 이질적인 폭도, 이 일군의 유랑민들, 너무나 이동적이라서 어디에도 정착될 수 없는 일군의 사람들'(Chevalier 1973: 364, 365에서 인용)에 대해 말한다.

기초적 수준에서 보면, 룸펜프롤레타리아트는 맑스가 자신의 프롤레타리아트 개념을 들끓고 있는 폭도라는 부르주아적 이미지에서 벗어나게 하기 위해 사용한 장치이다. 그는 그 모든 낡은 내용을 룸펜프

---

10. 그 용어를 근대적 의미로 처음 사용한 사람은, 1837년에 출간된 그의 저서 『정치경제학 연구』에서, 시스몽디였던 것으로 보인다. 그리고 맑스가 『브뤼메르 18일』에 붙인 서문(Marx 1978: 5)에서 그의 정의를 참조하고 있는 것은 중요하다 : '사람들은 시스몽디의 의미심장한 다음과 같은 말을 망각한다 : 로마 프롤레타리아트는 사회를 희생시킴으로써 삶을 꾸려갔지만 근대 사회는 프롤레타리아트를 희생시킴으로써 삶을 꾸려간다'.

롤레타리아트라는 새로운 범주 속으로 이전한다. 그래서 어떤 의미에서는, (헨리 메이휴에 의해 가장 분명하게 예증되었듯이) 룸펜프롤레타리아트에 대한 맑스의 과도한 설명을 빈민이라는 '타자'에 대한 부르주아지의 강박관념의 일반경제 속에 위치시키려 한, 스탤리브라스와 화이트(Stallybrass and White 1986)가 옳다. 그렇지만 맑스가 (대중에 대한 도덕적 비난과 대중의 성애화를 통한 부르주아적 동일성의 형성보다는) 혁명적 계급형성의 문제에 관심을 갖고 있는 한에서, 이 이전 속에서 발생하고 있는 더 많은 것들이 있다.[11] 그러므로 여기에서 우리가 멈춘다면 잘못일 것이다.

옥스포드 영어사전은 맑스와 엥겔스를 '룸펜프롤레타리아트'라는 합성어를 처음으로 만들어낸 사람으로 인정했다. 그 말은 『독일 이데올로기』에 처음 등장하는데, 그곳에서 그 말은 ('결코 프롤레타리아적 폭도[독일어의 룸펜프롤레타리아트(Lumpenproletariat)] 이상이 아니

---

11. 이것은, 때때로 룸펜프롤레타리아트에 대한 맑스의 설명에, 매우 의심스러운 도덕적 감정이 없다고 말하는 것이 아니다. 맑스, 그리고 특히 (예컨대 엥겔스가 '민족학적 쓰레기'라는 헤겔의 표현을 사용한 것에서 분명하게 나타나는 것처럼) 엥겔스의 방법이 그들의 가장 불미스러운 측면을 드러내는 것은 룸펜프롤레타리아트의 상관물(민족적으로 그리고 민족학적으로(ethnically) 정의된 '무역사적 민중들')에 대한 설명 속에서이다. Ritter(1976)는 일반적으로, 엥겔스의 태도가 민족주의나 인종주의의 부산물이라기보다 원시-다원주의적 유럽중심적 방법에 대한 광신의 부산물이라고 주장한다. (물론 그러한 유럽중심적 진화론이 역사적으로 볼 때 인종주의적 형성체들에 내재적이긴 하지만 말이다.) 맑스와 엥겔스를 그들의 개인적 편견에 대해 비판하는 것보다 그들의 방법에 대해 비판하는 것이 더욱 생산적이라 여겨지지만, 그 두 가지는 완전히 분리될 수 없다. 예를 들어, 아일랜드인에 대한 (그 자체로 경멸적인) 엥겔스(Engel 1943: 90~4)의 인종주의적 설명은 프롤레타리아트에 대한 훼손된 독해를 조장할 수 있고 또 그것을 반영할 수 있다. Linebaugh(1991)가 훌륭하게 보여주었듯이, 프롤레타리아트의 형성에서 아일랜드 혈통의 노동자들은 국제주의와 실천적 혁신에서 커다란 기여를 했다. 이 모든 것은, 그것이 결코 어떤 핑계가 될 수 없겠지만, 맑스와 엥겔스가 인종주의적 감정에 있어서는 바꾸닌에 비교될 수 없었음을 말해준다.

었던 자유인과 노예의 중간 위치의 사람들'이었던) 고대 로마의 평민 (plebeian), 그리고 룸펜(Lumpen) 혹은 부랑자(ragamuffin)라는 막스 스티르너(Max Stirner)가 자임하는 급진적 주민들을 동시에 지칭하는 것으로 사용된다(Marx and Engels 1976: 84, 202). 접두사 'lumpen'은 가난과 동의어로 받아들여져서는 안 된다. 맑스와 엥겔스가 종종 그 용어를 매우 가난한 사람들을 서술하기 위해 사용하곤 했지만, 드레이퍼(Draper 1972)는, 주요 어근은 '누더기'와 '넝마'를 뜻하는 Lumpen이 아니라 '악당'을 의미하는 Lump(복수는 Lumpen, Lumpe)라고 주장한다. 타락한 악당들의 계급이라는 룸펜프롤레타리아트에 대한 이러한 정의는 루이 보나빠르뜨를 '룸펜프롤레타리아트의 우두머리'로 성의한 맑스의 내우 과도한 서술에서보다 더 분명하지 않다. 그리고 맑스는 보나빠르뜨의 12월 10일 협회에 대해 이렇게 서술한다.

자선 협회를 세운다는 구실 위에서, 파리의 룸펜프롤레타리아트는 비밀 종파로 조직되었다. … 생계수단이 의심스럽고 출신이 의심스러운 부패한 난봉꾼들, 파멸된 그리고 모험적인 부르주아지 분파들, 부랑자들, 퇴역병사들, 전과자들, 도망친 갤리선의 노예들, 협잡꾼들, 건달들, 소매치기들, 사기꾼들, 도박꾼들, 뚜쟁이들, 포주들, 짐꾼들, 지식인들, 손풍금연주자들, 넝마주의들, 칼갈이들, 땜장이들, 거지들 ─ 요컨대, 보나빠르뜨는, 프랑스 사람들이 la bohéme(보헤미안들)이라고 부르는, 이런 종류의 여기저기로 흩어져 불분명하고 해체된 대중들로부터·12월 10일 협회의 핵심을 꾸려냈다. 보나빠르뜨처럼 그 구성원들 모두가 노동하는 사람들을 희생하여 자신들을 이롭게 할 필요를 느끼는 한에서,

그것은 하나의 '자선협회'였다.

(Marx 1978: 73)

이 악당 계급의 구성은 정말로 복잡하다. 그리고 이 복잡성에 상응하기라도 하려는 듯이, 룸펜프롤레타리아트라는 말은 맑스와 엥겔스의 저작에서도 불안정하다. 엥겔스에 의한 것들을 포함하는 많은 번역들에서 독일어 '룸펜프롤레타리아트'는 영어로 '사회적 쓰레기', '위험한 계급들', '폭도', '신사차림의 범죄자들', '부랑아', '누더기 입은 프롤레타리아' 등으로 다양하게 표현된다. 그리고 맑스와 엥겔스는 '룸펜프롤레타리아트' 대신에 다른 용어들(특히 불어의 'la bohéme(보헤미안들)'과 이탈리아아의 'lazzaroni(건달들)', 그리고 위의 영어 말들의 독일어 번역어들)을 종종 사용한다. 그 모든 말들은, 분명한 일군의 집단들을 특징짓는 것으로 사용될 때에는, 서로 다른 특유의 의미를 상기시킨다. 이것은, 맑스가 (가령 임금 노동자들을 '자신의 노동 외에는 팔 것이라곤 아무 것도 갖지 않은 사람들'로 정의하듯이) 룸펜프롤레타리아트에 대한 잘 다음어진 개념적 계급 정의를 제시하기보다 그것에 대한 (다소 연극적인 방식으로이긴 하지만) 경험적 서술에 호소할 필요가 있었음을 보여준다. 그는 정의상 룸펜프롤레타리아트를 안정된 집단적 규정을 갖지 않은 불분명하고 통합되지 않은 집단으로 본다. 그들은 '비-계급', '뚜렷한 흔적을 갖지 않은 사람들'이다(Marx 1973c: 52~3).

그래서 멜먼(Mehlman 1977)이 옳았던 것처럼 보인다. 룸펜프롤레타리아트의 내용과 윤곽이, 어떤 불확정적인 범주의 불분명한 대중으로서, 터무니없이 증식하는 것으로 보이는 것이다. 그렇지만 이 불분명한 비-계급을 차이의 세력으로 해석한다면 잘못일 것이다. 사실상, 그것의 다양한 표현들을 가로지르는 하나의 핵심적인 정의적 특징이 있다. 그것은 사회적인 것의 흐름과 관계로부터 단절된 동일성의 강화를 지향하는 하나의 실천양식이다. 룸펜프롤레타리아트는 그 자체로 하나의 동일성(하나의 특수한 사회집단)은 아니지만, 맑스의 텍스트들에서 그것이 나타나는 다양한 곳들 각각에서 그것은 동일성의 유지를 지향하는 하나의 경향이다. 이 말을 뒷받침하기 위해 나는 룸펜프롤레타리아트가 네 가지 주제들과 관련하여 기능하는 방식을 살펴볼 것이다. 그 네 가지 수제란 역사, 생산, 정치행동, 그리고 (이것들을 한데 모은) 아나키즘 등이다.

룸펜프롤레타리아트와 역사의 정체(停滯)

  룸펜프롤레타리아트에 대한 맑스의 가장 상세한 고찰은 『프랑스에서의 계급투쟁』과 『브뤼메르 18일』에 실려 있는 프랑스의 1848~52년 혁명들(아니 좀더 정확하게 말하면 반혁명의 승리)에 대한 설명 속에서 나타난다. 실제로 트로곳(Traugott 1980: 712)은, 맑스와 엥겔스가 '룸펜프롤레타리아트'라는 용어와 그것의 직접적인 동족어들을 사용한 횟수를 스물일곱 번으로 확인하면서, 그 대부분이 이 4년 기간 속에 나타남을 보여주었다. 혁명의 파도를 뒤이은 반동의 해들은 출현하고 있는 노동자 운동에도, 혹은 맑스의 역사적 방법의 예언적 효력에도 좋은 시절이 아니었다. 그래서 멜먼(Mehlman 1977: 24~5)은, 『브뤼메르 18일』은 마치 '꽉 막힌 야영변소처럼 맑스가 1848년에서 1852년까지의 프랑스 역사(역행하고 있는 혁명)를 살아내야 했던 것처럼' 읽힌다고 주장한다. 상대적으로 발전된 자본주의적 사회구조에도 불구하고, 그리고 비교적 쉽게 루이 필립이 폐위되고 제2공화국이 들어섰음에도 불구하고, 프랑스는 프롤레타리아 권력의 출현을 경험하지 못했고 오히려 루이 보나빠르뜨 치하에서 반동의 회귀를 경험했다. 그래서, 『브뤼메르 18일』이 맑스가 '역사의 거대한 운동법칙'을 발견한 저작이라고 하는 엥겔스의 주장(Marx 1978: 7의 서문)과는 달리, 그것은 맑스 자신의 체계에 의하면 실제로 다소 이례적인 역사 발전을 설명하려는 맑스의 시도로 읽힌다. 이 설명 속에서 룸펜프롤레타리아트가 중심적 자리를 차지하는 것이다.

이 이례적인 발전에 대한 맑스의 설명에 기초를 놓으면서, 『브뤼메르 18일』의 첫 페이지는 (예컨대 1848년 혁명 직전에 쓰여진 『공산당선언』에서 설명된 바와 같은) 계급투쟁의 말끔한 목적론을 고려하지 않고 오히려 역사적 변화의 과정에서 기억과 망각 사이의 관계가 갖는 복잡한 성격을 고려한다. 그 논의는 정통 맑스주의의 역사 서술보다는 역사적 반복에 대한 니체의 설명과 공명한다. 맑스(Marx 1973b: 146)는 『브뤼메르 18일』의 유명한 첫 구절을 이렇게 시작한다. '헤겔은 어디에선가 세계사의 모든 위대한 사건들과 인물들은, 말하자면, 두 번 나타난다고 말한다. 그는 다음 말을 덧붙이기를 잊었다. 첫 번째에는 비극으로 두 번째에는 희극으로.' 그러므로 역사는 반복의 형식이다. 맑스에게 있어서, 역사적 생산은 지나간 사건들과의 교전이다. 왜냐하면 역사적 생산은 새로운 어떤 것이 형성될 수 있는 과거와의 특정한 교전을 통해서만 이루어지기 때문이다.

> 죽은 세대의 전통은 악몽처럼 살아 있는 사람들의 정신을 짓누른다. 그리고 그들이 그들 자신과 그들을 둘러싼 물질적 환경의 혁명적 변형에, 그리고 존재하지 않는 어떤 것의 창조에 참여하고 있는 것으로 보일 때, 바로 그러한 혁명적 위기의 시기에 그들은 소심하게도 과거의 영혼들로 하여금 자신들을 돕도록 주술로 불러낸다. 그들은 그들의 이름들, 구호들, 의상들을 빌려와 그 새로운 세계사적 장면이 이 장엄한 위장과 [과거로부터] 빌려온 언어로 무대 위에 오르도록 한다.
>
> (Marx 1973b: 146)

그러나 이러한 반복의 양식은 적어도 두 가지 형식을 갖는다. '비극적' 반복과 '희극적' 반복. 비극적 반복에서,

> 죽은 자들의 부활은 낡은 투쟁들을 서투르게 흉내내는 데 기여하기보다 새로운 투쟁들을 강화하는 데 기여했고 주어진 과제를 실제로 해결하는 일로부터 도망치기보다 상상 속에서 그 주어진 과제를 확대하는 데 기여했으며 혁명의 유령이 다시 걸어 다니도록 만들기보다 혁명의 정신을 회복하는 것에 기여했다.
>
> (Marx 1973b: 148)

맑스에게서는 비극적 반복이 먼저 온다. 왜냐하면 그것이 부르주아 혁명의 반복 양식이기 때문이다. 그것은, 자본의 원동력을 통해 발전

하는 혁명적 반복이다. 여기서 내가 관심을 갖고 있는 희극적 반복은 또 다른 시간의 반복인데 이것은 훨씬 더 불확실한 잠재적 프롤레타리아 혁명의 시기에 출현한다(내가 이 장의 두 번째 부분에서 살펴본 세 번째 반복 양식). 맑스의 희극적 반복은 니체의 반복과 나란히 검토될 때 유용하다. 푸코(Foucault 1977: 160)의 독해에서, 니체는 '대안적 동일성들'의 '치환' 과정에서 역사적 '의상 보관실'(바그너 시대의 독일 영웅의 칼, 낭만주의 시대의 기사의 갑옷)을 습격하는 유럽적 경향을 발견한다. 이 과정은 차이, 놀이, 가장무도회처럼 보일지 모른다. (그리고 실제로, 역사에 대한 그러한 사육제적 관계는 그 계보학자에게 약간의 희망을 제공한다.) 하지만 그것은 실제로 동일성–형식의 '패러디적' 혹은 '희극적' 반복을 위한 위장이다. 각각의 역사적 의상은 현재의 동일성을 '실현하지 않거나' 극복하기 위하여 이용되는 것이 아니라 그것을 강화하기 위해 이용된다. 맑스는 보나빠르뜨 치하의 프랑스 사람들을 바로 이 용어로 묘사한다. 혁명의 순간에, 루이 보나빠르뜨의 나폴레옹 반복 하에서, 프랑스 사람들은 '그 반복이 좀더 강력한 원동력을 가졌어야 했다고 생각'(Marx 1973b: 148)했는데, 그때 사실상 그 반복은 패러디로, 과거의 동일성들로의 반동적 회귀로 기능했다. 이처럼 역사는 희극으로 자신을 반복한다. 즉 그 반복은, 들뢰즈(Deleuze 1994a: 91~2)가 맑스의 구절을 해석한 것처럼, 차이를 강조하지 못하고 오히려 '진정한 창조의 반대'인 희극적 '퇴화'의 일종으로 후퇴하는 것이다.

혁명에 의해 그 자신에게 증대된 운동능력을 부여했다고 상상한 모든 사람들이 갑자기 자신들이 무력한 시대 속으로 되돌려져 있는 것을 발견한다. 그리고 그러한 퇴보를 가능하게 하기 위해 낡은 시대가, 낡은 연대기가, 낡은 이름들이, 낡은 칙령들이 응당 다시 부활한다.

(Marx 1978: 12)

맑스(Marx 1978: 125, 127)가, 보나빠르뜨의 계급 기반은 소토지 소유 농민이라고 주장하지만, 이 희극적 반복의 기호는 궁극적으로 룸펜프롤레타리아트이다. 맑스는 보나빠르뜨 국가를 희극적 책략으로 묘사한다. 이 책략에 의해, 12월 10일 협회와 기동호위대(Mobile Guard)의 '습지화(濕地花)'에서 활동하는 룸펜프롤레타리아트라는 비-계급이 역사의 잠재적 생성을 꿰질러 고정시키는 것으로 보인다는 것이다. 이처럼 룸펜프롤레타리아트는 그 텍스트에서 물구나무선 세계 속의 희극적 동일성들, 책략들, 파격들의 과잉으로 나타난다. 이 세계 속에서 부르주아지는 '오직 도둑질만이 여전히 재산을 구할 수 있다; 거짓말만이 종교를; 사생아만이 가족을; 무질서만이 질서를 구할 수 있다'(Marx 1973b: 245)고 외쳤다. 파커가 주장했듯이, 맑스는 1848~52년 시기를 문자 그대로 극장에서 공연되는 희극의 한편으로 읽는다. 그 극에서 사람들은 '대체물' 혹은 '대역'(Marx 1973b: 244)으로서의 자신들의 혼란된 시뮬라크르적 역할들에 따라 행동하는데, 이에 따라 올바른 계급 역할들은 침식된다. 그리하여 보나빠르뜨와 그의 '무질서, 매춘, 그리고 절도 협회'(Marx 1973b: 198), '보나빠르뜨가 술과 소세지를 주고 산, 술 취한 군대'(Marx 1978: 124)에 대한 서술은 이렇게 계속된다.

늙고 교활한 사람인 그는 국민들의 역사적 삶과 그들의 국가행정을 가장 천박한 의미에서의 희극으로, 장중한 의상들, 언어들, 태도들이 단지 가장 비열한 책략을 위한 덮개로 봉사할 뿐인 하나의 가장무도회로 생각한다. … 불로네(Boulogne)에 머무는 동안에 그는 약간의 런던 불량배들에게 프랑스 제복을 입혀서 군대의 역을 연기하게 했다. 12월 10일 협회에 그는 1만 명의 불량배들을 모았는데, 이들은, 마치 협회의 가입자들이 사자를 대표하듯이, 민중을 대표하는 것으로 가정되었다. … 그 진지한 어릿광대[보나빠르띠]는 … 더 이상 세계사를 희극으로 보지 않고 오히려 자신의 희극을 세계사로 본다.

(Marx 1973b: 197~8)

그렇지만 결정인 것은, 파커(Parker 1993)가 주장하듯이, 문제적인 것은 '행위'(역사적 의상의 연극적 사용) 그 자체가 아니라는 사실이다. 맑스의 주장이 때로 '행위하는' 룸펜과 '실제의' 역사적 생산 사이의 이분법에 의거하지만, 중요한 것은 그것이 그것의 극복을 지향하는 움직임이 아니라 하나의 행위 양식, 즉 동일성을 유지하려 하는 반복의 희극적 양식이라는 점이다. 맑스가 주장하듯이, 룸펜프롤레타리아적 '대역들'로부터 사라지고 있는 것은 '실제적 삶', 존재론적 현전이라기보다 자본의 생성의 힘들과의 관계이다. 이 점은 맑스가, 보나빠르뜨의 '실험은 생산관계와의 첫 번째 접촉에서 비누거품처럼 터져버릴 것이다'라고 쓸 때 명확하게 드러난다.

비생산적 룸펜프롤레타리아트

역사에 대한 룸펜프롤레타리아트의 반동적 관계의 기초는 생산활동에 대한 그것의 관계(혹은 그것의 결여)에 놓여 있다. 물론 이것은 맑스의 설명의 가장 중요한 측면이다. 왜냐하면 룸펜프롤레타리아트와 프롤레타리아트를 구분하는 것은 생산에 대한 그들의 상대적 관계이기 때문이다. 나는 생산적 관계에 대한 논의를 이 장의 두 번째 부분에까지 미루어 두고 싶다. 여기에서 나는 단지 룸펜프롤레타리아트의 생산과의 관계에 대한 맑스와 엥겔스의 언급만을 주목할 것이다.

맑스와 엥겔스의 가장 격렬한 비난은 생산적 관계들 외부에서 생존하는 일에 골몰하는 것으로 보이는 사람들을 위해 아껴두어진다. 이 점은 룸펜프롤레타리아적 술고래의 방탕한 쾌락에 대한 맑스의 비판 속에 함축적으로 나타나지만 명시적으로도 나타난다. 드레이퍼(Draper 1972)에 의해 강조된 어떤 예에서, 엥겔스는 (힌드만(H. M. Hyndman)의 〈사회민주연맹〉에 의해 조직된) '실업자들'(거리를 두면서 하는 엥겔스의 인용)의 폴 몰(Pall Mall) 거리 행진을 '대부분 일하지 않으려는 사람들, 즉 행상인, 게으름뱅이, 경찰 첩자, 불량배 등으로, … 힌드만이 실업자로 간주하는 룸펜프롤레타리아트로 구성되었다'(Marx and Engels 1995: 407~8, 강조는 인용자)고 경멸적으로 서술한다. 그러나 생산적 활동과의 관계의 이러한 단절은 '실업' 빈민만의 특징이 아니었다. 『프랑스에서의 계급투쟁』에 담겨 있는 7월 왕정(1830~1848)에 대한 그의 논의에서 맑스는, 금융귀족을 룸펜프롤레타리아트로 묘사한다. 12월 10일 협회가, 사회의 사회적 쓰레기들이 이리저리 사기를 쳐서 사회의 꼭대기로 올라간 역사적 반전이라면, 여기에서 우리는 사회적 쓰레기로 기능하는 사회적 엘리뜨를 발견한다. 거기에서 금융투기는 생산적 산업에의 참여라는 적절한 계급 역할을 대체한다.

> 7월 왕정은 프랑스의 국부를 착취하기 위한 주식회사 이상이 아니었다. … 상업, 산업, 농업, 항운업 등 산업 부르주아지의 이익은 이 체제 하에서는 불가피하게 항상적인 위험에, 그리고 항상적인 불이익에 처했다. … 매춘, 뻔뻔한 사기, (생산을 통해서가 아니라 다른 사람들의 부를 교묘하게 속여 차지하는 방법으로 이룬) 치부의 열광 같은 것이 조정에서부터 보르네 까페[평판 나쁜 바와 까페들]에 이르기까지 사회의 모든 영역에서 발견될 수 있었다. 건강치 못하고 사악한 탐욕(부르주아적 법 그 자체와 끊임없이 갈등하는 탐욕)에 대한 고삐 풀린 주장들이 터져나왔다. 그리고 그것은 특히 사회의 상층에서 발견될 수 있었다. 부를 금융도박에 의해 창출하려는 탐욕들은 억제 없는 충족을 추구했고 그 속에서 쾌락은 방탕하게 되었으며 돈과 타락과 피가 뒤섞였다. 금융귀족이 부를 획득하고 부를 향유하는 방식에 있어서 그들은 **부르주아 사회의 정점**에 다시 태어난 **룸펜롤레타리아트**에 다름 아니었다.

> (Marx 1973c: 38~9)

룸펜프롤레타리아적 자생성

룸펜프롤레타리아트의 세 번째 징후는 정치적 활동의 맥락에서, 즉 맑스가 룸펜프롤레타리아트에게 가능한 급진적 경향들에 대해 쓴 곳에서 찾아진다. 룸펜프롤레타리아트는 언제나 반혁명적이지는 않다.

엥겔스가 자신의 극단들에서 혁명적 사건이 터질 때에 도둑들을 쏘는 것을 지지하지만, 혁명적 세력으로서 룸펜프롤레타리아트의 상대적 역량에 대한 맑스와 엥겔스의 감각은 양가적이다. 룸펜프롤레타리아트는 동요한다. (엥겔스는 『독일에서의 농민전쟁』에서, 혁명의 매일매일은 룸펜프롤레타리아트가 입장을 바꾸는 것을 본다고 주장한다.) 그리고 룸펜프롤레타리아트는 일반적으로 가장 높은 가격을 매기는 입찰자에게 서비스를 제공하면서 반동으로 흐르기 쉽다.[12] 그러나 그들의 안정성 부족이 그들로 하여금 혁명적 열기 속으로 쉽사리 휩쓸리도록 함에 따라, 그들은 또한 그들 자신이 혁명에 가담하고 있음을 발견할 수도 있다. 그래서 심지어 기동호위대의 룸펜프롤레타리아적 '습

---

12. 쎄르게이 에이젠쉬타인은 《파업》(1924)에서 룸펜프롤레타리아트적 반동에 관한 그의 설명을 전개하면서 이 명제에 대한 영화적 판본을 제공한다. Bordwell(1993)은 이 영화가 하나의 정치적 과정에 대한 해부라고 서술한다. 아이러니하게도 '노동'이라고 표시되는 실천 속에서, 룸펜프롤레타리아트는 비밀임무을 띤 요원의 명령에 따라, 그리고 '비양심적인 사람들 다섯이 필요해!'라고 말하는 룸펜 왕의 부름에 따라(이 부름에 대한 응답이 자동적으로 나오는데, 그것은 '우리들 중 누구도 어떤 양심의 가책도 느끼고 있지 않나이다'이다) 파업을 깨는 것을 돕기 위해 모여든다. 그 장면은 『브뤼메르 18일』에 나오는 맑스의 서술과 아주 흡사하게 시간을 불문한 방탕한 폭음을 강조한다. 그 비밀요원은 주변(marginal) 공간으로 들어가는데 이 공간은 영화의 다른 장면들을(공장, 경찰서, 거리)의 지도로 그려진 영토에서 멀리 떨어져 있다. 그는, 룸펜 왕을 만나러 가는 길에 걸려 있는 고양이 시체를 피한다. 여기에서 모든 만남에 두루 퍼지는 희극적 효과는 재즈 사운드트랙과 귀족적 장식물의 역전을 통해 생산된다. (치장에 앞서 '왕은 난쟁이 하인을 꼭 붙들고는 화장대 거울에 침을 뱉으며, 옥좌처럼 접어진 망가진 자동차 속에서 잠을 잔다). 그리고 나서 우리는, 가장 괴상한 장면에서, 푹 파진 수많은 맥주통들에서 나오고 있는 일군의 잡다한 부랑아들과 마주친다. 노동자들의 청결함, 일관성, 동일성과 룸펜프롤레타리아트의 더러운 확산 사이의 뚜렷한 대조는 명백하게 표현된다. 이것은 룸펜프롤레타리아트에 대한 맑스의 설명의 한 측면을 예증한다. 하지만, 나는 프롤레타리아트의 《파업》모델이 내가 여기에서 설명하고 있는 소수적 구성양식보다는 '민중'의 정치적 모델에 더 가깝다는 말을 덧붙이고 싶다.

지화'조차도, 그것이 '매우 전성(展性)이 있는' 한에서, ('가장 저열한 형태의 강도질이나 가장 나쁜 부패'뿐만 아니라) '가장 위대한 영웅주의의 행동을 할 수 있고 또 가장 고귀한 자기희생을 할 수도 있다'(Marx 1973c: 52~3). 맑스는 비밀협회의 전문 음모가들과 관련해서도 이와 유사한 주장을 하고 있다.[13] 그는, '불규칙한 삶'의 '우연'에 의존하는 그들의 '불안정한' 생계수단이, 그리고 그들의 '항상적인 위

---

13. 제1인터내셔널에서 (맑스가 차티스트들 속에서 보았고 또 프롤레타리아적 조직화에서 발전시키려고 했던 대중적이고 개방적인 운동으로부터는 거리가 먼 프리메이슨적 사회형태였던; Nicolaevsky 1997 참조) 비밀협회를 추방하려는 맑스의 노력은, 그와 바꾸닌주의자들의 갈등에 그리고 네자예프(Nechayev 1989)가 자신의 책 『혁명가의 교리문답』에서 아주 명확하게 표현했던 혁명적 정치학의 음모적 형식에 많이 의존한다. 많은 것 중에서 하나의 구절만 인용하자면, 네자예프는 니힐리스트[여기서는 19세기 후반 러시아 급진파를 뜻함-옮긴이] 비밀혁명가의 올바른 윤리학을 이렇게 서술한다 : '혁명가는 헌신적인 사람이다. 그는 그 자신의 어떤 이해관계도, 어떤 업무도, 어떤 감정도, 어떤 애착도, 어떤 소속도, 심지어는 이름조차도 갖고 있지 않다. 그 속의 모든 것은 단 하나의 유일한 이해관계, 유일한 사상, 유일한 정념에 바쳐지는데, 그것이 혁명이다. … 혈연, 우정, 사랑, 감사, 그리고 심지어 영예와 같은 모든 부드럽고 나약한 정서들은 억제되어야 한다 …. 그는 밤낮으로 하나의 생각, 하나의 목표만을 가져야만 한다. 가차없는 파괴(4~5)'. 이 논문의 출처에 관한 논쟁이 이 글의 저자가 바꾸닌이 아님을 밝혀주었던 것으로 보이지만(Avrich 1987[한국어판: 『아나키스트들의 초상』, 하승우 옮김, 갈무리, 2004), 바꾸닌주의적 아나키즘의 음모적이고 엘리뜨주의적인 사고방식 — 이것은 혁명이 대중적인 것이지만 소수의 음모가들에 의해 추동되어야 한다고 선언한다 — 은 네자예프뿐만 아니라 바꾸닌에 의해서도 강력하게 표현되었다. 예를 들어, 바꾸닌(Bakunin n.d.: 26~7)은 이렇게 쓴다 : '우리는 모든 공식적 권력의 통렬한 원수이다. 비록 그것이 초혁명적 권력이라 할지라도 말이다. 우리는 공공연하게 승인된 모든 독재의 적이다 … 모든 권력을 거부하면서 우리는 대체 무슨 권력으로 혹은 힘으로 민중의 혁명을 지도할 것이냐? (어떤 사람에 의해서도 인지되지 않고, 어떤 사람에 의해서도 부과되지 않는) 보이지 않는 힘, 그 힘을 통해서 우리 조직의 집단적 독재는 더욱더 강력해질 것이다. 그러나 상상해 보라. 이 일반적인 아나키의 한 가운데에서, 그 조직원들을 작은 그룹으로 쪼개 영토 전체에 뿌려온 비밀조직 …, 공동의 계획에 따라 모든 곳에서 활동하는 하나의 조직. … 이 것이 내가 비밀조직의 집단독재라고 부르는 것이다.'

험'이 이 집단을 폭동의 성향을 가진 보헤미안들(la bohéme)의 일부로 만든다고 주장한다.

불안정성이 크면 클수록, 음모자들은 순간의 쾌락을 잡으려고 더 서두른다. … 파리에서의 모든 봉기에서 드러난 절망적 무모함은 바로 이들 노련하고 전문적인 음모가들, 즉 hommes de coups de main[습격을 감행하는 사람들]에 의해 도입된다. 그들은 첫 번째 바리케이드를 설치하고 명령을 하는 사람들이며 저항을 조직하고, 무기창고의 약탈을 이끄는 사람들이다. … 한 마디로 그들은 봉기의 장교들이다.

(Marx and Engels 1978: 318)

이들이 비록 반항적이지만, 맑스는 그 음모가들의 사회외적(extra-social) 자생성을 비판한다. (혁명의 장교라기보다) '봉기의 장교들'로서 이 음모가들은 혁명을 위해 그들의 음모가 무엇을 준비해야 적합한지를 오판한다.

[그래서 그들은] 혁명을 위한 조건을 갖추지도 않고 순간의 자극을 받아 혁명을 개시하려 [시도한다]. … 그들은 혁명의 연금술사들과 같다. … 그들은 혁명적 기적들을 일으킬 것이라고 생각되는 발명들로 마구 나아간다 : 자극적인 폭발, 마법적 효과를 갖는 파괴적 장치들, 그 기초가 합리적이지 않으면 그럴수록 효과상에서 그만큼 더 기적적이고 놀라울 것으로 기대되는 반란들.

(Marx and Engels 1978: 318)

바꾸닌의 룸펜프롤레타리아트

룸펜프롤레타리아적 실천의 이 세 가지 표현들(역사와 관련해서는 과거의 동일성의 희극적 반복으로서, 생산과 관련해서는 사회적 생산적 활동성으로부터의 자기분리로서, 그리고 정치와 관련해서는 동요하는 자생성으로서) 속에서 우리는 자본주의 사회관계에 대한 그것의 외부성에 의해, 그리고 역사적 잠재적 생성과 교전할 수 없는 그것의 무능력에 의해 특징지어지는 하나의 범주를 본다. 이 설명의 정치적 중요성은 제1인터내셔널의 전개과정(맑스주의와 아나키즘 사이의 분열의 출현)에서, 엥겔스가 '룸펜 왕자'(Bovenkerk 1984: 25)라고 불렀던 사람인 바꾸닌(Michael Bakunin)과 맑스의 논쟁에서 전면에 부각된다.[14]

맑스와 바꾸닌의 분열에 대한 전통적 묘사가 '프롤레타리아트 독재'를 둘러싼 국가주의/반-국가주의 갈등에 집중되지만, 훨씬 더 중요한 구별(왜냐하면 그 밖의 모든 것이 그것에서 발생하므로)은 혁명적 주체의 문제에서 그들이 나타내는 차이에 있다.[15] 내가 아래에서 살펴보듯이, 맑스는 혁명적 프롤레타리아의 출현을 자본주의 사회관계에 내

---

14. 바꾸닌의 사회민주주의 연맹이 인터내셔널에서 추방된 이유는 약 120쪽에 걸쳐 설명되지만(Marx and Engels 1988), 그것은, 인터내셔널의 명시적 관심사였던 광범위한 일급 노동자 운동의 위험은 언제나 탈계급적(룸펜적) 요소들에 말려드는 것에 있다고 말하는 것으로 시작한다.

15. 바꾸닌이 맑스에게서 국가주의의 씨앗을 인지했다는 주장 — 즉 그가 어떤 의미에서 소련을 예언했다는 주장 — 은 흥미롭다. 하지만 그런 주장은 조직화와 '보이지 않는 독재'라는 바꾸닌주의적 관념이 레닌주의 정치학에서 차지하는 중심성을 못 본 체함으로써만 성립될 수 있다(Blissett 1997; Blissett and Home n.d. 참조).

재적인 것으로 본 반면, 바꾸닌은 자본 속에서 노동자들의 통합을 좀 더 일차적인 혁명적 힘들에 파괴적인 것으로 보았다. 바꾸닌에게 있어서, 혁명적 원형은 (오랜 봉기 전통을 갖고 있을 뿐만 아니라 그것의 현재의 사회형태에서 코뮤니즘적 원형을 갖고 있는 것으로 제시되는)[16] 농민 환경에서, 그리고 교육받은 실업청년들 사이에서, 모든 계급 출신의 각종 주변인들(강도, 도둑, 궁핍 대중, 그리고 출현하는 산업노동의 훈육에서 도망쳤거나, 그것에서 추방되었거나 혹은 아직 그것에 포섭되지 않은 사회의 경계에서 사는 사람들 ― 요컨대 맑스가 룸펜프롤레타리아트 범주 속에 포함시키려 했던 사람들; Pyziur 1968 참조)에서 발견된다. 민중들은 '사적인 농민 반란을 하나의 보편적인 전 인민 반란으로' 통합할 수 있기 때문에, 바꾸닌은 다음과 같은 사람들에 초점을 맞춘다.

> 자유로운 코삭들, 신앙심 깊거나 그렇게 신앙심이 깊지 않은 무수한 방랑자들(brodiagi), 순례자들, 베구니[beguny; 방랑―옮긴이] 종파의 신도들, 도둑들, 강도들 ― 옛적부터 국가와 국가주의에 대항해 왔던, 이 모든 광범위하고 수많은 지하 세계.
>
> (Bakunin n.d.: 19)

그런 사람들은 초역사적인 본능적 분노, '사나운 대양의 '천성적 운

---

16. 엥겔스는 이것을 '고래의 슬라브 공동소유를 공산주의로 변형하려는, 그리고 러시아 농민을 태생적 공산주의자들로 묘사하려는 저 낡은 범슬라브적 사기'(Marx and Engels 1981: 44)라고 말한다. 코뮌의 가능성에 대한 맑스의 해석에 대한 논의로는 Camatte(1978)을 참조하라.

동'으로 불타오른다고 바꾸닌(Bakunin n.d.: 20)은 룸펜 '자생성'에 대한 맑스의 설명과 그렇게 다르지 않은 방식으로 주장한다. 그리고 그들로 하여금 그들 나름의 정치적 역할을 하도록 선택하는 것은 자본주의 안에서의 계급구성이 아니라 그들의 동일성들에 내재적인 이 혁명적 열정이다.

맑스는 이 **룸펜프롤레타리아트**에 대해 경멸적으로, 그리고 아주 부당하게 말한다. 왜냐하면 그들 속에서, 그리고 오직 그들 속에서만 다가오는 사회 혁명의 온전한 지성과 힘이 결정화(結晶化)되며 노동자들의 부르주아적 층에서는 그러한 것이 결정화되지 않기 때문이다.

민중봉기는, 그것의 본성상, 본능적이며 혼란스럽고 파괴적이다. 그리고 그것은 언제나 거대한 인간적 희생을 수반하며 공적 사적 재산의 커다란 상실을 수반한다. 대중은 언제나 그들 자신을 희생할 준비가 되어 있다. 그리고 바로 이것이야말로 그들을 영웅적이고 또 명백히 불가능한 위업을 달성할 수 있는 혹독하고 야성적인 무리로 뒤바꾸는 그 무엇이다. 그리고 그들은 거의 아무 것도 가진 것이 없거나 전혀 가진 것이 없기 때문에, 그들은 재산 소유권의 책임에 의해 기가 꺾이지 않는다. … 그들은 파괴를 위한 열정을 발전시킨다. 이 부정적 열정은 혁명적 대의의 절정을 달성하기에는 결코 충분치 않다. 하지만 그것이 없이 혁명은 불가능할 것이다. 혁명은 광범하고 폭넓은 파괴를, 창조적이고 혁신적인 파괴를 필요로 한다.

(Bakunin 1973: 334)

바꾸닌의 룸펜프롤레타리아트 범주는 맑스의 그것보다 더 폭넓은 내용을 갖고 있는지 모르지만,[17] 이 두 사람이 룸펜프롤레타리아트의 구성을 자본주의 사회관계에서 분리된 동일성이라고 보는 점에서는 대차없이 동의하고 있음은 분명하다. 맑스에게 있어서 룸펜프롤레타리아트는 (역사, 생산, 그리고 정치적 행동과 관련하여) 동일성을 지향하는 하나의 경향인 반면, 바꾸닌에게 있어서 룸펜프롤레타리아트는 그것의 현재적 동일성 속에서 일종의 실제로 존재하는 아나키즘을 구체화한다.[18] 바꾸닌의 정식화에서는 현재의 동일성이 중심적이기 때문에, 그는 자유나 평등과 같은 추상적인 인간주의적 개념들에 프리미엄을 붙인다.[19] 그 결과 바꾸닌주의 아나키즘은 — 주변화되고 핍박받으며 반란적인 사람들을 강조함에도 불구하고 — 맑스가 공상적 사회주의자들에게 제기했던 것과 동일한 비판을 받게 된다. 물질적 삶이 특유한 사회관계 속에서 확장하고 있는 그 '유동적 상태'와 교진하기보다 완전한 사회 형태라는 초월적 이념을 정립하며 '인간 본성'이나 '인간 일반'의 역사적으로 탈맥락화된 '영원한 진리들'을 전개한다는 비판이 그것이다(Marx and Engels 1973: 69, 67; Marx 1976: 103).[20]

---

17. 바꾸닌은, 맑스와 엥겔스(Marx and Engels 1988: 520)가 '아나키즘적 동화작용(assimilation)의 법칙'이라고 말한 것을 실천하는 것으로 보인다. 이 법칙에 따르면 (종교적 분파에서 학생 및 강도에 이르는) 모든 계열의 집단들이 자발적인 '반-권위주의적' 운동의 깃발 아래에 모인다. 맑스의 비판은, 이 형성물의 집단적 '공동체'가 흔히 바꾸닌의 상상의 산물에 지나지 않는다는 것이며 나아가 그것은 또한 비밀협회들 및 '보이지 않는 독재'의 태피스트리(tapestry; 여러 색으로 수놓아진 무거운 옷. 여기서는 보이지 않는 독재가 다양한 계열의 사람들과 집단들로 구성된다는 뜻-옮긴이)를 감추는 인민주의적 수사학의 냉소적 전개라는 것이다(Marx and Engels 1988 참조).

18. 이것은, 바꾸닌이 혁명적 변화의 옹호자가 아니라고 말하는 것이 아니라 그가 추구하는 변화가 그의 정치적 행위자(agent)의 정체성의 표현이라는 것이다.

19. 예를 들어, 『혁명적 교리문답』에서 바꾸닌(Bakunin 1973: 76)은 이렇게 쓴다: '인간에 대한 존중과 사랑으로 신에 대한 숭배를 대체하면서 우리는 인간 이성을 진리의 유일 기준으로, 인간의 양심을 정의의 기초로, 개인적 집단적 자유를 사회질서의 유일한 원천으로 선언한다.'

20. 드보르(Debord 1983)는 유토피아 사회주의와 아나키즘에 대한 가장 구체적이고 예리

이제 내가 살펴보려고 하는 것은 이 유동적인 관계의 정치(학)이다.

『자본』의 부재하는 프롤레타리아트

만약 동일성 범주로서의 맑스의 룸펜프롤레타리아트가 여러 특질들 및 역사적 사례들의 축적을 통해 출현한다면, 프롤레타리아트의 비동일성(내가 '이름 붙일 수 없는' 프롤레타리아들이라고 부를 것)은 경험적 서술이 매우 부족한 상태에서, 그리고 실증적 내용에 대한 어떤 감각도 갖지 않은 채 정식화된다. 룸펜프롤레타리아트를 구성해 냄에 있어 맑스는 프롤레타리아트를 다소 무기력하고 벌거벗은 상태에 남겨둔다. 그렇지만 실증적 서술의 이 분명한 부족을 단순성의 징표 혹은 프롤레타리아적 정치 형상의 취약성의 징표로 해석하는 것은 잘못일 것이다. 사실상, 내가 아래에서 주장하듯이, 프롤레타리아에 대한

한 비판들 중의 하나((국제상황주의자) 조직 내부의 인간주의적이고 헤겔주의적인 경향들에 적용될 수 있는 비판이기는 하지만 ; Ansell Pearson 1997 참조:155~60; Debray 1995)를 이러한 용어로 제시한다. 맑스의 '과학'이 초월적 법이라기보다 힘과 투쟁에 대한 이해라고 주장하면서(Debord 1983: §81) 드보르는 이렇게 쓴다 : '사회주의의 유토피아적 조류는, 역사적으로 현존하는 사회조직에 대한 비판에 뿌리를 박고 있다하더라도, 그들이 역사(다시 말해 행복한 사회에 대해 그들이 그린 그림의 불변적 완전함을 넘어서는 시간의 경과 뿐만아니라 발생하고 있는 실제적 투쟁)를 거부하는 한에서는 당연히 유토피아적이라고 불릴 수 있다'(§83). 그리고 나서 드보르는 아나키즘을 고찰하는 것으로 나아간다 : '아카키스트들은 실현할 이상을 갖고 있다 …. 그것은, 모든 것을 동등화하며 역사적 악이라는 이념 자체를 기각하는 순수한 자유의 이데올로기이다 …. 아나키즘은 단순하며 총체적인 똑같은 결론을 모든 유일한 투쟁 속에서 반복하고 재연할 뿐이다. 왜냐하면 맨 처음 결론이 처음부터 운동의 전체적 결론과 동일시되기 때문이다 …. [그]것은, 실천을 위한 이행의 적합한 형식이 이미 발견되어졌고 또 결코 변치 않을 것이라고 가정함으로써 역사적 지형을 떠난다'(§92).

적나라한 정식화는 그것의 정치적 힘에 중심적이다. 프롤레타리아적 구성양식이 ― 정통 맑스주의와 소비예뜨 모델에 의해 ― 명확하고 일단의 잘 규정된 정치적 실천과 기법을 가진, 상술(詳述)된 몰적 주체로 번역되어 왔지만, 나는 맑스의 프롤레타리아트는 규정된 주체성 없이 혹은 그러한 주체성에 대립하여 소수적 차이와 창조성의 과정들을 호출하는 구성양식을 서술한다고 주장하고 싶다. 이 주장을 뒷받침하기 위해서, 다음의 논의는 이 책의 서론에서 설명된 소수정치(학)의 틀을 통해 맑스의 프롤레타리아트의 구성양식을 설명한다. 즉『자본』에서의 프롤레타리아트의 '부재', 자신의 환경과의 맑스의 일관되고 강렬하며 중단 없는 교전(소수정치의 1 측면과 3 측면), 그리고 다양한 사회적 관계들 및 노동의 장소(2 측면)를 고찰한다.

이름 붙일 수 없는 프롤레타리아들의 윤곽을 설명하려 함에 있어서, 「프롤레타리아트를 찾아서」(Balibar 1994에 실림 ; 또 Balibar 1988의 다른 판본도 참조하라)에 담긴 발리바르의 주장 중의 일부를 따라가는 것이 유익하다. 발리바르는『자본』속의 중심적 역설(맑스의 정치학의 주체이며 착취에 대한 분석을 혁명에 연결짓는 주체인 프롤레타리아트가 거의 완전히 부재한다는 것)을 지적하는 것으로 자신의 찾기를 시작한다. 프롤레타리아트는 노동과정과 착취과정에 대한 고찰에서, 그리고 임금에 대한 고찰에서 부재한다. 프롤레타리아트는, 말하자면, 그것의 긍정적 힘보다는 경제적으로 실행되는 폭력의 구체화와 그것의 위태로움, 불안정성의 맥락에서만 출현한다. 이 부재를『자본』의 '객관주의적' 성격의 기호로 간주하는 네그리(Negri 1991a)(그래서 그는 오히려 '주체주의적인' 자신의『맑스를 넘어선 맑스』를『그룬트릿세』를 통해 그려내는 방법을 선택한다)와는 달리, 발리바르(Balibar 1994: 149)는, 그 부재가, 알뛰세가 맑스의 '사유의 새로운 대륙'(경제와 정치의 자유주의적 범주들과 다를 뿐만 아니라 맑스가 속해 있었던 급진적인 정치적 조류와도 다른 대륙)의 개방으로 보는 것에 중심적이라고 주장한다. '현존하는 세계질서'의 자기폐지적 극복이라는 프롤레타리아트의 본질을 고려하면(Marx 1975a: 256), 이 개방은 새로운 주체의 제시와의 깨끗한 단절로 나타나는 것이 아니다. 맑스가 자신이 작업하는 사회환경(milieu) 및 인식환경(episteme)의 조건 내부에서 긍정적 동일성을 제시하는 것은 불가능하다. 오히려 맑스는 자신의 환경조건과의 강렬하고 가열찬 교전을 실천한다. 발리바르가 주장하듯이, 경제/정치, 국가주의/아나키, 강제/자유, 위계/평등 등과 같은 대립 사이에서 맑스의 좀더 공공연하게 정치적인 참여의 작업에서 그가 보인 동요들은 지적 취약함이나 불확실성에서 발생하는 것이 아니라 바로 이것들이, 맑스 자신이 가두어져 있는, 맑스 시대의 개념적 정치적 환경의 본질이기 때문이다. '꽉 찬(full)' 공간 혹은 들뢰즈와 가따리의 용어를 빌면, '갇힌(cramped)' 공간.

> 사실상, 이 여전히 암시적인 분석들이 보여주는 것은, 맑스의 '정치' 이론과 행동이 그의 시대의 이데올로기적 지형에서 적절한 공간을 갖지 못했다는 것이다. 왜냐하면 그 지형이 그 자체로 '꽉 찬' 공간, 특히 맑스주의적인 담론이 다른 담론들과 나란히 혹은 그와 대립적으로 그 자신을 정립할 수 있는 어떤 빈틈도 없는 공간이었기 때문이다.
>
> (Balibar 1994: 135)

이 같힌 조건을 고려하면서 발리바르(Balibar 1994: 134)는, 예컨대, 맑스는 '안티-라쌀레'나 '안티-바꾸닌'(이것들이 안티-뒤링보다 아무리 더 시의적절한 것이었다 할지라도)을 쓸 수 없었다고 주장한다. 그 대신, 그는 고타강령에 관한 '주석들'과 기타 다양한 주석들, 그리고 바꾸닌에 대한 비판들을 노동자 운동 환경에의 개입들로 제시한다. 나는 룸펜프롤레타리아트에 대한 맑스의 연구 속에서 그 중의 약간을 서술한 바 있다.

내가 2장에서 맑스의 창조의 소수적 저술 양식이라고 설명한 이 교전 속에서, 우리는 정확하게, (이 장의 시작 부분에서 인용된) 정치의 프롤레타리아적 양식에 대한 맑스(Marx 1973b: 150)의 설명이 강조하는 그 반복, '중단', '자기비판'의 과정을 볼 수 있다. 부르주아 혁명들의 안이함은 ─ 그것들이 '성공에서 성공으로 휘몰아침'에 따라 ─ 그들의 정치적 관심이 자본의 사회적 환경에 의해 육성되는 방식에 의해 설명될 수 있다.[21] 들뢰즈와 가따리(K: 17)가 다수적 문학과 다수 정치에 대해 쓰고 있듯이, '사회적 환경'은 개인적 관심사의 손쉬운 가공과 촉진을 위한 '단순한 환경 혹은 배경'으로 기능한다. 다른 한편, 프롤레타리아 운동은 사회적 환경을 적대적인 것으로 경험한다. 자신을 구성하고 표현할 가능성을 가두는 그 무엇으로 경험한다. 그래서 어떤 자율적 관심을 표현하는 것이 불가능하고 오히려 이 사회적 관

---

21. 맑스(Marx 1976: 280)는 다음과 같이 씀으로써 이 점을 분명히 밝힌다 : '유통 혹은 상품교환의 영역은 사실상, 노동력의 판매와 구매가 그 경계 내부에서 진행되는, 인간의 천부적 권리의 에덴동산 자체이다. 그것은 자유, 평등, 소유 그리고 벤담(Bentham)의 배타적 영역이다.'

계들과 깊숙이 그리고 부단히 교전하지 않을 수 없다. 그리고 프롤레타리아트가 이 관계들을 불안정하게 하면서, 또 그 관계들을 새로운 무엇에로 열어젖히려 하면서 그 자신을 구성하는 것은 바로 이 교전을 통해서, 그리고 그 교전에서 발생하는 개념적 실천적 발명을 통해서이다. 그래서 발리바르(Balibar 1994: 136)는, 맑스가 자신의 개입 속에서 '주어진 종합국면 속에서 지배담론을 비틀어 그것의 일관성을 동요하도록 만들었'고 주장한다. 그리고 발리바르(Balibar 1994: 136)가 맑스주의의 비판적 힘의 본질을 발견하는 것은 이곳, 즉 이 비틀기, 파열, 그리고 복합의 행위 속에서이다. 그것이, 19세기 정치 담론 내부에서 하나의 동일성을 획정(劃定)하기보다 (즉 하나의 민중을 정립하기보다) '반박, 해석, 재정식화의 항구적 작업'을 밀어붙인다는 것이다. 19세기 사상의 동일성들 및 이항대립들과 비교하여 프롤레타리아트의 급진적 힘이 유지되는 것은 바로, 그것이 이름 붙여지지 ― 혹은 자율적인 정치적 주체로 획정되고 가공되지 ― 않고 있기 때문이다.

이름 붙여지지 않으면서 동시에 파열의 힘을 행사하기 위해서는, 그럼에도 불구하고, 프롤레타리아트의 기호들이, 이 끊임없는 교전을 이끌어낼 무엇이 있어야 한다. 그래서 발리바르(Balibar 1994: 127)는 『자본』 속에 등장하는 프롤레타리아트에 대한 얼마되지 않는 명시적 참조에 상당한 중요성을 부여한다. 첫째로, 발리바르는, 맑스가 그 용어를 가끔 사용하는 것이 그로 하여금 자신의 초기저작으로부터 중요한 구절을 인용할 수 있도록 허용하는 '다리'이며, 그리고 또 자본에 대한 그 텍스트[『자본』-옮긴이]의 분석을 노동자 운동 속에 삽입하는 '다리'라고 주장한다. 이것은 볼프(Wolff)에게 바친 헌사에서 상징적으로 확인되는 조치이다.[22] 둘째로 발리바르는 1872년 제2판에서 프롤레타리아트에 대한 두 개의 참조를 덧붙인 것에 주목한다. 하나는 1848년 혁명이 억압적 정치적 내용의 돌입을 통해 고전적 경제학의 붕괴를 야기했다는 후기에서의 맑스의 주장이고 또 하나는 〈연합 협정〉(Combination Acts)을 폐지하는 데에서 노동계급이 수행한 역할에 대한 맑스의 논의이다(Marx 1976: 97~8, 903). 결정적으로, 이 덧붙임들은 프롤레타리아트가 자율적 동일성의 형태(즉 자본을 대립하고 있는 주체로서 '대면'할 수 있는 그 무엇) 속에서가 아니라 자본주의적 관계에 내재적인 운동으로서 나타나는 첫 번째 기호들을 보여준다.

다양한 관계들과 노동거부

프롤레타리아트의 이 기호들은 이제, 맑스 자신의 교전 양식 및 『자본』의 특유한 작업에서 벗어나서 맑스의 개념적 체계 전체라는 좀더 넓은 맥락 속에 위치지어질 수 있다. 맑스는 프롤레타리아트를 — 우리가 살펴보았듯이, 룸펜프롤레타리아트와는 달리 — 사회적으로 생산적인 자본주의적 '노동'과 연결시킨다. 이것은 단순한 생존 이상을, 즉 등가물의 잉여 속에서 가치로서의 '잉여가치'를 생산하는 노동이다. 스피박

---

22. [옮긴이] 볼프에게 바친 『자본』의 헌사 : '1809년 6월21일 타르나우에서 태어나 1864년 5월 9일 맨체스터에서 망명 중에 죽은, 용기 있고 성실하며 고결한 프롤레타리아트 투사 빌헬름 볼프에게 바친다'(K. Marx, *Capital*, v.1, Progress Publishers, Moscow, 1986, 번역은 옮긴이 ; 한국어판 칼 맑스, 『자본론·Ⅰ(상)』, 김수행 역, 비봉출판사, 1990에는 이 헌사가 누락되어 있다).

(Spivak 1996: 109)이 표현하는 것처럼 그것은, '초-적실한(super-adequate)'[23] 노동이다. 노동에 대한 이러한 강조는 스스로 하여금 아동 노동의 정치적으로 교육적인 이득에 대해 다소 지나친 주장을 하도록 만든다.[24] 그리고 정통 맑스주의 유산은 — 그것이 코뮤니즘을 적색임금노예제로 전락시킴에 따라[25] — 맑스를 노동 예찬자로 만드는 데 크게 기여했다. 그러나 다음과 같은 점, 즉 프롤레타리아트의 생산에서 노동과의 이 필연적 관계는 노동 그 자체의 긍정이 아니라는 점은 (의심할 바 없이 맑스의 일부의 텍스트 자체 때문에) 종종 모호해진다. 맑스는 삶의 사회역사적 구성에, 다시 말해 자본주의적 '생산양식'의 사회적 관계에 내재적인 정치(학)을 발전시키고 있는 것이지 어떤 초월적 범주들이나 실천들에 내재적인 정치(학)을 발전시키고 있는 것이 아니다. 이 초점을 필연적인 것으로 만드는 것이 노동이 (변형적 능력이자 속박하는 능력으로서) 자본주의에서 갖는 중심성이다.

맑스의 자본 이론은 복잡하고 변이하는 사회체제로서의 삶의 구성

---

23. [옮긴이] 노동이 등가 이상의 '잉여' 가치를 생산하는 데서 발원한 이 표현은 노동의 창조성, 혁신능력, 협력을 통한 집단적-사회적 노동의 형성능력 등을 지시하는 말로 사용된다.

24. 『고타강령 비판』에서 맑스(1974b: 358. 강조는 인용자)는 아동노동에 대한 일반적 금지는, ' — 만약 그것이 가능하다면 — 반동적 발걸음일 것이다. 나이에 따른, 그리고 어린이를 보호하기 위한 다른 예방적 조치를 곁들인 노동시간에 대한 엄격한 규제를 통해 생산적 노동과 교육을 조기에 결합하는 것은 현존사회의 변형을 위한 가장 강력한 수단들 중의 하나이다'라고 쓴다.

25. 1937년부터 소비예트 노동자들은 공식적으로는 더 이상 '프롤레타리아트'로 규정되지 않았다는 사실은 주목할 만하다(Gould and Kolb 1964: 547). 소비예트 노동자들의 삶의 경험적 현실(cf. Haraszti 1977)과 (이전 역사의 결말 속에서 스스로 소멸한 '대자적' 프롤레타리아트라는) 그들에 대한 개념적 정의 사이의 차이는 굳이 지적할 필요가 없다.

이론이다. 자본은, 서로 다른 실체들(말하자면, 노동자, 기계, 자연대상)을 조합하는 것이 아니라 명백한 실체들 속에서 그것들을 횡단하는 관계들과 힘들을 조합하는 하나의 '유기체'(Marx 1973a: 693)로 이해된다. 사회적 힘들과 관계들이 일차적이다. 하나의 사회체가, 사람들이 그 속에서 사는 형태들과 동일성을 규정하는 힘들과 관계들을 짜맞추는 방식은 이러하다. 그래서, 예를 들어, 맑스의 기계이론은 — 내가 4장에서 탐구하듯이 — 기계의 속성들과 효과들에 대한 초역사적 정의가 아니라 사회체가 인간적 힘들과 기술적 힘들을 구성하는 방식에 대한 상황적 분석이다(Caffentzis 1997 참조). 그래서 맑스는 (그가 '실제적 포섭'이라고 부르는 것 속에서 기계가 위력을 발휘하는) 기계 집약적 생산을 '수많은 기계적 지적 기관들로 구성된' 방대한 '자동기계'로 서술한다(Marx 1973a: 692). 이곳에서 그 '자동기계'는 총체로서의 자본주의적 사회체이다. 자본주의적 사회체에 관한 결정적 논점은, 일단의 관계들과 동일성들을 보존하려 하는 이전의 모든 생산양식들과는 달리, 그것이 부단한 변화('생산의 부단한 혁명화, 모든 사회조건의 중단없는 교란')를 통해 작동한다는 것이다. 왜냐하면 그것은 생산을 위한 생산의 과정에서 잉여가치를 극대화하기 위해 지속적으로 애쓰기 때문이다(Marax and Engels 1973: 36). 노동은 자본의 생산적 힘이며 잉여가치의 원천이기 때문에, 그것은 인간이 자본주의적 사회체라는 초인간적 자동기계 속에 병합되는 수단이다. 동일성들이 다양하고 확장적이며 보편적인 관계들로 해체되는 것은 노동 속에서이다. 그리고 프롤레타리아트가 자신의 구성 환경을 발견하는 것은 바로 이 다양한 관계들 — 니체(Nietsche 1968: §1066)를 따르면, 우리가 세계의 생성이라고 부를 수 있는 것 — 속에서이다.

맑스는 『브뤼메르 18일』에서 소토지 보유 농민 계급을 서술하면서 프롤레타리아트의 형성에서 이 복잡성과 생성이 갖는 중요성을 명확하게 밝혔다. 문제는 농민 계층(condition)이, 아무리 대규모라 할지라도(그들은 '가장 수가 많은 계급'이다), 다양한 관계로 구성된 계층이 아니라는 점이다.

> 소농 경영자들은 거대한 대중을 형성한다. 그 구성원들은 같은 상황 속에서 살지만 서로 다양한 관계 속으로 들어가지 않는다. 그들의 작업양식 그들을 상호교류 속으로 가져가기보다 그들을 서로 고립시킨다. … 그들의 작업 장소, 소토지 보유는 어떤 노동분업도 발전시키지 않으며, 과학의 응용을 가져오지도 않고 그 결과 발전의 어떤 다양성, 재능의 다양성, 혹은 사회적 관계의 풍부함을 가져오지도 못한다.
>
> (Marx 1973b: 238, 239)

그러므로 소토지 보유 농민 계급은 '마치 푸대 속의 감자들이 감자 푸대를 형성하는 것처럼'[26] 동형적 크기들의 단순한 추가로 구성된다고 맑스는 우리에게 말한다. 이와는 달리, 프롤레타리아트는 다양한 사회적, 자연적, 기술적 관계들로 구성된다. 왜냐하면 프롤레타리아트는, '단단한 모든 것들이 공기 속으로 녹아내리는' 체제 속에, 그리고

---

26. 맑스(Marx 1973b: 240)가 현재의 상태를 강화하려 하는 '보수적' 소토지보유 농민과 '도시민과 연합하여' '현재의 상태를 넘어서 헤쳐나가려 하는 '혁명적 농민'을 구분한다는 사실을 주목하는 것은 중요하다. 현재의 전 지구적 배치에서 농민과 프롤레타리아트의 관계에 대한 물음은 좀더 복잡한 방식으로 사고되어야 한다.

'모든 곳에서 연관들을 확립하면서' '지구의 표면 전체'를 뒤덮고 있는 체제 속에 존재하기 때문이다(Marx and Engels 1973: 37).

그러나 만약 노동이, 확장적이고 변이하는 사회적 유기체 속에 병합됨에 따라, 인간이 탈영토화되는 방식이라면, 그것은 동시에 자본의 재영토화하고 재코드화하는 메커니즘이다. 즉 그것은, 다양한 관계들이 (형식적인 자유와 평등, 물신주의, 소외, 그리고 착취를 수반하는) '노동자'라는 몰적 형태로 변환되어 잉여가치의 추출을 가능케 하는 메커니즘이다. 그러므로 노동은 자본주의의 '흡혈귀적' 메커니즘이기도 하다.[27] 그러므로 자본가와 노동자는 서로를 별개의 대립하는 주체들로 대면하는 미리 주어진 동일성들이 아니라 자본의 기능들이다. 그것은 자본의 몸에서 태어난, 아니, 들뢰즈와 가따리가 말하듯이(*AOE*: 144), 자본의 몸으로부터 '기적을 통해 태어난(miraculated)' 것이다. 즉 자본은 '그것이 … 갖고 있지 않은 기관으로부터 그 자신을 창조하는 … 유기적 체계'이다. "자본가는 오직 인격화된 자본으로서, 인격으로서의 자본으로서만 기능한다. 마치 노동자가 인격화된 노동에 다름 아니듯이"(Marx 1973a: 278, 1976: 989).[28]

---

27. 맑스(Marx 1976: 342)는 자본/노동관계를 이렇게 묘사한다 : '자본은 죽은 노동이다. 그것은 흡혈귀처럼 산 노동을 빨아먹음으로써만 살며 더 많은 노동을 빨아먹을수록 더 많이 산다.' 따라서, 위에서 말한 아동노동에 관한 구절과는 완전히 대조적으로, 맑스(Marx 1976: 548)는 이렇게 쓴다 : '공장노동은 신경체계를 최고도로 소진한다 ; 이와 동시에 그것은 근육의 다면적 움직임을 일소하며 신체 활동과 정신 활동 모두에서 일체의 자유를 압수한다.' 이것이 '공장' 노동에 특유한 것이 아니라는 분명한 진술로는 Marx(1973a: 123)를 참조하라. 그리고 이러한 입장의 좀더 최근의 판본으로는 *Midnight Notes*(1981: 1)를 참조하라.

28. Deleuze and Guattari(1983: 265)는 그 과정을 이와 유사하게 설명한다 : '개별적 인격들은 무엇보다도 사회적 인격들, 즉 추상적 특질들로부터 도출되는 함수들이다 ; 그것

프롤레타리아트가 변형적이고 다양한 자본주의적 관계들로 구성되는 한, 그것은 자율적이고 현존하는 동일성으로서의 '노동자들'과 동일시될 수 없다. 왜냐하면 그렇게 되면 정치(학)을 자본의 착취에 기능적인 동일성에 기초하게 될 것이기 때문이다.[29] 오히려 프롤레타리아트는 노동과 그것의 동일성을 극복하는 계급이다. 그것은 자본주의적 사회체에 의해 창출된 다양한 사회적 기술적 자연적 힘들, 관계들, 구속적 동일성들 안에서 그것을 넘어서는 '절대적 생성 운동'을 실현하려 하는 구성양식이다(Marx 1973a: 488). 그래서 우리는 프롤레타리아트적 구성양식의 핵심에서 **룸펜프롤레타리아적** 실천의 비판을 위한 기초로 사용되었던 주제의 이상한 복귀를 본다. 노동거부가 그것이다. 물론 차이가 있다. 여기에서는 노동 비판이 다양한 자본주의적 관계들 외부의 자율적인 영역에서 출현하는 것이 아니라 그 관계들에 내재적인 ─ 즉 노동자들의 전 지구적 계급에 내재적인 ─ 정치(학)으로서 출현한다는 것이 그것이다.[30] 그래서 질 도베는 그것을 한때 이렇게 표

들은 이 특질들의 관련맺기 혹은 공리계 속에서, 그것들의 통접 속에서 구체적으로 된다 … 인격화된 자본으로서의, 즉 자본의 흐름에서 도출된 함수로서의 자본가 ; 그리고 인격화된 노동능력으로서의, 즉 노동의 흐름에서 도출된 함수로서의 노동자.'

29. 이 때문에 Gilles Dauvé(1997: 30)는, '(부르주아적이건 파시즘적이건 스딸린주의적이건 좌익적이건 아니면 "극좌주의적(gauchistes)"이건) 어떤 식으로건 있는 그대로의 프롤레타리아트를 찬양하고 칭송하며 그것에 가치들을 방어하고 사회를 소생시키는 긍정적 역할이 있다고 주장하는 모든 이론들은 반혁명적이다. 프롤레타리아트 숭배는 자본의 가장 유효하고 위험한 무기들 중의 하나로 되었다'고 주장한다.

30. 좀더 경험적인 수준에서 볼 때, 노동에 대한 비판이 룸펜프롤레타리아적 형성체와 프롤레타리아적 형성체 모두에 양다리를 걸치는 방식은 맑스를, 내가 여기에서의 이 개념적 설명을 통해 탐구할 수 있는 것보다 훨씬 더 곤란한 입장 속에 남겨 놓는다. 그렇지만 간단한 논점은 이끌어 낼 수 있다. Linebaugh(1991), Linebaugh and Rediker(1990, 2000) and Gilroy(1993)는, 사람들, 생각들, 실천들의 대서양을 횡단하는 관계와 흐름을 분석의 중심에 놓음으로써, 대서양을 횡단하는 복잡하고 활기차고 여러 언어를 말하

현한다 : "프롤레타리아트는 노동계급이 아니라[31] 오히려 **노동을 비판하**
는 계급이다(Gilles Dauvé 1997: 31)." 룸펜프롤레타리아트에 대한 맑
스의 비판에서 우리가 추측할 수 있듯이, 프롤레타리아트의 본질은 노
동의 폐지이다.

자유로운, 인간적인, 사회적인 노동 혹은 사적 소유 없는 노동에 대해 말
하는 것은 가장 커다란 오해들 중의 하나이다. '노동'은 본질적으로 사회
적 소유에 의해 규정되고 사적 소유를 창출하는, 부자유스럽고, 비인간적
이고, 비사회적인 활동이다. 사적 소유의 폐지는 '노동'의 폐지로서 이해
될 때에만 현실적인 것으로 된다.

(칼 맑스, 「프리드리히 리스트의 책, 『정치경제(학)의 국민적 체계』」에서.
Zerowork 1975 뒤표지에서 인용)

는 노동계급이 어떻게, 맑스와 엥겔스가 예컨대 『선언』에서 영토적으로 또 문화적으
로 상대적으로 고정된 공장 속에 자신들의 희망을 두기 오래 전부터 존재했는지를 보
여주었다. 만약 우리가 이 주장을 따를 수 있다면, 맑스가 룸펜프롤레타리아적 경향을
드러내고 있는 것으로 보는 경향이 있었던 많은 사람들과 사회적 장소들 — 예를 들
면 '도망친 갤리배고대 로마중세에 주로 지중해에서 쓰던 대형의 배 ; 주로 노예나
죄수에게 노를 젓게 했음-옮긴이의 노예들'과 선창가의 선술집들 — 이 자본주의적
사회관계에 의해 횡단되고 있는 것으로 이해될 수 있다. 그래서, 이러한 사람들 사
이에서 출현하고 있는 노동에 대한 비판은 실제로 프롤레타리아적 경험의 산물로 이
해될 수 있다. 이 방향에서의 탐구는 프롤레타리아트에 대한 맑스의 개념적 설명을
침식하지 않는다. 오히려 그것은 룸펜 형성체와 프롤레타리아 형성체에 대한 맑스
와 엥겔스의 좀더 경험적인 연구가 갖고 있는 좀더 협소하게 초점 맞추어진 도덕주
의적인 때로는 인종주의적인 측면들 중의 일부(cf. Ritter 1976)를 극복하는 데 도움
이 될 수 있다. 그것은 또 역사적 프롤레타리아 정치의 기법들, 스타일들, 지식들
그리고 발명들에 대한 설명을 위한 풍부한 자리를 제공할 수 있다. 예를 들어
Linebaugh and Rediker(1990: 240)는, '파업(strike)'이 공장(factory)의 발명물이 아니라
배(ship)의 발명물이었음을 보여준다. (파업을 의미하는 'strike'는 배가 항해하지 못하도
록 배의 돛의 밧줄을 '내리는(striking)' 실천이었다.)

31. 여기에서 '노동계급'은 사람들의 경험적 집단이라는 그것의 사회학적 의미에서 사용된다.

물론 이 '노동 비판'은 다소 모호한 정치적 명제이다. 맑스는 프롤레타리아적 구성양식이 전개되어야 할 방식에 관한 일관되고 시대를 초월한 강령을 제공하기를 거절한다. 그는 프롤레타리아적 극복의 결과를 서술하지도 않고(유명한 것이지만 '미래의 요리 가게를 위한 … 조리법'을 쓴다는 생각에서 물러나기; Marx 1976: 99), 시간을 초월한 일단의 프롤레타리아적 실천들을 제시하지도 않는다(노동자 운동이 — 그리고 그것의 타락이 — 취해온 좀더 두드러진 형태들 중의 일부를 열거하자면, 그 실천들은 당, 노동조합, 노동자 평의회의 형성 등일 수 있을 것이다.)[32] 그렇게 하는 것은 프롤레타리아적 실천을 특수한 사회역사적 노동형태에 묶는 것이 될 것이다. 그리고 그것은 그 자체로 더욱 시대착오적인 정치적 실천에 이를 것이며 궁극적으로 일단의 인가된 정치적 형태와 기법들을 중심으로 한 '프롤레타리아적' 동일성의 형성에 이를 것이다(Camatte 1995 참조). 실천의 문제를 노동과 그것에 대한 비판이라는 일반적 수준에 남겨둠에 있어서 맑스는 프롤레타리아트를 노동의 특유한 배치(그 사회체를 먹여 살리는 확장적 흐름들, 속박하며 가두고 흡혈적인 실천들과 동일성들)로부터 지속적으로 그 자신의 형태를 발견해 내야만 하는, 그리고 그 자신의 기법을 발명해 내야만 하는 무엇으로 남겨놓는다. 그리하여 프롤레타리아트는 어떤 특정한 시간 속에 있는 자신을 발견한다. 다시 말해 맑스는 프롤레타리아트를 '이름 붙일 수 없는 것'으로 남겨 놓는다. 프롤레타리아트

---

32. 맑스는 물론 (가령 『선언』과 인터내셔널의 강령에서) 가능한 실천의 개요와 요구의 집합을 제시한다. 하지만 이것들 중에서 시간과 공간 속에 자리잡지 않은 것은 아무 것도 없다.

는 형식이나 내용에서 규정되거나 '이름 붙여지지' 않는다. 오히려 프롤레타리아트는, 동일성에 대항하는 세계의 생성을 확장하려 함에 따라, 그리하여 '미래로부터 자신의 시를 창출하려'(Marx 1973b: 149) 함에 따라, 자본의 다면성과 그것의 동일성들 속에서 그것에 대항하는 부단히 갱신되고 맥락화되는 구성양식에의 어떤 충동이다.[33]

만약 프롤레타리아 정치(학)의 지속적 '자기비판', '회귀', 그리고 '중단'을 위한 첫 번째 기초가 민중이 없다는 것 — 그래서 그것이 이 과정을 통해서만 창출될 수 있다는 것 — 이라면, 두 번째 기초는 프롤레타리아트의 구성 환경인 바로 그 사회관계들(일반적 의미에서의 '노동')이 부단히 변화하고 있다는 것이다. 프롤레타리아의 역사적 반복 양식이 — 비극적인 반복과 희극적 반복을 넘어서 — 출현할 수 있는 것은 이 유동적인 관계들과의 교전을 통해서뿐이다. 룸펜프롤레타리아의 희극적 반복과는 반대로 프롤레타리아적 양식은, 그것이 '새로운 투쟁들을 가속하기 위하여' 낡은 이름들을 사용하는 한에서(Marx 1973b: 148), 비극적 양식과 관련된다. 그렇지만 궁극적으로는 부르주아 사회의 '제한된 내용'에 기초를 두는 비극적 양식과는 달리, 제3의 반복 양식은 물려받은 조건들, 의상들, 동일성들을 심문하고, 빌려오고, 비판하여 '과거에 대한 그것의 미신적 존경'을 마침내 벗어버린다. '그 자신의 고

---

33. 그러므로 발리바르가 보기에 프롤레타리아트는 자본의 배치에서 단속적으로 출현하는 하나의 '비주체'이다. 발리바르는, 맑스주의의 커다란 실패는 프롤레타리아트를 역사의 주체로 생각한 것이며 그 결과 지배적 지식의 이율배반 내부에 머문 것이다. 이것은 정통 맑스주의의 두 가지 중심 문제들 속에서 명확히 나타난다 : 첫째로, 당이 역사 속에서 이 주체의 본질적 연속성을 대표한다는 가정, 그리고 그 결과로서 발생하는 것으로 당 통일이 계급 통일과 같다는 환상 ; 그리고 둘째로 이와 연관된 것으로 좀더 잘 자리잡은 '이론'보다 (참된) '의식'이라는 항에 의해 프롤레타리아의 관점을 정립한 것.

유한 내용에 도달하기 위하여' 프롤레타리아 혁명은 '죽은 자들로 하여금 자신들의 시신을 묻도록 해야만 한다. 이전에는 그 어구가 내용을 초월했지만 여기서는 내용이 어구를 초월한다'(Marx 1973b: 149). 그래서 프롤레타리아트가 '희극적인 것과 비극적인 것을 넘어서며' 자기극복적인 한에서, '새로운 어떤 것의 생산은 영웅조차도 추방하는 극적 반복을 수반한다(Deleuze 1994a: 92)'.

우리가 프롤레타리아트는 소수정치(학)의 보편적 지평이다라는 들뢰즈와 가따리(Deleuze and Guattari *ATP*: 472)의 명제를 이해할 수 있는 것은 바로 이 맥락에서이다. 우리가, 정치(학)를 자본과 그것의 변이에 대한 분석에 기초지우라는 맑스의 권고—이것은 정확히 『자본주의와 분열증』에서 들뢰즈와 가따리(*AOE, ATP*)의 프로젝트로 이해될 수 있다—를 따른다면, 우리는 '노동'에 대한 맑스의 일반적 감각을 현대의 전 지구적 사회적 생산이 구성되는 풍부한 관계들, 속성들, 정동들을 포함하는 것으로 풍부화할 수 있다. 갇힌 '소수자' 민중들—이 관계들에 의해 규정되는 특수한 경험들, 실천들, 존재방식들을 가진 민중들—의 다양체가 이 관계들에 내재적이다. 들뢰즈와 가따리가 소수적인 것과 프롤레타리아트를 나란히 놓는 것은, 어쨌건 소수자들이 프롤레타리아트라는 좀더 커다란 집단을 형성하기 위해 **집단들로서** 집결해야 한다는 주장이 아니다. 오히려 이름 붙일 수 없는 프롤레타리아들이라는 전 지구적 지평은 어떤 순간에건 갇힌, 복잡한, 소수적 교전 현장들의 다양체와 정치적 발명 과정들의 다양체로 구성되고 또 그것으로 살아간다는 것이다. 소수자들의 계략들, 발명들, 자기비판들, 논쟁들, 그리고 창조들이 그들을 횡단하는 다양한 사회관계들을 문제화하고 또 탈영토화하려 하기 때문에, 그들은 자본 속에 프롤레타리아적 구성양식을 실현한다.[34] 우리가 '프롤레타리아 계급의 문제는 무엇보다 실천에 속한다'는 들뢰즈와 가따리의 명제(*AOE*: 255)를 이해해야 하는 것은 바로 이러한 의미에서이다.[35] 실제로, 물론 이것은 복잡하고 어렵고 불확실한 작업이다. 그리고 정통 맑스주의가 잘 보여주다시피, 동일성으로 후퇴하는 경향은 언제나 존재한다. 그러나 역설적이게도 — 정통 맑스주의 서사의 확실성을 고려할 때 — 정치(학)이 동일성의 자기확실성으로부터가 아니라 민중이 없다는 갇힌 그리고 불가능한 위치들에서부터 나와야 하며 프롤레타리아트의 '비밀'(Marx 1975a: 256) — 그 자신을 폐지하는 운동 — 이 실현될 수 있으려면 그런 방식으로 남아 있어야만 한다는 것이 맑스의 가장 위대한 교훈들 중의 하나일 것이다.

덧붙여, 이 장을 마치기 전에, 나는 룸펜프롤레타리아트에 대한 가따리의 언급들을 잠깐 살펴보고 싶다. 가따리는 룸펜프롤레타리아트라는 문제틀을 두 가지 상이한 방식으로 제기한다. 그 두 가지는 모두 맑스의 작품 속에서 룸펜프롤레타리아트가 차지하는 자리에 대한 나

---

34. 들뢰즈와 가따리에게서 정치적 긴장과 발명의 지점의 이러한 분산은 소수자 독립성을 주장하는 것이 아님을 주목하는 것이 중요하다. 소수자 발명들은, 그들의 관심사와 발명들이 고립된 해결법을 저지하는 방식으로 절합되고 또 반향하는 한에서, 프롤레타리아적 구성을 향하는 경향이 있을 뿐이다(cf. Deleuze 1977: 104~5).

35. 프롤레타리아트는 사람들의 경험적 집단이 아니라 구성양식이기 때문에, 그것은, 이전에는 동질적이었던 노동계급이, 근대성의 발전과정 속에서, 매우 다양한 계급과 사회적 부분들로 분할되었다고 주장하는 방식의 맑스주의에 대한 '비판'에 종속되지 않는다. 맑스주의에 대한 이런 식의 취약한 비판에 대한 초기의 도전으로는 Bordiga(Antagonism 2001: 37~8)를 참조하라.

의 설명과는 다르다. 어떤 지점에서 가따리(Guattari 1995a: 42)는 룸펜프롤레타리아트를 — 쁘띠 부르주아지, 귀족적 부르주아지, 비보장 엘리뜨 등등과 더불어 — '완전히 상술된 사회학적 대상들, 즉 부르주아지, 프롤레타리아트, 귀족'을 함축하는 범주들로 받아들여지는 '계급' 및 '계급투쟁'을 문제화하는 '사이지대들(interzones)'로 위치짓는다. 틀림없이 가따리는 계급 동일성에 대한 정통적 해석들의 맥락 속에서 이 논점을 전개하고 있다. 그리고 그는 계급에 대한 정통 맑스주의적이며 심지어 사회학적인 설명들을 액면 그대로 받아들인다. 거기에서 프롤레타리아트와 룸펜프롤레타리아트는 서로 다른 실천양식으로보다는 서로 다른 집단으로 존재한다. 이러한 설명이 갖고 있는 문제점이 바로 이 장의 주제였다. 다른 곳에서 그는 집단 형성에 대한 레닌주의적 이해의 맥락 속에서 좀더 흥미있는 개입을 한다. (2장에서 '레닌주의적 절단' 이래의 지배적인 혁명적 모델로 이야기된 바 있는) 당 집단 자아의 구축에서, 가따리는 룸펜프롤레타리아트 범주가 당과 들어맞지 않는 '대중들'의 일부를 잘라내어 비난하기 위해 사용된다고 주장한다.

> 우리는 언제나 낡은 도식을 발견한다. 이 도식에서, 종합을 할 수 있는, 국가기구의 맹아로서 당을 형성할 수 있는, 잘 양성되고 잘 교육된 노동계급을 만들어 낼 수 있는 사이비-전위가 분리되고 그 나머지는 사람들이 언제나 불신해야만 하는 찌꺼기, 룸펜-프롤레타리아트로 간주된다.
>
> (Guattari 1995a: 61)

이것은 확실히 맑스주의 정치(학)에서 룸펜프롤레타리아트의 범주가 사용되는 지배적 양식이었다. 그리고 맑스 자신도 그러한 실천에서 완전히 무죄라고 할 수 없다. 그렇지만 프롤레타리아트와 룸펜프롤레타리아트에 대한 나의 설명에서 나는 이름 붙일 수 없는 프롤레타리아들이라는 지평이 레닌주의적 당 모델의 '프롤레타리아트'와 얼마나 완전히 다른가를 보여주려 했다.[36] 실제로, 프롤레타리아트가 자본을 극복하기 위한 실천 속에서 자본의 다양한 관계들에 내재적인 한에서, 우리는 당 형성체들에 의해 룸펜프롤레타리아적인 것으로 비난받는 집단들과 실천들이 종종 그 비난을 행하는 집단들이나 실천들보다 더 프롤레타리아적임을 쉽게 발견할 수 있다. 왜냐하면 레닌주의 당 모델은 실제로는 자본주의적 동일성 모델의 유지에 기능적이기 때문이다.

결론

이 장은, 맑스의 룸펜프롤레타리아와 프롤레타리아트 범주에 대한 설명을 통해, 맑스의 정치학에서 차이의 장소를 고찰했다. 나는, 이 두 범주가 단순히 일단의 계급 주체이거나 경험적 민중들이 아니라 정치적 구성의 특수한 양식들을 서술한다고 주장했다. 맑스의 룸펜프롤레타리아트는, 그 문학적 과잉과 이름들의 증식에도 불구하고, 구성의 양식을 — 그리고 아나키즘과 관련해서는, 하나의 정치(학)을 — 서술하

---

36. 나는 이 장이 발전시킨 룸펜프롤레타리아적 구성이, 들뢰즈가 『디알로그』(cf. Deleuze and Parnet 1987: 139)에서 비판하는, 주변인들의 자기물화(self-fetishization)와 유사하다고 주장하고 싶다.

며 차이와 생성을 지향하는 것이 아니라 **동일성**을 지향한다. 들뢰즈와 가따리의 용어를 빌면, 이것은 '몰적' 정치(학)이다. 룸펜프롤레타리아트는, 역사와 관련해서 (과거의 동일성들의 희극적 반복으로서), 생산과 관련해서 (사회적 생산적 활동에서의 자기분리로서), 그리고 정치적 행위와 관련해서 (동요하는 자발성으로서), 사회적인 것의 다양한 관계와 교전하여 그것을 극복하려 하지 않고 그 자신의 자율적이고 현존하는 동일성의 긍정을 향하여 내향하는 실천 양식이다. 그러므로 오늘날의 관점에서 볼 때 맑스의 룸펜프롤레타리아트는 아주 흥미로운데, 그 이유는, 그것이 계급이익으로부터 변이하는 계기이거나 맑스의 텍스트들에서 이질적 내용이 나타나는 자리이기 때문이 아니라, 혹은 그것이 맑스의 진실로 다양한 욕망을 나타내기 때문이 아니라, 비록 그것이 차이처럼 보인다 할지라도 실제로는 확장적 사회관계들로부터 추상된 것으로서의 몰적 동일성의 수준에서 전개되는 정치의 문제를 조명하기 때문이다.

룸펜프롤레타리아트라는 역사적 이름들과 속성들의 만연은 프롤레타리아트의 이름없음(unnaming)과 모순되는 것으로 보인다. 맑스는 가!/서!(fort/da) 게임을 하는 것처럼 보인다. 이 게임에서 룸펜프롤레타리아트 경향은 역사, 생산, 그리고 정치와 관련하여 매번 프롤레타리아적 입장에서 분리된다. 그렇지만 이것은 프로이트의 가!/서! 게임모델과 일치하지 않는다. 왜냐하면 이 게임은 동일성으로서의 프롤레타리아트를 떠받치지 않기 때문이다. 각각의 경우에 프롤레타리아트가 이상하게도 부재하기 때문에, 프롤레타리아트는 벗겨지고, 어떤 자율적 내용도 갖지 않는 것으로 보이며, 경험적이고 긍정적인 방식으로 서술되는 법이 거의 없다. 오히려 룸펜프롤레타리아적 입장의 지속적 절단이, 동일성을 극복하려고 하는 구성 양식으로서의 프롤레타리아트의 공간(내가 이름 붙일 수 없는 프롤레타리아들이라고 부른 것)을 여는 부분이다. 프롤레타리아트의 '부재'는 맑스의 입장의 취약점이기는커녕 맑스의 소수정치(학)에 근본적이다. 그것은 민중이 없다는 추진적 조건을 전제로 하는 정치(학)이다. 왜냐하면, 자본주의적 사회체의 간힌 영토 속에 자율적으로 그리고 완전히 현존하는 동일성을 서술하는 것이 불가능함을 감안할 때, 프롤레타리아적 정치(학)은 사회관계에 대한 부단한 논박, 비판, 그리고 그 속으로의 부단한 개입을 하지 않을 수 없다. (이런 의미에서 룸펜프롤레타리아트에 대한 맑스의 비판―이 장의 본문 대부분을 차지한 논의―은 그의 **프롤레타리아적** 실천의 본보기이다.) 이 프롤레타리아적 교전의 초점들은 다양한 사회적 기술적 자연적 관계들 및 자본주의적 생산(혹은 '노동')의 속박적인 몰적 메커니즘이다. 그 결과 프롤레타리아는 노동을 비판하는 계급이 된다. 내가 이미 주장했듯이, 맑스의 정식화 속에서 '노동'의 보편성과 '노동에 대한 비판'의 보편성은 필연적으로 유지된다. 왜냐하면 이러한 관계들 및 실천들에 대한 특유한 탐구와 설명은 가장 현대적인 교전을 통해 끊임없이 갱신될 수 있기 때문이다. 이름 붙일 수 없는 프롤레타리아들을 제거하는 경향이 있는 맑스의 정식화는 그러므로 그러한 프롤레타리아가, 생산의 다양한 사회적 평면을 통해서, 마치 그것이 어떤 하나의 시공간 속에 배치되는 것처럼, 매우 다양한 방식으로 출현할 수 있도록 한다. 프롤레타리아적 구성 양식을 그것의 정치적 기법, 스타일, 문화, 지식 등에 걸쳐서, 그리고 그것의 온갖 난점, 불확실성, 복잡성에 이르기까지 실제적으로 설명하는 것은 그러므로 또 다른 이야기며 맑스(1973b: 149)가 '미래로부터 그것의 시를 창조할 수 있을 뿐인' 정치(학)으로 열린 상태로 남겨둔 그 무엇이다.

4

사회적 공장 : 기계, 노동, 통제

4장

사회적 공장 : 기계, 노동, 통제

자본주의는 관계들의 체계이다. 그것은 안으로부터 밖으로, 밖으로부터 안으로, 위로부터
아래로, 아래로부터 위로 간다. 모든 것은 상대적이며 모든 것은 얽혀 있다. 자본주의는
세계의 조건이자 영혼의 조건이다.
(Kafka, Janouch 1971 : 151~2에서)

공장이 처음에는 사회적 몸에서 나왔고 또 그 고유의 작용 규칙을 정교화하기 위하여 그
자신을 사회적 몸으로부터 분리시키는 경향이 있었지만, 이제 공장이 이 사회적 몸을 그 어느
때보다 더 많이 지배하기 위해서는 이것을 병합해야만 한다.
(de Gaudemar 1985 : 285)

맑스의 이름 붙일 수 없는 프롤레타리아들이 말해주는 것은 자본주
의화된 삶의 사회적 평면과의, 즉 다양하고 변이하며 가두고 구속하는
평면과의 부단히 새로운 교전이다. 3장에서 자본의 이러한 평면이 일
반적인 용어로 제시되었다. 이 장에서 나는 이제 현대의 자본주의적
사회체의 특유성을 고찰하려 한다. 이 과제는 들뢰즈의 입장과 맑스의
입장에 대한 일반적 지도그리기를 통해 수행되기보다 소수적인 것의,
그리고 이름 붙일 수 없는 프롤레타리아들의 방법론적 논리를 따라,
자본에 대한 정치적 비판의 한 표현을 탐구함으로써 수행된다. 이것을
위해 나는 이탈리아 맑스주의 연구 및 맑스주의 정치(학)의 하나의 특

수한 조류를 관통하는 하나의 실을 따라간다. 이 조류는 1960년대에는 오뻬라이스모('노동자주의')[1]로 알려졌었고 1970년대에는 아우또노미아('자율')로 알려졌다. 이 조류는 카프카의 '이중 흐름'(K: 41)을 수행하고 있는 것으로 간주될 수 있다. 왜냐하면, 한편에서 이 조류는 자본을, 탈주선들을 에워싸고 배치되면서 또 다른 경우에는 이 탈주선을 잡으려고 노력하는 하나의 열려진 체계로 분석하면서 다른 한편에서는, 내가 5장에서 설명하듯이, 이 정치(학)을 상술(詳述)된 민중 없이 하나의 갇힌 공간 속에 정립하기 때문이다. 이러한 조류의 발전에서 중심적인 인물은 안또니오 네그리이다. 그리고 이 장에서 나는 그의 작품을 어느 정도 사세하게 고찰한다.

마이클 하트와 함께 쓴 네그리의 최근 작품인 『제국』은 커다란 지적 흥미와 정치적 흥미를 갖고 있는 주제였다. 프레데릭 제임슨은 이것을 '새로운 천년의 가장 위대하고 새로운 이론적 종합'이라고 서술했으며 지젝은 이것을 '"역사의 종말"에 대한 자기만족적인 자유주의적 옹호자들에 대해서뿐만 아니라 오늘날의 자본주의와의 충분한 대치를 회피하는 의사-급진적인 문화연구에 대해서도 조종을 울리는 것'으로 서술했다(Hardt and Negri 2000: 양장본).[2] 이 책의 논쟁 맥락 속에서 네그리는 매우 흥미있는 인물이다. 네그리의 후기 작품은 들뢰

---

1. 오뻬라이스모(operaismo)를 '노동자주의(workerism)'라고 번역하는 것은, 하트(Hardt 1990a: 249)가 지적하듯이, 문제적이다 : '"노동자주의(workerism)"라는 말의 영어 용법과 프랑스어 "ouvrièrisme"는 이탈리아어 "fabrichismo"에 상응한다. 이 용어들은 공장 밖의 사회적 투쟁의 힘을 인식할 수 없거나 인식하지 않으려 하는 사람들을 경멸적으로 지칭하는 데 사용된다.'
2. 『제국』에 대한 지젝(Zizek 2001)의 좀더 최근의 논평은 더욱 비판적으로 되었다.

즈와 맑스 사이의 연결 가능성을 강하게 보여준다.[3] 그리고 영어권 학술계에 네그리가 출현한 것은, 라이트(Wright 2002: 2)가 지적했듯이, 들뢰즈와 가따리가 네그리와 맺은 관계로 인해 발생한 네그리의 분명한 들뢰즈주의와 큰 상관이 있다.[4] 클리버(Cleaver 1979), 다이어-위데포드(Dyer-Witheford 2000), 레드 노츠(Red Notes 1979, 1979, 1981), 라이언(Ryan 1989), 그리고 라이트(Wright 2002) 등의 저작에도 불구하고, 최근에 네그리는 오뻬라이스모와 아우또노미아의 운동들, 연구가들, 이론가들에 대한 그의 관계에 대한 비판적 감각을 다소 잃은 채로 유명해졌다. 이것은 『제국』의 수용에서 특히 분명하게 나타난다. 오뻬라이스모와 아우또노미아는 네그리의 최근 저작에서는 일반적으로 하나의 배경으로만 언급될 뿐이다. 그러나 이것은, 네그리가 이 조류를 종합하고 극복했다는 생각을 강화하는 것으로 보일 뿐이다. 그 결과 네그리는 이 맥락 바깥에서 가장 유용하게 토론된다. 이것은 문제적인 현상이다. 특정한 정치적 조류가 정당한 평가를 받지 못해서가 아니라 이런 현상이 오뻬라이스모와 아우또노미아의 복잡성을 가려버리며 그

---

3. 이러한 맥락에서, 네그리(Negri 1998: n.p.)가, 자신이 맑스에 관한 들뢰즈의 미완성의 책의 의도된 초점에 대해 어느 정도 알고 있다고 말하는 것은 주목할 만하다. 네그리가, 진행중인 들뢰즈의 생각에 어느 정도로 접근하고 있었건 간에, 그가 들뢰즈의 주장을 그 자신의 주장과 매우 유사한 것으로, 즉 다중의 코뮤니즘으로 제시하는 것은 내가 보기에는 문제적이다 : '여기에는 공통적인 것을 구성하는 다중이 있다. 그리고 이것이, 내가 이해하기에, 들뢰즈의 미완성 책인 "맑스의 위대함" 속에 구축되어진 코뮤니즘의 개념이다.'

4. 네그리, 오뻬라이스모, 아우또노미아에 대한 영어권의 좀더 초기의 교전은 Red Notes 그룹(cf. Red Notes 1977, 1979, 1981; Italy '79 Committee 1982; Negri 1988)의 좀더 공공연히 정치적인 환경에서, 그리고 미국의 잡지들인 *Zerowork*와 *Midnight Notes* 및 해리 클리버(Harry Cleaver 1979)의 작업에서 나타났다.

것들과의 지속적 교전의 가능성을 잃게끔 만들기 때문이다. 네그리의 맥락 속에서 이 문제는 특히 중요하다. 왜냐하면 오뻬라이스모와 아우또노미아가 통상적으로 그의 궤적을 따라 정리됨에도 불구하고, 그의 더욱 최근의 저작은 실제로 오뻬라이스모와 아우또노미아의 더욱 중요한 많은 방법론적 및 이론적 관심사들과 단절하고 있기 때문이다.

네그리의 들뢰즈 및 푸코와의 교전이 네그리의 저작에서 이 단절을 표현하지만, 들뢰즈에 대한 네그리의 독해는 실제로 많은 문제를 드러낸다. 만약 우리가, 저자를 그들의 소수성들의 일부로 고찰하라는 소수적 명령을 따른다면, 그래서 네그리를 오뻬라이스모와 아우또노미아와의 관계 속으로 되가져가면, 우리는 실제로 오뻬라이스모와 아우또노미아가 현대 자본에 적실한 소수적 이론과 소수정치에 상당한 통찰을 제공한다는 것을 발견할 뿐 아니라 자본에 대한 들뢰즈의 이해방식이 여러 가지 점에서 분명히 좀더 들뢰즈주의적인 네그리보다 더 많이 오뻬라이스모와 아우또노미아와 공명한다는 점도 발견한다.[5] 네그리는 '사회화된', '정동적', '비물질적' 노동이라는 중요한 분석적 범주들을 전개하지만, 이 장은, 그가 자본주의화된 생산의 복합상태에 대한 (오뻬라이스모와 들뢰즈가 말하는) 갇힌 상태에서의 소수적 심문과 단절하여 지금 출현하고 있는 생산-속의-자율이라는 문제성 있는 해석을 발전시킨다고 주장한다. 이 속에서, 네그리는 이상하게도

---

5. 그래서, 오뻬라이스모와 아우또노미아의 복잡함을 단순화하거나 이 조류를 네그리와 과도하게 연결시키는 것이 어느 정도는 네그리가 들뢰즈와 가따리를 수용한 것에 기인한다는 라이트(Wright 2002)의 생각에 나도 동의하지만, 라이트(Wright 2002: 2)가 표현한 것처럼, 들뢰즈와 오뻬라이스모의 '혼합물'은, 복잡한 입장들을 네그리의 관점에 포섭하거나 단순화하지 않고서도, 생산적 방식으로 기능할 수 있다.

정통 맑스주의로, 그리고 오뻬라이스모가 침식하려고 했던 신그람시주의적 입장으로 (전도된 방식으로) 회귀한다.

이 장은, 맑스의 기계론과 그의 '실제적 포섭' 명제를 개괄하기 전에, 오뻬라이스모와 아우또노미아에 대한 간단한 서론으로 시작한다. 그래서 이 장은 실제적 포섭 명제와 '사회적 공장'에 대한 라니에로 빤찌에리와 마리오 뜨론띠의 설명을 고찰한다. 이것을 통해서 나는, 오뻬라이스모가 어떻게 정통 맑스주의 및 신그람시주의적 맑스주의와 매우 다른 입장을 발전시킬 수 있었는지를 보여준다. 이 과정에서 기술적 힘들과 사회민주주의는 정치적 이동의 선들을 가능케 하는 것으로 이해되지 않고 오히려, 자율적으로 자기-정의된 '민중'이나 정치의 주체를 위해 어떠한 여지도 남겨두지 않는, 복잡한 생산적 사회체를 창출하는 것으로 이해된다. 나는, 오뻬라이스모의 핵심적 힘의 하나가, 바로 이 갇힌 조건에 대한 인식 및 일관되고 자율적인 민중을 지명하기(designate)를 거부한 것이었다고 주장한다. 왜냐하면 그것의 갇힌 입장이 생산의 새로운 배치에 대한 복잡한 분석을 강제했기 때문이다. 그 후에 이 장은, 네그리에게, 그리고 노동에 대한 현대적 이해에 커다란 중요성을 가지며 들뢰즈와 가따리의 자본 이해에서도 한 자리를 차지하는 맑스의 '기계에 관한 단상'에 초점을 맞춘다. 그러므로 나는, 네그리가 사회화된 노동과 정동적 노동 및 통제에 대한 자신의 해석에서 어떻게 '단상'에 대한 문제적 독해를 발전시키는지를 보여줄 것이다. 그후 이 장은 자본주의적 추상기계, 공리들, 기계론적 잉여가치, 그리고 탈훈육적 통제에 대한 설명을 통해서 이루어지는 자본주의적 사회체에 대한 들뢰즈와 가따리의 해석을 고찰하는 것으로 넘어간다. 들뢰즈와 가따리에 대한 논의는, 그들이 어떻게 네그리의 분석의 한계를, 사회적 공장에 대한 오뻬라이스모의 해석과 더욱더 보조를 맞추는 방식으로 극복하는지를 보여준다.[6] 이 장은 기계[론]적 노동과 생산의 현대적 형식들에 대한 스케치로써 맺음된다.

오뻬라이스모와 아우또노미아 소개

이탈리아 맑스주의는 영미 문화연구에 거의 오로지 그람시를 통해서만 알려져 왔다.[7] 이것은 물론 부분적으로는 맑스주의 일반에서 벗

---

6. 오뻬라이스모와 아우또노미아는 들뢰즈와 가따리의 저작에서 지속적으로 현존한다. 예를 들어 『천개의 고원』은 얀 물리에, 뜨론띠, 그리고 네그리를 사회화된 노동의 새로운 형식, 즉 에마르지나띠, 정통 맑스주의의 대주체의 문제, 그리고 노동거부라는 맥락에서 인용한다(ATP 469, 571~2). 가따리는 네그리와 함께 장편평론(essay)을 썼으며(『미래로 돌아가다』, 조정환 옮김, 갈무리, 2000) 아우또노미아와 일정하게 연루되었다(〈라디오 알리체〉의 스튜디오에 앉아 있는 가따리의 사진으로는 Guattari 1980a, 1980b; 그리고 Semiotext(e)(1980: 133) 참조). 그는 또 Collectif A/traverso(1977)의 서문을 썼다. 들뢰즈(1980)는 많은 사람들과 함께, 특히 사르뜨르, 바르뜨, 푸코 등과 함께 아우또노미아에 대한 억압에 반대하는 탄원서에 서명했을 뿐만 아니라(Red Notes 1978: 36~7) 1979년에 네그리의 투옥에 항의하는 편지를 썼다. 그는 또 네그리의 『야만적 별종』 프랑스어판에 붙이는 서문을 썼고 네그리의 무죄를 입증하기 위해 『맑스를 넘어선 맑스』의 서평을 썼다(Deleuze n.d.c). 들뢰즈와 가따리가 아우또노미아에 미친 영향을 입증하는 일화의 하나로, 『리베라씨옹』(Libération)은, 프랑스에서 (투옥을 피해 이탈리아에서 도망친) 프랑꼬 뻬뻬르노에 관해 질문을 받은 한 학생이, 프랑코 뻬뻬르노가 『안티-오이디푸스』를 읽었는지 어떤지에 대한 질문을 받았다고 보도했다(Massumi 1987: 71).

7. 물론 예외가 있다. 문화연구가 드러내는 인민주의적 경향 및 신그람시주의적 헤게모니 정치학에 일반적으로 비판적인 Meaghan Morris는, 1978년 초에 아우또노미아에 대한, 그리고 그것의 PCI와의 관계에 대한 탁월한 해설을 썼다. 문화연구 속에 흐르는 신그람시주의적 경향에 그와 마찬가지로 비판적인 Paul Gilroy(1982)도 아우또노미아의 통찰들 중의 일부를 주목한다.

어나는 풍조의 발전에서 신그람시주의적 사상이 수행한 중심적 역할의 효과였다. '헤게모니'를 주제로 하는 신그람시주의적 작업은 계급, 자본, 그리고 경제와 같은 명백하게 정통적인 관심사들로부터, 사회민주주의적 정치공간의 '등가 사슬' 속으로 포함되기 위한 투쟁에서 행위, 대중적 실천, 그리고 새로운 사회운동의 가능성과 같은 탈맑스주의적 관심사로의 이동을 표현했다. 여기에서 나타난 것은 결정론적 맑스주의를, 그리고 실제로는 맑스의 대부분을 '아무런 변명 없이' 쫓아낼 수 있었던, 탈근대 문화의 유동성에 적실한 정치학이었다(Laclau and Mouffe 1985 참조). 이러한 발전을 위해 주어진 역사적 뒷받침은 이탈리아 공산당(PCI)이 그 나름의 탈맑스주의 판본인 유로코뮤니즘을 형성한 것과 무관하지 않으며 거기에서 신그람시주의적 사상은 중심적 역할을 수행했다. 앱스(Abse 1985)가 주장했듯이, 유로코뮤니즘은 영국 좌파 입장에 서 있던 (특히 『맑시즘 투데이』(*Marxism Today*) 주위의) 많은 사람들에게 맑스주의 정설과 노동주의(labourism)의 한계를 극복할 수 있는 대중적이고 급진적인 사회민주주의의 가능성을 표현하는 것으로 보였다. 결국 PCI는 유럽에서 가장 큰 공산당이 되었고 빠르게 정부 속의 자리로 다가가고 있었다.

이 강력한 탈맑스주의적 탄도의 배후에 또 다른 이탈리아 맑스주의의 조류가 놓여 있었다. 그것은 1960년대에는 오뻬라이스모로 알려졌고 1970년대에는 아우또노미아로 알려진 것이다. 그것이 PCI와 PSI(이탈리아 사회당)와의 일정한 관계로부터 출현했고 또 1968년까지는 적어도 정통 좌파와 복잡한 관계를 맺고 있었지만[8] 오뻬라이스모와 아우또노미아는 PCI와 신그람시주의적 헤게모니 정치에 대한 심원한 비판을 발전시켰다. 1970년대와 1980년대 동안에 영국에서 발견되는 PCI에 대한 지배적인 좌파적 해석과는 반대로, 오뻬라이스모와 아우또노미아에게 있어서 PCI는, 노동자들의 투쟁을 자본의 발전에 동여매려 하는 한에서는(Partridge 1996: 77) 급진적 에너지를 박탈하고 진보적인 정치적 발전을 가로막는 효과적인 메커니즘이었을 뿐만 아니라 긴축조치를 이행함으로써 이탈리아 노동계급의 생활수준을 치명적일 정도로 삭감하는 주체이기도 했다. 지금은 섬뜩한 유머로 보일 수도 있는데, 당시에 PCI의 총서기였던 엔리꼬 베르링구에르는, 긴축을 일종의 코뮤니즘적인 도덕적 이상으로 내세우기까지 했다(Abse 1985: 27). 그렇지만 PCI에 대한 비판과는 별도로 그리고 오뻬라이스모와 아우또노미아를 함께 묶으려는 이 장과 다음 장에서의 나의 의도에도 불구하고, 그 조류는, 라이트(2002)가 보여준 바처럼, 상이한 많은 방향으로 발전하며 그로부터 분기되는 많은 관점들을 낳는다. 그 것은 하나의 일관된 운동이라고 말하기에는 거리가 있었다. 오뻬라이스모와 아우또노미아는 언제나 작은 그룹들, 학파들, 그리고 잡지들에 의해 특징지어졌다. 비록 전국적 조직들이 있긴 했지만, 그것들은 결

---

8. 오뻬라이스모의 이론적 정치적 경향이 PCI를 멀리 넘어서도록 밀어붙였지만, 그 조류는, 독립적 분파로서 발전하는 것에 대한 주저 때문에 그리고 평조합원들 및 나아가서는 당 자체를 급진화할 가능성이 있다는 생각 때문에, 정통 좌파와의 관계를 유지했다. 특히 뜨론띠에게 있어서 당은 핵심적인 정치적 중요성을 가지고 있었다. 당을 사회민주주의로부터 구출하려는 그의 투쟁은 결국 그로 하여금 당으로 돌아가도록 만들었다(cf. Wright 2002: 68~75; Piotte 1986: 28). [68년 혁명 전에-옮긴이] PCI가 노동계급 투쟁을 병합하는 작용을 하는 것에 대한 비판이 잠시 나타났다면, 1968년경의 투쟁들은 입장을 바꾸었다. 그때부터 PCI는 오뻬라이스모 정치학이나 이후의 아우또노미아 정치학에서 어떤 자리도 차지할 수 없었다(cf. Wright 2002: 110~4).

코 확산적이고 엄격하게 조직된 당의 형태를 띠지는 않았다. 심지어 빤찌에리, 뜨론띠, 네그리, 뻬뻬르노와 같은 핵심 인물들 사이에도 입장의 일관성이 없었다.9 비록 뽀떼레 오뻬라이오(Potere Operaio; 아우또노미아와 〈붉은 여단〉을 통제하는 것으로 간주된 신비스런 대문자 "〈오〉(O)"의 기원이자 기반으로 '4월 7일' 사건의 기소자들에 의해 광적으로 선전된 그룹)가 상당한 중요성을 갖고 있었지만, 그것은 분명히 노동자 운동의 작은 측면 이상을 결코 설명하지 못했으며 출현중인 '아우또노미아 권(area of autonomia)' 속으로 비교적 빠르게 해소되었다.10 아우또노미아 권이 1970년대에 발전함에 따라, 상황은 좀더 복잡하게 되었다. 때때로 는 그것이 탈정치적 잠재력의 만개로 서술되곤 했지만, 아우또노미아는 매우 다양한 정치적 주체들과 관점들로 구성되어 있었기 때문에 (한편 에는 〈아우또노미아 오뻬라이아〉 혹은 〈조직된 자율〉이 있었는데 이것 은 정치에 대한 전위주의적 및 군사주의적 이해를 결코 완전히 벗어나 지 못했고 다른 한편에서는 좀더 대항문화적인 〈아우또노미아 끄레아 띠바〉(autonomia creativa)와 페미니스트 운동의 측면들이 있었다) 그것

---

9. 입장의 변이에 대한 짧은 설명으로는 Bologna(1980a)를, 뜨론띠와 네그리의 관계에 대한 설명으로는 Piotte(1986)을, 빤찌에리와 뜨론띠의 분열에 대한 설명으로는 Wright(2002: 58~62)를, 네그리, 뻬뻬르노, 그리고 스깔쪼네 사이에서 전개된 〈뽀떼레 오뻬라이오〉(Potere Operaio) 내부의 긴장에 대한 설명으로는 Wright(2002: 141~51)를 참조하라.

10. 레닌주의와의 지속된 불장난에도 불구하고, 〈뽀떼레 오베라이오〉(Potere Operaio)는 1973년에 빠도바에서 열린 회합 이후에 해체했다 : '우리는 실제 운동 속에 머물기 위해, 조직된 계급자율 내부에 머물기 위해 정치집단의 논리를 거부했다'(Red Notes 1979: 32에서 인용). Bifo(1980: 151~2)는, 그해 초에 있었던 그리고 혁명적 그룹들이 단지 주변적인 위치를 차지했을 뿐인 피아뜨-미라피오리 공장 대점거 이후에(cf. Negri 1979b) 있었던 〈뽀떼레 오베라이오〉의 해체는, 그들이 그 운동 속에서 발생하고 있었던 변화를 인식할 수 있었던 유일한 그룹이었음을 보여주었다고 주장한다.

을 하나의 일관된 전체로 나타낸다면 실제로 문제가 있을 것이었다. 라이트(Wright)는 다음과 같이 서술함으로써 그 복잡성을 잘 전달한다.

아우또노미아를 하나의 전체로 이해하는 것은 간단한 일이 아니다. 그것은 이데올로기적으로 잡종적이고 영토적으로 분산되어 있으며 조직적으로 유동적이고 정치적으로 주변화되어 있었다. 그러므로 지오르지오 복까(Giorgio Bocca)의 … 다도해 비유가 그것에 적절하다고 할 수 있다. 결코 단일한 전국 조직이었던 적이 없으며 하물며 무장 그룹들의 대중적 날개였던 적도 없다. 몇몇 판사들이 나중에 그런 책임을 씌우려 했지만 말이다. 자율주의적 조직들과 집단들의 '권(Area)'은, 이탈리아 극좌파 내부에서 헤게모니를 획득하자마자 분해되기 시작했다.

(Wright 2002: 152)

그리고 오뻬라이스모와 아우또노미아는 이탈리아의 특유한 상황을 통해 발전했지만, 그것은 해외에서 많은 것을 끌어들였다. 마틴 글레이버맨(Martin Glaberman), 조지 레이윅(George Rawick), 제임스(C. L. R. James) 등에서부터 푸코, 들뢰즈, 가따리에 이르기까지 ; IWW(Industrial Workers of the World)에서 〈사회주의인가 야만인가〉 및 미국의 대항문화에 이르기까지. 마랏찌(Marazzi)는 이렇게 쓰고 있다.

이탈리아 노동자주의에 가장 기원적인 이론적 기여로 간주될 수 있는 것은 해외에서 발생했다. … 그것에 '이탈리아적인 것'이라곤 없었다. 이탈리아에서의 계급전쟁과 관련하여 … 이탈리아에 고유한 기념비를 세우는 것은 이탈리아 국가의 게임을 하며 노는 것이다. 다시 말해 실제로는 노동자의 역사에 뿌리박고 있는 것, 무엇보다도 노동자의 역사의 국제적 차원에 뿌리박고 있는 것을 뭔가 특유한 것('특정한 지식인들의 생산')으로 잘못 전달하는 것이다.

(Marazzi *Semiotext(e)* 1980: 12~13에서)

그럼에도 불구하고 우리는 이 조류의 일정한 이론적 방법론적 중심 교의를 서술할 수 있다. 오뻬라이스모는 1960년대 초에 여러 사람들 가운데에서 특히 라니에로 빤찌에리, 마리오 뜨론띠, 로마나 알꽈띠, 쎄르지오 볼로냐, 그리고 안또니오 네그리 등의 저작에서, 그리고 잡지 『꽈데르니 롯시』(*Quaderni Rossi*;『붉은 노트』 1961~4), 끌랏세 오뻬라이아(*Classe Operaia*;『노동계급』 1964~7), 그리고 이후의 뽀떼레 오뻬라이오(*Potere Operaio*;『노동자의 힘』 1969~74), 그리고 쁘리모 맛지오(*Primo Maggio*;『5월 1일』 1973~86) 등에서 출현했다. 이것은 (이탈리아의 전후 '경제 기적'의 극적 변화에 따라 나타난) 노동 및 새로운 기술적 패러다임의 특수하고 새로운 형식에 대한 구체적 해석과, 공식 노동운동 기관들과의 긴장 속에서 혹은 그 외부에서 출현하고 있었던 투쟁 형식들에 대한 구체적 해석이라는 이중 전략에 기초를 두고 있었다. 그것은 또 다소 이단적으로 『그룬트릿세』와 『자본』 1권의 '부재하는 6장'(Marx 1976: 948~1048)[11]에, 그리고 『자본』 2권과 3권에 초점을 맞추는 집중적인 맑스 재독해를 수반했다. 오뻬라이스모와 아우

---

11. (때때로 '부재하는 6장'으로 알려지는) 「직접적 생산과정의 제 결과」는 1933년에 독일어와 러시아어로 처음 출판되었지만, 그것이 1960년대 말에 유럽 언어들로 (영어로는 1976년에) 출판되었을 때 — 특히 이탈리아와 프랑스의 의회-밖 코뮤니스트들에게는 — 특별한 중요성을 가졌다.

또노미아는 방법론적으로 역동적 '계급구성' 속에서 정치적 적대(의 변화하는 형식)의 우선성 — 뜨론띠가 '관점의 역전'이라고 부른 것 — 을 강력히 주장했고 이에 따라서 결근 및 가사노동에서부터 석유화학 산업에서의 발전에 이르기까지의 모든 것을 고찰했다.[12] 이러한 접근 법은 아우또노미아의 발전과 변화에 중심적인 것으로 남아있을 수 있 었다. 그리고 비록 그것은, 라이트(2002)가 주장하듯이, 언제나 이론 적 일반화 및 일정한 정치적 조급함과 긴장하고 있었지만, 실천적이고 맥락적이며 정치적으로 생산적인 연구 패러다임임이 입증되었다.[13]

다음 장은 관점의 역전이라는 정치적 형상에 대해 좀더 자세히 살 펴 볼 것이다. 여기에서 나는 맑스에 대한 독해를 살펴보고 싶다. 이 탈리아 좌파에 널러 퍼졌던 정통 맑스주의와 유로코뮤니즘적 맑스주 의의 불구적 문화에 둘러싸여 있었지만, 오뻬라이스모는 맑스와 단절 하지 않고 맑스에게로 돌아가는 길을 선택했다. 정통 좌파의 사회민주 주의적 궤적에 실망하면서, 그러나 분파주의의 위험에 신경을 쓰면 서 1960년대에 빤찌에리는 이렇게 말할 수 있었다. '나는 모든 길이

---

12. 오뻬라이스모는, 로마노 알꽈띠의 제창에 따라, '노동자 조사'라는 맑스의 방법(cf. Marx 1973d)을 공장에서 저항의 조건과 형식에 대한 '최신 조사'의 수단으로(cf. Bologna 1991) 채택했다. 노동자 조사는 오뻬라이스트들로 하여금 사회적 영역에 대한 정밀한 주목에서부터 분석을 발전시킬 수 있도록 했고 그 결과 대저항(Resistance) 이후 노동 자 운동의 집단적 경험을 통해 발전된 상당한 정도의 정치적 전술적 조직적 세련화를 실현했다(cf. Bologna, in Cuninghame 2001). 물리에(Moulier 1989: 14)가 쓰고 있듯 이, 아이러니하게도, 이 '최신 조사들'은, 그것들이 전통적인 연구들보다도, 자신들의 공장의 작동에 대한 더 많은 통찰을 준다는 것을 발견한 고용주들로부터 상당한 관심 의 대상이었다.

13. 오뻬라이스모의 입장의 실천성은, 활동가의 침실벽에 피아뜨-미라피오리 공장의 도식 적 지도들이 걸려 있다가 그것들이 마오나 체 게바라와 같은 사람들의 초상으로 바뀌 는 것을 보았다는 물리에(Moulier 1989: 13)가 전하는 비사(秘史)에 의해 입증된다.

막힌 것을 보고 있다. "사적인 것에로의 회귀"는 나에게 아무런 흥미도 주지 못하며 조그만 섹트가 맞이할 수 있는 운명은 나를 끔찍하게 한다(Wright 2002: 33에서 인용). 새로운 저널인 『꽈데르니 롯시』에서 맑스와 다시 교전한 것이 하나의 '출구'를 제공했던 것으로 보인다. 주된 관심사는 맑스가 『자본』의 '부재하는 6장'에서 '실제적 포섭'이라고 불렀던 것 속에서 테크놀로지와 사회적 관계의 문제에 관한 것이었다. 빤찌에리를 살펴보기 전에 먼저 맑스의 주장을 제시하는 것이 유익할 것이다.

맑스의 기계론과 '실제적 포섭' 명제

맑스의 작업은 '결정론'이라고 비난받아 왔다. 그 분명한 '결정론들'(경제결정론, 노동 본질주의, 목적론적 역사주의 등등)의 스펙트럼 속에서, '기술 결정론'이라는 비난은 드물지 않다.[14] 그렇지만, 기술적 기계에 대한 맑스의 이해는 빤찌에리(Panzieri 1976, 1980)와 로젠버그(Rosenberg 1982) 같은 이론가들이 주장했듯이, 실제로 다소간 현학적이다. 나는 여기에서 그것을 '다이어그램', '추상기계'에 대한 푸코와 들뢰즈의 이해와 비교해서 제시해 보고 싶다. 우리는 이제 벤담의 파놉티콘에 대한 푸코(1991)의 낯익은 분석에서 시작할 수 있다.

---

14. Rosenberg(1982: 36)가 지적했듯이, 이 비난은 일반적으로 『철학의 빈곤』에서 가져온 인용을 따라간다. 그곳에서 맑스는 '손공장(handmill)은 당신에게 봉건 영주를 주고, 증기공장(steammill)은 당신에게 산업자본가를 준다'고 쓰고 있다.

파놉티콘은 내부화된 자기통치(self-government)를 생산하기 위해 가시성과 비가시성의 상호작용을 사용하는 아주 명백하게 건축적인 테크놀로지이다. 각각의 방은 그 방에 살고 있는 사람이 볼 수 없는 중앙탑의 감독자들이 관찰할 수 있도록 한쪽 면이 열린 채 원으로 정렬된다. 죄수는, 그/녀가 다른 사람에 의해 감시되는지 감시되지 않는지를 모르면서, 자기감시와 자기통제의 과정 속에서 그녀 자신의 실천을 점검하기 시작한다. 그러나 이 건축적 장치는 미지의 세계에서 생성되는 것이 아니며 홀로 작동하지도 않는다. 그것은 '훈육'(즉 '유순성-유용성'을 위해 사회집단을 개인화하거나 덩어리화하려 하는 체제)의 사회적 환경(이것을 푸코는 '다이어그램'이라고 부르고 들뢰즈와 가따리는 '추상기계'라고 부른다) 속에서만 효과적으로 작동한다. (엄밀한 의미에서는 세워지지 않은) 파놉티콘과 실제의 감옥들, 학교들, 병원들, 막사들 등등과의 유사성은 그것들의 물리적 형태들의 구석구석이 닮았다는 것이 아니라 주체들과 대중들이 각각의 장소에서 유사한 방식으로 결집되고 형성된다는 것이다. 즉 파놉티콘의 훈육 다이어그램이, 비록 규모가 다르고 강렬도가 다르지만, 각각의 장소에 내재적이라는 것이다. 그것은 물리적 테크놀로지가 실천을 규정한다는 것이 아니라 테크놀로지가 사회적 실천의 응고물이라는 것이다.[15] 들뢰즈가 표현한 것처럼:

---

15. 이것은 특별하게 기술적인 혁신의 가능성을 부정하는 것이 아니다. 그러나 그것은, 기술혁신이 가능할 수 있고 또 어떤 일관성을 유지할 수 있는 그러한 기술혁신은 특수한 사회적 문제화들(problematizations), 가능성들, 그리고 탈주선들의 표현으로서일 뿐이라고 말하는 것이다. 들뢰즈가 이럴 때 사용하기를 좋아하는 맑스(Marx 1970: 21)의 한 단락을 인용해 보자. '인류 …는 필연적으로 자신이 풀 수 있는 과제들만을 정립한다. 왜냐하면 좀더 자세히 조사해 보면 언제나, 문제 자체는 그것을 해결할 물질적 조건들이 이미 현존하거나 적어도 형성 중에 있을 때에만 발생한다는 것이 드러나기 때

기계들은 기술적이기 이전에 사회적이다. 아니 오히려 인간적 테크놀로지가 물질적 테크놀로지 이전에 존재한다. 물론 후자는 사회적 장 전체 내부에서 그것의 효과를 발전시킨다. 그러나 물질적 테크놀로지가 가능하기 위해서는, 도구들 혹은 물질적 기계들이 하나의 다이어그램에 의해 선택되어야 하며 아상블라주에 의해 채택되어야 한다.

(Deleuze 1988: 39)

파놉티콘의 테크놀로지는, 일단 구체적 형태로 나타나면, 커다란 효력을 갖는다. 그러나 그것이 훈육의 다이어그램을 현시하는 한에서만 그러하다. 그래서, '주권적' 사회들이 훈육적 사회들에 앞서 존재하는 정도만큼, 그리고 훈육이 '통제' 사회들(아래 참조)에서 붕괴할 수 있는 정도만큼, 감옥이라는 구체적 테크놀로지는 '마치 데카르트의 잠수부들[16]처럼' '훈육적 다이어그램[혹은 추상기계]이 실현되는 정도를 재는 비율로'(Deleuze 1988: 41~2) 그것의 성능과 효과가 부침한다. 이런 도식 속에서, 특수한 테크놀로지는 사회적 공간을 가로질러 멀리까지 미치는 효과와 기능을 갖고 있다 할지라도 혹은 그것들을 갖고 있

문이다'(cf. Deleuze 1994a: 186).

16. [옮긴이] Cartesian divers. 두개의 할로우 글래스 잠수부를 물과 공기로 채우는데 이때 하나의 잠수부는 다른 잠수부보다 약간 공기의 양을 많게 한다. 두개의 잠수부는 물로 가득 채워진 병의 한쪽 끝에 놓여있다. 최초 A의 상태에서는 두개의 잠수부는 병위 맨 위에 위치하고 있다. 그러나 두개의 잠수부를 고정시키고 있는 고무에 압력을 가하면 두개의 잠수부는 아래로 서서히 가라앉게 된다. 두개의 크기, 형태는 모두 같으나 약간의 비중의 차이로 인하여 가라앉는 속도는 공기가 좀더 적은 것이 조금 더 앞서 가라앉게 된다. 여기서 가라앉는 정도(깊이)는 고무에 주어지는 압력을 통하여 민감하게 조절될 수 있다.

기 때문에, 언제나 일단의 사회적 관계의 가시적 기호일 뿐이다. 즉 가시적인 기술적 기계는 좀더 일반적인 혹은 추상적인 기계[론]적 환경의 일부이며 그것에 의해 선택된다.

맑스의 저작들은, 푸코 및 들뢰즈의 설명과 공명하는 개념적 틀 속에서 전개되는, 기술적 기계들에 대한 설명으로 가득 차 있다. 푸코와 들뢰즈에게서 다이어그램 혹은 추상기계인 것이 맑스에게서는 '생산양식'이다. 맑스는 개인의 천재적 작업이나 과학의 자율적 진보에 대해서보다는 오히려 다음과 같이 쓴다.

> 테크놀로지의 비판적 역사를 살펴보면 18세기의 발명들 중의 거의 어떤 것도 특정 개인의 작업이 아님을 알 수 있다. … 테크놀로지는 인간의 자연에 대한 능동적 관계를, 인간의 삶을 생산하는 직접적 과정을 보여준다. 이로써 그것은 또 자신의 삶의 사회적 관계의 생산과정을 드러내며 그 관계들로부터 흘러나오는 정신적 개념들의 생산과정을 드러낸다.
>
> (Marx 1976: 493; 강조는 인용자)

하나의 사례를 들어보면 사정을 더 잘 이해할 수 있다. 『자본』 각주에서 맑스는 다소 초보적인 쟁기라는 특수한 형태를 노예제라고 불리는 추상기계 혹은 생산양식의 가시적 테크놀로지로 읽는다. 시간 단위로 잘라서 구매되기보다 통째로 구매되는 노예는, 고대에 대한 맑스의 정의에 따르면, 동물이나 다름없이 취급된다. 다시 말해, 그것은 ('반벙어리의 도구'인 동물과 '벙어리 도구'인 쟁기를 결합하는) '말하는 도구'로 취급된다(Marx 1976: 303). 이 아상블라주에서 채용된 쟁기는 가장

소박한 형태이며, '그것의 거칠음 자체 때문에 손상하기 어려운' '가장 조잡하고 무거운 도구'이다(303). 맑스가 말하듯이, '멕시코 만에 인접한 노예 국가들에서는 내전기까지, 낡은 중국식 모델에 따라 만들어진 쟁기들만이 발견된다. 그것은 밭고랑을 만드는 것이 아니라 돼지나 두더지처럼 땅을 헤집었다'(304). 맑스가 말하고자 하는 논점은, 쟁기를 사용함에 있어서 그것을 마구잡이로 다루거나 혹은 노예가 저항하는 것을 막기 위해 기계가 복잡한 구조화나 배열을 갖고 있지 않은 것은 임금이라는 복잡한 장치를 갖고 있지 않은 것과 마찬가지로 기술 발전의 부족 때문이 아니라 (그것은 당시에 '조잡'했다), 노예에 기반한 이 생산양식에 적합하게 선택된 특성이었다.[17]

　기술적 기계와 사회적 관계의 연관성을 이렇게 기본적으로 제시했으므로 이제 우리는 맑스가 '실제적 포섭'이라고 불렀던 것 속에서 기계에 대한 분석으로 나아갈 수 있다. 『자본』의 '부재하는 6장'에서, 그리고 '기계에 관한 단상'으로 알려진 『그룬트릿세』의 한 절에서 맑스

----

17. 어떤 곳에서 들뢰즈와 가따리(Deleuze and Guattari 1977)는, 맑스가 기술기계와 인간 기계의 관계에 대한 그러한 기계[론]적(machinic) 생각을 늘 제시하지는 않는다고, 오히려 맑스가 기계를 인간의 생물유기체에 대한 진화적 이해 속에서 도구의 계승물로 본다고 주장한다. 그렇지만 나는, 『자본』(14장과 15장) 및 『그룬트릿세』에서 기계에 대한 설명은— 비록 때때로 인간주의적 실수를 드러내지만—기계를 그런 식으로 설명하지는 않으며 오히려, 들뢰즈와 가따리(Deleuze and Guattari 1977: 131)가 다른 곳에서 주장하듯이, '인간과 도구를, 공학적 기관으로 작동하는 충만한 몸체에 의해 구성된 기계의 기존 구성요소로서' 제시한다고 주장하고 있다. 왜냐하면, 내가 아래에서 주장하듯이, 도구와 기계에 대한 맑스의 구분은, 기계는 더 복잡한 도구라는 생각에 기초를 두고 있는 것이 아니라, 기술기계가 자본주의적 매뉴팩처에서 출현함에 따라, 그 기계는, 잉여가치의 극대화를 위해 그 자신 내부에서 인간과 도구를 기계화하는, 자본의 사회적 배치에 의해 창조되며 또 그것에 기능적이라는 생각에 기초를 두고 있기 때문이다.

는, 노동이 더욱 복잡한 인간적 부품들과 구체적 기술적 기계의 '자동기계'로 점차 '포섭됨'에 따라 노동은 장인적 자율성과 노동자 통제를 상실한다는 명제를 발전시킨다(이 명제는 『자본』의 일부에서도 특히 15장에서 다소간 분명하게 나타난다). '형식적 포섭'에서 자본주의적 가치화의 형태는 발견되는 대로의 노동과정을 ('역사의 그 지점까지 수행되어온 기술적 조건에 기초하여'; Marx 1976: 425) 포섭하며 노동일을 연장함으로써 잉여가치를 추출한다('절대적 잉여가치').

> 노동은 더욱더 집약적(intensive)으로 될 수 있고 그것의 지속시간이 연장될 수 있다. 또 노동은 사심있는 자본가의 감시하에서 더욱더 지속적으로 될 수 있고 정돈될 수 있다. 그러나 이것들은 그 자체로 현실적인 노동과정의 성격이나 노동의 현실적 양식에 영향을 미치지 않는다.
>
> (Marx 1976: 1021)

이러한 생산형태는 수공의 제한된 기술적 원리와 노동자들의 종속에 기인하는 그 나름의 문제점들을 갖고 있다.[18] 그 결과 노동은 거듭해서 점점 더 하위구분되며 기계화되고 또 이에 따라 (총괄적 관리와 사회적 계획을 필연적인 것으로 만들면서; Marx 1976: Ch. 13, Panzieri 1976: 6~7) '협력적'으로 된다.[19] 기계로의 기술적 응고를 수반하는 이러

---

18. 맑스(Marx 1976: 490)는 이 점을 다음처럼 설명한다. 첫째: '매뉴팩처는 사회의 생산을 충분히 장악할 수 없었거나 아니면 그 생산이 사회의 핵심을 혁명할 수 없었다. 그것은, 도시의 수공업과 시골의 가내산업의 광범한 기반 위에서, 인공적인 경제적 구축물로 솟아올랐다. 그 발전의 특정한 단계에, 매뉴팩처가 의존했던 협소한 기술적 기초는, 그것이 창출한 생산의 요구와 모순에 빠졌다.' 둘째: '노동자들에게 훈육이 모자란다는 불평은 매뉴팩처 시기 내내 흘러나왔다.'

한 사회적 과정은 맑스가 '특유하게 자본주의적인 생산양식' 혹은 '실제적 포섭'이라고 부른 것으로 발전한다. 여기에서 노동과 사회적 삶 자체는 대공장의 복잡한 기계류 과정 속으로 휩쓸려 들어가거나 '포섭되고' 또 변형된다.[20] 기계류가, 생산의 동력과 통일성을 노동자로부터 분리시키려는 자본의 사회적 관계상의 필요를 해결할 방책으로 고유하게 도입되는 것은 바로 여기에서이다. '수공업자가 사회적 생산의 규제 원리로서 수행하는 역할을 폐지하는 것이 곧 기계이다'(Marx 1976: 491).[21] 매뉴팩처에서의 단순 협업에서 이미 붕괴된 노동자의 통일성은 완전히 발전된 기계류에서는 근본적으로 파괴되어 '여러 가지 기계적(mechanical) 기관들과 지적 기관들로 구성된 자동기계'에 의해 흡수되며 '그 결과 노동자들 자신은 그 자동기계의 의식적 연결장치로만 내던져진다'(Marx 1973a: 692). 이러한 '자동기계' — 기술적, 인간적 및 사회적 관계들이 통합된 혹은 기계[론]적(machinic) 전체로서 기능하는 한에서, 들뢰즈와 가따리라면 이것을 '기계[론]적' 관계라고 불렀을 것이다 — 속에서 통치하는 힘 혹은 통일성은 노동의 리듬이기를 그치고

---

19. '자본주의적 형태의 협력은 … (잉여)가치 법칙의 일차적이고 기본적인 표현이다'(Panzieri 1976: 7). 이것은, 개인의 노동이 필요한 가격에 판매된 후에, 집합적 노동이라는 초-적실한(super-adequate) 권력이 나타나는, 직접적으로 '자본주의적인' 과정이다(cf. Marx 1976: 451).

20. '특유하게 자본주의적인 생산양식은 생산의 다양한 행위자들의 상황을 변형시킬 뿐만 아니라, 그들의 현실적 노동양식과 노동과정 전체의 실제적 성질을 혁명한다'(Marx 1976: 1021).

21. 맑스(Marx 1976: 563)는 이렇게 쓴다 : '노동계급 반란에 대항하는 무기를 자본에게 제공한다는 단 하나의 목적을 갖는 것으로, 1830년 이후에 이루어진 발명들의 모든 역사를 쓰는 것이 가능할 것이다.' 이 새로운 기계[론]적 환경의 다른 결정적 요소는, Linebaugh(1991)와 Thompson(1967)이 강조하듯이 임금과 시계이다.

기계의 시간성 아래에서 **자본 자체의 리듬**으로 된다. 그리고 기계는 노동의 협력과 사회화를 기술적으로 구현하며 그리하여 '"고용주"의 권력을 구성한다'(Marx 1976: 549).[22]

빤찌에리와 자본주의 기계들

오뻬라이스모가 맑스의 실제적 포섭으로 되돌아감 — 특히 빤찌에리와 뜨론띠의 작업에서 — 으로써 그 결과로 동시대의 사회체에 대해, 그리고 따라서 정치에 대해, '생산력들'의 (사회주의국가에 의해 '계획'될 수 있는) 자동적 발전이라는 정통 맑스주의적 이해나 (좌파민주주의적 운동이 '헤게모니'를 둘러싼 투쟁을 벌이는) 사회적인 것의 상대적 자율성이라는 신그람시주의적 이해와는 매우 상이한 이해를 가져왔다. 첫 번째 논점은 빤찌에리를 통해 고찰될 수 있다.

빤찌에리(Panzieri 1976, 1980)는 지배적 정설에 혹은 그가 '객관주의적'이라고 부른 정설에, 즉 (과학적 혁신이 정치적으로 중립적인 '생

---

22. 『안티-오이디푸스』의 용어로 말하면, 자본의 기관 없는 몸의 기록하는 표면은 자신의 이접들을 기술적 기계들 속에 또 그것을 관통하여 정립한다. 그리하여 그것들[기술적 기계들-옮긴이]은 생산의 준원인(quasi cause)이 된다. 그리고 생산적인 욕망하는 기계들은 기술적 기계들 주위를 순환하게 되며 또 그것들 속에 갇힌다. 실제적 포섭의 발전과 더불어, '직접적 노동과정 속의 노동의 생산적 힘들과 사회적 상호관계들은 노동에서 자본으로 변형되는 것으로 보인다. 자본은 이렇게 해서 매우 신비한 존재로 된다. 왜냐하면 노동의 사회적 생산력들 모두가 노동 그 자체에 기인하기보다 자본에 기인하는 것처럼 보이며 자본의 자궁에서 생겨나는 것처럼 보이기 때문이다'(Marx, *AOE*: 11에서 인용).

산의 **힘들**'의 일부로서 자동적으로 발전하는 것으로서의) 기술적 합리성을 자본주의적 '생산관계'로부터 구분하여 정립하는 맑스주의적 입장에 직접적으로 도전한다. 객관주의적 접근법에서 정치는 기술적 과정에 외적인 것으로, 있는 그대로의 기술적 과정을 사회주의적 '계획화' 속에 결과적으로 인수하는 것을 향한 운동으로 정립된다. 객관주의적 입장과 계획화 입장의 이러한 결합은 레닌이 1919년에 한 연설인 『과학적 관리와 프롤레타리아트 독재』에서 매우 분명히 나타난다.

> 사회주의의 가능성은 소비예뜨 지배와 소비예뜨 조직 혹은 관리를 자본주의의 가장 최근의 진보적 조치들과 결합함에 있어서 우리가 거둘 성공에 의해 결정될 것이다. 우리는 러시아에 테일러 체제에 대한 연구와 그 교훈을 도입해야 하고 그 체제를 체계적으로 시험하고 채용해야 한다.
>
> (Lenin. Bell 1956: 41에서 인용)

빤찌에리가 보기에 기술적 힘들은 중립적인 과학적 진보의 논리 속에서 발전하지 않았고 가치를 추출하는 특수한 형식을 공고하게 하는 수단으로서 발전했다. 테크놀로지적 합리성, 혹은 '기계'(그리고 그에 부수하는 모든 조직적 방법과 기법들)는 자본주의적 권력과 통제의 직접적 현시이자 자연화이다. 그러므로 생산의 **힘들**은 '"기술적" 계기와 "전제적" 계기의 통일' 속에서 자신들에게 내재적인 자본주의적 관계들을 갖고 있다(Panzieri 1980: 57).

노동자들과 관련하여 생산 메커니즘이 갖는 자본주의적 객관성은 기계의 기술적 원리에서 그것의 가장 바람직한 기초를 발견한다. 기술적으로 주어진 속도, 다양한 국면들의 조정과 생산의 끊임없는 흐름은 노동자들의 의지에 하나의 '과학적 필연성'으로서 부과된다. … 자본주의적 사회관계는 기계류의 기술적 요구 속에 감추어지고 노동분업은 자본가의 의지에 완전히 의존적인 것처럼 보인다. 오히려 그것은 노동의 '자연[본성]'이 취하는 수단들의 단순하고 필연적인 결과인 것처럼 보인다.

(Panzieri 1976: 9)

그러므로 생산력에 대한 어떤 사회주의적 가정(假定) 혹은 계획화는, 기술에 대한 자본주의적 관계의 내재성을 인식하지 못한, 잘못된 접근이다. 그리하여 소비예뜨 국가가 사적 소유를 폐지했든 않았든, 생산[수단─옮긴이]에 대한 '집단적 소유권'은 기계가 계속해서 자본주의적으로 작동하는 것에 아무런 영향도 미치지 못한다.[23]

자본은 테크놀로지와 권력을 엮어짜는데 이것에 직면하여 기계류의 대안적 (노동계급적) 사용의 전망은 분명히 생산(소유)관계의 순수하고 단순한 전복에만 기초할 수 없다. 이 단순한 전복에서 기계류는 생산 확장의 특정한 차원에서는 너무 작아져서 버려질 수밖에 없는 피복(被服, sheathing)

---

23. 오뻬라이스모의 양상들과 초기 이탈리아 좌파 사이에 있을 수 있었던 가능한 관계에 대한 감각이 거의 없음을 마음에 새기면서, 이 점이 1953년 보르디가(Bordiga 2001)의 에세이 「마력(馬力)의 정신」에 서술되었음을 주목해야 한다. 러시아와 중국의 국가들이 실존하는 사회주의라는 주장에 대한 이 신랄한 비판에서 보르디가는 맑스의 기계에 대한 논의를 상세히 말한다. '불길한 강철 자동기계들'에 의해 조종되는 생산을 향한 발전과 더불어, '개별 고용주라는 물리적 인격은 … 필요 없어졌고, 점차로 그는 주식자본, 경영진, 국가운영의 위원회들, 그리고 (오래 전부터) 기업가와 공장주로 바뀌어 온 정치적 국가 등의 구멍들(pores)로 되어 자취를 감추었다. 그리고 그는 가장 최근에는 "노동자들 자신"인 체하는 매우 사악한 국가형태로 되었다'(82).

정도로 이해된다. 생산관계는 생산력 속에 내재한다. 그리고 생산력들은 자본에 의해 '주조(鑄造)되어' 왔다. 생산력들의 확장이 최고의 수준에 도달한 후에도 자본주의 발전이 영속되도록 할 수 있는 것이 바로 이것이다.

(Panzieri 1976: 12)

사회적 공장과 노동의 일반적 이익

실제적 포섭 명제가 자본주의적 관계가 어떻게 기계에 내재적인가를 보여주는 것이라면 그것은 또한 하나의 전체로서의 사회적 관계가 어떻게 더욱더 자본주의적 생산체제에 종속되는가를 보여준다. 기계의 강제가 인간 주인의 필요를 대체함에 따라, 사회적인 것 자체는, 마리오 뜨론띠가 '사회적 공장'이라고 부른 것의 전개과정 속에서, 자본화된 활동의 광대한 지평으로 등장한다. 이것을 뜨론띠는 1962년에 이렇게 표현한다.

자본주의 발전이 더욱 진전함에 따라, 말하자면 상대적 잉여가치의 생산이 더욱더 모든 곳에 침투함에 따라, 생산-분배-교환-소비의 회로는 필연적으로 더욱더 발전한다. 말하자면 자본주의적 생산과 부르주아 사회 사이의 관계, 공장과 사회 사이의 관계, 사회와 국가 사이의 관계는 더욱더 유기적으로 된다. 자본주의 발전의 최고의 수준에서 사회관계는 생산관계의 계기가 된다. 전체 사회는 생산의 절합으로 된다. 요컨대, 모든 사회는 공장의 한 기능으로서 살아가며 공장은 사회 전체에 대한 자신의 배타적 지배를 확장한다.

(Tronti. Quaderni Rossi no.2, Cleaver 1992: 137에서 인용)

이 주장은 조금 분석할 필요가 있다. 유통을 대규모로 유지하는 것 (연간 총 상품생산)은 개별자본의 사용가능성(operability)이나 구분된 영역으로서의 '생산', '재생산', 그리고 '소비' 등을 필요로 하는 것이 아니라 사회 전체를 가로지르는 하나의 전체로서의 자본주의적 관계의 유지를 필요로 한다. 그리하여 '자본의 사회화 과정'은 [자본주의의 발전 과정이] 근거하는 '특유한 물질적 기초'(Tronti 1973: 98. 강조는 인용자)가 된다. 개별 계기들의 차원에서의 분석이 한 기업의 붕괴를, 혹은 하나의 상품의 특수한 교환가치의 구성을 보여줄지 모르지만, 사회적 자본 차원에서 우리는 가치의 확장과 유지로서의 유통의 지속을 본다. 여기에서 사회적 자본은 '확산된 공상 체제'처럼 작동한다. 물론 이 과정은, 경쟁을 향한 경향들이 집단적 소유와 조화되는 한에서만 가능하다. 그리하여 빤찌에리(Panzieri 1976)와 뜨론띠(Tronti 1973)는 (『자본』 2권과 3권에서 분석된 바처럼 주식소유와 신용을 통해) 결합된 '총사회자본'의 발전에서 자본의 소유권의 사회화에 대한 맑스의 이해의 중요성을 강조한다. 그 결과 이윤은 (개별 기업이 추출하는 잉여가치가 아니라-비록 개별 기업도 여전히 평균이상의 잉여가치를 추출하려고 애쓰겠지만; Tronti 1973: 106 참조) 총사회적 잉여가치의 분할일 것이다.[24] 맑스는 그러한 집단소유는 '자본주

---

24. 『자본』의 2권과 3권에서 맑스는, 신용과 금융을 통해, 처음에는 주식회사의 형성을 통해, 자본이 어떻게, 어떤 의미에서는 그 소유가 '사회적인', 하나의 사회체제로 발전하는가를 설명한다. 모두 서로 경쟁하고 있으며 그래서 불가피하게 '비생산적'(재생산) 영역을 지지하지 않는, 개별 자본가들과 사회의 분리된 영역들은, '사회적 자본'이라는 상호 자립적인 체제로 대체된다. 경쟁은 더 이상 중요하지 않지만, 그것은 (별개의 경기자들 사이의 게임이라기보다) 점차 사회 전체에 내재적인 메커니즘으로 된다.

의적 생산 자체의 틀 내부에서 사적 소유로서의 자본의 폐지'(1974a: 436)라고 혹은 그가 다른 곳에서 썼듯이 '자본주의적 코뮤니즘'(Panzieri 1976: 23에서 인용)이라고 함축적인 방식으로 쓴다.

여기에서 사회적 자본은 사회의 총자본이다. [그러나] 그것은 개별자본들의 단순한 합이 아니다. 그것은 자본주의적 생산의 사회화 과정 전체이다. 특정한 발전의 수준에서 하나의 사회적 권력임이 밝혀지는 것은 자본 자체이다.

(Tronti 1973: 105)

이러한 체제가 발전함에 따라, 내가 3장에서 서술했듯이, 개별 자본가들은 소유자들이라기보다는 관리자들로, 즉 자본의 기능으로 된다.

자본은 모든 자본가들을 대표하게 된다. 그리고 개별 자본가들은 이러한 총체성의 개별적 인격화로 된다. 이제는 더 이상 그가 소유한 자본의 직원이 아니며 자본가 계급의 직원이 되는 것이다. … 이리하여 자본이 '보편적인 사회적 권력'의 수준으로 자신을 고양시키는 한편 자본가는 이 권력의 단순한 대행자, 직원, 혹은 '밀사(密使)'로 된다.25

(Tronti 1973: 105, 107)

---

25. 맑스(Marx 1974a: 388)는 그것을 다음과 같이 설명한다 : '그러나, 한편에서 자본의 단순한 소유자, 화폐-자본가는 기능하는 자본가와 대면해야만 하기 때문에, 화폐-자본 그 자체가 은행에 집중되어 원래의 소유자가 아니라 은행에 의해 대출되고 신용의 진전과 더불어 사회적 성격을 띠는 한편, 다른 한편에서, 자본에 대한 어떤 소유권도 갖지 않은 단순한 경영자가, 자본을 빌리거나 아니면 다른 방식으로 자본가 그 자체의 기능에 부속하는 실제적 기능 모두를 수행하기 때문에, 생산과정에는 오직 직원만 남고 자본가는 잉여적인 것으로 사라진다.'

만약 테크놀로지에 대한 '객관주의적 접근'이 자본관계가 기계에 내재한다는 명제에 의해 도전받는다면, 사회적 공장 명제는, PCI(이탈리아 공산당)의 유로코뮤니즘과 그것의 '역사적 타협'(Negri 1979a: 112)에 매우 핵심적인, 정치적인 것의 상대적 자율성이라는 신그람시주의적 이해에 직접적인 도전을 제기한다. 볼로냐(Bologna n.d: n.p.)가 주장하듯이, 사회적 공장 명제는 '헤게모니 개념의 기초들 자체를 제거했다'. 왜냐하면 사회적인 것은, 자율로 나아가는 경향이 있기는커녕, 점차 자본주의적 생산체제에 종속되는 것으로 보였기 때문이다. '하나의 통합된 전체로서의 자본주의 사회의 구성 과정은 … 사회관계들의 네트워크에서 형식적으로나마 독립적인, 정치적 영역의 실존을 더 이상 관용하지 않는다'(Tronti. Bologna nd.: n.p.에서 인용). 실제로, 오뻬라이스모가 보기에, 사회민주주의의 (특히 사회주의의) 기능들 중의 하나는 문제없는(unproblematized) 노동을 사회민주주의의 정치적인 것 속에서 '대의함'(혹은 심지어는 긍정함)으로써 사회적인 것 전체에 주입된 생산관계를 순치시키는 것이었다. 1964년에 글을 쓰고 있는 네그리(Hardt and Negri 1994)가 보기에, '노동의 사회' 그리고 '일반적인 사회적 이익'(67쪽)이라는 사회주의적 꿈은 지배의 바로 그 기초로서 현실화되는 것으로 보였다.[26] 그래서 네그리는 전후 이탈리아 헌법에서 노동의 중심성[27]을 자본가의 계략으로서가 아니라 '사회주의의 근본적인 이데

---

26. PCI는 핵심적 사례이다. 전후 PCI는, '반파시즘' 계급연합이라는 그것의 초기 정치학에 기초하면서, 형식 민주주의 정치와 민족자본 발전에의 노동계급 참여에 분명한 초점을 두고서 발전할 수 있었다(cf. Partridge 1996: 76~7; Wright 2002: 8~9).
27. 1948년 이탈리아 헌법의 제1조 : '이탈리아는 노동에 기초한 민주공화국이다'(Hardt and Negri 1994: 55에서 인용).

올로기적 원리가 … 헌법의 핵심 속으로'(56~7) 침투한 것으로 서술한다.[28] 이것은 실제로 '민주주의에서 사회주의로의 지속적 발전과정이라는 목가적 이미지로부터 멀리 벗어나는 것'(80)이며 이 주장 속에서 사회주의는 사실상 사회적 공장의 발전을 지지한다.

> '노동의 민주주의'와 '사회민주주의'는 … 노동계급으로서의 그 자신을 부정하며 자본주의적 생산의 구조 내부에서 그 자신을 노동력으로서 자율적으로 관리하는 노동력의 한 형식이라는 가정으로 구성되어 있다. 이미 개개 자본가들의 사적이고 이기적인 표현들을 제거한, 자본주의적인 사회적 이익은, 이 지점에서, 그 자신을 포괄적이고 객관적인 사회적 이익으로 배치하려 한다. … 인간주의적 사회주의의 모델들은 일반적으로 재통합의 상징으로 가정된다. 사회적 생산 속에서의 공통적 행복이라는 애국심은 연대하고 있는 자본가적 노력의 궁극적 구호이다. 모든 생산자들은 마치 병사들처럼 축적의 전투에서 승리할 수 있기 위해서 공통적으로 생산의 희생을 겪고 있다.
>
> (Negri, Hardt and Negri 1994: 62에서 인용)

사회적 공장 명제를 정교하게 다듬는 과정에서 오뻬라이스모의 정치적 초점은, 그들이 '대중 노동자'(위험한 작업조건 때문에 PCI의 노

---

28. 미국 저널인 *Zerowork*(1975: 6)는 사회주의에 반대하는 주장을 다음처럼 깔끔하게 요약한다 : '위기에 대한 우리의 분석은 좌파의 기본적 제안인 사회주의에 대한 거부를 의미한다. … [사회주의는 두 가지의 의심스런 것 중의 하나를 의미할 수 있을 뿐이다. 사회주의는, 자유의지론적 좌파의 이데올로기로서, 소규모 생산 속에서 "노동의 타락"에 대한 해결책을 발견한다. 그것이 아니면 사회주의는 경제적 계획화의 자본주의적 전략이다. 첫 번째 점에서 사회주의는 낭만적이고 그다지 쓸모가 있지는 않다. 그렇지만 두 번째 점에서 사회주의는 우선적으로 노동계급에 대한 훈육을 의미한다. … 두 경우 모두에 사회주의에 대한 요구는 노동에 반대하는 노동계급의 요구와 충돌한다.'

조들에서 배제되었던 대부분의 남부 이주노동자를 포함하여 핵심적으로는 이탈리아 북부의 대공장에서 특히 피아뜨 공장에서 일하던 포드주의 노동자들을 지칭함)라고 부르는 것에 맞추어졌다. 그러나 비록 대중 노동자는 언제나 공장 벽을 넘어 (포드주의가 하나의 사회적 체제인 한에서는) 공동체를 포함하는 것으로 확장되었지만, 사회적 공장의 노동자가 적절하게 이론화된 것은 아마도 1970년대에 들어서, '사회화된 노동자'라는 형상을 중심으로 노동과 정치가 발전하기 시작하기 시작한 이후였음이 분명할 것이다. '사회화된 노동자'라는 용어는 1974년에 알꽈띠에 의해 만들어졌다. 그러나 그것은 (1975년에 네그리의 『쁘롤레따리아와 국가』가 출긴된 이후부터는) 안또니오 네그리와 긴밀히 연결되었다(Wright 1988: 306 참조). 네그리가 이 형상을 발전시킴에 있어서 20쪽 짜리 분량의 맑스의 글인 '기계에 대한 단상'이 핵심적 중요성을 가졌다.[29] 우리는 '단상'에서 사회적 공장에 대한 발본적인 고양(enhancement)뿐만 아니라 네그리의 이후의 작업에서 나타나는 많은 문제점들의 기초를 식별할 수 있다. 이 점은 좀 자세히 고찰될 필요가 있다.

---

29. 「단상」에서의 인용문들은 〈뽀떼레 오뻬라이오〉에서 『제국』에 이르는 네그리의 작품 전체에 걸쳐서 되돌아온다. 그가 「단상」에 부여하는 중요성은, 그가 '우리가 발견할 수 있는 적대적이고 구성적인 변증법을 사용하는 최고의 예는 의심할 수 없을 정도로 분명히 『그룬트릿세』에서 나타나지만 그것은 맑스의 작품 전체에 두루 나타난다'고 쓸 때, 명확하게 드러난다(Negri 1991a: 139).

'기계에 관한 단상'

'기계에 관한 단상'[30]은 빤찌에리의 논문 「잉여가치와 계획화」(Panzieri 1976)가 실린 『꽈데르니 롯시』(*Quaderni Rossi* no. 4, 1964)의 같은 호에 이탈리아어로 처음 출간되었는데 그 이후 그것에 대한 해석은, 빠올로 비르노(Virno 1996a)가 주장하듯이, 성서 해석과 유사했다. 그러한 성서해석은 저자의 진실을 복사하는 형식을 취하지 않고 변화하는 정치적 형식의 구성부분으로서의 상이한 사회역사적 맥락 속에서 그 텍스트를 반복하는 형식을 취했다.

우리는, 노동자 파업의 전례없었던 특질을 약간이라도 이해하기 위해서, 조립라인 속으로 로봇이 도입되고 사무실에 컴퓨터가 도입되는 현상의 특질을 이해하기 위해서, 청년들의 행동의 특정한 종류를 이해하기 위해서 강렬한 집중의 순간인 1858년에 쓰여진 이 페이지들을 여러 차례 반복해서 언급했다. '단상'에 대한 연속적 해석의 역사는 위기와 새로운 시작의 역사이다.

(Virno 1996a: 265)

'단상' 자체는 (매뉴팩처의 핵심에서, 그것이 실제로 그러하듯, 정보 자본을 투사하면서) 자본주의적 생산의 궤적을 이해하는 데에 많은 가능성을 제시하는, 그리고 맑스의 저작에서 그렇게 명백한 경우는 매

---

30. 「기계에 관한 단상」은 『그룬트릿세』의 노트북 VI의 끝에서 VII의 처음에 걸쳐 있다. 그러나 정확한 페이지 참조는 주석가들에 따라 조금씩 다르다. 나는 Negri(1991a)에 포함된 Marx(1973a)의 페이지 690~712를 사용한다.

우 드물게 코뮤니즘의 가능한 과정과 형식들을 제시하는 매우 복잡하고 도발적인 텍스트이다. 그 텍스트의 난점, 그리고 그것의 변화무쌍한 배치는 '단상'의 명제들에 대한 일반적인 서술을 어렵게 만든다. 나는 일반적인 주장에서 시작한 다음 그것이 취하는 두 가지 변이들을 보여줄 것이다.

실제적 포섭의 메커니즘 속에서 노동과 기계의 복잡한 재배치(이것이 지금까지 전개된 논점이다)는 '단상'에서 따온 다음과 같은 유명한 구절에서 매우 분명히 서술된다.

> 생산과정은 그것의 지배적 통일성으로서의 노동에 의해 지배되는 과정이라는 의미에서는 노동과정이기를 그친다. 노동은 오히려 기계적 체계의 다양한 지점들에서 개별적인 살아있는 노동자들 사이에 분산된 의식적 기관으로만 나타난다. 그리고 그것은 기계류 그 자체의 총체적 과정 아래에 포섭되어 그 자체로는 단지 그 체계의 연결고리로만 나타난다. 그 결과 그 체계의 통일성은 살아있는 노동자들 속에 존재하는 것이 아니라 살아있는 (능동적) 기계류 속에 존재하는데 이것은 하나의 강력한 유기체로서 노동자들의 개별적이고 사소한 행위들과 대면한다.
>
> (Marx 1973a: 693)

'단상'이 담고 있는 급진적 명제는, 이 기계론적 '자동기계' 혹은 '유기체' 속에서 자본주의적 생산에 유용한 것은 더 이상 생산적 노동자들의 명확한 개별적 실체들이 아니며 통상적 의미에서 말하는 그들의 '노동'도 아니고 맑스가 일반지성(706), 사회적 두뇌(694) 그리고 사회적 개인(705) 등의 용어로 서술하려고 한 것, 즉 사회 전체에 유통하는 과학, 언어, 지식, 활동, 그리고 숙련 등의 총체라는 것이다. 이것은 생산적 노동에 대해 맑스주의 정설과는 매우 다른 이해를 표현하는 맑스이다. 그리고 실제로 그 명제는 비르노(1996a: 265)로 하여금 그것은 '전혀 "맑스주의적"이지 않다'고 주장하도록 만들 만큼 매우 도전적이다. 그렇지만 그 명제를 읽는 두 가지의 다른 방식이 있다. 만약 그것들이 맑스의 텍스트에서 전적으로 모순되지 않는다면 그것들은 분명히 매우 다른 해석을 가져올 수 있다. 이 두 해석에 대한 다음의 논의는 두 가지의 매우 유사한 인용들에 기초하고 있다. (나는 이 장과 다음 장에서 이 인용문을 참조하려 할 때 각각 [A]와 [B]라고 불렀다.)

[A]

그러나 대공업이 발전하는 정도에 따라, 실제적 부의 창조는 노동시간에 그리고 사용된 노동량에 의존하기보다 노동시간 동안에 가동된 매개자들(agencies)의 힘에 의존하게 된다. 그것의 '강력한 유효성'은 다시 그것들을 생산하는 데 소요된 직접적 노동시간과는 비례하지 않게 되고 오히려 과학의 일반적 상태나 테크놀로지의 진보에 혹은 이 과학의 생산에의 응용에 의존하게 된다.

(Marx 1973a: 704~5. 강조는 인용자)

[B]

[노동자들은] 생산과정의 주요 행위자가 되기보다 생산과정의 옆으로 비켜선다. 이러한 변형에서, 부와 생산의 위대한 초석으로 나타나는 것은 [노동자가] 수행하는 직접적인 인간노동이나 그가 노동하는 시간이 아니라 오히려 노동자가 사회적 몸으로서 현전함에 의해 이루어지는 일반적인 생산력에

대한 그 자신의 전유, 자연에 대한 그의 이해와 자연에 대한 그의 숙달 (mastery), 한 마디로 말해 사회적 개인의 발전이다.

(Marx 1973a: 705. 강조는 인용자)

이 두 인용은 노동시간과 직접적 노동이 새로운 힘과 비교해서 중요성이 감소한다는 '단상'의 일반적 주장을 만들어 낸다. 그러나 이 두 인용은 이 새로운 힘에 대한 약간 다른 억양을 보여준다. 첫째로 [A]는 '과학'과 '테크놀로지'의 생산적 힘을 강조함에 반대 두 번째의 [B]는 새로운 생산력으로 '사회적 개인'을 제의한다. 이 차이로 인하여 발생하는 주장들이 맑스의 텍스트를 통해 추적될 필요가 있다.

[A] 모순? 노동 외부의 일반지성, 그리고 '경비원'

우리가 알다시피 맑스는, 점점 더 큰 단순화와 추상을 향한 노동의 발전 속에서 하나의 이야기(narrative)를 본다. 그 이야기에서 분업의 세분화는 '노동자들의 작업을 더욱더 기계적인 것으로 점점 변형시키며 그리하여 특정한 지점에서는 하나의 메커니즘이 그들을 대체할 수 있다'(1973a: 704). '단상'에서 이것은 맑스로 하여금 한편에는 노동자, 다른 한편에는 일반지성과 기계라는 일종의 이분법을 도입하게 했다. 그 이분법은 [A]에서 이미 드러났지만 그는 그것을 좀더 확실하게 이렇게 표현한다. '지식과 숙련의 축적, 사회적 두뇌의 일반적 생산력의 축적은 이처럼 노동에 대립하여 자본 속으로 흡수되며 그리하여 자본의 속성처럼, 더욱 특수하게는 고정자본의 속성처럼 나타난다'(694).

'사회적 두뇌' 혹은 '일반적 지성'이 기계 속으로 흡수됨에 따라, '인간은 더욱더 생산과정 그 자체의 경비원이자 조정자로서 관계맺게 된다'(705). 우리가 생각할 수 있는 것과는 달리, '경비원' 기능으로의 이러한 격하는 노동이 지루하고 소외된 것으로 되었다는 표시로서 중요하다기보다는 자본이 직면하는 새롭고 결정적인 모순의 현시로서, 그리고 노동 없는 코뮤니즘을 위한 가능성의 징조로서 중요하다. 생산적 힘이 노동자가 아니라 기계 속에 구체화된 일반지성으로부터 나오는 한에서, 생산성은 노동을 무시하는(bypass) 것으로 보이며 그리하여 삶을 노동에 의해 평가했던 자본주의적 평가방식은 점차 시대착오적인 것으로 된다. '현재의 부가 기초하고 있는 소외된 노동시간의 절도는 대공업 자체에 의해 창출된 이 새로운 기초에 직면하여 보잘 것 없는 기초로 나타난다'(705). 하나의 폭발적 '모순'이 나타난다(706~6). 왜냐하면 자본주의는 이 힘들을 계속해서 (점차 비생산적인) 노동과 노동시간에 의해 측정하기 때문이다. 그리고 '사회적 개인'의 필요와 '자유시간'에 기초하여 삶을 창조하고 평가할 가능성이 출현한다. 그래서 우리는 자본의 힘들 속에서 코뮤니즘을 위한 잠재력을 본다. 여기에서는,

> 한편에서 필요노동시간은 사회적 개인의 필요에 의해 측정될 것이고 그리고 다른 한편에서 사회적 생산의 발전이 매우 급속하게 이루어져서, 지금은 생산이 모든 사람의 부에 맞게끔 의도되어 있지만, [이후에는—옮긴이] 가처분 시간이 모든 사람을 위해 늘어날 것이다.
>
> (Marx 1973a: 708)

그 결과, 사회적 개인은 경험할 것이다:

잉여가치를 정립하기 위한 필요노동시간의 축소가 아니라 사회의 필요노동의 최소한으로의 일반적 축소를. 그리고 이것[사회의 필요노동의 일반적 축소-옮긴이]은 다시 창조된 수단들을 통해 그들 모두를 위해 자유롭게 된 시간에 개인들의 예술적 과학적 등의 발전에 상응할 것이다.

(Marx 1973a: 706; 강조는 저자)

이 '모순' 명제는 '단상'에 대한 해석에서 공통적이었다. 네그리를 좀 뒤로 미루어 둘 때, 몇몇 예들이 언급할만한 가치가 있다. 몬타노(1975)는 '단상'의 이 절을 인용하여 '우리는 자본주의적 생산양식 속에서 생산적 노동의 폐지를 … 목격하고 있'(54)고 그래서 노동은 더 이상 생산의 형식 혹은 통제의 형식이 아니다(58)는 주장을 편다. 앙드레 고르즈(Andre Gorz)도 (비록 계급투쟁 관점은 없지만) 이와 유사하게 '단상'을 이용하여, 인구의 대다수가 '탈산업적 신프롤레타리아트'에 속하며 그들의 위험한 노동은 '[머지않은 미래에] 자동기계에 의해 대개는 없어질 것'(1982: 69)이며, '미시전자 혁명이 노동의 폐지를 예고한다'(1985: 32), 그리고 생산에서 지배로 이동한 자본에서는(1985: 39) 이미 '노동에 사용되는 시간량과 비교적 높은 수준의 실업은 인공적으로 유지되고 있다'(1982: 72)고 주장한다. 제레미 리프킨(Jeremy Rifkin 1995: 16~7)은 '단상'을 이용하여 (다소간 피상적으로이긴 하지만) 고르즈의 '노동의 종말' 명제에 대한 그 나름의 해석을 하고 있다. 끝으로 비르노(Virno 1996b)도 여전히 '노동사회의 소멸'에 대해 쓰고 있는데, 자본주의 내부에서 '단상'의 해방적 기획의 실현에 대한 그의 해석은 이 장의 주장과 유사하다.

모순 명제는 맑스의 정치학을 이해함에 있어서 결정적인 계기이다. 왜냐하면 그것은 코뮤니즘을 노동의 군사화 위에 혹은 소외된 노동 위에 정립하지 않고 복잡한 기계적 과정을 통해 그리고 반복적인 손 노동의 (아니 사실은 모든 노동의) 고역을 넘어 확장적인 창조성, 예술, 과학의 삶을 통해 가능해지는 노동 범주의 해체 위에 정립하기 때문이다. 그러나 맑스가 그것을 하나의 '모순'으로 제시하는 한에서 그것은 문제적이다.

[B] 실제적 포섭 속에서의 사회적 개인

맑스가 말하는 일반지성의 코뮤니즘 즉 노동 외부에서의 풍부한 생산은, 기계사용의 대규모 확장에도 불구하고 그리고 이제는 어디에나 사용되기에 이른 제3세대 정보기계의 증식에도 불구하고 실현되지 않았다.[31] 우리는 실제적 포섭 명제와의 통접 속에서 그 이유를 설명하는 '단상'의 다른 부분에 주목할 수 있다. 우리가 이미 살펴보았듯이 그 모순은 일반지성/기계의 생산적 힘에 비해 노동의 생산적 힘이 (양적으로나 질적으로나(Marx 1973a: 700), 단순한 '경비원'으로 줄어들

---

31. '노동의 종말' 명제에 대한 탁월한 비판글에서 Caffentzis(1997: 30)는, 미국에서 노동 일(日), 노동 연(年), 그리고 임금노동자의 수가 1973~4년 에너지 위기 이후에 상당히 증가했음을 (그리고 OECD 수치가 선진 자본주의 세계에서도 이와 유사함을) 보여주는 일련의 자료들을 인용한다.

정도로) 점차 감소함에 따라 나타나는, 노동과 일반지성/기계 사이의 이접에 기초하고 있다. 그 모순은 이 이접이 타당한 한에서만 타당하다. 일반지성의 새로운 생산적 잠재력이, 모종의 '순수 과학'으로서, 노동 외부에 놓여 있는 한에서만 말이다.[32] 맑스가 목도하고 있었던 공장 노동의 끊임없는 단순화를 향한 운동을 고려하면, 이러한 이접의 제시는 이해할 수 있는 것이다. 그러나 그것은 실제적 포섭 명제의 논리와 대립한다. 우리가 살펴보았듯이, 실제적 포섭의 본질은 기술적 관계 및 사회적 관계가 기계[론]적 '자동기계' 내부에 휩쓸려들어 포섭된다는 것이다. 빤찌에리와 뜨론띠가 강조했듯이, 이것은 기술적인 것 혹은 사회적인 것에 어떤 자율적 영역도 남겨 놓지 않는다. 모든 것은 자본주의 관계로 달여진다. 실제적 포섭 명제는 우리로 하여금 과학이나 일반지성을 순수한 발명의 자율적 영역으로 생각하기보다 그것을 이러한 사회적 기계[론]적 체제 내부에 조건지어지고 또 그것에 기능적인 인간 활동성의 산물로, 자본이라는 자동기계에 의해 불러내어진 어떤 것으로 생각하도록 고무한다.

일반지성과 노동의 상호관계를 탐구하기 위한 가능성은, 맑스가 '사회적 개인'에 대해 글을 쓸 때 더욱 분명하게 나타난다. [B] 절에서 맑스는, 기계류 속에 체현된 과학이 생산력이라고 말하지 않고 '사회적 개인이 생산과 부의 위대한 초석으로 나타난다'고 말한다. 맑스는 일반

---

32. 그래서 『단상』에는, 특히 맑스가 '일반지성'(706)이라는 표현을 사용하는 곳에는, 테크놀로지를 특유한 (그리고 자본에서는, 착취적인) 사회관계의 기능적 산물로서보다는 인간의 더욱더 유적인 창조로, 거의 순수한 지식으로 ― '인간적 손'과 '인간적 두뇌'의 생산물로 ― 설명하는 것으로 보이는 절들이 있다.

지성과 사회적 개인을 거의 호환가능한 것처럼 사용한다. 그러나 그가 사회적 개인에 대해 말할 때 우리는 과학적 및 기술적 생산성보다 사회적 생산성에 대한 훨씬 더 풍부한 생각을 본다. 사회적 개인은 여전히 노동 외부에 자유롭게 떠다니는 것으로 보인다. 그러나 만약 우리가 실제적 포섭 명제를 따라간다면 우리는 손노동자를 포섭하는 자동기계가 사회적 개인도 포섭할 것이라고 상상할 수 있다. 그래서 지식기반의 정동적 관계들과 속성들을 풍부하게 포함할 수 있는 사회적 개인의 생산성은 항상 이미 노동관계 속에서 출현할 것이다. 맑스가 '단상'에서, 노동자는 '모든 측면에서 기계류의 운동에 의해 규제된다'(1973a: 693)고, 그리하여 '가장 발전된 기계류는 이처럼 노동자들로 하여금 야만인이 노동하는 것보다 더 오래 혹은 노동자 자신이 가장 단순하고 조야한 도구를 가지고 했던 것보다 더 오래 일하도록 강요한다'(708~9)고 쓸 때, 우리가 덧붙일 필요가 있는 것은, 이렇게 되는 이유는 일반지성이 손노동을 더 많이 하도록 만들기 위해 사용되는 기계를 발명하기 때문만이 아니라 사회적 개인의 일반지성과 실천이 노동으로서, 사회적 기계[론]적 체제에 내재적인 힘으로서 출현하기 때문이라는 점이다. 개별노동자는 (그녀가 기여하는 사회적 총체에 대립하는 그녀의 특수성 속에서는) 역시 점차로 무관해져 간다. 하지만 이때에 그 이유는, 일반지성이 반복적 손노동으로부터 잉여가치를 추출하는 것 외에, (노동시간 속에서뿐만 아니라 노동시간을 포함하여) 사회 전체를 가로지르는 사회적 개인의 '사회적 활동의 결합' 속에 있는 모든 종류의 상이하고 더욱 복잡한 힘들로부터 잉여가치를 추출하는 것을 표시하기 때문이다. 그러므로 그것은, 순수한 과학이 생산적으로 되기 때문이 아니라 일련의 모든 능력들과 지식들이 생산적이고 또 착취가능한 것으로 되기 때문이다. 노동은 내용 없게 되는 것이 아니라 상이한 내용으로 가득 차게 된다.

그러므로 일반지성의 생산성은 노동의 증대된 비생산성과 무관성을 향한 과정이 아니라 노동으로 계산될 수 있는 삶의 내용의 보다 커다란 확장을 향한 과정을 표시한다. 그러므로 우리는 '노동시간을 줄이기 위한 가장 강력한 도구가, 변증법적 역전을 겪어, 노동자와 그의 가족의 모든 삶시간을 자본의 가치화를 위해 자본이 임의로 처분하는 노동시간으로 전환시키는 가장 확실한 수단으로 된다'는 맑스 (Marx 1976: 532)의 다른, 좀더 비극적인 결론을 이해할 수 있다.

네그리의 사회화되고 정동적인 노동자들

「단상」에 대한 이 두 가지 독해가 — 그리고 그 두 가지 독해의 이상한 얽힘이 — 사회적 노동자(이 용어 자체는 「단상」의 '사회적 개인'에서 유래했다)에 관한 네그리의 글쓰기에 분명히 나타난다.[33] 나는 이 주장을 두 개의 상호 관련된 논점을 통해 추적할 것이다. 첫째는, 사회적 노동의 내용은 점차 '소통적'이고 '비물질적'으로 되는 경향을 가진다는 논점. 둘째는, 이 노동형태가 자율적으로 되는 경향이 있고 거의 다수자주의적(majoritarian)인 코뮤니즘적 집단성으로 되는 경향

---

33. '사회화된 노동자'는 operaio sociale의 번역이다. 그것은 때로는 '분산된 노동자' 및 '사회적 노동자'로도 번역된다.

이 있다는 것. 이 논의는 네그리의 후기의 단독 저작을 마이클 하트와 의 공동저작과 결합시킨다(Hardt and Negri 1994, 2000). 물론 그의 가장 최근의 저작인 『제국』[34]은 내가 확인하려고 하는 개념적 문제들 중의 일부를 극복하기 위해 노력한다. 하지만 그것은 그것을 실제로 다루어 내지는 못한다. 네그리 자신이 『제국』의 사회적 노동자에 대한 설명을 그 자신의 이전의 저작으로부터의 단절로 이해하는 것 같지 않다는 것 은 이 작품을 '비물질적 노동' 이론가들에 대한 그의 비판 속에 포함시키기를 그가 주저한다는 점에 의해 확인된다(Hardt and Negri 2000: 29).[35]

세부 주장으로 나아가기 전에 사회적 노동자 범주의 역사적 출현 시점과 일반적 틀을 살펴보는 것이 필요하다. 대중 노동자 이론이 일 반화된 추상적 노동의 계급의 출현을 표식한다면 사회적 노동자 명제 는 완전히 사회화된 자본의 계급구성을 서술하려 한다. 네그리(Negri 1988b: 217)는, 대중 노동자가 숙련 노동자와 완전히 사회화된 노동자 사이의 실제적 포섭의 운동에서 하나의 단계였다고 주장한다. 그는 사 회적 노동자의 출현을 1968년의 투쟁들과 연결시킨다. 그리고 '유럽의 대부분에서, 대중 노동자는, 그것의 실존 시기가 사실상 끝나갈 바로 그 때에 개념화되고 또 하나의 현실이 되었다'(Negri 1989: 75)고 주장한다. 네그리 (Negri 1988b)는, 대공장-도시들에서의 자본의 재구성, 사회적 공간 을 가로지르는 노동자들의 점증하는 확산, 그리고 1970년대의 긴축조

---

34. [옮긴이] 그 후속편인 『다중』(*Multitude*)은 2004년 8월에 Penguin 출판사에서 출간되 었다.

35. 역사에 관한, 그리고 전 지구적 협치(governance)의 현대적 형식들에 관한 『제국』의 좀더 광범위한 주장은 이 장의 범위를 넘어선다.

치 체제 속에서, 요구들을 공장 너머로 확장하는 대중 노동자의 힘이 효과적으로 박탈되었다고 주장한다.[36] 이것은 계급구성 내용이 대중 노동자를 넘어서 **확장되지 않을 수 없도록** 만들었고 따라서 네그리는 다음과 같은 것이 필요했다고 주장한다.

> 노동-계급의 생산적 노동 개념을 수정하고 확장하며 (대중 노동자 개념이 사장들의 역공격의 충격 때문에, 노조의 사회협조주의 때문에, 그리고 개념 그 자체의 역사적 이론적 한계 때문에 불가피하게 공장에 대한 경험적 관념 ─ 단순화된 공장주의 ─ 에 묶여졌던 한에서) 대중 노동자 개념의 이론적 고립을 제거하기 위한 계급 통일성에 대한 가장 광범위한 정의.
>
> (Negri 1988b: 208)

새로운 계급구성은 완전히 확산된 프롤레타리아트 ─ 정통 공산주의 운동의 전통에서 덜 교육받은 공장의 젊은 세대들뿐만 아니라 그들의 생산적 중심성이 임시적, 시간제의, 비보장의 노동의 확장과 지하 경제에 그리고 가사노동 및 비지불 노동에 연결되었던 (청년, 여성, 성적 소수자들, 실업자들, 대항문화 집단들 등의) 에마르지나띠 ─ 의 계급구성으로 나타났다. 이탈리아 공산당에게 이것은 훈육되지 않은 계급의 영역, 대개 룸펜프롤레타리아트(내가 5장에서 보여주듯이 '전염병 운반자'이자 '기생적 계층')의 영역이었다. 그러나 네그리와 아우

---

36. 네그리는 이러한 발전을 대중노동자의 효과적 힘에 대한 자본의 직접적 대응으로 그린다(cf. 1988b: 212~6).

또노미아에게, 이 확산된 프롤레타리아트는 생산의 새로운 중심적 힘이었다. 그래서 그는, '이제 생산과 재생산의 모든 범위에 걸쳐 확장된 새로운 노동계급의 잠재력, 사회에 대한, 그리고 사회적 노동 전체에 대한 자본주의적 통제의 더 폭넓고 더 철저한 차원에 더욱 접합한 개념화'를 반영하기 위해서, 이 계급구성은 '노동계급'으로보다는 '사회적 노동-력'으로 더 잘 이해될 수 있다고 주장한다(Negri 1988b: 209).

소통과 정동적 노동

이 일반적인 배경으로부터 우리는 이제 사회적 노동자 명제의 후속적 발전과 세부를 고찰하는 것으로 나아갈 수 있다. 네그리 명제의 핵심은, 사회적 노동이 일반지성의 살아 있는 집합체가 되면서 기술-과학적 지식에서 극히 풍부하다는 「단상」의 기획들의 핵심을 따른다. 그래서 네그리는 『전복의 정치학』(Negri 1989: 116)에서, '사회적 노동자의 매우 높은 수준의 생산성은 … 과학, 소통, 그리고 지식의 소통이다' 라고 쓴다. 소통이 중심적으로 된다. 왜냐하면 그것은 사회적 총체의 협력 형식이기 때문이다. '지적 노동은 모든 사회적 노동을 위한 상호작용의 메커니즘을 보여준다. … 그것은 특유한 사회적 구성을, 협력의 구성을 아니 오히려 지적 협력 즉 소통의 구성을 생산한다. 이것은 그것을 빼놓고는 사회를 더 이상 생각할 수 없는 하나의 기초이다'(Negri 1989: 51). 네그리(Negri 1989: 117)는 이런 식으로 하버마스의 '소통행동' 이론을 받아들여, '현실의 지평이 구성되는 것은 소통적 행동의 상호작용을 기초로 해서이다'라고 말한다. 두 가지의 모순적 주장들이 이로부터 발전되어 나오는 것으로 보이는데, 그것들이 『제국』에서는 더 이상 분명하지 않다.

한편에서 네그리는 이 소통적 노동이 '언어적'일 뿐만 아니라 '주체적'이며, 그리고 나중에는 '삶정치적'이고 '정동적'인 상호관계임을 인식한다(Hardt and Negri 2000). 해러웨이(Haraway 1991b)를 따라, 하트와 네그리(Hardt and Negri 1994, 2000)는 이것을 기술적, 유기적, 물질적 그리고 비물질적 과정들의 복잡한 아상블라주로 구성된 '사이보그' 조건이라고 서술한다.37 하트와 네그리는 심지어 (Virno and Hardt 1996에 모아진 이론가들과 같은) 후기－아우또노미아의 비물질적 노동 이론가들에 대한 비판을 제시한다. 그들이 생산의 새로운 힘들을 '천진한' 방식으로, '거의 전적으로 언어와 소통의 지평 위에서' 제시했다는 것이다(Hardt and Negri 2000: 30, 29). 『제국』은, 이 비물질적이고 정동적인 노동이 (정보, 코드, 기호의 조작을 포함하는 새로운 노동형태들이 있긴 하지만) 생산의 별개의 지평이 아니라 생산 전체의 다양한 체제들에 내재적이라고 주장한다. 예를 들어, 제조업은 사라지지 않으며, 그것이 정보기술에 의해 점점 더 통제됨에 따라, '정보화된다'(Hardt and

---

37. Hardt and Negri(1994: 280~1)는 좀더 상세한 정의를 제공한다 : '산 노동은 무엇보다도 (질과 관련하여) 추상적이고 비물질적인 노동으로 나타나며, (양과 관련하여) 복잡하고 협력적인 노동으로, 나타나고, (형식과 관련하여) 지속적으로 더 지적이고 과학적인 노동으로 나타난다. 이것은 단순 노동으로 환원될 수 없다. 오히려 인공언어의 기술-과학적 노동으로의 지속적으로 더 큰 수렴이, 싸이버네틱과 체계이론, 새로운 인식론적 패러다임들, 비물질적 결정들, 소통적 기계들의 복잡한 절합이 있다. 이 노동은 사회적이다. 왜냐하면 (생산과 재생산의) 중요한 과정의 일반적 조건이 그것의 통제 아래에 놓이고 그것과의 일치 속에서 재모델화되기 때문이다.'

Negri 2000: 293). 더구나, 「단상」의 [B]절에 대한 논의 속에서 내가 한 주장과 거의 같은 방향에서, 삶정치와 싸이보그에 대한 하트와 네그리의 강조에 반드시 수반되는 것처럼, 소통적이고 정동적인 노동은 자본주의적 통제체제에 휩쓸려 있는 것으로 이해되며 그리하여 '불변자본은 가변자본 안에서, 두뇌와 몸과 생산적 주체들의 협력 속에서 구성되고 또 재현되는 경향이 있'(Hardt and Negri 2000: 385)는 것으로 이해된다.

정동적 생산과 일반적 지성의 자본화를 설명하기 위한 사회적 공장 명제의 이러한 갱신은 네그리의 작업의 가장 중요한 측면들 중의 하나이다. 그러나 그것이 문제없게 나타나는 것은 아니다. 그 주장에는 다른 면이 있다. 한 수준에서 네그리는 때때로 계속해서 정동적이고 삶정치적인 과정들을 소통 속에 통합한다. 예를 들어, '소통은 점차 생산의 기초구조(fabric)가 된다'(Hardt and Negri 2000: 404)고 주장하는 것이 그것이다. 그러나 이보다 더 근본적으로, 네그리는, 정동적이고 비물질적인 노동이 자본주의적 관계 외부에서 점차 자율적으로 되어가는 경향이 있다고 주장한다.

자율적 생산과 코뮤니즘적 다중

분명히 (언어가 언제나 권력/지식 체제의 그물에 걸려들며 따라서 결코 '자율적'이지 않은) 푸코적 틀과 하버마스적인 자율적 소통행동 사이의 근본적 분기(分岐)를 무시하면서, 네그리는 소통의 생산성을 향한 경향을 출현하고 있는 자유와 등치시키는 것으로 보인다. 생산이 더 유동적이고 비물질적으로 되면 그럴수록 생산이 더욱더 통제를 벗어나는 것처럼 말이다.[38] 그리고 그는 다소 순수한 언어적 '활동성'이 '소통 사회'에서 전면에 나서고 있는 것으로 인식한다(Hardt and Negri 1992: 105).[39] 심지어 『제국』에서 좀더 삶정치적인 경향이 제시될 때조차도, 삶정치적이고 비물질적인 노동은 여전히 자율을 향하는 경향이 있다. 그래서, 위에서 인용한 가변자본에 관한 그들의 언급과는 정반대로, 하트와 네그리는 생산력과 생산관계 사이의 정통적 이분법으로 회귀한다. 그리고 (같은 작품에서) 그들은 이렇게 쓴다.

[삶정치적 노동은] 노동력이 '가변자본'으로, 즉 자본에 의해서만 활성화되고 응집되는 힘으로 생각되는 … 낡은 관념을 의문에 붙인다. 왜냐하면 노동능력의 협력적 힘들(특히 비물질적 노동능력)은 노동에게 그 자신을 가

---

38. '생산이 더욱 비물질적으로 되고 더욱 사회화되면 그럴수록 노동은 자본주의적 명령에서 더욱 자율적으로 된다'(Hardt and Negri, in Brown et al. 2002: 205).

39. Negri(1989: 78)는 활동/노동의 이 소통적 네트워크를 푸코의 '공간적 우주'이자 하버마스의 '소통 활동'의 장소로 서술한다. 푸코의 작업의 전제는 물론, 미시-권력들이 그 구성의 기초로서의 사회적인 것에 스며든다는 것이다(cf. Foucault 1980: 94). 이것의 강렬도와 복잡성의 정도가 위에서 말한 바와 같기 때문에, 그에게서는 하버마스와는 반대로, 순수한 소통에 대한 어떤 이야기도 이론적 허구(혹은 다른 식으로 표현하면, 그 자체가 권력/지식의 특수한 통접의 산물)이다. 네그리가 보기에, 증식하는 네트워크들이라는 푸코의 이미지를 소통에서의 평등으로서의 코뮤니즘의 가능성을 구성하는 것으로 이용하는 것은 따라서, 줄잡아 말해 문제적이다. 코뮤니즘이 순화된 언어에 대한 집단적 통제라는 생각은 『제국』에서 다시 나타난다. 거기에서 하버마스가 다시 언급되는데, 이번에 그[하버마스-옮긴이]는 소통적 행동의 가능성을 너무 협소한 방식으로 제시하는 것으로 간주될 뿐이다 : '[하버마스는] 언어와 소통의 해방된 기능을 사회의 개별적이고 고립된 계층들에만 부여한다'(Hardt and Negri 2000: 404).

치화할 가능성을 제공하기 때문이다.

(Hardt and Negri 2000: 294)

네그리가 모든 사회관계들에 권력(power)이 내재한다는 푸코적이
고 들뢰즈적인 생각들을 사용함에도 불구하고, 비물질적 노동의 대두
하고 있는 자율성을 보려는 경향을 갖는 이유는, 대두하고 있는 모순
과 코뮤니즘 사회의 기초를 증언하려는 「단상」에서의 맑스의 욕망과
관련이 없지 않다. 맑스가, 생산적 활동성의 새로운 내용(일반지성)이
노동 외부에서 출현할 것이고 따라서 그것이 코뮤니즘과 노동 폐지
로 향하는 경향이 있다고 주장하듯이, 네그리도 이와 유사하게 비물
질적, 소통적 그리고 정동적 노동의 이 점증하는 자율적 지평을 코
뮤니즘적 본질(『제국』이 '다중'이라고 부르는 것)로 이해한다. 그래서
'단상'에 대한 어떤 독해에서 네그리(Negri 1988c: 115~16)는, 노동시간이
실제로 '해체하고 있는 요소'가 되고, 과학이 '생산 속에 직접적으로
병합됨'에 따라, 양적 모순(대량화된 사회적 생산이 개인적 항들로
측정되는 것)이 '위기에 처한다'고 주장하기 위해 위에서 [A]라고 붙
인 절을 이용한다. 그렇지만, 「단상」에 대한 몬타노나 고르즈의 해석
과는 달리, 네그리의 작업이 발전함에 따라, 그는 이것이 노동 외부에서
계속 진행되고 있다고 보는 점에서 맑스를 따르지 않는 경향이 있다.
오히려 가변자본에 관한 마지막 언급이 암시하듯이, 그는 사회화된
노동 자체를 자율을 향하는 경향이 있는 것으로 본다. 즉 그것이 점차
계산, 등가, 그리고 가치-형태(자본에 의해 규정된 '노동')에 의해 지
배되는 조건 속에서 작동하지 않고 오히려 자기결정적 방식으로 노동

하고 있는, 그리고 그들 자신의 필요들('활동들')에 의해 추동되는 '자유로운 개인들'의 조건 속에서 작동하는 것으로 보는 것이다.[40] 네그리는 그것을 이렇게 쓰고 있다.

> 노동-능력의 교환은 더 이상 특정한 양과 특유한 질로, 자본의 과정 내부에서 발생하는 그 무엇이 아니다. 오히려, 사회적 필요와 목표에 의해 규정된 활동들의 상호교환이 지금은 사회적 생산의 전제조건이자 근거이다. … 노동은 이제 사회적 부의 세계 속에의 직접적 참여이다.
>
> (Negri 1988c: 117~8. 강조는 인용자)

다중의 정치를 위한 영역을 열면서 네그리는, 이러한 '활동성들의 상호교환'이 자율적 자기조직화로 나아가는 경향이 있다고 주장한다. 그곳에서는 '협력이 자본주의적 기계에 앞서서, 산업에서 독립적인 조건으로서 제기된다'. 그리하여 '생산적 노동의 기업적 힘은 이제부터는 완전히 포스트포드주의적 프롤레타리아트의 수중에 있다'. 그리고 '사회적 노동자는 코뮤니즘의 실현의 일종, 그것의 발전된 조건이다. 이와는 대조적으로, 시장은 더 이상 자본주의의 필요한 조건조차도 아니다.'(Negri 1992: 78; 1996: 216; 1989: 81; 또 Hardt and Negri 2000: 294 참조).[41]

---

40. 네그리는 이 과정을, 노동시간과 가격[원문 그대로 둔다-옮긴이] 사이의 양적 관계로 해석된 가치법칙의 극복으로, 그것의 '명령법칙'으로의 대체로 이해한다(Negri 1991a: 172; 또 Hardt and Negri 2000: 357~8, 401 참조). 이것은 가치법칙에 대한 환원적 해석이다. 그것이 Elson(1979)이 주장하듯이, 상품 가격의 문제로 이해되어서는 안 되며 노동이 자본 속에서 취하는 형태의 문제로 이해되어야 한다. 그렇지만, 네그리가, 생산은 (생산적 노동에 대한 자본가의 필요보다는) 사회적 필요에 의해 규정된다고 주장하는 한에서 그는 가치법칙에 대한 완전한 개념뿐만 아니라 제한된 개념까지 버린 것으로 보인다.

우리는 이제, 네그리가 어떻게 한때는 오뻬라이스모의 기획을 지속하다가 그것으로부터 급진적으로 이탈하는가를 볼 수 있다. 빤찌에리와 뜨론띠는 기술적 사회적 혹은 정치적 영역의 상대적 자율성을 생각할 가능성을 제거했다. 그 대신 사회적 공장을 통해 자본주의화된 생산의 보편적 지평을 서술했다. 네그리는 생산의 보편적 지평에 관한 오뻬라이스모의 관심을 지속한다. 그리고 그는 사회-정치적인 것의 상대적 자율성이라는 신그람시주의적 명제에 대해 경멸을 보이는 것을 부끄러워하지 않는다(Hardt and Negri 2000: 451). 그렇지만 이와 동시에, 네그리가, 빤찌에리가 열심을 기울여 침식하려고 했던, 생산의 힘과 관계 사이의 정통적 분리를 재도입할 뿐만 아니라, 신그람시주의적 명

---

41. 제국, 다중, 그리고 삶정치적 생산의 관계에 대한 『제국』의 매우 혼란스러운 인식을 탐구하면서, Moreiras(2001: 225)는 (소비자 욕망과의 직접적 관계 속에서, 그리고 제3세계 노동에 대한 착취 없이 탈중심화되고 유연한 방식으로 움직이는) 의복회사인 자라(Zara) 사(社)에 대해 도발적으로 묻는다 : '무엇이 자라 사를 대항-제국의 예로 이해하지 못하게 하는가? 그리고 일단 내재화(immanentization)가 전속력으로 진행되면, 무엇이 우리로 하여금 제국과 대항-제국 사이에 결국 어떤 차이도 없음을 의심하지 못하게 할 것인가?' 우리는, 하트와 네그리가 현대의 삶정치적 생산 속에서 생산과 욕망의 내재성에로의 명백한 접근을, 들뢰즈와 가따리가 '새로운 대지'의 조건으로 이해하는 것 — 이들은 이것이 욕망하는-생산과 노동-능력이 마침내 '일반적 그리고 구분 없는 생산' 속에서 그들의 실체적 통일성(자본이 발견하지만 계속해서 재소외시키는 그 무엇)을 드러내는 때로 이해한다(AOE: 302) — 의 임박한 도래로서 해석한다는 주장 ('새로운 삶의 양식들에서 노동은, 점점 더 큰 영역에서 욕망으로 된다' : Hardt and Negri, in Brown et al. 2002: 205)에 의문을 갖는다. 이 때문에 제국을 긍정하는 것인지 비판하는 것인지에 관한 하트와 네그리의 모호함이 Moreira의 논문의 초점이 된다. 오늘날의 작업에서 (1960년대와 70년대의 '노동의 위기'를 극복하는 수단으로서; Virno 1996c; Heelas 2002 참조) 욕망의 노동에로의 접근에 대한 강조는 현대의 연구의 결정적 지점이다. 하지만 Moreira의 예가 밝혀주듯이, 이러한 배치 속에서 어떻게든 욕망이 해방된 것으로 보는 것은 정말로 문제적이다(하여튼 욕망은 언제나 이런저런 방식으로 사회체를 — 그리고 그것의 정체성들, 배치들, 대상들, 그리고 공포들을 — 에워싼다).

제의 이상한 역전(이에 따르면 자율적으로 되는 것은 생산의 영역이다)을 생산하기 시작함에 따라, 사회적 공장 명제의 핵심 — 모든 사회적 관계에 대한 자본의 내재성 — 은 사라지는 것으로 보인다. 그래서, 네그리가 코뮤니즘적 다중을 노동의 형태들에서 보는 것과 저항의 형태들 속에서 보는 것 사이에서 동요하기긴 하지만, 본질적으로 그 저항은 노동거부라기보다(왜냐하면 '노동'은 어떤 의미에서 극복되었기 때문에), 비물질적이고 정동적인 노동의 집단적 구체화의 긍정이다. '실제로, 노동함에 의해, 다중은 그 자신을 특이성으로 생산한다'(Hardt and Negri 2000: 395. 강조는 인용자).[42] 그의 극단들에서 네그리(Negri 1989: 79)는 이 잠재력의 발전을 가능케 하기 위하여 (마치 '탈규제'가 언제나 복잡한 규제의 과정이었던 것은 아니라는 듯이) 노동시장 탈규제를 선호하기조차 하며, 노동거부로부터 물러나, 축적된 비물질적 노동의 부단히-더-풍부한 재생산을 보장하기 위한 … 생산의 사회적 본질의 재전유로서(Negri 1996: 221), '자주관리'라는 낡은 평의회 코뮤니즘적 주제의 변이 속으로 들어간다(Hardt and Negri 1994: 227).[43]

---

42. 이 토론이 사회화된 노동자에 대한 네그리의 좀더 최근의 정교화된 설명에 초점을 맞추고 있지만, 자율을 향한 사회화된 노동자의 경향에 대한 그의 초기의 설명에서(예를 들면 Negri 1979a에서) 외부적인 자본주의 명령을 떨쳐버릴 메커니즘으로 되는 것은 자주관리라기보다는 정치적 폭력과 '무장투쟁'이다.

43. 네그리는, 오늘날의 삶의 구성을 코뮤니즘적인 것으로 긍정하는 방향으로 나아감으로써, 빠찌에리에 의해 비판되었던 '계획화' 관점처럼 보이기 시작한다. 물론 일반지성으로 풍부한 노동은 공장노동이 합성되는 제한된 형식을 훨씬 초과하는 더 분산되고 복잡한 속성들과 힘들로 구성되지만, Bifo(1980: 168)가 말하듯이, '혁명이 레닌주의적 국가장악을 레닌주의적 지식장악으로 … 대체할 필요가 있다고 결론 맺는 것은 너무 소박한 일일 것이다. 문제는 실제로 훨씬 더 복잡하다. 왜냐하면 지식의 속성과 사용뿐만 아니라 그것의 구조는 자본주의적 작용에 의해 결정되기 때문이다.'

그렇다고 해서, 네그리가 착취의 범주를 버린다고 말하는 것은 아니다. 그는, 이 사회화된 노동이 '노동시장의 주요 특징들(배제, 선택, 위계)에 복잡하게 그리고 정서적으로 연결되어'(Negri 1989: 47) 있다고 쓴다. 그리고 이것은 '착취의 현실을 업신여기는 것을 의미하지 않는다'(Negri 1994: 235)고 쓴다.[44] 그러나 다중이 자율을 향하는 경향이 있는 한에서, 착취는 점차 '외적'이고 '공허'하게 된다(238). '자본주의 권력은 산 노동의 새로운 형상들을 극적으로 통제한다. 그것이 그 형상들을 훈육적 방식으로는 침략할 수 없기 때문에 그것은 그들을 외부로부터 통제할 수 있을 뿐이다'(235). 그래서 착취가 정확히 무엇인지는 점차 불명확하게 된다.

다수자로서의 소수적인 것

코뮤니즘을 향해 자활해 나가고 있는 자율적 다중이라는 이 문제는 소수적인 것이라는 들뢰즈와 가따리의 형상에 대한 네그리의 접근 속에서 가장 두드러지게 나타난다. 들뢰즈와의 대담(N: 169~76)에서 네그리는 만약 '소통 사회'[45]에서 '소통을 가능케 하는 테크놀로지 위에

---

44. Sprinker(1999)에 실려 있는, 이 점에 관한 네그리와 데리다의 토론을 참조하라.

45. 이 논문에서 '소통사회'는 들뢰즈가 말한 '통제사회' 모델에 상응하는 네그리의 용어이다(Negri 1992: 105 참조). 들뢰즈의 표현인 '통제'는 분명히 (소통이 실제로 지배적인) 체제를 이해하는 데 경멸적인 함축을 수반하는데, 네그리는 이것을 삭제하고 싶어 한다. 이 점은 그의 질문에서 분명히 드러난다. 『제국』에서 통제가 분명히 중심적 자리로 떠오르지만, 책이 전개됨에 따라 그것은 '제국'이라는 범주 속에 포섭되는 것으로 보이며 그 자체로는 점차 '실속 없는 것으로' 된다. 들뢰즈와 가따리(Deleuze and Guattari 1988: 460)가 '제국'의 복귀에 대해 말을 할 때('제3시대의 현대 국가는 실제로

건설된, 자유로운 개인들의 횡단적 조직'으로서의 '단상'의 코뮤니즘은 '이전보다 덜 유토피아적이지' 않은가라고 묻는다(174). 또 그는, 지배가 더욱 완전해지지만, 아마도 '어떠한 사람, 어떠한 소수자, 어떠한 특이성도 잠재적으로는 그 전의 어느 때보다도 더 커다란 정도의 자유를 터놓고 말할 수 있고 또 그 때문에 그러한 자유를 되찾을 수 있을' 가능성을 제기한다(*N*: 174). 비록 질문으로 제기되지만, 이것은 분명히 네그리의 일반적 주장의 표현이다. 그렇지만 들뢰즈는 매우 다른 주장으로 이에 응답한다. 그는, 즉각적 소통은 코뮤니즘보다는 '통제'의 열린 공간들의 복잡한 피드백 메커니즘에 더 부수한다고 주장한다(이에 대해서는 아래를 참조하라). 그리고 그는 말과 소통은 '우연에 의해서가 아니라 그것들의 본성에 의해서, 돈에 철저하게 물들어 있다'(175)고, 그래서 '"소통이라는 보편자"에 대한 추구는 분명히 우리를 몸서리치게 만든다'고 말한다.

이 다소 큰 입장 차이에도 불구하고, 다른 곳에서 네그리(Negri 1998: n.p.)는, 사회화된 노동자의 정치(학)은 소수적인 것에 관한 들뢰즈의 이해와 연관된다고 주장한다. 그러나 들뢰즈에게서 소수적인 것은 사회적 힘들이 운동을 구속하는 갇힌, 불가능한, 소수자 입장에 근거함에 반해, 네트워크는 그것을 풍부와 다수성의 형상으로 읽는다. 아마도 서로의 해석 차이를 인정하면서도, 네그리(Negri 1998: n.p.)는, 소수적인 것에 대한 들뢰즈와 가따리의 개념은 사회적 노동자와 다중에 대한 승인이었지만 '현상학적 분석의 관점에서 볼 때' 『천개의

제국들의 가장 절대적인 것을 회복시킨다'), 그것은 가장 복잡한 통제에 내재적이다.

고원』에서의 사회정치적 정의는 실제로 이것 이상으로 더 멀리 나아가지는 않는다'고 말한다.[46] 그리고 나서, 그는, 소수적인 것을 들뢰즈와는 매우 다른 방향에서 취하면서, 그것이 자율적 다중이라는 '새로운 다수자 개념'에 기여했다고 주장한다.[47] 그리고 가장 이상하게도, 다른 논문에서 네그리는, 이 다중을, 탈훈육적 통제사회에서 발생하는 코뮤니즘적 민주주의의 외관상 필연적인 양식으로서, 추상기계와 다이어그램이라는 들뢰즈의 (그리고 푸코의) 유형학들(typologies)과 연결짓는다.

> 푸코와 들뢰즈에 따르면, 이 최종적 패러다임[통제/소통] 주위에, 새롭고 근본적으로 새로운 가능성의 질서를 생각하도록 허용하는 질적 도약이 결정된다. 그 질서가 바로 코뮤니즘이다. 만약 주권 사회에서 민주주의가 공화적이라면, 훈육사회에서 민주주의는 사회주의적이고, 소통 사회에서 민주주의는 코뮤니즘적일 수밖에 없다. 역사적으로, 훈육 사회와 소통 사회 사이에서 결정되는 이행은 최종적으로 가능한 변증법적 이행이다. 그 이후에 존재론적 구성은 자유로운 개인들의 다중의 산물 이외의 다른 것일 수 없다.
>
> (Negri 1992: 105)

---

46. 『제국』에서 하트와 네그리(Hardt and Negri 2000: 28)는 들뢰즈와 가따리가 '사회적 재생산의 생산성을 발견하지만 … 그것을 단지 피상적으로만 그리고 일시적으로만 표현할 뿐이다'라고 주장한다.

47. [옮긴이] '새로운 다수자 개념(new concept of the majority)'이라는 표현이 네그리의 표현인지 쏘번의 해석인지는 불명확하다. 『제국』(Empire)에는 이러한 표현이 발견되지 않는다.

추상기계들과 자본주의적 '기관 없는 몸'

나는 2장과 3장에서, 들뢰즈의 소수정치(학)이 어떻게 네그리의 제시와는 매우 다른 방식으로 작동하는가를 보여주었다. 이제 나는, 자본에 대한 들뢰즈의 이해가 어떻게 네그리와는 생산에 대한 다른 지평을 제시하며 생산-에서의-자율에 관한 그의 이해와도 다른 지평을 제시하는가를 고찰하는 것으로 넘어가고자 한다. 들뢰즈와 가따리에게 있어서, 자본주의적 사회체는 끊임없이 변하는 '추상기계'로, '거대기계'로, '기관 없는 몸'으로 작동한다. 『안티-오이디푸스』는 추상적 사회기계의 세 가지 유형의 '보편사'를 제공한다 : 원시적/야생적(savage) 영토적, 야만적(barbarian) 전제적, 그리고 문명화된 자본주의적. 이 각각의 사회기계를 정의하는 것은, 세 가지 종합들(연결적, 이접적, 통접적)(2장의 각주 14 참조)을 통한 그것의 구성양식이며 이 구성양식에 의해 그 기계의 전체 및 일부가 하나의 사회체로 작동한다(*AOE*: 33). 니체의 『도덕의 계보학』을 따라, 물리적(corporeal), 비물리적, 기술적 관계들이 인간을 위해 어떤 '기억'('기억'이 매우 '깊어야만' 하는 것은 아니지만; Ansell Pearson 1999: 217~18)을 빚어내는 특유한 관계들 속에서, 각각의 사회 기계가 그것의 물질적 흐름을 조작하는 (engineer) 영토들과 코드들 중의 하나가 문제로 된다.

사회 기계는, 그것이 부동의(immobile) 동력을 보여주고 다양한 개입들을 하는 한에서, 어떤 은유와도 무관하게, 문자 그대로 하나의 기계이다. 흐름들은 서로 분리되고 요소들은 사슬로부터 분리되며 수행될 과제의 부분들은 분배된다.

(AOE: 141)

　명확한 선형적 음조에도 불구하고, 들뢰즈와 가따리의 보편사는 추상적 사회기계를 그것들의 시간성(temparality)에 의해서가 아니라 그것들의 작동 양식에 의해서 서술한다. 즉 그들은 '사회형성체를 생산의 양식들에 의해서가 아니라 기계[론]적 과정들에 의해서 정의한다(이들 생산양식이 오히려 그 기계적 과정들에 의존한다)'(ATP: 435). 여기에서 '생산양식들'은 낡은 구체적 배치들이다(그렇지만, 나는 이것이 마찬가지로 지나간 역사들보다는 구성양식에 더 많은 관심을 가졌던 맑스의 방법의 부정이기보다는 그것에의 추가로 이해되어야 한다고 주장하고자 한다). 그리고 더 나아가, 각각의 구체적 형태는 언제나 상이한 추상적 사회기계들의 혼합물이다. 추상기계들은 '외부적으로'(그것들은 모두 상호 연관되어 있다 ─ 심지어 원시적 사회체도, 끌라스뜨르(1989)를 따르면, 국가를 피해야만 한다) 그리고 '내부적으로'(각각의 기계는, 예를 들어, 전제적 원국가 혹은 '제국'의 자본주의적 사회체에서의 회귀처럼, 또 다른 기계[론]적 형태 속으로 받아들여질 수 있다) 공존한다(ATP: 435~7, 460). 그래서 어떤 의미에서는, 추상적인 것이 구체적인 것에 선행하며, 구체적인 것 내부에서 우리는 언제나 상이한 추상기계들의 공외연적(coextensive) 작용을 발견할 수 있다.[48]

---

48. 이것은, 맑스의 경우가 그랬던 것처럼, '보편사'에 접근할 가능성이 출현하는 것은 자본의 도래 이후일 뿐임을 의미한다. 왜냐하면 자본에 의해 현실화되는 탈영토화는 (그것

자본주의적 추상기계는, 그것이 코드들(물질적 흐름들의 코드화와 덧코드화)에 의해 작용하지 않고 코드들 위에서(탈코드화와 탈영토화) 작용한다는 점에서, '원시적'이고 '전제적'인 추상적 사회기계들과는 근본적으로 다르다. 이것이 그것의 '가장 특징적'이고 '가장 중요한 경향이다(AOE: 34). 통접되는 그 두 가지의 주요한 흐름들은 자신들의 노동 역량을 파는 데 자유로운 (더 이상 노예나 농노로 코드화되지 않은) 탈영토화된 불특정의(unqualified) 노동자와 (더 이상 상인이나 토지재산으로 코드화되지 않은) 탈코드화된 불특정의 화폐이다. 그러나 이것은 그 자체로 충분한 서술이 아니다. 결국 모든 사회기계들은 탈코드화와 탈영토화의 일정한 형태를 작동시킨다. 자본주의 사회체에는 두 가지의 두드러진 차이가 있다. 첫째로, 그것은 탈코드화와 탈영토화의 일반화되고 지속적인 과정에 의해 특징지어진다. '자본주의는 매우 특수한 성격을 가진다 : 그것의 탈주선들은, 다른 사회기계들에서 탈주선들이 그렇듯이, 야기되는 어려움에 그치는 것이 아니다. 그것들은 그 자신의 생산조건이기도 하다'(Guattari 199a: 66~7에서 Deleuze).49 그 이유는, 자본주의에는 유지할 어떤 특수한 구조적 체제, 권위 혹

이 추상노동을 발견하고 또 자유롭게 함에 따라), 이전의 모든 사회체들이 피하려고 했던 한계임이 드러난다(AOE: 153). Holland(1999)가 상세하게 고찰하고 있듯이, 자본 속의 삶이 보편사나 세계사의 완전한 전개를 향한 자기비판을 수행하는 것이 가능해지는 것은 이러한 전제조건 위에서이다. 그 주체는 — 맑스의 코뮤니즘적 지양과 유사하게 — 분자적 삶일 것인데, 거기에서는 '자연 = 산업 = 역사'이다(AOE: 25; cf. Holland 1999: 95, 111).

49. 이처럼 들뢰즈와 가따리는 『선언』에서 자본에 대한 맑스의 서술과 완전히 일치한다 : '생산의 끊임없는 혁명화, 모든 사회적 조건의 끊임없는 교란, 영속적인 불확실성과 동요. … 모든 고정되고 단단히 얼어붙은 관계들은, 일련의 오래되고 고색창연한 편견 및 억견들과 더불어 일소되며, 새로 형성된 모든 것들은 그것들이 골격을 갖추기도

은 삶의 배치도 없고 오직 '생산을 위한 생산'이라는 유일한 목표만이 있을 뿐이기 때문이다. '부의 본질'은 더 이상 어떤 구체적이고 객관적인 사물이 아니라 '생산 일반의 활동'이다(*AOE*: 270).[50] 둘째로 이 탈영화와 탈코드화와 병존하는 것은 재영토화와 재코드화의 지속적으로 재배치하는 동시적 과정이다. 왜냐하면 '생산 일반'은 오직 하나의 목적, 즉 자본의 자기확장, 삶의 확장적 잠재력으로부터 '잉여가치'의 극대화라는 목적만을 갖고 있을 뿐이기 때문이다.[51] 가치의 창출과 실현(기존 자본의 이용, 상품 소비, 새로운 자본에의 재투자, 그리고 이윤)을 위해서는, 이 추상적 생산에 내재적인 ('노동자', '자본가', '소비자'와 같은) 특수한 형식들을 결정하고 창출하는 통제, 측정, 그리고 조직의 형식이 필요하다. 따라서 내가 3장에서 보여주었듯이, 자본주의적 사회체는 규정된 특수한 형식들 혹은 동일성들에 의해 거주되고 있거나 혹은 모든 순간에 그러한 형식들이나 동일성들을 '기적을 통해 낳는다'(*AOE*: 144). 우리는 이 동일성들을 이전의 사회기계들에서처럼 '코드

전에 낡은 것으로 바뀐다. 굳어진 모든 것은 대기중으로 녹아 없어지고, 거룩한 모든 것이 세속화되며, 인간은 마침내 자신의 실재적 삶의 조건들 및 자신의 종(種)과 그의 관계에 냉정한 얼굴로 대면하지 않으면 안 된다'(Marx and Engels 1973: 36~7).

50. 이전의 모든 공동체 양식들을 붕괴시킴에 있어서 '부 그 자체'에 대한 추구의 중심성과 새로움에 대한 (그리고 고대에 바로 이 잠재력에 대한 두려움 때문에 그러한 실천을 비난한 것에 대한) 맑스의 설명으로는 Marx(1973a: 540~1)을 참조하라.

51. 이 '이중운동'은 『안티-오이디푸스』(259)에서 이렇게 제시된다 : 『자본』에서 맑스는 그 이중운동의 참된 이유를 분석한다 : 한편에서 자본주의는 추상적 부의 주관적 본질을 지속적으로 발전시킴으로써만 혹은 생산을 위한 생산, 즉 "목적으로서의 생산 그 자체, 노동의 사회적 생산성의 절대적 발전"을 이룸으로써만 전진할 수 있다 ; 하지만 다른 한편에서 그리고 이와 동시에, 그것이 그렇게 할 수 있는 것은 생산, "자본의 생산", "현존하는 자본의 자기확장"의 규정적 양식으로서 그 고유의 제한된 목적이라는 틀 내에서일 뿐이다.'

들'이라고 부를 수 있다. 탈/재영토화와 탈/재코드화의 지속적 과정을 통해 이 동일성들이 영구적으로 변하고 있으며 그것들의 작동에 내재적으로 존재한다는 것만이 다를 뿐이다(그것들은 어떤 '코드화된' 객관적 사전결정을 갖고 있지 않다). 그 대신 그것들은, '통접들' 혹은 '공리들'과 같은, 관계를 맺는 새로운 수단들의 산물이다. 공리적 과정 속에서 본래적(좀더 '내부화된') 코드들은, 사회체를 횡단하지만 직접적 관계를 넘어서 어떤 본질, 규칙들, 혹은 의미도 갖지 않으며 그것들에 기능적인, 내재적인(더욱 '표면적인') 추상적 관계들과 공명들의 과잉에 의해 대체된다 : '공리적인 것은, 그것의 성격이 특정되지 않고 또 즉각적으로 매우 다양한 영역들에서 동시석으로 실현되는, 순순히 기능적인 요소들과 관계들을 직접 다룬다'(*ATP* : 454). 그러므로 자본주의적 사회기계는, 다른 추상적 사회기계들과는 달리,

> 모든 흐름, 부의 변동, 노동의 변동, 언어의 변동, 예술의 변동 등등의 일반화된 탈코드화에 의해 구성된다. 그것은 어떤 코드를 창출하지 않는다. 그것은 일종의 회계책임, 탈코드화된 흐름들을 그 경제의 기초로 만든다. 그것은 도주점들과 도약점들을 묶는다.
>
> (Guattari 1995a: 67에서 Deleuze)

이 공리적 과정은 화폐라는 매체를 통해 특수한 부−창조적 실천들, 힘들, 그리고 형식들을 추상적이고 보편적인 부의 형식('추상적 노동')으로 변형시킴을 통해 가능해진다.[52] 화폐는 모든 활동의 약분가능성

---

52. 이 맑시언적 의미에서, 화폐는 우선 그리고 무엇보다도 교환의 메커니즘이 아니라 사

을, 그리고 그것이 축적될 수 있기 때문에, 직접적으로 필요한 것을 넘어서는 무한한 잉여와 생산의 잠재력을 제공하는 일반적 등가물이다. (추상적 질로서의) 어떤 노동의 흐름은 그러므로 부단히 새로운 방식으로 자본의 흐름과 어떤 관계를 맺는 어떤 공리적 '현금 관계' 속으로 결합될 수 있으며 언제나 그것의 현재의 구체적 형식에 의해 결정되지 않은 방식 속에서, 그리고 단지 부를 낳는 것을 넘어서는 어떤 형식적 규칙들에서 독립적인 방식 속에서 화폐를 낳을 수 있다(*ATP*: 453 참조). 공리적 과정은 자본주의적 사회체를 가로질러 끊임없이 변하고 있는 '이미지들', '기관들' 혹은 특정의 관계들의 적용 혹은 창출이다. 그것은 그 자체로 전적으로 잠재적이며 무형적인 기관 없는 몸이다.[53] 그래서, 그것은 무한한 계열의 관계들을 활용하는 수단이자 동시에 잉여를 추출하기 위해 이 관계들을 각각의 순간에 형식화하는 수단이다. 그 과정이 '직접적으로 경제적인' 이유는 다음과 같다.

회적 노동에 대한 명령과 관리의 메커니즘이다. 이 점에 대한 설명으로는, 그리고 그 것에 수반되는 화폐 정치학에 대한 일련의 분석으로는 Bonefeld and Holloway(1996) [한국어판: 『신자유주의와 화폐의 정치』, 이원영 옮김, 갈무리, 1999]을 참조하라.

53. Massumi(1992: 128~9)는 이것을 다음과 같이 훌륭하게 설명한다 : '자본은 다른 수준으로 내려가거나 올라가야하지 않고도 비물질적(incorporeal) 변형을 통해 직접적으로 기능한다. … 자본에게는 하나의 이미지가 주어질 수 있다 ― 사실상 그것은 행동하기 위해서는 하나의 이미지를 가져야만 한다 ― 그러나 그것은 그 자체로는 이미지가 없다. 그것은 기관 없는 몸이다. 달리 말해 잠재적 관계들의 네트워크이다. 그것들의 선별은, 자본주의의 노동하는 이미지들(기관들) 중의 하나가 어느 것으로 나아가건, 바탕(ground) 수준에서 직접적으로 현실화된다. 이 이미지들은 수송기관들(통과의 구성 요소들)이다. 그것들은 각각의 공간·시간적 좌표에 명시된 몸체들에 이르며 그것을 통해 그들은 그 몸체들의 사회적 물리적 실재를 근본적으로 변화시키는 관계를 유통시킨다. 저 관계가 내재적인 사회적 행위자로서의 자본이다.'

충만한 몸체로서의 사회체는 자본-화폐로서 직접적으로 경제적인 것으로 되었다 ; 그것은 어떤 다른 전제조건도 허용하지 않는다. [그것에-옮긴이] 기입되거나 표시되는 것은 더 이상 생산자들 혹은 비생산자들이 아니라, 그들의 관계되기나 그들의 통접에서 사실상 구체적으로 되는 추상적 양들로서의 생산의 힘들과 수단들이다.

(AOE: 263)

들뢰즈와 가따리는 맑스를 따라, 화폐-일반 등가물은 모든 활동의 약분가능성을 제공할 뿐만 아니라 잉여가치의 착출을 가능케 한다고 주장한다. 왜냐하면 그것은 두 개의 교차하는 지평에서 작용하기 때문이다. [첫째 지평은-옮긴이] '진정한 경제적 힘', 자본의 충만한 몸체는 이 과정의 총체적인 사회적 생산성(이곳에서 잉여가치가 출현한다)이라는 것이다. 왜냐하면 화폐가 금융 영역에서 화폐를 낳기 때문이다. 다른 지평은, 개별화된 양적 가치평가 속에서 수행된 노동에 대한 지불로서 '생식불능의(impotent)' 화폐를 받는 (어떤 시간에건) 공리화된 주체들 속에서의 탈영토화이다. 그 두 지평은 필연적으로 앞뒤로 연결되어 작용한다. 왜냐하면 자본은 잉여가치의 지속적 극대화 속에서 그 자신을 초과할 필요가 있기 때문이며 또 어떤 주어진 순간에 기존 가치를 유지하는 가운데 그 자신을 실현할 필요가 있기 때문이다. 자본이 그 자신을 실현하기 위하여서는, 그 총체적 과정에 기여한 대가로 특정 형태의 '임금'(생식불능의 화폐)과 이에 부수하는 동일성(이것이 현장이나 공장에서 수행된 노동에서 나오는 것이든, 기업의 지사를 관리하는 것에서 나오는 것이든, 주식 소유에서 나오는 것이든, 아니면 국가 복지혜택이나, '가족 임금' 등과 같은 '간접 임금들'에서 나오는 것이든)을 부여 받으면서 모든 사람이 그 체제에 투여되어야 한다. 모든 것이 사회체에 의해 형성되고, 그리고 사회체에 의해 투여되는 방식을 고려해서, 들뢰즈와 가따리(*AOE*: 253)는, 서로 대면하고 있는 두 개의 계급이 있는 것이 아니라 '오직 하나의 계급, 보편주의적 소명을 가진 하나의 계급만이 있다'고 주장한다. (이들은 그것을 '부르주아지'[54]라고 부르지만, 그것을 일반화된 자본가 계급으로 생각하는 것이 더 쉬울 것이다.)

> 더 이상 어떤 주인들조차 없고 오직 다른 노예들을 명령하는 노예들만이 있을 뿐이다. 외부로부터 그 동물에게 짐을 지울 어떠한 필요도 존재하지 않는다. 그 동물은 그 자신의 짐을 스스로 어깨위에 올려놓는다. 인간이 영원히 기술적 기계의 노예라는 것이 아니다 ; 인간은 오히려 사회기계의 노예이다. … 오직 하나의 기계, 즉 (재화로부터 분리되어) 부단히 변화하는 거대한 탈코드화된 흐름의 기계만이 있다. 그리고 하나의 하인들의 계급, 탈코드화된 부르주아지, 카스트들과 신분들을 탈코드화하며 기계로부터 소비재와 생산재로 바뀔 수 있는 분할되지 않은 소득의 흐름을, 이윤과 임금이 그것에 기초하는 하나의 흐름을 이끌어내는 계급만이 있다.
>
> (*AOE*: 254~5)[55]

---

54. '부르주아지'라는 용어가 사용된다. 왜냐하면 그것은 지배 계급 혹은 부드럽게-달리는 자본의 공리적 모델, 즉 자본주의적 형식들 속에서 삶의 초-적실성을 실현하고 고정시키는 기능을 수행하는 동일성 형성의 메커니즘이기 때문이다. 부르주아지는 하나의 사회적 집단이 아니라 자본에 내재적인 특수한 합성양식이라는 이러한 관념이, 부르주아지는 '결코 혁명적이었던 적이 없다'는 들뢰즈의 주장(Guattari 1995a: 65)을 설명해 준다. 자본의 출현 속에서조차, 그것은 자본의 이중운동의 한 면(다른 면 — 생산을 위한 생산 — 이 풀어놓는 힘들에 대한 내재적 통제)에 붙여진 이름이다.

그러므로 '계급'은 카스트들과 신분집단들을 자본주의적 확장에 기능적인 방식으로 탈코드화하고 탈영토화하는 것을 의미한다(또 *AOE* : 344 참조). 자본주의가 사회적 총체를 가로질러 기능하는 한에서, 그것은 지속적으로 어떤 고정된 동일성이나 집단을 붕괴시킨다 : '계급이란 관념 자체는, 그것이 코드들의 "부정(negative)"을 지시하는 한에서 … 오직 하나의 계급만이 존재한다는 것을 의미한다'(255). 들뢰즈와 가따리는 물론, 우리가 모두 동등하다고 말하고 있는 것이 아니다. 전 지구적 규모의 사람들을 그들 나름의 실천으로 돈을 버는 방법에 따라, 한편에는 초착취적인 빈곤임금(혹은 무임금)을 받는 집단, 그리고 다른 한편에는 잉여가치에서 도출되는 이윤을 받는 집단으로 구분하는 것은 어렵지 않다. 실제로, 자본주의적 공리화와 축적의 근본요인은 사회집단들의 내밀한 홈내기와 구획화이다. 이 과정은 전 지구적 자본의 보다 부드러운 흐름이 증식하고 극대화하는 데 의도적으로 기여한다(『천개의 고원』의 13 고원과 14 고원 참조). 그렇지만 본질적으로 모든 것은 추상적 과정의 공리화된 표현이다. (그리고 따라서 정치

---

55. (투자된 것이 우선 그 동일성과 그것의 투자를 생산하기 때문에,) 있는 그대로의 동일성에 근본적인 것으로서 자본주의적 사회체에 대한 이러한 투자는, 현상태에 대한 지지나 비판의 문제는 어떤 사람의 '이해관계'가 아니라 그 사람의 '욕망' 속에 (혹은 리비도적 투자 속에) 놓여 있다는 들뢰즈와 가따리의 결정적 주장의 기초이다. 우리 모두는, 가따리(Guattari 1996a: 101~5)가 쓰고 있듯이, '기계론적 마약상습자들(junkies)'이기 때문에, 『안티-오이디푸스』는, 우리가 어떻게 자본주의의 거대한 변이적 흐름에 투자하지 않을 수 있겠는가? 라고 묻는다 : '흐름에 의해 횡단되면서, 분열증들로 부서지면서, 자신이 그 기계의 바퀴처럼 느끼는 순수한 기쁨. 자신이 사회체에 의해 횡단되고 부서지고 농락되는 자리에 자신을 놓기. 우리에게 할당된 목표와 이해관계에 따라, 우리가 이해관계도 목적도 갖지 않은 움직이는 무엇처럼 느끼는 올바른 장소를 찾기 …. 훌륭하게 수행될 일자리를 찾는 취미'(*AOE*: 346~7).

(학)은 내가 2장과 3장에서 주장했듯이, 구분되는 별개의 집단들에서 나온다기보다 소수자의 문제화들에서 나온다. 그리고 프롤레타리아트는 부르주아지와 '대면하는' 하나의 주체라기보다 자본주의적 배치에 내재적이면서 그것에 대립하는 하나의 구성양식이다.)

모든 것이 현금연쇄의 지평에서 기적을 통해 태어나는(miraculated) 한에서 그리고 이 때문에 잉여가치의 극대화 기획에 투여되어 있는 한에서, 자본은 전반적인 신념 체계에 대한, 아니, 맑스주의적 용어를 쓰면, '이데올로기'에 대한 필요를 전혀 갖지 않는다. 자본주의적 사회체는 전적으로 도덕과 관계가 없다(*AOE*: 250; Holland 1999: 21, 80). 그것은, 서민대중(populace)이 상부구조의 수준에서 어떻게 자신들의 이익을 체제 속에 투자하도록 기만당하고 있는가 하는 문제가 아니다. 오히려 그것은 그들이 어떻게 전체로서의 체제 속에서 구성되고, 공리화되고, 기입되는가 하는 문제이다.[56] 이것은 자본주의적 사회체가 자신의 작동을 신비화하는 이념들을 생산하지 않는다고 말하는 것이 아니다(Deleuze 1994a: 208). 시장들, 지리정치적 협치(governance), 착취, 그리고 죽음의 기능적 통합이 시야에서 '은폐되는' 경향이 없다고 말하는 것이 아니다(Bordiga 2001). 가장 무의미하고 억압적인 신념 체계들로 득실대지 않는다고 말하는 것이 아니다. 오히려 요점은, 적나라하

---

56. '거기에는 어떤 이데올로기도 없다. 힘의 조직이 욕망의 통일이며 경제적 하부구조임이 인정된다면, 거기에는 오직 힘의 조직들만이 있을 뿐이다.' 예를 들어, '교회는 하나의 이데올로기로 취급되는 것으로 족하다. 이렇게 주장될 수 있다 ; 그것이 세계교회주의(ecumenism)를 먹여살린다고. 그러나 기독교는 결코 이데올로기였던 적이 없다 ; 그것은 로마 제국과 중세 이래로 다양한 형태를 띠어온 매우 독창적이며 매우 특유한 힘의 조직이다'(Deleuze, in Guattari 1995a: 57~8).

고 공공연한 현금연쇄를 가지고 있는 그 체제의 일반적인 작동에 비밀이 없다는 것이다 : '그 어떤 것도 비밀이 아니다. 적어도 원칙적으로는 그리고 코드에 따라서는. (이것이 바로 자본주의가 심지어 사법적 의미에서조차 "민주적"인 이유이며 그 자신을 "공중적으로 광고할" 수 있는 이유이다)'(Guattari 1995a: 55에서 Deleuze).

자본주의의 공리적 체계가 추상적 양의 수준에서 작동하며 하나의 계급에 의해 구성되어 있다고 말하는 것은, 그것이 주체들을 생산하지 않는다고 말하는 것이 아니다. 들뢰즈와 가따리는 두 가지의 주체적 형식을 구분한다. 기계[론]적 노예화(machinic enslavement)와 사회적 예속화(social subjection)라는 이 두 형식은 자본주의적 공리세에서 동시에 작동한다. 기계[론]적 노예화는 인간, 동물, 도구를 좀더 높은 통일성에 종속시키는 통합된 기계를 생산한다(전제적 국가-형태가 그 첫 번째 사례이지만 맑스의 생산적 '자동기계(automaton)'는 또 다른 사례일 수 있다). 반면 사회적 예속화는 인간을 기계로부터 분리시켜 그 자신을 더 높은 통일성으로 되게 한다('인간은 더 이상 기계의 구성요소가 아니라 하나의 노동자, 하나의 사용자이다. 그 혹은 그녀는 기계에 예속되지만 기계에 의해 노예화되지는 않는다'; ATP: 457). 자본주의 사회체에서, (어떤 힘을 어떤 규정되어진 동등한 통접으로 전환시키는) 추상량을 통해 공리적인 것이 작동하는 것은 기계[론]적 노예화이다. 그리고 이것으로부터 몰적 집계(인격화된 자본가, 노동자)를 생산하는 것은 사회적 예속화이다. 그러나 각각의 순간에 사람들은 예속화와 노예화를 동시에 경험한다. 들뢰즈와 가따리(ATP: 458)가 드는 텔레비전의 사례를 적용하면 이것을 예증할 수 있다. 그/녀가 '당신은 살아남기 위하여/당신의 영혼의 선함을 위하여/당신의 노동계급적 고상함을 보여주기 위하여/사회에 기여하기 위하여 … 노동해야 한다'는 진술에 (그 진술이 물질적 강제인 곳에서) 복종하는 한에서, 그 노동자는 예속화되며 '나는 노동자이고 그것은 내게 좋다'는 발화로써 이것을 주체적 핵으로 감싼다. 그리고 그/녀가 자본이라는 기계[론]적 자동기계 속에서 재배치되고 있는 일련의 구성적 양인 한에서, 그 노동자는 노예화된다. 스피박(Spivak 1996: 122)은 다음과 같이 씀으로써 이 두 형식의 공동작용을 설명한다 : '자본주의적 인간주의가, 그것의 공식 이데올로기가 인간주의 담론 자체를 제공함에도 불구하고, 실제로는 〈가치〉(Value)라는 "물질주의적(materialist)" 술어(predication)를 통해 자신의 계획을 말없이 수행한다는 것은 하나의 역설이다.' 이것이 내가 노동력의 기계[론]적 노예화라고 말하고 있는 것이다.

통제의 사회들

이것이 일반적인 공리적 과정이라면, 「통제사회들에 대한 후기」(N : 177~82)에서 들뢰즈는 실제적 포섭의 시대 속에서 현대의 공리적 과정의 작동에 대한, 혹은 들뢰즈가 — 윌리엄 버로(William Burroughs)를 따라[57] — '통제'라고 부르는 것에 대한 약간의 특유한 언급들을 한다.[58]

---

57. 우리가 상상할 수 있는 것으로, 들뢰즈에게 영감을 불어넣어준 것은, (낱말 자물쇠(word lock)'에서 노바 경찰[Nova police; 노바 조직폭력배를 잡는 경찰-옮긴이]까지, 그리고 원자폭탄에서 마야 달력과 정신분석적 최면술적 연상에 이르는) 통제 기법들의 복잡함

들뢰즈는, 우리가 푸코(1991)의 훈육적 엔클로저(enclosure)의 상대적으로 뚜렷한 공간들의 붕괴를 목격하고 있다고 주장한다.[59] 훈육은 개인과 대중이라는 이중 형상에 기초한다. 거기에서 훈육적 엔클로저의 각각의 현장은 집단적 에너지들을 훈육하고 극대화할 뿐만 아니라 그 엔클로저에 적합한 개별적 동일성들을 생산한다. 훈육이 일반적인 일관성(coherency)을 가지고 있지만, 각각의 감금은 그 고유의 유형의 대중과 개별성을 갖는다. 주체는, 계열적으로 노동자, 죄수, 환자, 학생 등의 기능 주체인 상태로 엔클로저의 다른 현장들을 횡단한다. 통제의 출현과 더불어, 엔클로저의 분리된 공간들(가족, 학교, 군대, 공장)에 에너지를 질서정연하게 분배하는 이 열역학적 모델로부터, 미수미(Massumi 1998: 56)가 '끈풀린(unleashed) 생산'이라고 부르는, 즉 사회적 공간을 가로지르는 각각의 훈육적 기법의 다양한 오버레이(overlay)를 갖고 있는, 좀더 일반적인 싸이버네틱 모델로의 이동이 나타난다.[60] (각각

에 대한 버로(Burrough)의 열광적 매료, 그리고 힘의 합성에 대한 그의 완전히 사회적이고 심지어 우주적인 이해이다.

58. 따라서, 들뢰즈(Deleuze 1995a: 51)는 이것을 '완전히 맑스주의적'이라고 부른다.

59. 가따리(Guattari 1984)는 1970년대 중반에 정신병원의 해체라는 맥락에서 이 경향을 확인한다. 가따리는, '나를 … 놀라게 한 것은 학교나 군대와 같이 단일한 제도적 총체로 구성되곤 했던 거대한 억압조직들 모두가 지금은 이곳저곳에서 파편적으로 해체되는 경향이 있다는 것이다. … 모든 사람은 이제 곧 그 나름의 억압의 소도구, 그 자신의 학교, 그 자신의 군대로 될 것이다. … 공동체 정신의학과 정신분석 정책(그리고 그 둘은 지금 긴밀하게 연결되어 있다)은 주민 감시와 통제의 가장 세련된 관료기술적 형식에 상응한다'고 말한다.(48) 라깡에 대한 가따리의 복잡한 관계를 고려하면, 그가 (무의식적인 것에 대한 '수학적-언어적' 모델, 그리고 미묘하고 비몸체적인 분석메커니즘을 갖고 있는) '라깡주의'를 '[이] 새로운 힘의 형식의 실험기반, 향상 기법, 원형(prototype)'으로 보는 것은 흥미롭다 : '오늘날의 정신분석은 환자에게 한 마디도 하지 않는다. 리비도를 수로화하는 그러한 체제는, 필요한 것이 침묵뿐이라는 결과를 가져왔다.'(50)

의 엔클로저 속에) 분리된 '주형들' 대신에, 활동의 지속적인 변이 혹은 '변조'가 나타난다. 그리하여, 분리되어 응집된 유비적 개인들과 대중들은 훨씬 더 유동적이고 디지털적인 '분체'(dividual)로 대체된다. 그것은 '미신' 속에 있다. 상이한 '자기변형'의, 준안정적인 배치들의 중첩적 계열들 속에 붙들린 채로, 이와 동시에 그리고 다양한 방식으로 통제하고 있는 생산적 메커니즘들의 다양체에 종속된 채로, 그리하여 카프카(Kafka 1953)의 『심판』에서 요셉 K가 증언했듯이, 사람들은 어떤 것도 '끝맺지' 못한다. '분체'라는 표현은 개체의 자기-자율성(훈육의 '예속화')이, 각각의 변조 속에서, 일련의 하위분할된 다양한 역량들, 가능성들, 그리고 한계들로 붕괴하고 있음('노예화')을 강조하는 것에서 중요하다. 물론 어떤 한 순간에는 분할된 '동일성'의 엄밀한 메커니즘이 있다. 이 준안정적 배치 속에서, 분체의 윤곽들은 경찰, 사회적 노동, 그리고 정신의학 같은 기관들뿐만 아니라 소비자 분석일람표 작성과정, 신용평가 과정 등을 포함하는 '데이터 뱅크들'을 가로지르는 정보의 지속적인 흡수와 피드백을 통해 변조된다(Rose 199a: 260).

들뢰즈에게 있어서, 통제는 훈육의 확장, 일종의 삼투(滲透) — 마수미(Massumi 1999: 56)는 그것을 사회적인 것을 가로지르는 훈육의

---

60. '싸이버네틱'이라는 용어의 사용은 여기에서 약간 문제적이다. 왜냐하면 들뢰즈와 가따리(Deleuze and Guattari 1983: 251~2)의 평가에서 그것은 너무 기계적인 모델이며 '고립된 공식들'에 너무 의존적이기 때문이다. 그 공리는 — 그리고 이 경향은 오직 통제 속에서만 증대한다 — 일반적으로, 좀더 기술적인 구체화들만이 도움을 줄 수 있는, 과잉의 결정들, 행정들, 예견들, 반응들, 등록들을 가진, '직관들'과 '공명들'의 다소 미묘한 계열들로서 작용한다. 말하자면, 가따리와 알리에즈(Guattari 1984: 285)는 이러한 생산모델을 '싸이버네틱 자본'이라고 서술한다.

'방출'로 서술한다 — 인 동시에 제2차 세계대전 이후 '자본주의의 변화'와 직접적으로 연관되는 새로운 어떤 것이다(*N*: 180). 로즈(Rose: 1999a: 234)는 통제를 새로운 시대의 용어로 읽는 것에 대해 경고해왔다. 왜냐하면 들뢰즈의 모든 추상기계들처럼, 그것은 어떤 특유한 공간적-시간적 체제라기보다 하나의 '배치' 양식이며 따라서 언제나 다른 배치들과의 통접 속에서 작동하기 때문이다. 실제로 들뢰즈는, 20세기의 전환기에, 카프카의 작품이 훈육과 통제 사이에 양다리를 걸치고 있는 것으로 본다. (따라서 『심판』의 미신들 — 법원과 같은 매우 분명한 훈육적 영토들 속에서 출현하는 자기변형적 미로들, 그리고 평결의 끝없는 지연 — 은 통제의 경험들이다.)[61] 그럼에도 불구하고 들뢰즈는, 금표준의 종말, 변농환율의 출현, 그리고 생산과 소유권이 아니라 비즈니스들(businesses), 서비스들, 관리자들, 컴퓨터들에 기초를 둔 자본형식 등과 같이 특별히 전후 자본주의에 확산되고 있는 일부의 특징들에 통제를 연결시키기도 한다(*N*: 180). 판옵티콘이 훈육의 추상기계의 가시적 테크놀로지였듯이 '비즈니스'는 많은 점에서 범사회적 테크놀로지가 된다. 들뢰즈는 '사회적 공장'보다는 오히려 '사회적 비즈니스'을 주장하고 있다.[62] '현재 형태의 자본주의'는,

---

61. 가따리(Guattari 1984: 259)가 '카프카는, 어떤 사람이 말하듯이, 가족 갈등에 갇힌 19세기 작가가 아니다. 그는, 우리가 그 함축을 오늘날 겨우 파악하기 시작하고 있는 과정의 가장 이른 단계들을 서술하고 있는 21세기 작가이다'라고 쓰고 있는 것은 이 때문이다.

62. 다양한 영역에 구체적으로 체현된 추상형식으로서의 비즈니스(business)의 중요성은 여러 사례들 속에서 강조된다 : TV 게임-쇼들은 대중적이라고 말해진다. '왜냐하면 그것들은 비즈니스가 운영되는 방식을 완벽하게 반영하기 때문이다'(*N*: 179). 지속되는 교육과 지속적 평가는 '교육을 비즈니스로 바꾸는 가장 확실한 방식'이다. 그리고 '심지어 예술조차도 폐쇄된 장소에서 은행업의 개방된 회로(circuits) 속으로 이동했다'.(181) 이 '비즈니스' 모델 혹은 '기업(enterprise)' 모델은, 『제국』이전의 저작에서 네그리에 의해, 그가 '위기-국가'라고 부르는 것에 중심적인 것으로 제시되기도 한다. 들

본질적으로 분산적이다. 공장들은 비즈니스에 길을 내어주고 있다. 가족, 학교, 군대, 그리고 공장은 더 이상, 국가이든 일부의 개인 권력이든 한 사람의 소유주에게로 수렴되고 있으면서 많은 점에서 유사하나 상이한 현장들이 아니다. 그것들은 단일한 비즈니스의 변환가능하고 변형가능한 코드화된 배치들이며 그곳에 남아 있는 사람들이라곤 관리자들뿐이다.

(*N*: 181)

기계[론]적 잉여가치

나는 아래에서 '사회적 비즈니스'로 되돌아갈 것이다. 그러나 우선 나는 노동의 성질과 통제의 '가치'를 살펴보고 싶다. 나는, 맑스가 일반지성 및 사회적 개인으로서의 활동의 상이한 내용의 문제를 어떻게 제기했는가를, 그리고 네그리가 이것을 어떻게 가치법칙을 벗어나는 정동적이고 삶정치적인 노동의 체제 속에서 코뮤니즘의 임박한 실현으로 이해하려고 노력했는가를 살펴본 바 있다. 들뢰즈와 가따리는 이 문제를, 그들이 '기계[론]적 잉여가치'라고 부르는 것을 중심으로 분명히 밝힌다. 그러나 네그리와 달리, 그들은 그것을 공리계와 통제라는 자본주의적 틀 내부에 확고하게 위치짓는다.

뢰즈에 따르면, 이것은 뚜렷한 엔클로저의 붕괴와 더불어, 그리고 케인즈주의적 임금/생산성 연계를 통한 규범화하는 노동규제의 붕괴와 더불어 발생하는 통제형식이다. 부단히 유동적인 생산적 공간 속에서 '기업'은, 대규모 생산의 안정성을 제거할 수 있으며 계속 변화하는 방식으로 동일성과 자기-통제의 형식들을 구성할 수 있는 에너지의 조율적 포획으로서, 사회적인 것을 가로지르는 생산성의 장소로 된다 : 그것이 노동에 대한 공장-명령의 규범을 사회적 노동시간 전체에 확장한다는 의미에서, 이러한 변형에서 관건적인 통제 메커니즘은 기업이다'(Negri 1988c: 123).

때때로는 가치법칙을 넘어서는 것으로 나아가고 있는 네그리의 명제와 연결되는 것으로 보이는 방식 속에서, 들뢰즈와 가따리는, 자본주의적 사회체가 점점 더 노동시간과 노동량의 잉여의 추출보다는 '복잡한 질적 과정'(*ATP*: 492. 강조는 인용자)에 의존한다고 쓴다. 그렇지만 좀더 자세히 살펴보면, 그들은 좀더 '맑스주의적(Marxist)'이다. 『안티-오이디푸스』에서 들뢰즈와 가따리는, 「단상」의 A절과 아주 흡사하게, (그리고 그들은 이 지점에서 「단상」을 참조한다) 전통적인 '인간적' 잉여가치와 더불어 기계집약적 생산이, '노동자의 육체노동과는 구분되는 지적 노동'(233)의 산물인, 불변자본의 '기계[론]적 잉여가치'(*AOE*: 232)의 출현을 본다고 주장한다. 그러나 이것은 그들 자신의 용어늘 속에서는 실수이다. 왜냐하면 그것이 기계들과 인간들을 (그들이 늘 주장하듯이) 사회적 기계[론]적 과정의 산물로서보다는 별개의 실체로 제시하는 것으로 보이기 때문이다. 그리고 그것은 지적 노동('기계[론]적 잉여가치')과 육체노동('인간적 잉여가치') 사이를 균열시킨다. 왜냐하면 그것은 인간의 영역에서 지적 노동을 배제하는 것으로 보이기 때문이다.[63] 그렇지만, 이것은 들뢰즈와 가따리의 주장에 근본적이지 않

---

63. 기계들은 가치를 창조할 수 없다는 맑스의 전반적 논증 체계에 핵심적인 것을 분명히 알고 있으면서 전개되는, 기계[론]적 잉여가치에 대한 『안티-오이디푸스』의 주장은, 들뢰즈와 가따리가, 다소 자기의식적으로, 어떤 의도된(deliberate) '부득이한 무능력'이라고 부르는 것에 둥지를 틀고 있다. 이것은, 그들이 기계의 생산적 힘 앞에서 인간적 잉여가치의 중심성의 신뢰성과 관련하여 맑스주의 경제학자들에게 모리스 클라벨이 '고의적으로 무능력한 질문들'을 명시적으로 사용하는 것에서 취해오는 계략이다.(*AOE*: 232) 그러나 그들은 자신들의 '무능력'을 '흐름의 잉여가치'라는 문제의 주위에 놓는다. 그것은 내가 주장하고 있듯이, 노동가치론의 핵심적 논리와 일치한다.

다. 나중에 그것은 수정된다. 『안티-오이디푸스』의 잉여가치 논의의
근본적 논점은, 그 두 가지 잉여가치의 집계가 '흐름의 잉여가치'라는
것이다. 『천개의 고원』에서 흐름의 잉여가치는 '기계[론]적 잉여가치'
로 대체된다. (이번에는 '기계[론]적 잉여가치'가 단지 불변자본과 지적
노동만을 정의하지 않고 기계[론]적 총체의 산물을 정의한다.) 여기에
서 이 기계[론]적 잉여가치는 (완전히 상호연관된) 두 가지 의미를 갖
는다. 첫째로 그것은 노동자가 자신의 노동으로 인해 획득하는 가치와
노동역량에 의해 창출된 가치 사이의 차이를 지시하지 않고, 충만한
'기관 없는 몸'의 흐름과 그것의 재영토화인 공리화된 동일성들이라는
자본의 두 지평 사이의 단절을 지시한다. 그래서 '기계[론]적 잉여가치
의 착취는 부분적으로 공리화된 주체들의 형성 자체이다(물론 노동으
로부터 잉여의 지속적 추출이 이 형성에 내재적이다)'.[64] 둘째로, 기계
[론]적 잉여가치는, 사회화된 노동자 명제가 서술하려고 한 복잡하고,
질적이며, 정동적이고 기계[론]적인 과정들의 범사회적 생산을, 그리고
이 체제에서 가치가 띠는 확산적이고 비정착적인 성격을 지시한다
(*ATP* : 458, 491~2).[65]

---

64. 이와 비슷한 논점을 펼치면서 Diane Elson(1979: 123)은 '맑스의 가치이론의 대상은
노동이었다고 주장한다. 그것은, 왜 가격이 현재 상태인가에 대한 설명을 찾거나 그것
을 노동에서 찾는 문제가 아니라 오히려 왜 노동이 그러한 형태를 취하는지, 그리고
그것의 정치적 결과가 무엇인지에 대한 이유를 찾는 문제였다.'

65. 비록 들뢰즈와 가따리(Deleuze and Guattari 1988: 492)가, 기계[론]적 잉여가치는 '노
동의 물리사회적 개념에 상응하는 공간-시간의 줄무늬에 의해 점점 적게' 발생한다고
주장하지만, 우리는 '비지니스'가 어떻게 해서 점차 하위분할되며 분산적인 '생산성'을
위한 확장적 모델로 되는지를 이미 살펴보았다. 따라서 나는, 그들이 여기에서 '노동'
이라는 말을 기계론적 의미에서보다는 제한적이고 서술적인 의미로 (케인즈주의에서
말하는 '일자리'와 같은 그 무엇으로) 사용하고 있다고 주장하고 싶다. 이 책이 노동을

나는 (공리계에 대한 설명 속에서 첫 번째 것을 발전시켜오고 있
는) 이 두 번째 점을 살펴볼 것이다. 가따리의 논문 「권력형성체의 적
분으로서의 자본」(Guattari 1996a)은 유용한 초점이다. 왜냐하면 그것
은 많은 점에서 「단상」의 자본주의적 생산성의 범주들로서의 일반지성
과 사회적 개인에 대한 독해이기 때문이다.[66] 그 논문의 분명한 목적
은 기계[론]적 잉여가치라는 개념을 사용하여, 맑스의 '집단적 노동자'
를 (양적으로 측정될 수 있는) 에너지의 일반적 지출을 가정하는 평균
노동에 기초한 범주로부터 노동의 질적 강도와 변이에 기초한 범주로
'끌어올리기' 위한 것이다. 그 논문은 몇 가지 문제들을 갖고 있다.[67]
하지만 그것은 어떤 질적 변이가 노동과 노동시간에 대한 단순한 정
의를 넘어서는 가치생산적 활동성의 내용 속에 존재한다는 중요한 점
을 강조한다. 가따리는, '자본주의적 이윤의 지대(地帶)의 크기를 둘러
싸고 있는 것은, 훈련, 혁신, 내적 구조, 연합(union) 관계 등등의 복
잡한 배치들이지, 단순히 노동시간에 부과되는 징세가 아니다'라고 주
장한다(1996a: 205). 그리고 자본주의는 다양한 욕망들, 미학들, 생태

생산을 위한 생산이라는 자본주의적 사명에 내재적인 인간적 실천의 공리화된 재영토
화로서 추상적 용어로 정의하는 의미에서 보면, 기계[론]적 노예화의 연장은 동시에 노
동의 연장이다(*ATP*: 400~1 참조).

66. 그래서 가따리(Guattari 1996a: 206)는, '노동시간에 기초한 가치의 양화에 대한 개작은,
맑스가 가정하듯이, 계급 없는 사회의 특권이 아닐 것이다'라고 주장한다.

67. 특히 그 논문은 가치척도로서의 노동시간을 축소하는 것을 지나치게 강조하며(왜냐하
면 노동의 양화는, 개별적 기여를 실제로 측정하는 것이 아무리 불가능하다 할지라도,
여전히 삶의 자본주의적 가치화와 공리화에 근본적이기 때문이다) '평균적인 사회적
노동'의 개념이 노동의 구체적 실천에 대한 이해를 위해서는 부적절한 추상이라고 주
장한다. (그런데, 내가 위에서 『안티-오이디푸스』를 통해 설명했듯이, 사실상 그것은
무제한적 생산성에 필요한 추상과정에 대한 이해에서 핵심적이다.)

학들 등등 속에서 생산적인 사회-경제적 형태를 실현한다(1995b: 55). 이 점차 복잡하고 변화된 활동성을 자본으로부터의 자율성을 향하고 있는 것으로 보는 네그리와는 달리, 가따리는 자본이 여전히 이 다양한 '가치의 우주들'의 보편적 지평으로 작동한다고 주장한다. 즉 가치의 다양한 우주들 각각이 자본주의적 일반 등가물 속에 포섭되며(Guattari 1995b: 54~5), '인간의 모든 활동들을 횡단하고 우회하며 확산시키고 축소시키며 또 흡수하는 기계[론]적 문[phylum; 동식물 분류상의 가장 큰 구분으로 강(綱)의 위-옮긴이]'을 통해 가치화된다(Guattari 1996a: 207). 가따리는 활동들의 거대한 증식을 향한 움직임을 탐지한다. 하지만 이 활동들과 그것들의 기계[론]적 잉여가치는 일반적 등가물의 적분 속에 포섭되어지면, 사회 속에서 자율적으로 생산되지 않는다. 오히려 기계[론]적 잉여가치는 '요구되는' 기계[론]적 잉여가치로 되면서(Guattari 1996a: 208), 필요한 만큼, 사회에 의해, '기적을 통해 태어나거나(miraculated)' 창출된다(AOE: 144). 자율적 창조성과 자본주의 회복(recuperation)의 놀이는 존재하지 않는다(AOE: 337~8). 그 대신, 마수미(Massumi 1998: 57)가 표현하고 있는 것처럼, '통제는 실존의 힘들이 발생하는 순간에 그 실존의 힘들의 동화를 수반한다'. 그리고 각각의 단계마다, 각각의 새로운 형식의 공리적 규준화(normalization)가 일어나며 거기에서 '"규준적인 것"은 이제 독립적이다.' 까맛떼(Cammette 1995: 43)가 주장하듯이, 자본주의화된 인간적 활동성은, '인간들을 그것의 운동에 고정시키는', 어떤 고정된 기초 가치를 벗어난다. 그래서 '인간적 활동성은 정상적 인간인가 비정상적 인간인가 도덕적 인간인가 비도덕적 인간인가라는 문제로부터 벗어날 수 있다'. 그래서 자본은 사회적 실천에서 점증하는 정도의 차이, 혁신, 그리고 변이에 의존한다. 분체들은 '규준화될' 뿐만 아니라 어느 정도는 우리가 기능적 차이라고 부를 수 있는 것을 유지한다. 그리하여 지식과 실천의 문지방들은 매우 급진적으로 개방되며 언제나 재배치되고 있다(Rose, 1999a 참조). 훈육적 공간에서는 엔트로피로 경험될 수 있는 탈주선들이 여기에서는 생산의 추동력이 된다. 사회적 생산성의 새로운 측면들은 일시적으로 도주할 수 있을지 모른다. 실제로 자본주의적 사회체는 수많은 작은 탈주선들을, 심지어는 창조가 자본주의적 생산관계들 외부에서 작동하도록 허용되는 자율적 지대들을 갖고 있다. 그것들이 일반화된 생산적 활동성으로 일반화되기 전에는 말이다. (『안티-오이디푸스』는 가장자리들에서 창조를 하는 미친 과학자들의 이미지들을 제공한다. 그리고 우리는 이와는 다른 차원에서, 하위문화적이고 대항문화적인 혁신, 그리고 사회-정치적 '위험'이라는 새로운 환경을 사례로 덧붙일 수 있다.)[68] 그러나 그러한 공간들(혹은 탈주선들)은 — 적어도 정상적인 작동에서는 — 자본과 대립하기 모다 그것을 풍부하게 한다.

다시 한 번 '비즈니스'가 원형(原型)이다. 들뢰즈는, 훈육적 생산에서는 뚜렷한 양의 에너지가 공장에서 추출되고 비용은 축소되지만, 통제에서 우리는 '활동들'의 구매와 '비율들의 고정'을 본다고 쓴다. 들뢰즈는 이렇게 쓴다.

---

68. 이와 유사한 맥락에서 인터넷 노동에 대한 검토로는 Terranova(2000)을 참조하라.

공장은 사람들의 몸인데, 여기서 그들의 내적 힘은 가능한 생산과 가능한 최저의 임금 사이의 평형에 도달한다. 그러나 통제사회에서 비즈니스는 공장들로부터 인계를 받는데, 여기서 비즈니스는 일종의 영혼, 일종의 기체이다. 물론 공장에도 상여급 체계들이 있었다. 그러나 비즈니스는 임금 속으로 더욱 깊은 변조를 도입하려 애쓴다. 임금을, 익살맞은 도전들, 경쟁들, 그리고 세미나들에 의해 중단되는 끊임없는 준안정성의 상태로 가져가면서.

(*N*: 179)

'마케팅'은 비즈니스의 '영혼'의 핵심에 놓여 있다.[69] 하지만 들뢰즈는, 마케팅이 단일한 사회적 집단에 제한되는 특수한 실천이라고 주장하지 않는다. 오히려, 마케팅은 비즈니스가 자유롭게 떠다니면서 사회적 삶에 침투하여 그것을 내밀하게 통제함으로써 많은 활동들을 분간하고 또 명령할 수 있는 능력을 나타내는 기호이다. 그리고 마케팅은, 비즈니스가 '데이터 뱅크들'이 제공하는 활동의 변화량(variation)과 잠재력(potential)을 이해하는 능력을 나타내는 기호이다. 우리 모두가 비즈니스의 일부가 되는 한에서, 마케팅은 또한 사회적 활동의 일반화된 특징으로, 즉 '분체'의 필수적 속성으로 간주될 수 있다. 이 점을 지지하면서, 랏자라또(Lazzarato 1996: 142)는, 그가 '소통'이라고 부르는 것(마케팅, 유행이나 취미와 같은 문화적 내용의 생산, 소비자 피드백 메커니즘, 여론)이 '탈산업적 상품'의 그물에 걸려들어서, 그것은 '생산자와 소비자를 동시에 포함하는 창조적 과정의 결과이다'라고 쓴

---

69. '영업부는 비지니스 중심 혹은 "영혼"으로 된다 …. 마켓팅은 이제 사회적 통제의 도구이며 우리의 주인들인 오만한 종족을 생산한다.'(*N*: 181)

다. 자본은 여전이 생산자와 소비자의 강화된 분할 혹은 공리화를 통해서 작동한다(134). 하지만, 생산의 흐름과 관계는 직접적인 노동영역 외부에서 전개되는 과정들을 통해 지속적으로 풍부화된다. '생산물은 소비자의 개입을 통해 풍부화되며 따라서 영구혁명 속에 있다'(142). 랏자라또의 말에 따르면, 이 '소통'은 내밀한 공리화의 조건 속에서 출현하는데, 그곳에서 '사람들은 자신을 표현해야만 하고, 말해야만 소통해야만 협력해야만 등등 해야만 한다'(135). 따라서 그곳에서 사람들은 주체성의 모든 측면이 — 그것이 '모호성 없이 명확해야만' 하는 틀 속에서 표현되어야 하기 때문에(135) — 가치생산적으로 되는 상황으로 이끌린다(143). 그러나 이것은 '주체적' 현상에 그치는 것이 아니다. 이와 동시에, 마수미(Massumi 1996)와 모리스(Morris 1998)가 지적했듯이, 특수한 기계[론]적 환경에 내재적인 '정동(affect)' 혹은 강도(intensity)의 소통과 공리화가 (초점 집단 연구에서 생물–피드백 메커니즘들의 사용을 증명함에 따라), 이 '소통' 혹은 '노동' 과정은 인간 이하의 방식 속에서 전개된다.[70]

현대의 기계[론]적 노동

이 장을 결론 맺기 위하여 나는 현대의 노동형태의 일반적 지평에

---

70. Massumi(1996)는 아동의 텔레비전 영화 경험에 대한 연구의 사례를 제공한다. 이 연구에서 비언어적인 반응은, 그것이 언어적 반응과 모순된다고 할지라도, 이미지의 정서적 내용의 판단을 위한 기초로 사용되었다.

대해 간략하게 스케치하면선 기계/인간의 관계의 문제로 되돌아가고 싶다. 만약 우리가 (맑스가 「단상」의 [A] 절에서 기계와 인간 사이에 그은 이분법보다는) 기계적 부분들과 인간적 부분들이 그 위에서 운영되는(engineered) 자본주의 사회체라는 '유기체' 혹은 '자동기계장치'에 대한 그의 강조를 따르면, 우리는 생산과정을 전 지구적인 사회적 공간을, 그리고 '노동 시간'과 '자유시간'의 점차 유동적인 분할을 횡단하는 일련의 기계론적 아상블라주로 생각할 수 있다. 각각의 생산과정은 서로 다른 양의 기술적 및 인간적 부분들로 구성될 것이며 거기에서 각각의 경우에 범사회적 능력들, 언어들, 지식들, 물리력들, 상호작용들, 기술들, 전문기술들이 노동자와 기술적 기계 속에 상이한 정도로 현존한다. 그리고 그 경우에 그 각각은, 그것들이 직접적으로 우리가 관습적으로 노동이라고 부르는 것에 기여하는가 않는가와는 상관없이, '사회적' 생산성을 유지할 것이다. 가따리(1996a: 209)가 표현한 대로, 이 틀 속에서 고정자본, 가변자본, 그리고 자유시간은 특수한 '기계론적 환경' 속에서 엮어짜여지며, 거기에서 힘들, 관계들, 그리고 정동들의 전체적 합주(ensemble)는 공리화되어 기계론적 잉여가치를 생산한다. '착취는 무엇보다도 먼저 기계론적 배치에 관계한다. 인간과 그의 능력들은 이 배치의 통합적 일부로 되고 있다.'[71] 그리고 심지어 '기계들이 공장에서 모두 그것들 스스로 작동하고 있는

---

71. 인간적 기술적 요소들의 경계획정에 기초를 둔 틀과는 다른 것으로서, 기계론적 배열의 이러한 우선성은, 현대 생산에 대한 Paolo Virno(1996b: 22)의 설명 속에서 분명히 드러난다 : '현대의 노동과정에는 기계적 몸체나 전자적 두뇌를 전혀 채용하지 않고서도 그들 스스로 생산적 "기계들"로 기능하는 완전한 개념적 성좌들이 있다.'

것처럼 보일 때'조차도 '사실상 그것들에게 인접해 있는 것은 사회전체이다'(212). 그래서 랏자라또는, 일반지성 하에서 생산은 기계에 기반한 자동화된 체계로서 기능하는 것이 아니라 그보다는 끊임없이 생겨났다가 다시 분산되고 있는 범사회적 기계[론]적 체제로 기능한다고 제안한다.

> 이 비물질적 노동은 직접적으로 집단적인 형식들 속에서 자신을 구성한다. 그리고 우리는, 그것이 오직 네트워크들과 흐름들의 형식 속에서만 존재한다고 말할 수 있다. 비물질적 노동의 생산의 순환(일단 우리가 우리의 공장주의적 편견들을 버리면 이것은 바로, 있는 그대로의 생산의 순환이기 때문에)의 조직화는 눈에 뚜렷이 드러나지는 않는다. 왜냐하면 그것은 공장의 네 벽에 의해 정의되지 않기 때문이다. 그것이 작동하는 자리는 사회에서 일반적으로 바깥쪽에 있다. … 생산의 순환은, 그것이 자본가에 의해 요구되는 때에만 작동된다; 일단 일거리가 완료되면 그 순환은 그것의 생산적 역량들의 재생산과 풍요화를 가능케 하는 네트워크들과 흐름들로 다시 해소된다.
>
> (Lazzarato 1996: 137)

이 틀은 현대 노동의 지평이 갖는 거대한 변화무쌍함과 유연성을 설명하는 데 유익하다. 우리는 현대의 이 기계[론]적 노동체제들의 (가장 근대적인 종류와 전통적인 종류의) 사례들을 그려볼 수 있다. 그 한 쪽 끝에 맑스의 '경비원' 명제와 잘 들어맞는 완전히 자동화된 자동차 공장의 사례가 있다. 그리고 이로부터 광고산업에서의 브레인스토밍 회의, 수출품가공지대의 의류제작공장, 자판을 두드려 조절하는 키

보드, 시간제 노동계약, 예정시간 계약, 연구평가실행과 고등교육에서의 '직업주의', 작업장에서의 마약 테스트, 사무실에서 전화 건 시간 감시와 이메일 통제 소프트웨어, 가사노동, '일자리 구하기', 출세기회의 극대화, 노동에 기초한 자기실현 작업장, 신-청교도 윤리, 전적으로 가난 때문에 하는 과도노동, 그리고 또 소비자-피드백 메커니즘과 정확하게 들어맞는 유행-의식적인 소비 등의 사례들까지. 일생에 걸쳐 하나의 경력이나 일자리를 갖는 이야기에서 사용될 수 있을지 모르는 하나의 일반적인 숙련의 포트폴리오보다, 이 수많은 기계[론]적 노동 체제는 상이한 능력들과 성질들의 모든 계열을 상이한 시간에 선택하고 병합하고 또 드러낸다. 이 체제 속에서, 한 사람의 라이프스타일, 윤리, 심지어 반란적 동일성들조차도, 그리고 그 사람의 소비와 재생산 패턴도 일반화된 잠재력으로서 직접적으로 생산적으로 되며 노동의 다양하고 특유한 실행 속에서 실현된다. 그리고 노동 시간 내부에서 혹은 임금의 그 양적 기초 내부에서, 매우 다양하고 각양각색인 확장적인 질적 숙련들, 지식들, 능력들, 관계들, 상호작용들, 훈육들, 언어들이 실현될 수 있다. 여기에서 노동자들이, 매우 복잡한 아상블라주들의 생산성을 가능케 하기 위하여, '그들이 젊었을 때 한 만큼이나' 그들 자신을 가공한다는 것(그리고 자신들의 숙련을 최적화하고 자신들의 지식과 역량을 각각의 공리화된 노동관계 속에서 전개하고 피드백한다는 것)도 그만큼 중요하다.[72] (노동시간이, 노동자들이 그들 자신

---

72. Rose(1999b: 483)가 '제3의 길'의 정치적 및 행정적 상상물의 '윤리-정치학'에 대한 그의 논의에서 주장하듯이, 우리는 '더 이상 19세기의 경제적 이익 주체들이 아니며, 말하자면 자기 나름의 실존의 자본화를 목적으로 삼는 투자들인 선택들에 의해 그 혹

에게 붙이는, 그 체제의 ('무력한'(impotent)) '가치'의―고정된 것이라기보다 변조적인―척도로서 지속적 역할을 갖지만 말이다.) 그러한 노동은 그러므로 영구적으로 재숙련하고, 자기점검을 하고, 자신의 행실, 숙련, 재능, 그리고 능력을 변조할 수 있는 사람을 필요로 한다. 한 예로, 이 과정은, 자신들이 생산적 배치에 돌입할 준비를 언제나 이미 했고, 또 하고 있다는 전제 위에서 '구직 수당'과 '뉴딜'(New Deal)[73]을 받고 있는, 영국의 실업자들을 위한 일자리의 추구와 훈련에 관한 강조 속에서 매우 분명히 드러난다.[74]

은 그녀 자신의 인적 자본을 극대화하기 위해 애쓰는, 그 자신 혹은 그녀 자신의 기업가(entrepreneur)인 인간 행위자의 모델을 갖고 있다.'

73. [옮긴이] 여기서 '뉴딜'은 블레어 정부 하에서 시행되고 있는 영국의 실업자 수당 제도를 말한다.

74. Fox Piven and Cloward(1972: 6~7)는, 실업이라는 역사적 문제에 주의를 기울이는데, JSA(구직자수당)와 뉴딜이 그것을 극복하기 위한 최근의 시도이다 : '모든 사회에서 시민행동에 대한 규제는 안정적인 직업배치에 긴밀하게 의존한다. 사람들이 자신들의 노동역할에 고정되어 있는 한, 그들의 활동과 시야도 고정된다 …. 각각의 행동과 태도는 좋은 결과라는 보상에 의해 혹은 나쁜 결과라는 형벌에 의해, 공장 봉급에 의해 혹은 그것을 상실할 위험에 의해 형성된다. 그러나 대량실업은, 사람들이 규제되고 통제되는 주요 제도로부터 그 사람들을 풀어놓으면서, 그러한 끈을 끊는다. 더구나 일정한 시간 동안 지속되는 대량실업은 다른 기관들이 사람들을 묶고 구속할 능력을 감소시킨다 …. 노동이 없으면 사람들은 가족적이고 공동체적인 역할들에 순응할 수 없다 ; 그리고 그러한 탈구가 확산되면, 사회질서 그 자체의 정당성이 의문에 부쳐질 수 있다.' 이 점을 고려해서, Walters(1994)는 (훈육의 다이어그램과 느슨하게 결합된) 실업의 '발명' 및 그것의 제도기구가 취업주체와 비교할 수 있는 일관된 실업주체를 구축하려는 전략이었음을 보여주었다. 신자유주의적 통치에서 '일자리구하기'(여기에서 급부금은 일자리를 구하는 사람이, 훈련 및 허용할 만한 신체적 용모의 유지를 포함하는, 자기최적화의 배치 속으로 들어간다는 기반 위에서만 지불된다)라는 윤리집약적인 과정에 대한 오늘날의 강조는 통제에 적합한 '실업'의 형식으로 간주될 수 있다. 그리고 실제로 JSA는, 대처와 레이건 하에서 (실업을 노동으로부터의 상대적 자율의 공간으로 점차 긍정함에 따라) 분명하게 된, 실업주체의 훈육모델의 붕괴에 대한 직접적 반응으로 이해될 수 있다(Aufheben 1998 참조).

우리는 이 모든 것으로부터, 우리가 작업장 울타리와 통제라는 극단들을 앞질러 버렸다고 추론하지는 말아야한다. 가따리와 알리에즈(Guattari 1984: 286)가 주장하는 대로, '생산적 공간의 관리는 이제 그것의 최적의 유동성의 배치로 됨'에 반해, 다국적 하청계약과 아웃소싱의 시대에, '탈산업적' 정보기술 고용과 19세기적 땀공장이라는 양극단은 — 때로는 하나의 동일한 '주체' 속에(Caffentzis 1997; Lazzarato 1996: 137; Ross 1997 참조) — 완전히 맞닿아 있다. '불안정성, 초착취, 이동성, 그리고 위계'(Lazzarato 1996: 137)에 의해 특징지어지는, 노동의 더욱더 유동적이고 공리적이며 사회화된 모델 속에서 사라지고 있는 것으로 보이는 것은 울타리의 상대적 안정성이다. 이와 동시에, 그리고 '노동 속의 즐거움'(Donzelot 1991; Leadbeater 2000; Reeves 2001)이라는 담론의 점증하는 침투성의 한가운데에서, [사람들이 — 옮긴이] 현대 노동의 '웅덩이' 속에서 스스로 최적화하면서 변화하는 활동을 하도록 강제당하고 있고 또 많은 사람들이 정규적이고 충분한 임금에 장기적으로 접근할 수 없다는 사실은, 비포(Bifo n.d.)가 현대의 '불행의 공장'이라고 서술한 것 속에서, 불안과 경쟁의 정서적 조건들을 유발한다.

결론

이 장은, 오뻬라이스모와 아우또노미아에 나타나는 생산의 모델에 초점을 맞추면서, 맑스, 빤찌에리, 뜨론띠, 네그리, 그리고 들뢰즈와 가따리에게서 전개된 바의 자본주의적 사회체의 작동을 탐구했다. 나는 '실제적 포섭' 명제에 나타난 기술적 기계와 인간의 관계에 대한 맑스의 기계[론]적 이해를 보여주는 것에서 시작했다. 이것은 빤찌에리와 뜨론띠의 작업에 중심적이다. 그 다음에 이 장은, 오뻬라이스모가, 생산의 중립적 힘에 대한 정통 맑스주의적 이해에, 그리고 사회정치적인 것의 상대적 자율성이라는 신그람시주의적 설명에 반대하면서, 생산의 지평에 대한 좀더 갇힌 그리고 소수적인 지식을 발전시켰음을 보여주었다. 그 지식 속에서 오뻬라이스모는, 사회주의적 계획 모델이나 사회민주주의 모델 안에 존재할 수 있었던, 일관되고 자율적인 민중을 위한 어떠한 공간도 허용하지 않았고 사회공장의 생산적 힘들에 대한 집약적인 탐구를 강행했다. 그 후에 나는 오뻬라이스모와 아우또노미아의 발전에 매우 중요한 텍스트인 맑스의 '기계에 관한 단상'을 검토했다. 이를 통해 나는 '단상'이 어떻게 '일반지성'과 '사회적 개인'의 영역으로의 생산의 발전을 이해하는 데로 나아갔는지를 보여주었다. 한편에서 이것은, 사회적 공장 명제를 일반지성-집약적인 생산을 포함하는 것으로까지 확장하는 데 도움을 주는, 생산의 점차 복잡한 기계[론]적 형식을 지적하고 있는 맑스이다. 그리고 푸코와 들뢰즈의 형상들(figures)을 사용하면, 이것은 (훈육적 사회의 한 가운데에서) 통제사회의 도래하는 마성적 힘을 식별하는 것으로 보인다. 다른 한편에서 당대의 사회체제를 넘어서 사유하는 것의 약간의 제약들을 증명하기라도 하는 것처럼, 맑스는 — 실제적 포섭의 경향에 대한 그 자신의 분석과 실제로 대립하는 방식으로 — 일반지성의 힘이, 자본에게 결정적인 모순을 제시하는 생산적 자율성 속에서, 노동의 외부에서 출현할 수 있는 것처럼 주장한다. '단상'에 대한 네그리의 분석에 그리고 그의 사회화된 노동자 명제의 발전 속에 이 긴장이 남아 있다. 한편에 자본화된 정동적이고 비물질적인 노동의 복잡성에 대한 관심이 나타난다. 그 결과 헤게모니의 정치(학)은 역시 자본주의적 통제체제에 대한 오인으로 기각된다. 그러나 다른 한편에서 네그리는 신그람시주의적 명제의 특정한 역전 속에서 통제하는 체제가 생산적 힘들에 내재한다는 오뻬라이스모의, 맑스의, 들뢰즈의 이해와 단절한다. 그 결과로 나타나는 것이 자율성을 지향하는 생산의 영역이다. 이 '자기결정되는 생산'에서 네그리는 올바르게도 노동과 생산의 중심성의 문제로 되돌아간다. 그리고 그는 현존하는 민중보다 잠재적 '다중'을 조심스럽게 가공한다. 그러나 이것은 그가, 가치법칙을 극복한, 그리고 '궁극목적(telos)을, 해방의 물질적 긍정을 드러내지 않을 수 없는'(Hardt and Negri 2000: 395) 거의 필연적인 과정 속에서, 자신의 노동을 통해 자신의 특이성을 생산하는 것으로 보이는, 지금 출현중인 코뮤니즘적 주체를 판별하지 않도록 그를 이끌지 못한다.

 네그리의 명제의 문제적 측면은 소수적인 것에 대한 들뢰즈와 가따리의 개념에 대한 그의 해석에서 특히 분명하게 나타나는 것으로 보인다. 그것은 갇힌 그리고 복잡한 교전의 양식으로 제시되지 않고 하나의 출현하고 있는 충만함으로 제시된다. 그 후에 이 장은 자본주의적 사회체, 공리들, 계급, 통제, 그리고 기계[론]적 잉여가치에 대한 들뢰즈와 가따리의 이해를 사용하여 우리가 자본주의적 관계 내부에서 출현하고 있으며 그 관계들에 의해 복잡하게 통제되고 있는 것으로서의 사회적 노동자 및 생산의 새로운 속성과 네트워크들을 어떻게 이해할 수 있는지를 보여준다. 『제국』이 들뢰즈, 가따리, 그리고 푸코에게서 나타나는 형이상학적 사유의 마지막 흔적을 극복했다는 하트와 네그리(Hardt and Negri 2000: 28, 368)의 주장과는 달리, 이 절은, 들뢰즈가 현대의 자본, 통제, 그리고 생산에 대한 복잡하고 생산적인 구상을, 출현하고 있는 생산-속에서의-자율성을 제시하는 네그리의 경향과 공명하는 것보다 실제로 오뻬라이스모와 맑스의 개념적 배치와 좀더 많이 공명하는 구상을 제공한다는 것을 보여주기 위해 노력했다.

5

노동거부

5장

노동거부

> 노동거부 슬로건은 사회주의 전통과 이데올로기에 의해 코뮤니즘 운동의 어떤 다른
> 슬로건보다도 지속적으로 그리고 폭력적으로 금지되고 억압되고 신비화되었다. 만약 당신이
> 어떤 사회주의자로 하여금 분개하게 만들고 싶거나 그의 솟구치는 악선동을 위축되게 만들고
> 싶으면 **노동거부**의 문제를 가지고 그를 자극하라!
>
> (Negri 1979a : 124)

> 자본에 대항해 투쟁하기 위해서 노동계급은 자신이 자본인 한에서는 그 자신에 대항해
> 투쟁해야만 한다.
>
> (Tronti. *ATP* : 571에서 인용)

4장에서 나는 소수정치(학)에 대한 그리고 자본주의의 동학과 소수
정치(학)의 관계에 대한 네그리와 들뢰즈의 이해 사이의 차이점을 확
인했다. 네그리가, 맑스의 '기계에 관한 단상'이 '자유로운 개인들의 횡
단적 조직화(이것은 이 횡단적 조직화를 가능케 하는 테크놀로지 위
에 세워진다)'(*N*: 174)라는 코뮤니즘의 가능성을 제기했다고 제안했
을 때, 들뢰즈는 '고개를 절레절레 젓는 것'으로 이에 응답했다. 새로
운 메커니즘들, 테크놀로지들, 그리고 생산의 배치들은 코뮤니즘과 공
존하기보다 발전된 통제체제와 더 공존한다고 주장하면서 말이다. 즉

들뢰즈가 보기에 생산과정에는 출현하고 있는 코뮤니즘적 자율성을 향한 경향이 존재하지 않았다. 정치(학)은 자본주의적 사회관계의 한 복판에서 갇힌 소수자 입장 속에 계속해서 머무는 것이다. 4장에서 나는, 오뻬라이스모가 자본과 통제에 대한 들뢰즈의 이해와 공명하는 현대의 생산에 대한 분석틀을 어떻게 발전시켰는지를 살펴보았다. 이제 나는 오뻬라이스모와 아우또노미아로 되돌아가서 그것들이 사회적 공장이라는 이 갇힌 공간에 적실한 정치(학)을 어떻게 발전시켰는지를 살펴보고 싶다. 일반적인 의미에서 이 장은, 하트와 네그리가 말하는 지금 출현하고 있는 자율적 다중으로부터 사회화된 노동자를 환수해서 그것이 어떻게 소수석인 정치적 형상으로 이해될 수 있는지를 살펴보기 위한 토론이다.

이 장은, 2장에서 설정된 소수적 구성의 틀을 따라, 사회적 공장이 생산의 일반화된 지평으로 작동한다는 뜨론띠와 빠찌에리에 의해 확인된 저 갇힌 조건에서부터 출발하며 그래서 정치(학)은 뜨론띠가 주장하는 것처럼 민중 모델에 대한 거부에서 시작한다. 그 후 이 장은, '노동거부'의 정치(학)이 이 갇힌 공간에서 어떻게 노동 속에 있는 어떤 충만함 혹은 노동의 정치적 주체를 피하는지를 보여준다. 그 후 이 장은 오뻬라이스모가 말하는 정치적 구성의 양식으로서의 '관점의 역전' 및 '계급구성'에 대한 해석으로 돌아간 후에 '자기가치화'라는 문제틀을 고찰한다. 그리고 나서 이 장은 아우또노미아의 실천적 활동의 세 가지 측면들 고찰한다. 노동, 노동거부, 그리고 '에마르지나띠' 속에 나타나는 대항문화 등의 복합체, '가사노동에 대한 임금'(Wages for Housework) 캠페인과 '자율인하' 운동에서의 사회적 임금의 문제, 그리고 〈대도시 원주민들〉과 〈라디오 알리체〉에서 문화창조의 기법들등이 그것이다. 그 주장을 전개하기 전에 나는 오뻬라이스모와 아우또노미아와의 이러한 교전과 관련하여 한 두 가지 예비적 논점을 만들어 두고 싶다.

이 장은 이탈리아 정치사에서 비교적 길고 복잡한 시기로부터 자료를 끌고 온다. 그것은 대중 노동자를 중심으로 회전하는 오뻬라이스모의 개념적 성좌(星座)에서 시작해서 아우또노미아의 실천들로, 그리고에마르지나띠와 사회적 노동자로 나아간다. 여기에는 정치(학)의 다양한 형식들과 스타일들을 하나의 포괄적인 도식 속에 잘못 포섭할 매우 실제적인 위험이 있다. 4장의 서론에서 내가 지적했듯이 오뻬라이스모와 아우또노미아는 광범위하고 또 극히 다양하게 배치되어 있다. 그러므로 이 복잡함을 하나의 일관된 운동으로 말끔하게 포섭하려 하면 전적으로 잘못된 지도를 그리는 것일 것이다. 게다가 대중 노동자의 힘으로서 출현했던 아우또노미아는 북부 대공장의 폐쇄, 생산의 탈집중화, 대량 실업, 일단의 긴축정책들 등을 통해 중단되었다. 그 자체로 1960년대와 1970년대 말에 많은 것이 변했고 그 결과 1977년 운동은 1969년의 뜨거운 가을과는 매우 다른 정치적 배치를 갖고 있었다.[1] 그렇지만 생산체제에서의 깨끗한 단절이 있었다고 말하기보다, 아우또노미아가, 당시 출현하고 있던 생산체제의 한복판에, 대중노동자로

---

1. 1977년 운동은 아우또노미아의 정점이었다. 특히 그해 봄에는 로마와 볼로냐에서 많은 주변적(marginal) 실천들, 페미니즘적 투쟁, 정설에 대한 강력한 비판, 대항문화적 실험들, 대중점거들이 나타났다. 1969년의 〈뜨거운 가을〉은 북부 공장들에서 학생들과 대중노동자들의 자율적 투쟁의 정점이었다. 이 운동에 대한 역사적 기록으로는 Bifo(1980), Bologna(1980b), Lumley(1990) and Wright(2002) 등을 참조하라.

부터 고유한 의미의 사회적 공장 및 사회화된 노동자로 향하는 운동 한 가운데에 존재하고 있었던 것으로 이해하는 것이 더 유용할 것이다. 다시 말해 아우또노미아 운동은 사회적 탈주선들과의 가장 현대의 교전으로, 확산되고 있던 사회적 변화에 내재하던 어떤 것으로, 비의회 좌파의 운동과 생산의 새로운 체제 사이의 '이중 흐름'을 표현하는 것으로 이해될 수 있다. 우리가 아우또노미아를 이런 식으로 생각하면, 볼로냐가 1977년 운동을 운동의 새로운 세대들의 종합이자 극복의 일종으로 설명한 예를 따라, 그것을 오뻬라이스모의 구성기법과 구성양식이 새로운 영역으로 확장되고 증식한 것으로 이해하는 것이 가능하다(Cuninghame 2001).

이러한 입장을 서술함에 있어서 이 장은 〈아우또노미아 오뻬라이아〉의 전위주의적 측면, 그리고 조그마한 '군사화된' 그룹들, 그리고 1970년대 말에 나타난 P.38 사건[2]의 '확산된 폭력'(anonymous 1980 참조) 등과 같은 정통 노동자주의의 더욱 몰적인 형태들 한 가운데에 놓여 있는 것으로 간주될 수 있는 아우또노미아 내부의 하나의 경향에 초점을 맞춘다. 그것은 대개는 억압에 대한 대응이었지만, 그 효과의 측면에서는 〈붉은 여단〉과 전적으로 다르지 않은 것으로 끝났다. 폭력이 '확산'되다가 '비밀'의 수준으로 옮겨갈 때에는 특히 그랬다. '아

---

2. [옮긴이] P. 38 리볼버는 1977년 볼로냐와 로마에서 경찰과 폭력충돌을 하면서 운동의 일부 참가자들에 의해 사용되었다. 어느 정도 무장경찰에 대항하는 자위의 수단이었기 때문에, 일부의 사람들에 의해 P. 38의 이러한 사용은 〈붉은여단〉의 비합법폭력과는 달리, 폭력의 개방적이고 집단적인 형태를 보여주는 것으로 옹호되었다. (이 각주의 내용은 옮긴이의 요청에 따라 저자가 보내온 메일 내용에 의거했는데, 이 점에 대해 쏘번에게 감사한다).

우또노미아 권'이 상당히 복잡했기 때문에, 이 다양한 측면들과 형태들은 종종 뒤섞였고 각각의 측면들은 '다양한 경향들로 횡단되었다'(Albertani 1981; n.p.).3 내가 주장한 바 있듯이, 오뻬라이스모와 아우또노미아는 (다른 어떤 모임과도 마찬가지로) 소수적 경향과 몰적 경향 모두를 갖고 있었다. 이 장은 이러한 긴장에 주목하지만 이 조류의 소수적이고 프롤레타리아적인 측면을 밝혀내고자 한다. 그것은 또 다른 코뮤니즘적 조류들에서 나온 운동들과 개념들을 대조나 설명을 위한 적합한 자리로 이용한다. 이 장은 그 자체로 오뻬라이스모와 아우또노미아의 역사를 서술하기 위한 시도로 간주되어서는 안 된다. 오히려 그것은 사회화된 노동자의 정치(학)이 소수적 방식으로 어떻게 개념화될 수 있는가를 밝혀 보려는 하나의 시도로서, 이 조류의 구성양식의 일부에 대한 분석일 뿐이다.

오뻬라이스모의 갇힌 공간

실제적 포섭에 대한 오뻬라이스모의 분석과 그것의 사회적 공장 명제는, 5장에서 살펴보았듯이, 오뻬라이스모를 오히려 '갇힌' 입장에 남

---

3. 이러한 형성의 복잡성은 1968년과 1977년 사이에 의회밖 좌파의 발전에 대해 *L'Espresso*에 실린 흐름 다이어그램에 의해 시각적으로 예시화된다. 그 다이어그램은, 아나키스트들, 레닌주의자들, 뜨로츠끼주의자들, 상황주의자들, 보르디가주의자들, 그리고 그들의 다양한 잡지들과 정치적 집합들의 독립적 선들과 교차하는 선들을 추적하면서, 아우또노미아 권(圈)을 지도로 나타내기 위해 무정형의 거품을 도해하는 기법에 의지한다(Red Notes 1979: 204~5).

겨두었다. 왜냐하면 테크놀로지적 힘들과 생산적 힘들(그리고 정통 맑스주의의 정치(학))도, 사회민주주의의 발전(그리고 PCI의 '헤게모니'의 정치(학))도 자본주의적 관계로부터의 도피 수단을 제공하지 않기 때문이다. 실제로 두 모델이 민중의 현전하기(the coming to presence of people)를 전제로 삼고 있는 한에서 ─ 테크놀로지적으로 풍부한 생산 속에서 프롤레타리아적 힘들의 축적으로서건 아니면 사회민주주의에서 대항헤게모니의 확장적 공간의 발전으로서건 ─ 그것들은 자본주의적 관계에 시민권을 주는 기능을 하는 것으로 보여진다. 그래서 오뻬라이스모의 정치(학)은, 이러한 모델들에 대항해서, 민중이 없는 소수적 조건의 긍정에서 시작한다. 그 점은 뜨론띠에 의해 분명하게 설명된다.

> 노동자들의 조건들의 실질적 일반화는 그것의 형식적 소멸이라는 외관을 도입할 수 있다. 그 기초 위에서 노동력이라는 특유한 개념은 민중 주권이라는 일반적 개념 속으로 즉각적으로 흡수된다. 여기에서 정치적 매개는 노동의 생산적 힘의 폭발적 내용이 자본주의적 생산의 근대적 관계의 아름다운 형식들 내부에서 평화롭게 기능하도록 돕는다. 이 때문에, 이 수준에서, 노동계급이 민중이 되기를 정치적으로 거부할 때 그것은 사회주의 혁명에 이르는 가장 직접적인 길을 닫지 않고 열어젖힌다.
>
> (Tronti 1973: 115~16)

내가 2장에서 설명했듯이, 들뢰즈와 가따리는, '민중이 없다'는 이 갇힌 조건이 정치적 궁지의 선언이 아니라고 주장한다. 들뢰즈와 가따리는 갇힌, 불가능한 조건이 정치(학)을 강제한다고 주장한다. 왜냐하면 가장 개인적인 계략이 언제나 많은 규정적 사회관계들에 의해 횡단된다는 가정 하에서 볼 때 어떤 것이 적극적으로 살아질 수 있으려면, 이 사회관계들과의 교전이 진행되어야 하고 그 관계들이 해체되고 또 정치화되어야만 하기 때문이다. 그러한 교전의 환경은 결코 청산될 수 없고 또 민중과 그 대표자들, 그리고 대가(大家) 저자의 자기실현적 위대함으로 솟구쳐오를 수도 없다. 오히려, 그것은 활력으로, 논쟁으로, 그리고 항구적인 재해석으로 충전된 '끊임없는 활기'이다. 그곳에서 — 다수적 문학의 '저장고'로 불릴 수도 있는 — 내밀한 심문과 특수한 계략의 종종 무미건조하고 강박적인(obsessive) 작업이 집단적으로 생산된 '소수적' 문학의 터전으로 된다.

이러한 창조양식은 오뻬라이스모에서 매우 명백하게 나타난다. 오뻬라이스모에 관한 주석에서, 그들의 작품의 무미건조하고 꾸밈없으며 신들린듯한 성격이 종종 지적되기도 한다. 실제로, 물리에(Moulier 1989: 5)가 보기에, '맑스주의의 이러한 형식의 무미건조함과 애매함은 … 우리가 지금까지 알고 있는 어떤 다른 맑스주의와도 닮지 않았다'. 그것의 맑스와의 부단한 교전, 그리고 맑스의 재가공 — 나는 4장에서 그것의 일부를 실제적 포섭 명제와의 관계 속에서 설명했다 — 은 자율적 전통, '혁명적 역사'의 감각에 의해서보다는 맑스의 작품을 규정적인 사회관계들과의 교전 속에 놓여 있는 특수한 환경 속에서 이용하고 재가공할 필요에 의해 이끌렸다. 그들이 초점을 맞춘 맑스 —『자본』2권과 3권, 그리고『그룬트릿세』— 는 종종 애매하고 난해했다. 왜냐하면 그것의 극도의 복잡함 때문에, 구이도 발디(Guido Baldi 1985: 33)는『그룬트릿세』를 맑스의『피네건의 경야』(Finnegan Wake)라고 말한다. 그것은 또 유별난 재해석을 생산했다. 물리에

(Moulier 1989: 35)는 오뻬라이스모의 맑스가 그 적대자들에 의해 하나의 날조라고 비난받기에 충분할 만큼 이단적이었다고, 그리고 실제로 엔조 그릴로(Enzo Grillo)의 『그룬트릿세』[이탈리아어판-옮긴이] 번역본이 원본보다도 더 낫다는 농담이 있었다고 말한다.

맑스에 대한 이러한 해석에 중심적인 것은 언의의 소수적 탈영토화 양식과 공명하는 강렬한 이론적 언어적 창조양식이었다. 물리에 (Moulier 1989)는, 오뻬라이스모의 다소 복잡하고 불가사의한 용어법은 PCI와 PSI가 지배하던 좌파 환경 속에서 그것이 출현한 것의 필연적 양상이었다고 주장한다. 역사적 좌파와, 출현하고 있는 오뻬라이스모의 복잡하고 갇힌 관계, 그리고 이 관계가 새로운 괸점 형성의 (공공연하고 자율적이기보다) 탈영토화적인 양식을 필연적이도록 만든 방식은 예컨대 빤찌에리의 작품의 발전에서 명백하게 나타난다. 라이트(Wright 2002: 15~21)는 역사적 좌파의 당 형성에 대한 빤찌에리의 비판을, 그리고 좌파의 사회민주주의적 궤적(그것은 PSI 내부에서 제기되었지만)에 반대하여 그가 '경제적 영역'에 둔 강조가 '역사적 좌파 속의 거의 어느 누구도 반대하지 않았을' 술어들 속에서 출현하고 있었지만 [실제로는] 그것은 '공산당과 사회당의 다수파가 공유한 함의들과는 매우 다른 함의들을 가정하는 것으로 나아갔다'(17)고 서술한다. 그는 이렇게 쓴다.

자신의 사유 속에 명백한 단절을 기록하지 않았지만 노동자 통제에 대한 빤찌에리의 추구는 계급동맹 및 사회주의로의 제도적 길이라는 역사적 좌파의 지배적 주제로부터 그를 더욱더 멀리 벗어나도록 이끌었다. 그리하여 그 시기의 빤찌에리의 작품은 노동운동 그 자체 내부에서 똘리앗띠 (Togliatti)의 관점으로부터의 (비록 암묵적이라 할지라도) 최초의 명백한 단절들 중의 하나를 표현했다.

(Wright 2002:19)

그 점을 좀더 일반적으로 제시하면서 물리에는 이렇게 쓴다.

의심할 바 없이, 알뛰세가 과학적 맑스주의와 스피노자라는 보호막 아래에서 프랑스 공산당 속으로 감히 들여온 것과 같은 암호들에 의해, 오뻬라이스모의 지지자들은 낡은 스딸린주의적 공산주의자들을 놀라게 하지 않을 정식들을 계속해서 사용했다. 심지어 우리는 심지어 1964년에서 1971년 사이에 오뻬라이스모가 보여준 이상한 성격의 일부는, 공산당의 언어로 그 당의 내적 파열을 모사할 만큼, 그 당의 이론적 기반 전체와 크게 대립하는 것을 말하는 이 역설적인 방식 속에 놓여 있다고 말할 수 있다.[4]

(Moulier 1989: 20~1)

그리하여 만약 복잡한 용어법이 위장의 기능을 가졌다면, 그것은 또 그 운동의 상당한 창조성을 반영했다. 비록 오뻬라이스모와 아우또노미아가 맑스주의의 용어법을 물려받아 사용했지만, 그들은 또 '계급구성'에서 '자기가치화', 그리고 '자율인하'에 이르는 많은 새로운 술어

---

4. Moulier(1989: 21)가, 이러한 교전 양식이, 특히 레닌주의적 어휘의 고집스런 사용에서, 문제가 없지 않았다고 주장하는 점은 주목되어야 한다. 그러한 어휘사용은, 오뻬라이스모의 수중에서 그 의미가 일정하게 변했지만, 특히 조직과 무장투쟁에 대한 그것의 이해에서, 이 조류의 문제적 특징 중의 하나였다.

들을 주조했다. 이 각각은 특수한 현상들을 서술하고 또 그들이 속한 환경에서 '작전성(operationality)'을 유지하기 위한 것이었다. 오뻬라이스모와 아우또노미아의 언어의 복잡성과 창조성은 (1979년 레빕비아 감옥의 독방에서) 네그리의 언어의 어려움(그리고 그것을 사용하는 평조합원 투사들의 결과적 어려움)에 대한 질문에 대한 대응으로 네그리 자신에 의해 제시된다. 그것은 좀 길지만 인용할 가치가 있다.

확실히 언어는 때때로 애매하다. 그러나 언어는 20년 전에는 더 애매했다. 당시에 우리는 맑스주의적이고 혁명적인 논쟁을 공식적 노동운동 속으로 끼워넣을 방법을 찾아야만 했다. 그리고 또 우리는 추방되거나 주변화되는 것을 피해야만 했기 때문에, 우리는 신비한 문체의 언어를 찾아냈다. 관료들은 그것을 이해하지 못했다. 그리고 그들은 우리가 말하고 있는 것의 힘을 과소평가했다. 그러나 그때 이후로 상황은 크게 바뀌었다. 요즈음 혁명적 학생들은 공식 당들의 이데올로기적 허구화의 언어, 즉 그 '선명하고 확실한' 언어보다도 나와 나의 친구들이 사용하는 언어를 훨씬 잘 이해할 수 있다.

우리의 언어는 어렵지만 확실하다. 그것은 사물들에 대해 말한다. 공식당들의 언어는 선명하지만 확실하지는 않다. 그들은 아무 것에 대해서도 말하지 않는다. 우리의 언어는 어렵다. 그러나 우리의 동지들은 그것을 연구한다. 왜냐하면 그들은 맑스주의 고전들, 정치경제학 비판, 그리고 다른 많은 것들을 연구하기 때문이다.

(Red Notes 1979: 206에 실린 네그리의 말)

정통교의의 다수언어와의 관계, 그리고 개념적 생산의 실천성에 대한 이러한 이해는 네그리의 작품을 이해하는 데 결정적이다. 네그리의 작품은 (적어도 『제국』 이전에는) '어려운' 텍스트로 악명높았다. 네그리의 산문의 어려움은 예컨대 이탈리아에서 베스트셀러였던 팜플렛인 「자본주의 지배와 노동계급 사보타지」(Negri 1979a)의 (그 환경에서 잘 교육받은) 영역자들에 의해 지적되었다. 가령 그들은 그 원고의 몇 절의 번역을 생략하기로 하면서, '번역과정에서 우리는 이 절의 첫 두 쪽이 거의 이해할 수 없음'(Negri 1979a: 116)을 발견했다고 적었다. 네그리의 산문은 그것만을 분리해서 이해하는 것보다는, 그것을 그것의 구성환경이라는 맥락에서 읽을 때 가장 잘 이해할 수 있다. 이 점은 레드 노츠(Red Notes)가 편집한 선집인 『혁명의 만회』에 실린 네그리의 글(Red Notes 1988)에 대한 서평에서 마이클 하트에 의해 설명되었다. 하트(Hardt 1990b: 173~4)는 네그리의 산문이 갖고 있는 때로는 불가사의하고 또 고르지 못한 성격은 종종 정치적 긴급성 및 그 많은 산문을 생산하는 복잡한 동학에서 기인한다고 주장한다. 이 글에서 하트는 서평이라는 도입적 형식에 의해 제약을 받고 있지만 (그리고 영미 정치권과 학술계에 비교적 잘 알려지지 않은 저자를 다루고 있지만), 그 글을 읽으면 그가 그 산문의 생산에 내재하는 투쟁의 우연성들이 그 책의 일차적 관심, 즉 '오늘날 맑스주의가 직면한 핵심적 문제틀 중의 일부를 명료하게 정식화하는 것'(Hardt 1990b: 173)을 흐리는 것으로 보고 있다는 느낌이 든다. 비아노(Negri 1991a: xxxviii~ix에 실린 Viano의 글)는 네그리 작품의 복잡성에 대한 좀더 교전적인 도전을 제공한다. 하나의 책이 일련의 사회적 주체들에 의해 비슷하게 소비되어야 한다고 가정하는 것은 (완전히 현존하는 보편적 인간성의 이미지에 뿌리박은) 부르주아적 오류라고 주장하면서, 비아노는, 네그리의 언어는 '정상적' 담론의 통상적 후렴구 및 의미의 반복에 대립하는 문화적 환경에 뿌리박은 '차이에의 존중'이라고 주장한다. 그는, 아우또노미아의 언어는 무조(無調) 음악에 더 가까우며 상징적 재생산 체제의 주변부에 자기의식적으로 놓여지고 또 병열적이고 원심적인 매우 다른 표현들로 구성된다고 암시한다. 이것은 마치 차이의 낭만주의처럼 들릴 수도 있고 또 일관되지 못한 글쓰기를 위한 변명이 될 수는 없지만(실제로 극히 복잡한 맑스주의적 형상들을 횡단하면서 또 발전시킬 때, 그러한 언어는 그 나름의 문제가 없지 않다), 이것은 그러한 관심사가 거의 드러나지 않는 맥락(즉 맑스주의적인 정치 담론) 속에서 언어의 정동적이고 생산적인 성격이라는 문제를 제기한다. 특히 네그리의 경우(그의 『제국』은 지금은 자율적이거나 혹은 '다수적'인 이론적 저작으로 이해될 위험에 처해 있다)에 그것은 또한 독자들로 하여금 그의 작품의 맥락성과 생산성에 대한 이해를 유지하도록 자극한다. 그리고 그것을 자율적 저자들 속에서가 아니라 소수문학의 특징적 스타일인 상황적 교전, 논쟁, 계략, 그리고 경합의 와중에서 출현하는 구성양식으로 보도록 자극한다.

노동거부

우리는 이제 이 갇힌 공간에서 그리고 뜨론띠의 '민중 되기의 거부'에서 출현한 구성의 개념적 정치적 도구들 혹은 양식들에로 관심을 돌릴 수 있다. 오뻬라이스모와 아우또노미아의 정치적 배치의 중심에는 '노동거부'의 원리가 있다. 내가 4장과 그 앞에서 설명했듯이 사회적 공장을 가로지르는 노동의 일반화는 노동자들을 노동의 '일반적 이익' 속으로 포섭한다. 나는 이러한 상황에 대한 '계획화' 대응과 '헤게모니' 대응에 대해 이미 살펴보았다. 세 번째 대응은 평의회 코뮤니즘적 노동자 공동체 혹은 아나코생디칼리즘적 노동자 공동체에서 혹은 '자주관리'에서 노동의 갱생을 통해 노동계급 특수성을 긍정하는 방식이다. 급진적 사회환경에 미친 그것의 영향으로 인해, 그리고 하트와 네그리(Hardt and Negri 2000: 411) 속에서 그것이 복귀함으로 인해, 그리고 노동거부의 입장을 식별하기 위해 자주관리가 좀더 자세히 고찰될 필요가 있다.

자주관리 혹은 '평의회주의'는 ― 그것이 네덜란드와 독일의 코뮤니즘 좌파에서, 그리고 〈사회주의인가 야만인가〉와 〈국제상황주의자〉와 같은 그룹에서 레닌주의에 대한 비판을 통해 발전했기 때문에 ― 코뮤니즘 운동에서 상당한 중요성을 지녀왔다.[5] 바르뜨의 책의 서문(Barrot 1987: 7)은, 평의회주의가 '1945년에서 1970년 사이에 혁명적 소수자들의 이론적 문서자료 전체를 실질적으로 지배했다'고 주장한다. 약간의 조류들 특히 보르디가(Bordiga)와 이탈리아 공산주의 좌파와의 관계를 통해 출현한 조류들이 일찍이 1918년부터 자주관리를 '생산자 의식'의 한 형태로 비판해 왔다고 말해야 하지만 말이다.[6] (추

---

5. 비록 그들 또한 자주관리 명제들보다 상당히 많은 것을 제안하지만, 여기에서 주요 인물들은, 레닌(Lenin 1965)이 좌익 코뮤니즘의 '유아적 무질서'를 드러내고 있다고 서술한 사람들인, 판네쿡(Pannekoek), 고르터, 그리고 륄레이다.

6. 이러한 관점에 대해서는 Barrot(1987), Camatte(1995), Dauvé and Martin(1997), and International Communist Current(1992) 등을 참조하라. 비판적 검토로는 Antagonism(2001)과

상화된 당 형태에 반대하는 것으로서) 노동자들 자신에게 내재적인 조직화의 수단으로 고안되었지만, '자주관리'는 '자기조직화'하도록 내 버려두어지면 코뮤니즘적 본질을 충실히 실현할 인간적 자연 혹은 인 간적 존재라는 본질주의적 생각들의 변형들 위에 정립되는 경향이 있 다.[7] 여기에서 조직화의 형식은 거의 저절로 그리고 자연히 혁명적 내 용을 전개하는 것으로 이해된다.[8] 그리하여 그 조직화의 형식은 비난 할 수 없는 형식으로 기능하는 경향이 있는데 그 형식 속에서 그들 자 신을 표명하고 또 조직화하는 '노동자들' 혹은 '피압박자들'은 잘못이 있을 수 없는 것으로 이해된다.[9] 까맛떼는 이렇게 주장한다.

Aufheben(1999)을 참조하라.

7. Antagonism(2001: 8)이 쓰고 있듯이, '평의회 코뮤니스트들은 "노동자들 자신"을 믿었고 그리고 코뮤니즘이 모든 작업장 투쟁에 내재적이라고 가정하는 경향이 있었다.'

8. Dauvé('Leninism and the Ultra-Left' in Dauvé and Martin 1997)는 (레닌주의 정당에 대립하는) '노동자들 자신'의 중심성에 대한 극좌파의 단언(assertion)이 궁극적으로 자 본주의적 관계의 하나의 주체(즉 '자본가들'이라는 다른 주체에 대항하는 '노동자들')를 긍정할 뿐이라고 주장한다. 왜냐하면 그것은 생산보다는 '관리'의 지형에 그 비판을 집 중하기 때문이다. 당에 대한 단언(레닌주의)과 당에 대한 공포(극좌파주의)는 따라서 거 짓 문제이며 서로의 거울 이미지이다. 그것[당에 대한 단언이나 당에 대한 공포―옮긴이] 은, 자본주의적 생산양식 자체의 유기적 생산물이 코뮤니즘 운동의 '내용'에 비해 코뮤 니즘 운동의 '형식'을 지나치게 강조한다. ('실제적 운동'의 산물로서의 당에 관한 맑스의 얼마 되지 않는 언급들이 놓여야 할 곳은 바로 자본주의적 생산양식 자체이다.)

9. '자주관리'에 대한 그러한 해석은 아우또노미아를 포함하는 유럽의 '자율운동'에 관한 카 치아피카스(Katsiaficas 1997)의 책에 풍부하게 나타난다. 그의 책은, '평등을 애호하고 자유를 사랑하는 우리의 자연스런 경향'은 '나'로 하여금 말하게 하는 (전위정치와는 다 른 것으로서의) 자주관리에서 가능하다고 주장한다.(239) 카치아피카스가 논의하는 그 운동들이 주로 거대 산업 도시 및 탈산업 도시(예컨대 대도시 점거의 바로 그 전제조건) 의 산물이지만, 그는 그것들의 본질을 (때때로는, 말하자면, 이 운동들 자체의 일부의 선언들의 도움을 빌어) 자연화된 인간성으로 순화하기를 원한다. 예컨대 그는, 해러웨 이의 '싸이보그' 주체에 대립하면서, '운동 참여의 역할은 고유하게 인간적인 모든 것, 기계문화에 대립하는 모든 것에 대한 애정(heart)의 지형을 사회관계 속에 보존하고 확 장하기 위한 것이다'라고 주장한다.(238)

[자주관리 속에서 수동성과 의존성을 깨뜨리는 '참여'에의] 환상은, 그들이 맑스를 지양했다고 생각하면서, 경제는 (지금까지는 결정적이었다 하더라도) 이제 더 이상 결정적이지 않다고 말하는 사람들에게서 매우 크게 나타난다. 그들은 오직 투쟁만이 중요하며 인간은 언제나 거기에서 사실상 사회적이고 경제적인 틀 속에서, 그리고 일상의 행동과 사실들 속에서 나타난다고 덧붙인다. 그리고 그들은 또, 언제나 해방의 직접적이고 지속적인 가능성이 있었을 것인데 그것은 자주관리와 더불어 발생한다고 덧붙인다.

(Camatte 1995: 161)

이와 유사하게 뜨론띠(Tronti 1979a)에게 있어서 자주관리 명제는 단지 노동에 대한 사회주의적 긍정의 다른 판본에 지나지 않는다. 그 명제는, 노동자들이 자본으로부터 분리하여 그들 스스로 관리할 수 있는 자율적 노동이 있다고 가정한다. 마치, 자본주의에서 계급들이란 단지 두 개의 분리된 집단들을 말하는데 그 중 하나가 이미 내용에서 코뮤니즘적인 것처럼 말이다. 이러한 관점은 '노동'의 문제를 '관리'의 문제로 오해한다. 그리하여 그것은 노동이 언제나 이미 자본인 방식을 고려하지 못한다. 실제적 포섭에서 노동은 자본에게 팔려진 자율적 활동이 아니라 자본에 의해 불러내어지고 내재적으로 구조화된 인간활동이다. 맑스가 쓴 것처럼,

[노동자들의] 협력은 단지 노동과정에서 시작한다. 그러나 그때 그들은 그들 자신에 속하기를 중지한다. 노동과정에 들어가자마자 그들은 자본 속으로 병합된다. 협력자들로서, 일하는 유기체의 구성원으로서, 그들은 자본

의 실존의 특수한 양식을 형성할 뿐이다. 따라서 노동자들에 의해 사회적으로 발전된 생산적 힘은 자본의 생산적 힘이다.

(Marx 1976: 451. 강조는 인용자)

뜨론띠는 이렇게 주장한다.

자본주의 사회의 붕괴를 불러일으킬 것으로 가정되는, 아나코생디칼리스트가 말하는 '총파업'은 애초부터 낭만적 소박함이다. 그것은 이미 그 내부에 그것이 반대하는 것으로 보이는 요구(즉 '노동성과의 공정 분배'라는 라쌀레주의적인 요구, 달리 말하면 자본의 이윤에의 더 공정한 참가라는 요구)를 포함한다. … 진정한 '노동 증여자들'은 '노동하는 민중'이라는 생각, 그리고 자신들이 제공하는 것을 평가절하하려고 애쓰곤 하는 모든 사람들에 대항하여 그들이 제공하는 것의 존엄을 지키는 것이 노동민중의 관심사라는 생각은 [잘못된 생각이다].

(Tronti 1979a: 9)

그러므로 (고정자본과 가변자본의 관계로서의) '노동'이라는 형식은 그것에 내재적인 계급관계를 갖고 있다. '노동자는 노동력을 파는 한에서뿐만 아니라 계급관계를 구체화하는 한에서 자본을 공급한다. … 처음부터 노동의 조건들은 자본가의 수중에 있다'(Tronti 1979a: 9).

노동자들의 자주관리라는 이론이 갖고 있는 문제점은, 그것이 실천적으로 적용되는 맥락에서 고찰될 때 전면에 부각된다. 이 때에 그것은 취약한 정치적 형상일 뿐만 아니라 자본주의적 생산성을 위한 유효한 메커니즘임이 입증될 수 있다. '사회주의는 기업을 공장노동자들에게 주는 것에 있지 않고 〈기업〉(ENTERPRISE)의 혁명적 부정 속에만 존재한다(*Négation* 1975: 81에서 인용)는 보르디가의 주장을 따르면서 잡지 『네가씨옹』(*Négation*)은 1973년 브장송에서 있었던 립(Lip) 시계 공장 점거 사건 속에서 자주관리에 대한 흥미진진한 비판을 제시한다. 공장의 낮은 경쟁력을 이유로 한 공장폐쇄 위협에 직면하여 립 공장 노동자들은 공장을 점거해서 자주관리하는 방식으로 그것을 계속 운영했다. 생산을 유지하고 좌파로부터의 상당한 지지를 받아서 그들이 생산한 시계를 팔았던 것이다.[10] 『네가씨옹』지는, 이러한 자주관리가 프롤레타리아 권력의 출현이기는커녕, 노동자들을 실제적 포섭의 시기에 자본주의적 생산에 스스로 마구 채우는 계기였다고 분석한다.[11] 『네가씨옹』지는, 노동자들 자신이 기업보다는 개별 자본가(이는 실제적 포섭에서는 한편에서는 주식 소유자 다른 한편에서는 고용된 경영자라는 집단적 몸체 속으로 사라진다)를 문제로 오인하면서, 그들 자신의 노동의 착취에 책임을 지는 집단적 자본가로 되었다고 주장한다.[12] 그리하여 노동자들은 '노동'과 단절하기는커녕 출근시간

---

10. (물론 포스트 1968 시기의 환멸 이후에 엄습한) 혁명투쟁의 모범적 계기로서 립 점거에 대한 긍정은 그 주체에 대한 어떤 영국 팜플렛의 결론 — 그것은 아이러니의 어떤 단서도 포함하고 있지 않다 — 에서 분명히 나타난다 : '[립은 모범적이다. 왜냐하면 오랜 만에 처음으로 노동계급이 말에서만이 아니라 행동에서도 사적 소유, 생산수단의 통제와 분배, 소비와 같은 자본주의 사회의 뿌리를 공격했기 때문이다. 또 근본적인 것은, 사용된 행동 방법의 결과로, 공장이 사장 없이 2개월 동안이나 가동되었다는 것이다. 노동자들은 다시 생산을 재개했고 생산물을 팔아 스스로 지불을 받았다.'(Lip 1973: 10)

11. 물론, 『네가씨옹』의 비판은 노동자들에 대한 정치적 비난의 수준에 있는 것이 아니다. 투쟁의 고립적 성격과 그들의 생존수단의 절박한 박탈을 고려하면 노동자들은 사회적 배치에 의해 여러가지 방식으로 이러한 실천을 하도록 떠밀린다.

12. 립의 경우를 고려하면서 *Antagonism*(2001: 11)은, '자주관리는 … 자본주의적 위기 관리의 무기로 작용한다.' '종종 수익성이 없고 파산하고 있는 회사에서 기업폐쇄와

을 기록했고 그들 자신과 공동체를 공장의 필요를 중심으로 계속 조직했으며 시계판매에서 생기는 이윤에서 그들 자신에게 임금을 지불하고 수행된 개별노동과 임금 사이의 규정된 관계를 유지했으며 그 과정 내내 계속해서 그들의 작업복을 입었다. ('립 공장 분규를 특징지웠던 생산자 의식을 가장 잘 드러내는 것은 아마도 이 작은 세부사항들일 것이다'; *Négation* 1975: 58).

다시 오뻬라이스모로 돌아가자. 만약 노동이 언제나 이미 자본주의적 관계라면, 노동계급이라는 어떤 단순한 주체는 존재하지 않는다. 노동과 관련된 모든 것이 노동자들의 가능성을 '가두고' 그 결과 그것은 자율적이며 정치적으로 진보적인 활동을 위한 공간을 전혀 제공하지 않는다. 그래서 뜨론띠(Tronti 1973: 117)는 노동으로부터, 노동의 형식, 기능, 그리고 주체로부터 멀어지는 것이 혁명적 정치의 기초 조건이 된다고 제안한다. 따라서 정치은 '외적' 통제에 대항하는 노동의 갱생(reclamation)이 아니라 노동의 거부이자 노동자 주체 그 자체의 거부이다.

오늘날 어떤 노동자도 자본 외부의 노동의 실존을 승인하려 하지 않는다. 노동은 착취와 같다. 이것은 자본주의 문명의 논리적 전제이며 역사적 결과이다. 여기에서부터 돌아갈 곳은 존재하지 않는다. 노동자들은 노동의 존엄을 위한 시간을 전혀 갖고 있지 않다. … 오늘날 노동계급은 자본을

그들 자신의 실업을 막기 위해 애쓰는 노동자들에 의해 도입되는 조치로서, 자주관리는 흔히 보통의 기업보다 더 높은 착취수준을 수반하기도 한다. 노동자들은 회사가 계속 돌아가도록 하기 위해 더 적은 돈을 받고 더 열심히 일하는 것을 (시장의 압력 때문에) "자유롭게 선택한다"'.

이해하기 위해서 그 자신을 바라볼 필요가 있다. 자본을 파괴하기 위해서 그 자신과 싸울 필요가 있다. 노동계급은 정치적 힘으로서의 그 자신을 인정해야만 하며 생산적 힘으로서의 그 자신을 부정해야만 한다. 이것을 입증하기 위해서 우리는 단지 투쟁 그 자체의 계기를 바라보기만 하면 된다. 파업을 하는 동안에 '생산자'는 직접적으로 계급 적(敵)으로 확인된다. 노동계급은 그 자신의 노동을 자본으로, 적대적 힘으로, 하나의 적으로 대면한다. 이것이야말로 적대를 위한 출발점일 뿐만 아니라 적대의 조직화를 위한 출발점이다.

(Tronti 1972a: 22)

내가 주장했듯이 맑스의 이름 붙일 수 없는 프롤레타리아들에 핵심적인 이 노동거부는 그러므로 단지 일단의 실천들로서만 이해되지 말아야 하며 노동 속의 어떤 충만함 또는 노동 속의 주체에 대한 거부의 메커니즘으로서, 노동과 그것의 동일성에 대항하는 지속적 교전으로서 이해되어야만 한다. 따라서 노동거부는, 민중의 모델을 긍정하는 것에 대한 오뻬라이스모의 거부와 더불어, 동일성의 지속적 지연의 메커니즘으로, 그리고 사회적 공장의 생산적 체제들 내부에서 그것에 대항하는 창의적 실천을 향한 추진력으로서 이해될 수 있다. 그리하여 그것은 추상적 강령이 아니라 프롤레타리아적 구성의 양식이다. 그리고 그것은 그것의 특수한 실천 속에서 이해될 필요가 있다. 그럼에도 불구하고 근대의 정치문화에서 노동에 대한 비판과의 친숙성의 결여를 고려하면, 오뻬라이스모와 아우또노미아에서 이루어져온 이 정치학의 발전을 고려하기 전에 급진적 사회환경에서 노동비판이 차지해온 자리에 대한 간단한 개괄을 제시하는 것이 유용하다.

20세기의 사회적, 정치적, 경제적 예측들 중에서 노동의 임박한 죽음을 예견하는 것들보다 더 잘못된 것은 거의 있을 수 없다. 이런 예견들에서는 기계가 인간을 대체함으로써 '대량실업' 아니면 '여가사회'가 발생할 수 있을 것이라고 이야기된다.13 내가 4장에서 주장했듯이, 우리는, 과다한 규제적이고 생산적인 기술들을 사용하면서 작업장과 노동 일(日)의 낡은 경계들을 넘쳐흐른, 노동을 수행한다. 이것이 보여주는 것은 노동의 죽음이 아니라 노동의 강화이다(Kamunist Kranti 1997).14 영국의 신노동당 정부가 한걸음 한걸음마다 주장하고 싶어 하듯이, 노동은 점차 '사회적인 것의 영역'(Donzelot 1991: 253)이 되었다. 왜냐하면 그것의 확산적인 농시에 동합직인 평면이 사회적 안전, 도덕적 교육, 은퇴, 사회적 배제, 문화적 혁신의 낡은 사회적 장소들을 붕괴시켰기 때문이다(Gray 1998; McRobbie 2002). 그러나 이러한 노동 강화가 반대 없이 진행되지는 않았지만, '노동' 자체의 사회적 배치를 진지하게 문제삼은 비판 혹은 작업장 정치는 상대적으로 적었다. 확실히 영국에서 노동을 통한 '사회적 포함'이라는 블레어주의적 사회정책

---

13. 그러한 예견들은 실제로 고대로 거슬러 올라간다. 기계들이 노동을 극복할 수 있다는 키케로와 아리스토텔레스의 명제에 대한 응답으로서 맑스(Marx 1976: 532)는 이렇게 쓴다 : '오 저 야만인들! 그들은 정치경제학과 기독교에 대해 아무 것도 이해하지 못했다'.

14. 두 개의 일화가 그 주장을 뒷받침할 수 있다. 1997/8년 겨울에 런던의 언더그라운드에서 출현한 일급 감기 및 유행성 독감 치료제 광고가 '어떤 사람이 유행성 독감에 걸려서 노동하러 갑니까?'라고 묻고 '당신 같은 직업을 가진 사람'이라고 응답했을 때, 그것은 노동의 긴급하고 해로운 메커니즘 중의 일부를 연출했다. 다른 곳에서 유연 생산 기법의 성장에 수반된 노동의 강화가 아주 심했기 때문에, 일본 사람들은, 과도노동을 통한 사망조건을 서술하기 위해 '카로시[karoshi; 過勞死 — 옮긴이]'라는 새로운 단어를 만들게 되었다(cf. Kamunist Kranti 1997).

의 중심 충동은 쉽게 안착되었다.[15] 노동에 대한 비판은 초기 노동자 운동의 중요한 측면이었지만(Hunnicutt 1988), 근대적 정치문화가 발전함에 따라 노동이 오히려 문제없는 범주로 된 것처럼 보이곤 한다. 이러한 궤적은 사회주의의 진화에 대한 보르디가의 언급에서 분명히 나타난다.

> 고전적 사회주의의 목표는 임금노동의 폐지이다. 오직 임금노동의 폐지만이 자본주의의 폐지를 가져올 수 있다. 그러나 노동자들이 자신들의 노동력을 파는 것의 불합리성과 후진성을 이해한다는 의미에서 임금노동을 폐지할 수 없었기 때문에, 사회주의 운동은 그것이 시작된 이래로 시장경제의 폐지를 목표로 삼아 왔다.
>
> (*Négation* 1975: 51에 실린 Bordiga의 말)

노동이 문제설정의 중심자리에 놓여 있는 맑스주의 정치(학)조차도 노동을 문제화하기보다, 벤야민(Benjamin 1992: 250~1)이 말하듯이, 일종의 낡은 프로테스탄트적 노동윤리의 부활 속에서 그것을 칭송하는 데 너무 자주 기여해 왔다. 이것은 '노동할 권리', '완전 고용'에 대한 요구 속에서, 혹은 테일러주의에 대한 레닌의 옹호, 뜨로츠끼의 '노동의 군사화' 주장, 스딸린의 '스타하노프적 노동자'에 대한 요구 등에서 매우 명백하게 드러난다.[16]

---

15. (완전 고용, 노동할 권리, 그리고 노동자들의 공동체 등에 대한 '구 노동당' 담론의 복귀와 더불어) 이러한 안착이 노동당의 사회주의 전통과의 역사적 관계에 의해 용이하게 된 방식은 '노동' 범주에 대한 주류 좌파의 무비판적 관계의 일단을 예증한다.
16. 폴란드 지도자인 야루젤스키 장군은, 1987년에 교황 요한 바오르 2세와의 대화에서, 동과 서의 공통 지반은 자본주의를 향한 동구 블럭의 움직임이 아니라 그가 '노동 신

그렇지만 노동에 대한 비판은 근대의 급진적 조류들에서 전적으로 결여되었던 것이 아니다. 1883년에 쿠바 태생의 맑스주의자이며 맑스의 사위였던 파울 라파르그는 코뮤니즘적 논쟁서인『게으를 수 있는 권리』를 썼다. 그것은 근대 코뮤니즘 운동 내부에서 노동에 대한 비판의 출발로 간주될 수 있다.[17] 라파르그의 주장은 간단한 전제를 갖고 있다.

자본주의 문명이 지배하는 나라의 노동계급은 이상한 망상을 갖고 있다. 이 망상은, 그 행렬 속으로, 지난 두 세기 동안 슬픈 인류를 고문해 온 개

학'(Hunnicutt 1988: 314~5에서 인용)이라고 불렀던 것의 긍정이라고 주장했다. 그러나 노동에 대한 그러한 관점은 스딸린주의에 국한되지 않았다. 뜨로쯔끼의 '노동의 군사화'는 유용한 예이다. 왜냐하면 뜨로쯔끼는 맑스주의 좌파에게 대중적인 이미지를 갖고 있기 때문이다. 다음 인용구절에서 분명히 드러나듯이, 뜨로쯔끼의 사회주의에는 노동의 축소가 있을 수 없다 : '자본주의 하에서 성과급과 등급화 체계, 테일러주의 체계의 적용 등은 잉여가치를 짜냄으로써 노동자들에 대한 착취를 증대시킬 목적을 갖고 있다. 사회주의적 생산에서 성과급, 상여금 등은 사회주의적 생산의 양을 증대시키는 것을, 그리고 결과적으로 일반적인 복지를 향상시키는 것을 자신의 문제로 삼는다. 다른 사람들보다 일반적 이익에 더 많이 기여한 노동자들은 게으른 사람들, 부주의한 사람들, 그리고 질서를 교란시키는 사람들보다 더 많은 양의 사회적 생산물을 받을 권리를 갖는다.'(Trotsky 1961: 149)

17. 내가 아는 한에서, 라파르그의 논문이 맑스를 아는 코뮤니스트 환경 내부에서 코뮤니즘 정치학의 기초로서 노동에 대한 비판을 명시적으로 강조한 첫 번째 사례이다. 좀더 넓은 의미에서, 노동에 대한 비판은 물론 이보다 더 일찍 나타났다. 일리치(Illich 1981)가 주장했듯이, 노동 자체는 근대의 자본주의적 발명물이다(*ATP* : 400~1, 490~1도 참조). 일리치는 고대 그리스와 로마에서 손으로 하는 노동은 구걸보다 좀더 천한 실천이었다고 주장한다. (물론 그는, 이것이 노예나 여성이 노동하는 것을 막았다고 주장하지는 않는다). 중세를 거치면서 임금노동(가족 생계에 반하는 것으로서 구두제작이나 구걸과 같은 특정한 일거리들)은 비참의 기호였고 공동체의 결여의 기호였다. 근대 자본주의의 출현과정에서 농민과 방랑자들을 프롤레타리아트로 전환시키는 것은 상당한 노력을 요하였다(Linebaugh 1991; Marx 1976: 899; Thompson 1967 참조). 근대 자본주의 자체의 정치학 속에서, 라파르그는 그 문제를 제기한 첫 번째 사람이 결코 아니다 ; 반-노동 관점과 실천은 노예 저항의 영속적인 특징이었고(Rawick 1972 참조), 대서양을 횡단하는 노동계급의 다른 요소들 가운데 지배적이었다(Linebaugh and Rediker 1990, 2000 참조).

인적 사회적 비통함을 끌어당긴다. 이 망상은 그 자신과 그의 자손을 기진맥진하게 밀어부친 노동에 대한 사랑, 노동에 대한 맹렬한 열정이다. 성직자들, 경제학자들, 그리고 도덕주의자들은 이 정신이상에 반대하는 대신 노동 위에 신성한 후광을 드리워왔다.

(Lafargue 1989: 21)

라파르그는 이 맹렬한 열정의 원인을 부르주아지와 그들의 '빈혈적 인권'의 수중에서만 찾지 않으려고 유의했다. 왜냐하면 그 비극적 아이러니는, '그 가장 끔찍한 징벌'에 종속된 대부분의 사람들이 그것을 자신들의 '혁명적 원리'의 기초로 만들려고 해왔다는 것이기 때문이다. 이른바 '노동할 권리'가 그것이다. '만약 강제적 노동의 비참함과 배고픔의 고문이 성경의 메뚜기떼들보다 더 많이 프롤레타리아트 위에 내려앉았다면, 그것은 프롤레타리아트 자신이 그것들을 초대했기 때문이다'(28). 비록 여기가 라파르그의 주장을 평가할 자리는 아니지만, 그가 '노동할 권리'에 맞서서 코뮤니즘을 하나의 운동으로, 즉 더 짧은 노동시간에 더 많은 임금을 달라는 압력을 통해 가능한 적은 노동시간을 가진 사회를 향한 기술 발전을 재촉할 수 있는 하나의 운동으로 제시했다는 사실은 주목할 만한 가치가 있다. 그러므로 '혁명의 목적은 정의, 도덕성, 그리고 자유의 승리가 아니라 … 가능한 한 가장 적게 일하고 지적으로나 신체적으로 가능한 한 가장 많이 즐기는 것이다'(Cohn 1972: 160).

라파르그가 그의 맑스주의적 논쟁문을 쓰고 있던 바로 그 때에, 니체는 전혀 다르지 않은 무엇인가를 말하고 있었다.

불가능한 계급. ─ 가난한, 행복한 그리고 독립적인! ─ 이것들은 함께 갈 수 있다 ; 가난한, 행복한 그리고 한 사람의 노예! ─ 이것들도 함께 갈 수 있다 ─ 그리고 나는, 내가 우리의 공장 노예들에게 줄 수 있을 좀더 나은 소식을 생각할 수 없다. 즉 요컨대 만약 그들이 그렇게 사용되는 것을, 기계의 부품으로 소진되어 버리는 것을 (마치 그것이 인간의 창의성에 난 구멍을 메우는 구멍 메우개인 것처럼) 일반적으로 치욕으로 느끼지 않는다면! … 만약 … 당신이 늘, 당신에게 준비하고 있으라고 권고할 뿐 더 이상 아무 것도 권고하지 않으며 매일매일 준비하라고만 권고하는 무모한 희망들로 당신을 불태우려는 목적을 가진 사회당의 무책임한 지도자의 피리소리를 듣고 있다면, 그리하여 당신은 외부로부터 발생할 무엇인가를 기다리고 또 기다릴 뿐 모든 점에서 당신이 살아온 방식대로 계속 살아갈 수밖에 없다면, … 이렇게 하는 것이 인간으로서 마땅한 태도일 것이다 : '유럽의 노동자들은 지금부터 그들 자신을 하나의 계급으로, 하나의 인간적 불가능성(impossibility)으로 선언해야 한다.'

(Nietzsche 1982: §206)

라파르그와 니체가 선언한 노동에 대한 비판의 감각은 반노동의 일탈 속에서 다양한 ─ 그리고 때로는 모순적인 ─ 방식으로 발전한다. 미국과 유럽의 예들만 언급하더라도 그것은 20세기의 많은 코뮤니즘적 그리고 대항문화적 흐름들, 운동들, 사건들 속에서 나타난다.[18] 오뻬라이스모와 아우또노미아는 젖혀두고라도, 이것들의 가장 두드러진

---

18. 노동거부의 정치학은 노동자 정치, 대항문화, 그리고 예술적 실천 사이의 말끔한 경계 구분을 극복하려는 운동으로부터 종종 출현했다. 다시 말해, *Aufheben*, *Midnight Notes* 그리고 *Zerowork* 등과 같은 잡지들이 밝히려고 했듯이, 노동거부는 전 지구적 노동자 투쟁의 영속적인 특징이다. 그래서 그것은 이렇게 다소 유럽-미국적인 렌즈를 통해서만 이해되어서는 안 된다.

예는 〈세계의 산업노동자〉(IWW), 다다, 그리고 초현실주의의 일면, 〈국제 상황주의자〉, 〈히피국제청년당〉(Yippies)[19], 〈흑곰당〉, 1960년 대 말 및 1970년대 초 자동차 부문에서 나타났던 미국과 영국의 위원 회들, 1970년대 펑크 경향, 〈라스타파리(Rastafari)〉[20]의 일면, 흑인의 표현적 문화와 정치의 다른 요소들, 그리고 영국에서 나타난 1920년 대 실업노동자 운동의 일면, 〈권리요구자 노동조합〉 운동의 일면, 그 리고 가장 최근에는 '구직자수당'[21]과 '뉴딜'에 대항하는 권리요구자 운 동 등을 포함한다.[22] 노동거부는 또 많은 잡지들에서 나타났다. 이 잡 지들에서, 1953년 생제르맹데프레(St Germain des Pres)가에 그려진 그래 피티 〈절대 일하지 마〉(Ne Taravillez Jamais)의 느낌은 다양한 방식으로 발 전되었다.(Fatuous Times n.d., 그리고 *Aufheben*, *Midnight Notes*, *Processed World*, 그리고 *Zerowork*을 참조하라).[23]

---

19. [옮긴이] 1960년대 후반 반전(反戰)주의적인 젊은이 그룹(Youth International Party + hippie).

20. [옮긴이] 아프리카 이디오피아 황제였던 하일레 셀라시에를 가리키는 자 라스타파리 (Jah Rastafari)를 신으로 섬기며 서구화된 사회를 떠나 자신들의 고향이자 약속의 땅 인 '아프리카로 돌아가자'는 운동.

21. [옮긴이] JSA(Job Seeker's Allowance). 복지수당을 노동과 연결시키기 위해 영국이 채 택한 복지제도. 영국은 UB를 JSA로 바꾸면서 실업급여가 아닌 구직자급여로 실업자 부조를 전환했다.

22. 이 운동과 조류 속에서 나타난 노동거부에 대한 설명으로는, Thoburn(2003), Huelsenbeck(1966), Thirion(1929), Knabb(1981), Hoffman(1996), Rubin(1970), Neville(1971), Cleaver(1970), Linebaugh and Ramirez(1975), Gambino(1976), Carpignano(1975), Echanges et Mouvement(1979), Rothbart(1978), Gilroy(1987: 199~203), Hall *et al*.(1978), Howe(1973), 'After Marx, April' Collective(1981), *Aufheben*(1998), *Bad Attitude*(1995), Carr(1975: 54~5), Kenyon(1972), Unwaged Fightback(1987) and Job Shirkers Alliance(n.d.) 등을 참조하라.

23. 이 그래피티('절대 일하지 마')를 찍은 사진은 '상황주의 운동을 위한 예비 프로그램'이 라는 제하에 *Internationale Situationniste* no. 8 1963(IS 1970)에 나타났다. 그리고 그 것은 1968년 5월에 소르본느에서 다시 나타났다(Pagès 1998: 36). 이 작은 집단들과

계급구성, 그리고 관점의 역전

민중 모델의 거부와 노동거부라는 이 기본적인 가둠의(cramping) 기법들에서 이제 나는 오뻬라이스모와 아우또노미아의 정치적 구성양식들을 고찰하는 것으로 방향을 돌릴 것이다. 우선 계급에 대한 오뻬라이스모의 모델에서 시작하자. '계급구성'이라는 오뻬라이스모적 형상은 구조적이고 정치적인 요인들을 병합하고 있는 양면적이고 역동적인 것이다. 네그리가 설명하듯이, 그것은 일차적으로 자본주의적 생산과 층화의 발전의 맥락 속에서의 좀더 재래적인(conventional) 구성이며 그 다음으로 직대적이고 '정치적인' 구성이다.

> 계급구성이라는 말로, 나는 정치적이고 물질적인 — 역사적이고 물리적인 — 성격들의 결합을 의미한다. 그것은 다음과 같은 것들로 구성된다. (1) 한편에서, 노동-능력의, 생산적 힘들과 관계들의 주어진 수준에 의해 생산된 것으로서의, 그것의 모든 표현들 속에서, 역사적으로 주어진 구조; 그리고 (2) 다른 한편에서는, 역사적 정치적 맥락 속에서 그 자신의 독립적 동일성을 향하고 있는, 필요들과 욕망들이 굳어진 일정한 수준으로서의, 역동적 주체로서의, 적대적 힘으로서의 노동계급.
>
> (Negri 1988b: 209)

'독립적 동일성'이라는 문제적 입장은 여기에서 다시 출현한다. 하

저널들에서 노동에 대한 많은 설명은 〈국제상황주의자〉들(SI)의 정치와의 일정한 관련에서 발전했다. 하지만 그 중 최고의 것은, Dauvé(2000: 48)에 의해 설명되듯이, 한편에서는 노동비판을 긍정하면서 다른 한편에서는 노동자들의 평의회를 옹호하는 SI의 모순적 입장을 극복하는 운동의 일부이다.

지만 이것을 당분간 젖혀 둘 때, 중요한 점은, 그 강조가 구조적 정치적 변화에 놓여 있다는 점이다. 계급은 '역사적 변형가능성의 맥락 속에서 틀지워진다'(Negri 1988b: 209). 혹은, 물리에(Moulier 1989: 14)가 말하듯이, 계급은 '동력학에, 그리고 힘의 장에 연결된 질'이다. '즉자' 계급과 '대자' 계급 사이의 레닌주의적 구분(그곳에서 정치'의식'은 외부로부터 이미 구조적으로 형성된 계급 속으로 주입된다)과는 달리 혹은 계급을 사회적으로 층화된 집단으로 보는 계급에 대한 사회학적 이해와는 달리, 계급구성은 사회적, 경제적, 기술적, 정치적 그리고 문화적 과정의 좀더 기계[론]적 공동작용 및 변이의 효과이다. 그러므로 계급구성은 결정적으로 어떤 사물을 지시하지 않고, 3장에서 프롤레타리아트라는 기호 하에서 이미 설명되었다시피, 하나의 구성 과정 혹은 구성 양식을 지시한다.

계급구성의 이론은 구성의 정치적 형식들, 변이들, 그리고 창조들에 특별한 강조점을 둔다. 계급구성은 투쟁에의 몰두를 통해, 즉 그 구성 내부에서의 실천, 새로운 필요들, 욕망들, 그리고 차이들의 변화하는 형태들, 그리고 계급 속에서의 소수자들 사이의 관계들을 찾을 수 있는, 그리고 그것들의 발전에 기여할 수 있는 '뜨거운 탐구'에의 몰두로 이해될 수 있다. 정치적 실천에의 이러한 강조는, 노동계급 투쟁은 자본주의의 동학 속에 ─ 자본주의 발전의 원동력으로서 ─ 일정한 자리를 차지한다는 오뻬라이스모의 중심적 원리에서 발생한다. 이것이 오뻬라이스모의 '관점의 역전'이라는 원리이다. 이것은 물리에(Moulier 1989: 15)가 보기에, 사회적 공장 명제와 더불어, 오뻬라이스모의 두 가지 '핵심적 발견들' 중의 하나이다. 뜨론띠는, 「영국에서의 레닌」이라는 그의 기본적인 텍스트에서 그것을 이렇게 표현한다.

> 우리도 역시 자본주의 발전을 일차적인 것으로 보고 노동자들을 이차적
> 인 것으로 보는 개념을 가지고 작업했다. 이것은 실수이다. 그리고 이제
> 우리는 문제를 뒤집고 극을 바꾸어야만 한다. 그리고 처음부터 다시 시작
> 해야 한다. 출발점은 노동계급의 계급투쟁이다. 사회적으로 발전된 자본
> 의 수준에서, 자본주의 발전은 노동계급 투쟁에 종속된다. 자본주의의 발
> 전은 계급투쟁을 뒤따른다. 그리고 계급투쟁은, 자본 자신의 고유한 재생
> 산의 정치적 메커니즘이 조율되어야만 하는 속도를 설정한다.[24]
>
> (Tronti 1979b: 1)

관점의 역전 명제에서 노동에 대항하는 노동자들의 투쟁은 자본으
로 하여금 생산의 부드러운 작동에서 벗어나거나 그것을 파열시키는
것을 감금하고 포획하기 위해 재배치하지 않을 수 없도록 강제한다.
각각의 발전단계가, 각각의 새로운 '계급구성'의 '탈구성' 속에서 자본
으로 하여금 새로운 테크놀로지적 패러다임으로 나아가도록 강제하
는, 그것의 거부를, 그것의 비생산적 엔트로피를 가지는 한에서,[25] 자

---

24. 이것은 자율주의 이론에 없어서는 안 될 그 무엇이다. 예를 들어 *Midnight Notes*
(1981: 1)는 그 원리를 다음과 같이 되풀이한다 : '자본에 대항하는 우리의 투쟁들은 자본
의 발전을 위한 유일한 동력이다. 이것은, 우리가 더 열심히 투쟁하면 그럴수록 자본
의 지배가 더 완전해진다는 어떤 순수한 패배의 그림이 아니다. 오히려, 산 노동과 죽
은 노동의 어떤 혼합 속에서 발전하는 투쟁은, 착취의 어떤 사회적 배치 속에서는, 붕
괴의 특유한 배치를 강제한다. 위기가 발생한다. 위기의 미로 속에서, 자본은 노동계급
을 따름으로써, 그리고 그 출구에서 노동계급을 집어삼키려 함으로써 자신의 길을 발
견할 수 있을 뿐이다.'
25. 케인즈주의(생산성/지불 연계, 복지국가, 노동의 일반이익)가 소비예트 혁명에 대한
자본주의적 반응으로서 제시되는, 케인즈에 관한 네그리의 논문(Negri 1988a)은 관점

본은 노동자들을 구조화하고 통제하기 위하여 기계를 도입하는 것에서부터 시작하여(Marx 1976: 563) 부단히 증가하는 사회화(실제적 포섭)로 나아간다. 그래서 투쟁은 어떤 배치에서도 일차적인 발명적 힘이며 혁명적 힘은 자본이 노동계급 구성을 중심으로 재배치하는 고통을 느끼는 정도에 따라 측정된다.

이 계급구성 모델과 관점의 역전 모델은, 체제의 핵심에 불안정성을 놓음으로서, 그리고 정치적 발명, 연합, 그리고 저항의 메커니즘과 장소들을 지속적으로 발견할 필요를 강조함으로써, 이것들을 시간초월적인 프롤레타리아적 실천들로 제시함이 없이, 자본주의 동학과 정치(학)에 대한 어떠한 객관주의적 해석도 깨뜨리는 이점을 갖고 있다. 투쟁이 당대의 자본주의적 공리계와 동력학, 그리고 그것들의 탈영토화 과정과의 교전을 통해 출현하는 것으로 이해되는 한에서, 그것은 구성에 대한 프롤레타리아적 생각이다. 관점의 역전은, 그렇지만, 몇 가지 문제를 야기하기도 한다.

노동은 언제나 이미 자본이라는 뜨론띠의 주장에도 불구하고, 그래서 노동계급이라는 독립된 주체는 없다는 그의 주장에도 불구하고, 관점의 역전 속에는 두 개의 별개의 주체들 사이 — '자본과 노동계급' 사이는 아니라 할지라도, '자본과 투쟁–속의–노동자들' 사이 — 의 양극적 전쟁게임을 제시하려는 경향이 있다. 즉 투쟁은, 그것이 자본주의적 배치 속에서의 창조성의 원리 자체로 고양됨에 따라, 자본으로부터의 특정한 자율 혹은 독립을 가정하는 것으로 보이며 그래서 투쟁

의 역전에 기초를 둔 연구의 고전적 사례이다.

이 다소 보편적이고 평평한 방식으로 제시될 수 있다. 네그리의 일부 작품은 이 점을 그 극단에서 설명될 수 있게 한다. 관점의 역전은 역사적 변화에 대한 『제국』의 정식화 속에 핵심적이다.[26] 뜨론띠와 유사한 방식으로, 하트와 네그리(Hardt and Negri 2000: 268, 208, 268)는, 예를 들어, '자본주의적 형태의 역사는 언제나 필연적으로 반작용의 역사이다', '자본주의 발전의 형상을 규정하는 것은, 언제나 조직된 노동능력의 선제(先制)이다', 그리고 '프롤레타리아트는 실제로, 자본이 미래에 채택하지 않으면 안 될, 사회적 및 생산적 형태들을 발명한다'고 주장한다. 그러나 네그리는 그 주장에 또 다른 차원을 더한다. 『전복의 정치학』에서, 그는 관점의 역전을 '노농자주의의 썩은 변증법'이라고 부르면서 그것과 단절하는 것으로 보인다 : '프롤레타리아 투쟁들이 지속적으로 자본주의적 통제의 형식들의 재구조화를 유발하며 그것이 다시 계급의 새로운 주체적 윤곽에 (그리고 그 모든 것이 불확정적으로) 대면한다고 보는 연결관계(connection)는 결정적으로 붕괴되었다'(Negri 1989: 87~8. 강조는 인용자). 그렇지만, 네그리의 문제는 투쟁과 포획의 주기 자체에 대한 이러한 이해에 있는 것이 아니라 (오뻬라이스모 속에서 그것이 정식화된 바를 그가 이해하듯이) 그 과정의 '불확정적 ─우리는 이것을, 비목적론적이라고 말할 수 있을 것이다─성격에 있는 것으로 보인다. 관점의 역전이 『제국』에 중심적이라는 점을 염두에 둘 때, 네그리에게 그 주기는 투쟁-속의-자율과 포획의 주기일 뿐만 아니라, 계급구성과 탈구성의

---

26. 하트와 네그리(Hardt et al. 2002: 189)는 관점의 역전('자율적이고 창조적인 힘으로서의 프롤레타리아 계급투쟁')에 대한 관계를 모든 맑스주의적이고 유물론적인 정치학의 유효성의 근본적 표시로 제시한다.

각각의 주기가 부단히 더 자율적인 사회적 생산의 양식을 생산하는 경향이 있는 주기이기도 한 것으로 보이곤 한다. 즉 투쟁은 자율의 현장일 뿐만 아니라 운동을 자율적 생산으로 나아가도록 강제하는 것으로 제시된다(4장 참조).

저항과 자본을 말끔한 이분법 속에서 이해하기보다 — 아니, 네그리에게서처럼, 저항이 생산적 자율성을 향한 운동을 유발하는 것으로 이해하기보다 — 우리는, 관점의 역전이 어떻게 더욱더 소수적이며 프롤레타리아적인 조건 속에서 제기될 수 있는지를 이해할 필요가 있다. 이를 위해서는, 들뢰즈와 가따리의 '탈주선'에 대한 이해가, 그리고 그것이 푸코의 '저항'과 갖는 긴장관계에 대한 이해가 도움이 된다. 내가 2장에서 보여주었듯이, 들뢰즈는, 푸코의 '저항' 모델이 그 나름의 권리를 갖는 그 무엇이기보다 권력에 대한 다소 취약하고 덜-이론화된 반응이라고 주장한다. 욕망하는 생산의 우선성에 대한 들뢰즈와 가따리의 강조를 따르면서 들뢰즈는 그 대신, '탈주선'(line of flight)의 좀더 완전한 원리를 제시한다. 탈주선은 어떤 아상블라주로부터의 탈주라기보다 각각의 아상블라주가 그 위에 배치되는 발명력이다. (물론, 아상블라주가 탈주선을 중심으로 배치됨에 따라, 각각의 아상블라주가 다른 정렬로 발전하면서, 변화하거나 붕괴될 수도 있지만 말이다.) 어떤 차원에서 그 주장은 푸코(Foucault 1982)와 그렇게 다르지 않다. 왜냐하면 푸코에게서 권력의 배치는 저항과 교전하며 어떤 의미에서는 그것에 의해 추동되기 때문이다. 그렇지만 들뢰즈에게서 탈주선은 '저항'이라는 용어가 전달하는 것보다 좀더 모호한 성격을 갖는다. 우리가 4장에서 살펴보았듯이, 자본주의적 사회체는 그것의 탈주선들 위에서 직접적으로 작동하며 통제사회에서는 점점 더 그렇게 된다. 그것은 투쟁과 저항의 결과로서만 재배치되는 것이 아니라, 삶의 많은 속성들(아니, 맑스주의적 용어를 빌면 노동), 그리고 (그것의 가변적 생산성, 붕괴들, 발명들, 욕망들뿐만 아니라 그것의 비생산적 엔트로피와 저항까지 포함하는) 그것의 다양한 탈주선들의 결과로서 재배치된다.[27] 만약 우리가 관점의 역전을 탈주선의 맥락 속에서 생각하면, 정치적 실천은 순수한 공간—자본으로부터의 자율—을 찾거나 긍정할, 혹은 통일된 저항의 힘을 제안할 필요가 없다. 오히려, 정치적 실천은 그들의 탈주선을 따라가면서, 그리고 노동의 체제와 그것들에 내재하는 등가물을 탈영토화하하면서, 사회적인 것을 통해 많은 실천들, 욕망들, 발명들, 필요들과 교전해야만 한다.[28] 이러한 접근은 여전히 도주(escape)의 과정들에 존재론적 및 인식론적 우선권을 부여한다. 하지만 그것은 노동자들의 정치(학)—그 중의 일부는, 명백히 '저항'을 표현한다 할지라도, 그렇게 진보적이지 않을 수 있다—뿐만 아니라 사회적 삶의 더욱 변화하고 확산된 측면들에, 그리고 노동자 운동으로부터 역사적으로 배제된 집단들

---

27. Holloway(1995: 163)는, 자신이 관점 역전의 '약한 판본'(자본은 노동계급 투쟁에 대한 반작용이다)으로 제시한 것과는 달리, 여기에서 나의 주장에 영향을 미치고 있는 방식으로, '좀더 강한 판본은 자본이란 노동계급의 생산물 이외에 다른 어떤 것이 아니며 따라서 매분매초마다 그 재생산을 노동계급에게 의존한다는 생각일 것'이라고 주장한다. 그러므로 홀러웨이에게 있어서 노동계급은 자본 외부에서 그것에 대립하는 외부적 힘이 아니라 자본 '내부에서—그것에—대립하는' 힘이다.

28. 이러한 입장이 뜨론띠의 일반적 틀과 양립가능하다는 것은 Deleuze(1988: 89, 144)에 의해 드러난다. 여기에서 그는 후기의 푸코를 고려한다. 이 지점에서, 즉 푸코의 저항이 반작용적 실천에서 미규정적 힘의 '접힘'으로 변화하는 것을 들뢰즈가 식별하는 이 지점에서, 그는 우리가 뜨론띠의 관점 역전(reversal of perspective)의 '반향'을 본다고 주장한다. 즉, 들뢰즈는 뜨론띠를 정치의 힘들에 대한 풍부한 이해라는 동일한 틀 속으로 가져간다.

─그 중의 일부는, 자신의 정치(학)을 명백한 술어로 만들어내지 못했더라도 혹은 정치적임이 즉각적으로 확인되지 않는다 할지라도 ─에 면밀한 주의를 기울일 필요가 있다.

럼리(Lumley 1980: 129)는, 뜨론띠의 작업이 하나의 '새로운 이데올로기주의'이며 투쟁의 우선성에 대한 강조는 '이론적 정치적 후퇴'라고 주장한다. 자본과 투쟁의 이분법적 모델의 명제로 읽힐 때, 관점의 역전이 매우 문제적인 것으로 드러날 수 있다는 것은 사실이다. 그렇지만, 그것을 탈주선들과의 교전으로, 그리고 투쟁과 발명의 계기들을 그려내고 극대화하려는 노력으로서 좀더 풍부한 의미로 읽을 때, 그런 판단은 보수적인 것이다. 물리에(Moulier 1989: 20)가 보기에, 관점의 역전은 '거의 믿을 수 없을 정도로 단순한 수준의 설명'이다. 그렇지만 그가 보기에, 이것은 문제가 아니다. 일단 그것이 좀더 풍부한 의미로 제시되면, 관점의 역전의 외관상 소박한 단순성은 모든 것을 포함하는 역사적 서사의 주장이 아니라 정치적 구성에서의 가지치기와 증식들 속에서 고려될 필요가 있는 일차적 전제로 된다. 물리에(Moulier 1989: 23)가 쓰고 있듯이, '그것의 결과로부터, 그리고 그것이 우리로 하여금 무엇을 이해할 수 있게 하는가로부터 독립적으로 그것의 환원주의적 성격을 지적하는 것은 쓸모없는 일이다'. 그 명제의 결정적 시험은, 그러므로, 역사적 변화에 대한 총체화하는 설명이라는 그것의 메타차원들에 있다기보다 그것이 계급구성과 투쟁의 형태들의 특유성 및 세부에 대한 강렬한 탐구를 자극하고 또 그것과의 적극적 교전을 자극한다는 점에 있다. 이것이, 피아뜨 공장에 대한 상세한 연구를 수행했고(Wright 2002: 2장과 8장), 영국에서의 포드에 대한 감비노(Gambino 1976)의 연구를 낳았으며, 노동자들의 투쟁과 새로운 사회적 욕망 및 정치의 형태들에 대한 그것의 특유한 교전을 가져온, 오뻬라이스모의 위대한 힘의 하나였다. 이와 동시에, 라이트가 주장하듯이, 그러한 강렬한 분석은 투쟁이 상승하는 매 순간마다 희생되는 경향이 있다.

> 빤찌에리와의 단절 혹은 뜨거운 가을의 예상치 않은 발발에서부터 1977년 운동에 이르는, 그것[투쟁–옮긴이]이 발전하는 매번의 결정적 단계마다, 많은 오뻬라이스모의 설명자들은 '그 순간을 잡으려는' 기회를 위해 계급구성 문제에 대한 연구에의 자신들의 이전의 몰두를 희생할 준비가되어 있는 것으로 보였다.
>
> (Wright 2002: 225)

라이트가 특정한 '정치적 조급성'이라고 서술하는 이러한 경향은 관점의 역전에 대한 약한 개념화로부터 직접적으로 발생하는 것으로 보일 수 있는데, 거기에서 투쟁의 명백하게 자율적인 성격은, 그것이 출현한 매 순간마다, 무비판적 긍정을 야기한다.

자기가치화

노동거부, 계급구성, 그리고 관점의 역전의 원리들은, 서로 결합되면, 갇힌 그리고 지속적으로 교전되는 소수정치(학)을 위한 기초로 이해될 수 있다. 만약 노동거부가 '노동자들'의 어떤 충만성을 피한다면

— 왜냐하면 노동은 언제나 이미 자본이며, 정치는 필연적으로 노동과 그 주체들에 대한 거부이므로 —, 관점의 역전은 어떤 계급구성에서 정치적 혁신과 변이의 과정을 강조한다. 이 형상들이 오뻬라이스모에서 발전될 때, 그들의 실천의 장소는 여전히 대공장들의 대중노동자들이었다. 대중 노동자의 개념이 공장의 벽을 넘어 확장되었지만, 사회적 공장에 스며들 수 있는 이 정치(학)의 잠재력이 실제로 이륙한 것은 아우또노미아가 발전하고 '사회화된 노동자' 개념이 발전되고 나서였다. 이 지점에서 세 번째의 개념적 배치가 출현하는데, 그것이 '자기가치화(autovalorization)'이다. 자기가치화는 아우또노미아의 더욱 환기적이고(evocative) 유용한 개념적 발전들 중의 하나인 동시에 그 정의에 있어서 가장 덜 일관된 것 중의 하나이다. 그 개념의 모호성은, 관점의 역전의 경우가 그랬듯이, 그것이 노동거부와 연결되어 발전하는 소수적 방식 속에서 하나의 복잡하고 맥락적인 창조성으로 유력시될 수도 있고 혹은, 최근의 네그리에게서 나타나는 경향이 있듯이, 더욱 '자율적인' 주체의 도래에 대한 설명으로 유력시 될 수도 있다는 점에 있다.

자기가치화라는 개념은 네그리 — 그가 1977년에 쓴 『국가형태』(*La forma stato*)에서 로마노 알꽈띠가 쓴 표현을 받아들인 이래 그의 최근의 저작에 이르기까지 — 와 밀접하게 연결되어 있다(Wright 1988: 322). 알꽈띠는 자기가치화를 '만약 고도로 발전된 생산적 힘들의 대안적 사용이 가능하다면, 하나의 적대적 계급으로서의 노동계급이 자본에 대항하여 자신의 가치화를 위해 생산적 힘들을 사용할 수 있는 가능성'(Hardt and Negri 1994: 200에서 인용)으로 제시한다. 그것은,

자본주의 속에서 창출되는 힘들을 이용하려고 하는 구성을 가지고서, 노동을 통한 자본주의적 가치화 관계와 과정에 대립하는 문제이다. 많은 점에서 자기가치화의 개념은 이미 현존하는 '생산력들'이라는 사회주의적 가정에 대한 정통 맑스주의적 구상들을 문제시한 빤찌에리를 따른다. 그러나 그것은 자본주의적 삶의 힘들을 가지고서 급진적 계급 구성의 새롭고 상이한 형식들을 탐구하려고 했던 빤찌에리의 비판으로부터 발전한다. (그러므로 알꽈띠의 말에서 '힘들'이라는 말은, 정통 맑스주의의 '생산력들'로서보다는 '잠재력'으로, 그리고 들뢰즈의 용어로는 '객관적 탈주선으로 넓은 의미로 읽혀야만 한다.') 자기가치화 개념이 이해하려고 하는 것은, 자본 속에 현실화되는 힘들과 자본 속에서 그것에 대항하는 힘들, 그리고 자본에서 '독립적인' 힘들 사이의 놀이이다. 나는 이것을, 1) 차이의 증식과 독립의 문제 및 2) 차이, 필요, 그리고 임금의 관계라는 두 개의 부분으로 나누어 논할 것이다.

차이와 독립

자기가치화에 대한 네그리의 설명 중에서 가장 오래 지속된 것은 「지배와 사보타지」(1979a) — 1977년 운동 속에서 나타난 투쟁과 발명의 새로운 형태들과 교전하려 했던 텍스트 — 와 『맑스를 넘어선 맑스』(1991a) 에 나타난다. 네그리가 「지배와 사보타지」에서 주장하듯이, 자본주의가 생산의 사회적 양식인 한에서, 자기가치화는 자본주의의 힘과 관계들의 총체성에 관심을 갖는다. 그것은 네그리에 의해, 노동계급 구성의 '권력(power)'의 장소로 생각되었다. 그리고 그것은 두 가지 요소를 포함하는데, 자본의 '탈구조화'(본질적으로는 노동거부의 실천)와 '독립'을 향한 운동(1979a: 96)이 그것이다. 설명을 필요로 하는 것은 '독립'이라는 문제이다. 네그리(1979a: 97)는 '프롤레타리아적 자기가치화를 자본주의적 생산과 재생산과정의 총체성에 대한, 그리고 그것과는 근본적으로 다른, 대안'으로 제시한다. 그는 '대안적' 장소(그가 '강렬한 조건' 및 '생산적 존재'라고 부르는 것)를 세 가지의 방법론적 기준을 가지고 서술한다. 첫째로, 자기가치화는 정통적 노동자 운동에 대한 '타자성'을 제시하며 그리고 그 자체로, 그것은, 칼 하인쯔 로트(Karl Heinz Roth)가 '다른 노동자 운동'이라고 불렀던 형식과 실천들 속에서 지속적 다양성과 불연속성을 권고하는 것이다. 둘째로, 자본주의적 발전과의 관계는, 관점의 역전을 따를 때, 선형적 발전이 아니라 탈구조화와 재구성의 관계로 이해되는, 분리의 관계이다. 셋째, 그리고 직접적 결과로서, 자기가치화의 형식들, 실천들, 그리고 언어들은 규범적인 자본주의 문화의 형식들, 실천들, 언어들로부터 정교하게 분리될 수 있다. '운동의 현실과 … 자본주의 발전의 전반적 틀 사이에는 그것의 내용과 목표들에서 언어들, 논리들, 기호들의 어떤 가능한 직접적 번역가능성도, 어떠한 상동성도 없다(98~9)'.

자기가치화의 이러한 정의는 혁신적이고 지속적으로 변화하는 정치적 구성의 조성으로서 분명한 중요성을 갖는다. 그리고 그것은 1977년 운동의 다양성, 다변성(variability), 생산성(그것의 작은 일부는 아래에서 설명된다)을 분명히 반영한다. 그렇지만 그것은 또 네그리의 더 최근의 작품에서 발전하는 문제들 중의 일부를 드러내기도 한다. 프롤레타리아트가 혁신과 불연속성의 과정으로, 그리고 실제로 지속적으로

'탈구조화하는' 자본주의적 관계로 제시됨에도 불구하고, 그 활동의 내용은 하나의 해방된 주체성으로서 자본으로부터의 '독립'을 향하는 경향이 있는 것으로 보이며 거기에서 자기가치화는 노동계급의 독립적 존재론의 긍정으로 된다. 네그리와 이 경향의 더욱 최근의 작품에서, 이러한 독립은 두 개의 상호연관된 형식을 취한다. 하나의 차원에서, 자기가치화는, 1977년 운동의 두드러진 특징이었던, 공통체적(communal) 삶과 문화적 창조의 새로운 형식에 대한 집단적 실험을 위한 무허가 라디오, 점거된 사회센터들과 같은, 독립적 필요들, 욕망들, 문화들의 장소로 제시된다. 비르노와 하트(Virno and Hardt 1996)에 붙인 어휘사전에서 자기가치화의 정의는 이 점을 다소 명확하게 전달한다.

> 자기가치화는 … 잉여가치의 생산에 기초하지 않고 생산하는 공통체의 집단적 필요와 욕망에 기초하는, 가치의 대안적 사회적 구조를 지시한다. 이탈리아에서 이 개념은, 생산의 자본주의적 관계와 국가 통제로부터 상대적으로 독립적인, 복지와 사회조직화의 지역적이고 공통체-기반인 형식들의 실천들을 서술하기 위해 사용된다.
>
> (Virno and Hardt 1996: 264)

또 다른 차원에서, 하트와 네그리가 『디오니소스의 노동』과 『제국』에서 주장하듯이, 자기가치화는 사회적 노동이 생산적 자율을 향하는 경향이 있어서 노동이 점차 독립적이고 자기-규제적인 형식으로 된다는 주장과 연결된다.

사회의 자본주의적 생산과 재생산 조직의 새로운 시대는, 자신의 대중 자율, 그 고유의 집단적 가치화의 독립적 역량, 즉 자본에 대한 그것의 자기가치화를 천명하는, 노동하는 주체성의 출현에 의해 지배된다.

(Hardt and Negri 1994: 280)

즉 자기가치화는, 비르노(Virno 1980: 113)가 1977년 운동의 몇몇 측면들을 비판하듯이, 일종의 '순수한 사회화(그래서 그것은 평의회주의적 자주관리를 반항한다)를 통해 자본주의적 관계들의 상대적 외부에서 행해지는 주변적인 삶의 실험으로 제시되거나 아니면 삶정치적이고 정동적인 생산의 새로운 체제의 기초로 제시된다. 우리는 아마도 전자로부터 후자로의 운동을, 대항문화적 발명의 점증하는 영역들이 자본주의적 생산체제 속에 포섭됨에 따라 발생하는 문제를 반영하는 것으로 볼 수 있을 것이다. 주변적인 사람들의 자율적 문화의 점증하는 어려움을 실감하면서 — 아우또노미아에 대한 국가 억압이 주변(marginal) 공간들에 대한 자기패배적이고 점차 군사화하는 방어를 유발함에 따라 — 네그리는 사회적인 것 자체 — 포섭된 대항문화 — 를 자율적 창조성의 장소로 간주하는 쪽으로 재빨리 넘어간 것으로 보인다. 그렇지만 자기가치화를 좀더 소수적인 방식으로 읽는 다른 길이 있는데, 여기에서는 네그리의 『맑스를 넘어선 맑스』가 더 유용하다.

차이, 필요, 그리고 임금

자기가치화를 자율적 주체의 자기긍정으로 생각하는 것으로부터 벗어나기 위해 우리는 그것을 '가치화'와 '필요'에 대한 맑스의 해석의 문맥 속에 놓을 수 있다. 맑스에게서 가치화는, 잉여노동이 노동 속에서 생산되고 유통 속에서 잉여가치로 실현되는 과정이다. 그것은 잉여가치의 특유한 생산과 실현에 뿐만 아니라, 이것을 지탱하는 자본주의적 사회환경 전체에 적용되는 용어이다. '필요'의 범주가 가치화의 과정에 핵심적이다. 노동자들은 자신들의 필요를 충족시키기 위해 그들이 소비 속에서 교환하는 화폐적 임금을 벌기 위하여 노동한다. 일반적으로 그 과정은 노동자들에게 그들의 '필요노동' — 그들의 현재의 존재형태 혹은 역사적으로 축적된 필요 — 을 충족시키기에 충분한 임금만을 남겨준다. 맑스가 보기에, 필요는 시간과 장소에 따라 필연적으로 가변적이다. 이것은 인간적 구성의 성격에 대한 그의 근본적 명제이다. 기본적 수준에서 자본주의는, 맑스가 〈자연〉(Nature)과의 생산적 상호관계 속에서 작동하는 확장적 아상블라주로서의 인간적인 것에 대한 — 어떠한 본질주의적 이해와도 대립하는 — 생각 속에서, 필요의 확장을 둘러싼 인간적 구성에 대한 쥐덫 체제라고 본 것의 (다소 기하급수적인 비율이긴 하지만) 표현일 뿐이다. 그 생각은 맑스(1976: 285)가 '성경에도 불구하고'[29] 제안하는 생각이다. 이 정식화 속에서, '가치들'(윤리, 생활스타일, 욕망, 능력 등등)은, 분명히 더 구조적인 '노동'의 형태만큼이나 인간적인 것의 생산과 통제에 중심적이다. 왜냐하면 필요들은 자본주의적 실천들, 존재방식들 혹은 윤리 등을 통해서

---

29. 맑스와 엥겔스(Marx and Engels 1974: 49)가 표현하듯이, '첫 번째 필요의 만족(만족하기의 행위, 획득된 만족의 수단)은 새로운 필요에로 이끌며, 새로운 필요의 이 생산이 최초의 역사적 행동이다'.

만 충족될 수 있기 때문이다. 즉 가치화는 필요들이 자본주의적 동일성들, 상품들, 그리고 화폐에 의해 형성되고 충족되는 한에서만 발생한다(임금을 받기 위해 노동하기, 임금을 높이기 위해 역량을 극대화하기, 욕망을 소비와 동등화하기). 왜냐하면 필요들은 간접적으로만(돈을 위해 자신의 노동을 판 다음의 소비를 통해서만) 충족될 수 있기 때문이다.

필요들은 '삶의 형식'이며 그것들이 자본주의적 관계들과 가치들 속에 긴밀하게 휘말려 있기 때문에, 그것들은 정치의 결정적인 장소이다. 그래서 자기가치화의 정치는 노동이라는 한정된 공간을 넘어 사회화의 지평 전체를 덮을 정도로 확장한다. 그러나 자본 외부의 자율적이고 독립적인 필요들에 대해 생각하기 전에, 우리는 '기계[론]적 잉여가치'의 생산 장소들의 다양체를 가로지르는 자본주의의 기계[론]적 환경 속에서, 필요들의 확장과 그것들의 공리화의 접점들에서 작동하고 있는 자기가치화에 대해 생각할 수 있다. 그러므로 자기가치화는 전재[필요들-옮긴이]의 증식과정이자 후재[필요들의 공리화-옮긴이]의 파괴과정으로 이해될 수 있다. 1970년대에는 계급구성의 다양한 요소들과 소수자들의 특수한 필요들, 가치들, 그리고 스타일들을 긍정하고 확장하는 것에 관한 많은 이야기들이 있었다. 이 실천들과 필요들의 측면들은 (자주관리되는 점거된 사회센터들과 같은) 직접적 자본주의적 관계들에서 상대적으로 독립적인 자기생산을 위한 자율적 공간을 깎아내는(cleave off) 것에 관심을 가지는 한편, 그것들은 동시에 전체로서의 계급의 필요들의 집합을 강화하는 것에도 관심을 가졌다. 자본주의의 공동체에서, 화폐는 필요들을 충족시키는 수단들이기 때문에, 필요들과 가치들의 증식은 임금 정치의 일부이기도 했다. 자기가치화는 (대항문화나 삶정치적 생산에 의한) 차이, 발명의 배치, 그리고 자본으로부터의 자율이라기보다 오히려 차이, 발명의 배치, 그리고 임금의 극대화로 이해될 수 있다.

얼핏보기에 이것은 문제적으로 보일 수 있을지 모른다. 왜냐하면, 내가 4장에서 논했듯이, 화폐라는 일반적 등가물에 의해 활동을 평가하는 것은 삶의 자본주의적 공리화 ─ 주조(moulding) 혹은 통제 ─ 의 수단이기 때문이다. 그렇지만, 네그리(Negri 1991a)가 보기에 ─ 맑스의 『자본』 6부작 기획 중에서 임금에 관해 기획된 책에 대한 그의 분석에 기초할 때 ─ 화폐는 정치적 장소이다. 그것은 자본주의석 공리화의 본질을 표현하는 동시에 전복의 장소이기도 한 것이다. 필요들의 증식이 임금에 의해 충족되도록 애씀에 있어서, 자기가치화는, 임금을 생산성과 자본주의적 윤리에 묶으려 한 모든 메커니즘에 반대하는, 잉여가치에 대한 일종의 '반환청구'(reclamation) 속에서, '더 많은 지불과 더 적은 노동', 그리고 '우리는 모든 것을 원한다'를 지향한, (오뻬라이스모와 대중노동자에게 중심적이었던) 일단의 실천들과 그 요구의 일부로 이해될 수 있다. 만약 대중 노동자가 1969년에 (비포(Bifo 1980: 150)에 따르면) 임금의 지형 위에서 싸웠다면, 그리고 이것을 공장 벽을 넘어 교통, 주거 등등의 비용을 포괄하는 것으로까지 확장했다면, 사회화된 노동자 테제가 사회 전체의 생산성을 고려하는 것으로 발전함에 따라, '임금'은 '사회적 임금'을 포괄하는 것으로 확장되었을 것이다. 네그리는, 추상노동과 사회적 자본의 발전과 더불어, 노동자 운동이 전체 이윤의 일부를 요구하게 된다는 맑스의 주장을, 임금요구를

'노동 일(日)' 내부에서뿐만 아니라 '수명(life span)' 전체에 걸친 것으로 확장하는 것에 대한 변론으로 읽는다(Negri 1988b: 219). 그러므로 임금의 정치는 (내가 아래에서 고찰하듯이) 이전에는 임금지불에서 배제되었던 부문들까지, 그리고 사회적 서비스들과 소비까지 포함하는 것으로 확장된다. 이 점은 특히 중요하게 되었다. 왜냐하면 자본이 대중 노동자가 얻은 이득을 긴축정책묶음과 인플레이션을 통해 되찾으려고 하고 있었던 것이 바로 사회적 임금의 지형 위에서였기 때문이다(Negri 1979b).[30]

만약 우리가 「지배와 사보타지」에서 발전된 자기가치화의 양상들 ― 정치적 혁신의 충동, 그리고 필요들 및 정치적 스타일들의 변형과 확장 ― 을 사회적 임금의 확장에 대한 강조와 결합하면, 자기가치화는 프롤레타리아의 소수적 실천으로 이해될 수 있다. 그것은, 계급구성의 다양한 소수자들의 '작은 계략들'을 사회적 전체와 연결시키는 일종의 경계잇기(bordering)이다. (왜냐하면 사회적 공리계가 준안정적 전체로서 작동하는 것은 화폐와 임금을 통해서이기 때문이다.) 그것은 소수자들의 특수한 실천들을 통해 출현하는 새로운 필요들과 스

---

30. 이것은 대중적 긴축조치의 시대에 이루어졌으며 1976년에 안드레옷띠 정부에 의해 제도화되고 노동조합들 및 (볼로냐와 같은 지방의회에 대한 통제력을 갖고 있었던) PCI에 의해 후원되고 종종 실행되었다. 1977년 초 무렵, 인플레이션이 25%나 되고 유례없는 실업자(공식적으로 170만명)가 발생했던 심각한 경제적 어려움이 있었다. PCI의 서기였던 지오르지오 아멘돌라는 1976년에 긴축조치에 대해 이렇게 썼다 : '희생을 자본가들과 정부에 주어진 "양보"로 … 보는 것은 … 잘못일 것이다. 오히려 희생은 나라를 위기에서 구출함으로써 노동계급의 이익에 우선적으로 복무하기 위해 필요하다 : 그래야 청년들이 고용될 수 있고 사람들의 생활조건이 향상될 수 있다.'(Semiotext(e) 1980: 91에서 인용)

타일들(가따리(Guattari 1995b: 55)가 새로운 '가치의 우주들'이라고 부르는 것)을 발전시키는 것에 관심이 있다. 자기가치화는 그 필요들과 스타일들을 '독립적인' 혹은 '실재적인' 필요들로 설정하는 것이 아니라 자본주의적 사회체에 내재적인 것으로 설정한다. (왜냐하면 그것들이 사회적 공장의 기계[론]적 과정에서부터 출현하기 때문이며 또 그것들이 임금에 의해 뒷받침될 수 있도록 노력하기 때문이다.) 그리고 자기가치화는, (적어도 생산성과 임금 사이의 연계를 깨뜨림으로써, 그리고 많은 '비-노동' 실천들에 대한 임금을 추구함으로서) 자본주의적 가치화가 기초를 두고 있는 동일성의 공리들을 탈영토화하려고 노력한다. 등가 속에서 필요들과 스타일들의 이러한 확장을 진정시키려고 시도하는 모든 것은 거부될 수 있으며, 따라서 자기가치화는 주어진 주체성, 일관된 언어, 규범적 가치와 윤리 등을 지속적으로 문제화하는 장소로, 독립적 주체성이 아니라 실천의 형식을 생산하는 것으로 생각될 수 있다. 이 기획의 확장적이고 지속적인 성격은 '우리는 모든 것을 원한다'는 대중 노동자의 공식에 대한 다음과 같은 리아(Lia)의 복합(complication), 즉 중층적 결합 속에 잘 나타나 있다. '나는 어떤 것도 거부하지 않는다, 나는 모든 것을 원한다. 하지만 나는 이미 존재하는 것을 원치 않는다'(Magale 1980: 140 참조). 그것에 확고한 개념적 근거를 부여한 것은 비르노이다. 그는 1977년 운동의 발전을 노동과 가치의 동일성과 등가성을 파열하는 실천으로 서술한다. 그런데 그 실천은 새로운 동일성의 실천이 아니라 질적이고 변화된 '행위(doing)'의 실천이다.

운동에 의해 채택된 실천과 언어는, 등가적 가치의 교환에 기초한 것과는 다른, 사회화의 대안적 유형을 제안하는 것으로 보인다. …중요한 것은 그들의 '행위'의, 크게 변화된, 질적 일관성이다. 사회화된 노동 내부에서 구체적인 것과 다른 것의 이러한 증식을 이해하기 위해서는 '일반적 등가물'에 특징적인 보편성으로부터 완전히 분리된, 그리고 해방의 현실적 과정들의 기초로서 혹은 그것들을 종합하는 요소로서 사용되지 않는, 유물론적 개념들의 성좌가 필요하다.

(Virno 1980: 112)

중심에 있는 주변들

만약, 뜨론띠가 주장하듯이, 사회적 공장과 헤게모니의 정치(학)이 노동자들의 투쟁의 적대적 긴장을 벗겨내 버린 민중들의 지평을 창조하면, 그러면 정치(학)은 필연적으로 — 들뢰즈의 용어를 빌면 — 이 모델을 거부한 소수자들의 갇힌 공간들 속에서 출현하지 않을 수 없다. 그리고 실제로, '소수자' 형성체들은 아우또노미아의 발전에서 중심적이었다. 아우또노미아를 '주변들의 증식'으로 본 가따리(Guattari 1980b)의 설명이 여기에 잘 어울린다. 우리는 아우또노미아에서의 소수자들을 사회적 공장 내부에서 계급구성의 측면들의 문제화(problematization) 및 정치화(politicization)를 위한 장소로, 노동거부의, 정치적 문화적 개입의, 자기가치화의 특수한 형태들이 출현하는 장소로 생각할 수 있다. 소수자들에 대한 강조는 우리로 하여금 사회적 노동자를 하나의 통일되고 일관된 계급으로 생각하지 않도록 해준다. 그리고 그것은 사회적 노동자를 ― 이름 붙일 수 없는 프롤레타리아들의 선을 따라 ― 사회화된 노동의 한 가운데에 존재하는 교전과 실천의 복잡한 장으로서 제시한다. 소수자와 사회화된 노동에 대한 이러한 이해에서 결정적인 것은 그들의 상호작용에 대한 이해이다. 소수자들이 특정한 계급구성 속에서 움직이는 한에서, 그들은, 사회적 관계의 복잡성을 통해서뿐만 아니라 그 환경을 가로지르는 심문, 계략, 그리고 교전의 과정을 통해서, 포함적 이접들을 형성한다. 이 장의 나머지 부분은 아우또노미아 속에서 소수자의 포함적 이접의 세 가지 측면을 탐구한다. 각각의 절에서 강조점은 소수자 관심의 특수한 장소와 그것에서부터 발생하는 교전 양식에, 그리고 이러한 문제화들이 노동거부라는 공통의 기획을 통해 상호 연관되는 방식에 두어져 있다. 우선 나는 에마르지나띠라는 일반적 문제틀을, 그리고 확산된 노동과 노동거부에 대한 이해와 연결되어 대항문화가 출현한 방식을 고찰한다. 그리고 나서 나는 '가사노동에 대한 임금' 캠페인과 '자율인하' 운동에서 사회적 임금의 장소를 고찰한다. 그리고 마지막으로 나는 문화적 창조, 언어의 특수한 장소에 대해, 그리고 〈대도시 원주민들〉(Metropolitan Indians)과 〈라디오 알리체〉(Radio Alice)에서 기술적 형식들의 대안적 사용에 대해 고찰할 것이다. 그렇지만 그에 앞서, 대중 노동자와 노동거부 문화의 배치 속에서 남부의 이민 소수자들의 장소를 스케치함으로써 아우또노미아 소수자들을 맥락화하는 것이 유익할 것이다.

산업화된 북부의 '공장도시들'에서 남부의 이민 노동자들은 1960년 대의 투쟁과 오뻬라이스모의 출현에 핵심적으로 중요했다. 북부 공장들에 많이 있었던 이민 노동자들은 '공장에서는 레몬처럼 쥐어짜여졌고 도시에서는 주변화되었다'(Lumley 1990: 210).[31] 이미 확립되어 있는 북부 노동계급의 네트워크들과 문화적 보수수단 없이, 전통적으로 이민 노동자들은 노동조합 압력들에 대한 제동장치로서 활동해 왔다(Bifo 1980: 150). 그러나 1969년 뜨거운 가을의 투쟁들에서 그들은 중심적 역할을 수행했다. 이탈리아 공장은 제2차 세계대전 이래로 강한 훈육적 응집성을 유지했다.[32] 그리고 '노동의 존엄'은 〈이탈리아공산당〉(PCI)의 윤리를 강하게 마음에 새겨왔다.[33] 그렇지만, PCI의 전통적 당과 노조 구조는 이민자 거주지들에는 거의 아무런 영향도 미치지 못했고 이민 노동자들의 보다 광범위한 관심사들(작업장을 넘어 주거, 차별, 그리고 복지의 문제로 확장되는 관심들)에 대한 이해도 거의 갖지 못했다(Lumley 1990: 28). 게다가, 파트리지(Partridge 1996)가 주장하듯이, 남부 노동자들은 PCI 모델에 의해 조건지어지지 않았던 그들의 농민 환경으로부터 투쟁의 집단적 경험을 가지고 왔다. 파트리지(1996)는, 남부 농민의 조직과 투쟁의 형식이 뚜렷하게 비의회적이고 비합법적인 양상을 구현했다고 주장한다. 그들이 이 경험을 북부의 산업공장으로 가져왔을 때 — 그리고 1960년대에 미라피오리의 피아뜨에서 일하는 새로운 노동자의 60~70 퍼센트가 직접적인 남부적 투쟁

---

31. Lumley(1990: 31, 209)에 따르면, 1951년과 1961년 사이에 북부 산업 삼각지대의 인구가 77 퍼센트(1,439,013명) 상승했는데 이것은 이민의 결과였다. 1969년 투쟁에서 이주노동자들의 중요성을 강조하면서, 〈롯따 꼰띠누아〉(Lotta Continua)의 한 조직원은, 피아뜨 공장의 약 75 퍼센트가 이주노동자들이었다고 주장한다(Red Notes 1979: 184).
32. 예를 들어 피아뜨는 말썽꾼들이 들어오지 못하게 막기 위해 지역 경찰이나 성직자를 포함하는 복잡한 심사절차를 사용했다(Abse 1985: 12).
33. Platania(1979: 176)는 이렇게 쓰고 있다: '나는 공장에서 공산당원 놈들을 이해할 수가 없었다. 그들은 일하면서 십장에 의해 전혀 비난받지 않는 것을 자랑거리로 여겼다.

경험을 갖고 있었다(Patridge 1996: 81) —, 그들의 가치와 실천은 새로운 투쟁형태에 중심적으로 되었던 많은 혁신적 특징들을 제시했다. 실제로, '기초에서의 자율'이라는 표현에 의해 표현되는, 노동조합 구조와의 이른 단절은 이 노동자들에 의해 주조되었다. 파트리지는 이민자의 정치적 관심이 다음을 선호하는 것으로 요약한다.

근대 노동조합주의의 합법적이고 훈육적인 실천들에 대한 새로운 무시; 대의(representation)보다는 파견(delegation)을 더 좋아하고 협상을 탈중심화하는 것을 통해 드러난, 위계에 대한 깊은 의심; 숙련과 임금 사이의 추정된 연관을 이완시키고 공장 위계를 침식한, 임금 협상에서의 평등주의적 경향; 그리고 공장에서 도시로 투쟁을 확장하기.

(Partridge 1996: 85)

이러한 투쟁형태들이 발전함에 따라, 공장노동의 강도에 대한 비판이 중심적 중요성을 갖게 되었다. 1969년 뜨거운 가을 무렵에, 미라피오리의 피아뜨 공장의 외벽을 따라 그려진 그래피티에서 분명히 나타나고 있듯이, 노동의 존엄성에 대한 PCI 모델은 흔들리고 있었다. '사장들이 들을 수 있는 유일한 음악은 기계를 멈추라는 소리뿐이다', 혹은, '우리는 또리노에서도 태양을 원한다'(Partridge n.d.a.: 1). 대중 노동자의 투쟁들은, 테일러주의 생산의 복잡함을 거부의 기술과 결합시켰던, 노동관계의 강화로 이해될 수 있다. '우리는 모든 것을 원한다[34]

---

34. 이 표현은 공장벽을 넘어서 뻗어나가려는 대중 노동자의 최초의 대투쟁들 중의 하나인 1969년 7월 꼬르소 뜨라이아노 사건에서 발원했다. 이때 또리노의 피아뜨 공장 미라피오리와 리발따에서 파업을 조직했던 어떤 노조는 그것의 형식적 구조를 넘어 나

는 일반적 요구 아래에서, 노동거부는 높은 수준의 결근, 살쾡이 파업들, '내부 행진들', 사보타지, 생산성과 상관없는 임금(pay) 평등화와 임금인상, 그리고 차등화의 폐지 등에 의해 특징지어졌다(Bologna 1980b; Negri 1988b 참조). 이 시기의 파업들은 형식적이거나 노조가 이끄는 이벤트가 아니었고 공장 내부에서의, 그리고 생산과정 동안의 자발적 살쾡이 파업이었다. 각각의 파업은 생산, 숙련, 그리고 지역적 경험 등에 따라 다르게 나타났고 다른 이름들(hiccups(딸꾹질), snakes(뱀), chains(사슬), chequer-board(체커판) 등등; Big Flame 1971; Lumley 1990: 227~8)로 나타났다. 〈스네이크스〉(snakes)는 공장 주위를 행진하는 것이었는데, 각각의 작업장이 결합함에 따라 점점 수가 늘어나는 것이었다. 체커판(chequer-board)에서 공장은 구획들로 나누어져 있었고 그 각각의 구획들은 차례로 체커판을 들어 일을 멈추었다. 이것은 때로는 작업장 별로 조직되었고 때로는 교대조 별로 혹은 노동자들의 이름에 상응하는 알파벳의 구획 별로 조직되었다.[35] 이와 동시에, 리플렛이 공장 벽 위에 올려놓아 졌고 때로는 매일 두 번 발행되는 수많은 리플렛들이 공장 안이나 정문 앞에 뿌려졌다(Red Noets 1978: 183~91). 공장의

아가 가두투쟁의 날에 끝났다. '우리는 무엇을 원하는가? 우리는 모든 것을 원한다!'라는 구호는 바리케이드들 중의 하나에 붙여진 포스터에 씌어져 있었다(Red Notes 1978: 191~3 참조).

35. 어느 노동자는 그 과정을 이렇게 묘사한다 : '그 메커니즘이 붕괴되게 만드는 데에는, 당신이 아침에 30분, 저녁에 30분 파업하는 것으로 충분하다. 당신이 파업을 할 때, 당신은 천공기처럼 즐겁게 돌아간다. 당신은 멈출 수 없다 …. 당신이 "체커판" 활동("chequer-board" action)으로 바쁠 때, 문지기조차 들어오고 나가는 것을 알 수 없다 …. 그 전 해의 미리 조직된 파업들의 경우에서와는 달리 사장에게 가해지는 손실은 거대했다 …. 그것은 대중의 창조성과 발명성의 표현이었다'(Lumley 1990: 228에서 인용).

자원들도 사용되었다. 비알레(Viale, Lumley 1990: 222에서 인용)가 기록하고 있듯이, '많은 공장들에서 그들은 투쟁을 소통하고 조직하기 위해 십장(什長)의 전화를 사용하고 있다'.

에마르지나띠와 대항문화

1977년 운동의 시기에, '소수자들'과 노동거부의 문제틀은 에마르지나띠라고 하는 새로운 형상을 통해 발전했다. 에마르지나띠는 모두 1977년 운동에서 활동적이었던 사람들이었으면서 대중 노동자라는 전통적 모델에는 부합하지 않는 사람들이었다. 프롤레타리아 청년, 문화 노동자들, 미등록의 불안정 노동자들, 학생들, 성적 소수자들, 임시직 노동자들, 가사노동자들, 페미니스트들, 실업자들, 서비스 노동자들, 그리고 작은 공장의 젊은 노동자들 등이 그 부분적 목록에 포함될 것이다.[36] 에마르지나띠의 형상은 네그리의 사회적 노동자와 밀접하게 관련되어 있으며 기술적 및 지적 노동의 새로운 부문들과 그들의

---

36. 에마르지나띠 경험의 다양성은 이 집단의 사회정치적 입장을 서술하기 위해 사용된 수많은 용어들에 의해 형식적 수준에서 입증된다. 그래서 Lumley(1990: 341)는 실업자, 페미니스트들, 에마르지나띠 뿐만 아니라 다음과 같은 사람들을 열거한다 : 출현하고 있는 집단들(ceti emergenti), 프롤레타리아 청년(giovani proletari), 보장받지 못하는 사람들(non garantiti), 위험한 일을 하는 사람들(precari), 가난한 사람들(plebe). 우리가 분명히, 뚜렷한 동일성보다 모호성의 지형 위에 놓여 있다는 사실은 1977년에 출간된 *Primo Maggio*에 실린 논문에서 드러난다. 그 논문은 이 집단이 '어떤 객관적이고 물질적인 실재성을 갖지 않은 것으로 보이지만' 그것은 정확히 '그 고유의 물질적 조건(임시직 노동, 뜨내기 노동, 학생 등등의 입장)의 부정을 통해' 결합된다(Red Notes 1978: 41)고 서술한다.

거부의 기술을 분석하려고 한 볼로냐나 알짜띠 같은 그 운동에 대한 다른 이론가들이 가졌던 관심사와 밀접하게 관련되어 있다(Wright 2002: 163). 이와 동시에, 에마르지나띠는 대항문화적 스타일의 출현과 계급구성의 지형에 대한 관심의 출현을 보여주었다. 내가 여기에서 탐구하고 싶은 것은, 이 요소들의 상호교차와 공동작용이다.

1970년대에 대중노동자에 의한 노동거부는 전면적으로 노동에 대한 광범위한 불만으로 발전했다. 힐러리 파트리지(Partridge n.d.a: 1)는, 1970년대 말에, '"정직한 노동자"가 장발의 비트족으로 되어 빈 차체에서 사랑을 나누고 노동, 노조, 그리고 당에 대한 완전한 경멸을 보였다'는 데 대한 대중적 합의가 있었다고 주장한다. 그리고 젊은 노동자들은 이와 유사한 이야기를 했다. '우리 젊은이들은 … 다른 종류의 경험을 갖고서, 사물을 보는 덜 진지한 방식을 갖고서 공장으로 간다 ; 약간의 외부 세계가 우리와 함께 공장 속으로 들어온다'. '나를 봐, 나를 잘 봐 : 내 운동화는 디스코텍을 의미하며 내 셔츠는 "극단주의자"를 의미해. 나는 팝가수의 머리칼을 하고 동성애자와 같은 귀걸이를 했어. 나의 뭘 보고 "노동자"라고 말할 거야'(Partridge n.d.b: 4). 미라피오리의 피아뜨 공장의 젊의 노동자로부터 들은 십장과의 관계에 대한 어떤 설명은 '통치불가능한 공장'에 대한 감각을 잘 포착한다.

작업라인에는 (심리학자인) 푸코[37]를 인용할 수 있는 사람들이 있고 어떤

---

37. 볼로냐는, 푸코가 아우또노미아에 일정한 영향을 미쳤다고 기록한다 : '확실히 1977년 운동 및 아우또노미아에 연결된 다수의 이들 지식인들은 특별히 커다란 열정을 가지고 푸코를 읽었다. 그들은 때로는 맑스나 레닌보다도 푸코와 더 자신을 동일시했다.

녀석들은 불같이 화를 낸다. 왜냐하면 녀석들은 푸코에 대해서는 들어본 적조차 없기 때문이다. 게이들도 있다. 그들은 키스를 하며 벽 위에 '레나 또 제로(팝가수)여 영원하라'라고 쓴다. 또 어떤 친구들은 이리저리 돌아 다니며 미친 것처럼 큰 소리로 웃는다. 페미니스트들도, 남자가 그들에게 명령을 내리려 할 때마다 킥킥댄다. 피아뜨의 집장들은 노동자들이 웃고 있는 것을 본 적이 없다. 그래서 그들은 진짜 화가 난다.

(Partridge n.d.a: 4에서 인용)

에마르지나띠의 출현이 이해되어야 하는 것은 노동에 대한 불만이 라는 이러한 배경 위에서이다. 에마르지나띠의 '주변성'의 성격은 복잡 하다. 왜냐하면 그것은 정치적 주변화, 대항문화, 그리고 경제적 생산 성의 문제에 연관되어 있기 때문이다. 그 용어가 사용된 이유 중의 하 나는, 그것이 '주변적인 사람들'에 대한 규범적 생각이 그 새롭고 적극 적인 부문들을 '노동자들'로부터 분리시키기 위해—조롱, 비난 그리고 배제를 뒤섞은 가운데—지배적인 정치적 문화적 집단에 의해 사용되었기 때문이다(Massumi 1987; Morris 1978). 〈아/뜨라베르소〉(A/traverso) 집단은 그 과정을 이렇게 서술한다.

이 새롭고 억압적인 동맹은, 모든 방향으로 뻗쳐가는 그것의 촉수들을 가 지고서, 노동자들의 경제적 정치적 투쟁을 자율의 모든 가능한 얼굴들로

그리고 이것은 분명히 매우 중요하다. 하나의 토론이 열려진 것이다.' 푸코(Foucault 1996: 93)는, 그 나름대로, 1970년대 초의 패널 토론에서 에마르지나띠의 입장과 같은 것을 표현했다 : '만약 그것이 그 자신을 주변화하는(marginalizes) 대중이라면 어떻게 될까? 즉 그것이 바로 프롤레타리아트의 이데올로기를 거부하는 프롤레타리아트와 프 롤레타리아 청년들이라면 어떻게 될까?'

부터 분리시켜 놓기 위해, 그것이 활용할 수 있는 모든 수단들을 사용해 애쓰고 있다. 그것의 목표는 통제와 복종의 작업이 대중 자신에 의해 수행되도록 하는 것이며 모든 종류의 소수자들에 맞서 대중 사이에서 보수적이고 다수적인 합의가 확립되도록 하는 것이다. 사실상 그 소수자들을 모두 합치면 그런 다수자들보다도 훨씬 더 많았을 것인데도 말이다!

(Guattari 1984: 240)

이러한 조치의 전위로서 많이 활동하면서, PCI는 룸펜프롤레타리아적 조건에 처해있는 에마르지나띠를 '기생적 층'이라고 묘사했다(Red Notes 1978: 47). PCI의 저널 『비에 누오베』(*Vie Nuove*)는 77년의 볼로냐 점거에 가담했던 사람들에 대해, 그들은 '단지 보통의 범법자, 조직된 파시스트, 오도된 청년'이었다(Red Notes 1978: 7)고 썼다. 그리고 77년 2월의 로마대학 점거 이후에 어떤 PCI 소속 사회학 강사는, '거기에 진짜 학생은 전혀 없었다. 단지 히피들, 동성애자들, 그리고 슬럼가에서 온 사람들만이 있었다'(Red Notes 1978: 54)고 말한 것으로 알려졌다. 에마르지나띠라는 질병을 거명하려는 이 시도들 중에서 가장 유명한 것은 PCI의 총서기인 엔리꼬 베를링게르(Enrico Berlinguer)에 의해 행해졌다. 그는 '볼로냐의 악습을 근절할 사람은 소수의 전염병-걸린-사람들[untorelli]이 아닐 것이다'(Morris 1978: 67)라고 말했다.[38]

---

38. 이 입장은 정통 좌파에 의해서 수용되었던 것만은 아니다. 국제코뮤니스트경향(International Communist Current)의 영국 잡지(그것은 그 자신을 독일, 네덜란드, 이탈리아 좌파 코뮤니스트 경향과의 일정한 관계 속에 자신을 위치시켰다)는 이 '습지(swamp)'에 대한 자신의 견해를 명확한 용어로 표현했다 : '오늘날 사람들은 노동자들의 자율보다는 "자율의 권"에 대해 말한다. 그 환경은 온갖 종류의 쁘띠부르주아지 분파집단으로 구성된 다소 더러운 거품으로 변했다. 학생에서 거리 연극배우까지, 페미니스트에서 주변적으로

그렇지만 에마르지나띠는 룸펜프롤레타리아적 신분을 긍정하지 않았다. 즉 그들은 노동에 대한 그들의 비판을 자본주의적 생산관계 외부에서의 비노동의 자율적 공간으로 제시한다. 실제로, 그 운동의 많은 이론가들은, 에마르지나띠가 생산적 중심성을 구현했다고 주장했다. 쎄르지오 볼로냐(Bologna 1980b)는, 예컨대, 그 운동을, 1970년대의 대공장 붕괴와 재구조화와 더불어 출현한 확산된 노동자들, 그리고 서비스 부문 노동자들 사이에 위치지우려는 단호한 노력을 기울였다. 사회적 공장 테제의 논리를 따르면서, 볼로냐(Bolgna 1980b: 54)는, 이탈리아가, 매우 '혼합된' 노동력이 임금관계 속에 휘말리도록 한, '생산의 막대한 탈중심화'를 경험하고 있다고 주장했다. 이것을 입증하는 과정에서, 볼로냐는 때때로 대항문화적 요소들을 배제하는 것으로 보인다. 다른 논문에서 그는, 노동거부가 '장기결근에서부터 인간적 욕망들의 해방에 이르기까지, 동성애자임을 밝힌 노동자에서부터 앉아서 마약을 피우는 노동자들까지, 그 모든 것이 개인적 주체성'(Bologna 1978: 121)의 문제로 됨에 따라, 그것이 노동계급과의 관계로부터 단절되었다고 주장하는 것이다. 이러한 평가는 아우또노미아의 말년의 '패배'에 대한 어떤 느낌에서 온 것으로 보인다. 물론 그 속에는 어느 정도의 진실이 있었다.[39] 그렇지만 이러한 한계가 에마르지나띠의 본질

고용된 교사들에 이르기까지, 그들 모두는 그들 자신의 "특유성"을 찬양하는 데에서, 그리고 우리 시대의 유일한 혁명적 계급으로서의 노동계급을 광란적으로 거부하는 데에서 연합했다 …. 부르주아 언론에 씌어진 것과는 달리, 이들 주변적 운동들은 혁명적 봄의 백화(百花)를 나타내지 않는다. 그것들은 단지 이 타락하는 사회의 수많은 곪아터진 유혹들 중의 일부일 뿐이다.'(Beyle 1979: 20)

39. 아우또노미아 내부에서 배제와 주변화의 물화된 자기재현을 발전시키려는 요소들이 띠는 경향에 대한 논의로는 Semiotext(e)(1980: 229~30)에 실린 Castellano의 글을 참

적 성격으로 이해되어서는 안 된다. 왜냐하면 '개인적 주체성'이라는 이 문제를 제기한 사람들과 확산된 노동자들은 별개의 집단들로 나누어지지 않고 오히려 종종 서로 뒤섞이곤 했기 때문이다. 실제로, 에마르지나띠의 중심적 특징은 그 요소들의 결합적인 혹은 포함적이고 이접적인 상호관계였다. 우리는 대학생들을 적절한 예로 생각해 볼 수 있다. 1969년 이래 대학에 대한 접근의 자유화와 1972년부터 노동자들의 '150 시간' 유급 학습휴가 계획의 결합(이것은 사회적 상승이동을 통한 사회적 통합을 장려하기 위해 만들어졌을지 모르지만; Bologna 1980b: 39)은 더 이상 어떤 특권 계층이 아니며, 오히려 볼로냐(Bologna 1978, 1980b)가 '노동자-학생'이라고 부르는, 대학 구성을 생산했다 (Bologna 1978: 98).[40] 그리하여, 1977년의 로마 대학과 볼로냐 대학 점거는, '외부 요소들'이 대학에 침투했기 때문이라기보다 '학생' 그 자체의 복잡한 관계 때문에, (공장과 고등학교 운동에서 정치화되어온 많은 사람들을 포함하여) 온갖 종류의 상이한 프롤레타리아화한 사회적 집단들을 포함했다. 어떤 설명은 학생의 이 '이상한 형상'을 이렇게 서술한다.

학생들의 운동과 프롤레타리아트의 부문들 사이의 연결과 중첩의 긴밀한 네트워크가 있다. … 책을 집에 배달해 주는 서적상들, 빈집 점거자들이 가담한 그 싸움 속에서, 그 '이상한' 학생의 형상이 갑작스럽게 나타난다.

조하라.

40. 미국 학생들이 이와 유사하게 사회적 공장에 더욱 내부적으로 되었을 때, 그들의 변화하는 합성과 정치학에 대한 상세한 분석으로는 Caffentzis(1975)를 참조하라.

그들은 노동 시장에 나가려고 하고 있는 실업 지식인들의 형상을 하고 있었다. … 그/녀는 또 학위를 가진 '이상한' 노동자로, 150시간 계획(150 Hours Scheme) 속에서 공부를 하거나 야간 수업에 가는 조직된 실업자로 나타난다.

(Manconi and Sinibaldi. Lumley 1990: 299에서 인용)

그래서, 1977년 운동에서 적극적이었던 많은 사람들이 노동 외부에서, 혹은 필요한 최소한의 노동으로, 시간제의 유연한 일시적인 그리고 비보장의 노동을 선택하면서 삶의 양식을 함께 구성하려고 했지만 (그래서 비포(Bifo 1980: 155)는 '자기선언적인 주변적 삶'에 대해서 썼다), 노동거부는, 그것이 대항문화적 문제로 되었을 때에조차, 노동과 소득의 문제에서 독립적인 것으로 거의 간주되지 않았다. 노동으로부터 물러났던 사람들조차도, 그들이 어떤 운동의 일부인 한에서는, 문제없이 자본주의적 관계를 벗어나는 것으로 이해될 수 없었던 것이다.[41] 그래서 그들은 자신들을 '청년 운동'이나 어떤 변별적인 '대항문화'로 작동하고 있는 것으로 보기보다 (사람들은 에마르지나띠를 흔히 그런 집단으로 설명하고 싶어 했다)'젊은 프롤레타리아트들'로 보기를 좋아했다(Lumley 1990: 299). 볼로냐(Bologna 1980b: 55) 자신은, 그가, '인간적(personal) 삶', '새로운 필요', '청년 문화' 등의 문제가 '게토화되고 자기충족적인 미국 스타일의 "운동"의 특권'이 아니라 '우리는

---

41. 그래서 볼로냐(Red Notes 1978: 97)는 이렇게 쓴다 : '나는, 이 주에 대학들에서 벌어진 투쟁의 최전선에 있었던 많은 사람들에게 주어지고 있는 "주변화"라는 정의를 공유하지 않는다. 특히 나는, 이탈리아에 생산관계에서 철저히 배제된 어떤 사회 영역이 존재한다고 믿지 않는다'.

모든 것을 원한다'는 대중 노동자들의 요구의 역사에 의존하여, 젊은 사람들, 여성들, 노동자들 등의 행동 사이에 분리가 아니라 일정한 '동질성'을 반영한, 일반화된 노동계급 구성의 일부였다고 주장했을 때, 이것을 증명했다.

'에마르지나띠'라는 표현은 그래서 운동의 요소들에게, 계급 정치와 대항문화 사이에 관계를 맺는 수단으로서 계속해서 유용했다. 즉, 에마르지나띠라는 용어는 ─ 심지어 운또렐리(untorelli)라는 용어조차도 ─ 확산된 노동자들(더 이상 공장에 모여 있지 않고 사회적 공장의 평면을 가로질러 주변적이고 확산된 방식으로 구성된 사람들)의 정치적 실천들뿐만 아니라 생산관계와 계급구성의 틀 내부의 주변적 소수적 대항문화적 문제들까지 토론할 수 있게 했다.[42] 만약 에마르지나띠의 정치적 구조적 입장이 '중심에 있는 주변 ─ 생산과 정치의 중심(Alliez 1980: 118) ─ 이라는 표현으로 특징지어질 수 있다면, 이것은, 그들이 정치와 생산의 새로운 배타적 장소이기 때문이 아니라, 그들이 (그리고 그들의 때때로 다소 '주변적인' 대항문화적 실천들)이 계급구성의 복합 과정 속에 있는 사회적 공장의 지평을 가로질러, 일련의 정치적 문

---

42. '운또렐리[untorelli; untore는 페스트전염의심자라는 뜻─옮긴이]'의 의미를 역전시킬 가능성은 에마르지나띠에게서 상실되지 않았다. 어떤 의미에서 에마르지나띠는 긴축과 노동의 사회에 대한 그들의 '전염병을 실어나르는' 관계를 긍정하려고 한다(*Recherches* 1977 참조). 이름의 이러한 역전은 급진 운동들에 통상적이지 않았다. 최근의 사례는 1994년 프랑스에서 학생운동과 뵈르 운동[beur movement; 아랍에서 프랑스로 이민 온 사람들의 운동. beur는 arab이라는 단어의 속어이다─옮긴이]에서 casseur(글자뜻대로는 파괴자 혹은 불량배라는 뜻)라는 단어를 전유한 것이다(*Nous Sommes tous des Casseurs* n.d. 참조). 그 단어는 '불순한 독일계 유대인'이라는 이유로 콘 벤디트(Cohn─Bendit)를 추방한 후에 사용된 1968년 5월 슬로건의 의미를 모방한다: '우리는 불순한 사람들이다', '우리는 독일계 유대인들이다'(Rohan 1988: 110~1 참조).

제들, 기법들, 스타일들, 그리고 지식들을 제기하고 발전시켰기 때문이다. 물론, 운동에 대해서건 국가에 대해서건, 에마르지나띠와 아우또노미아의 정치적 판돈을 그토록 높게 만든 것은, 프롤레타리아 정치 — 그리고 출현하고 있는 확산된 생산체제의 사회적 관계 한 가운데에 있는 프롤레타리아 정치 — 의 부정 속에서라기보다 그것과의 통접 속에서 이루어진 대항문화의 이러한 출현 자체였다. 이것을 증명하면서, 비르노는, '이탈리아에서 포스트포드주의는 이른바 1977년 운동에 의한 세례를 받았다'고 주장했다.

> 이동성, 낮은 직업 안정성, 그리고 높은 학생 참여에 의해 특징지어지며, '노동윤리'에 대한 증오에 의해 활성화되는 노동인구는, 저 투쟁들 속에서, 역사적 좌파의 전통과 문화를 정면에서 공격했고 조립라인 노동자들과 깨끗이 단절했다.
>
> (Virno 1996c: 243)

만약 비르노가 옳다면, 정치적 전투의 선은 대중 노동자 영역의 붕괴를 노동폐지의 운동으로 전환시킬 수 있을 것인가 아니면 새로운 탈중심화되고 유연한 생산체제로 전환시킬 수 있을 것인가를 둘러싸고 그어졌을 것이다. 이탈리아 '반혁명'의 '결작'은, 비르노가 주장하듯이, — 그리고 이것만이 지배 문화가 아우또노미아를 주변화하고 비난하고 정치적으로 억압함으로써 유일하게 가능했던 것이다 — 다음과 같은 것으로 나타났다.

> 77년의 운동 속에서 비타협적 적대로 나타났던 이 집단적 경향들을 잉여가치 생산의 직접적 전제이자 요소로 변형시키면서 그것들을 자본주의적 발

전의 새로운 순환을 위한 효모로 변형시키는 것. 1980년대의 이탈리아 신자유주의는 일종의 역전된 1977년이었다.[43]

(Virno 1996c: 243)

'가사노동에 대한 임금' 캠페인과 자율인하 운동

페미니스트 운동은 아우또노미아의 발전에 커다란 영향을 미쳤는데, 그것은 아마도 (이탈리아 문화의 지배적인 가톨릭적 도덕성 때문이 아니라) 비의회 좌파에 대한 페미니스트 운동의 문제적 관계 때문이었을 것이다. 여성들이 '투사들의 여자친구'이기를, '복사기를 다루는 플로렌스의 나이팅게일'이기를 멈추었을 때, 페미니스트 운동이 드러낸 중요성은 1983년에 감옥에서 쓰여진, 아우또노미아 운동에 대한 그들의 대차대조표 속에서 네그리 등에 의해 표현되었다.

공동체주의(communalism)와 분리주의의 실천, 정치적인 것에 대한 비판, 역능의 사회적 절합, 필요와 욕망들의 '일반적 재현'의 모든 형식에 대한 깊은 불신, 차이에 대한 사랑 등을 지닌 페미니스트 운동은, 운동의 이 새로운 [1974년 이후] 국면의 가장 명확한 원형으로 간주되어야 한다.

(Negri et al. 1988: 236)

아우또노미아의 많은 새로운 양상들을 가져온 것은, 사회적 공장에

---

43. 1970년대의 저항과 욕망을 새로운 생산체제를 발전시키기 위해 사용하는 것에 대한 비르노(Virno)의 감각은, 그가 이것을 자율적 생산의 새로운 지평으로 보지 않는다는 점에서, 네그리의 감각과는 다르다.

서 여성들이 놓인 갇힌, 문제적인, 그리고 변화된 상황 그 자체였다. (이것은, 그들의 잡지 『차이들』(*Differences*)의 표지에 쉰베르크의 악보를 싣기로 한, '여성의 시간의 많은 유형들'에 대한 토론 동안에 로마의 소집단들(collectives)에 의해 내려진 결정에 의해 잘 표현되었다.)[44] 오뻬라이스모가 사회적 공장을 이론화했고, 공장주의적 모델로부터 벗어나는 운동에 관여했지만, 임금 노동자의 중심성이 여전히 지배적이었다. 비임금 노동자의 문제, '투사'의 윤리적 형식이 정치와 삶의 분리라는 비판, 그리고 필요의 정치화를 중심으로 가져온 것은 페미니스트 운동이었다(Bologna 1980b: 49). 페미니스트적 개입 이후에, 정치적인 것을 '노동자 중심성'이라는 틀 안에 포섭하는 것은 쉽지 않게 되었다. 또 공장이나 심지어 유급노동을 비지불의, 사회화된 노동, 그리고 '재생산' 영역에서의 활동보다 우선시하는 것도 쉽지 않게 되었다. (공장이 가치생산의 배타적 장소였던 적이 결코 없었음이 드

---

44. 이것은, 이 그룹이 구체화한, 복잡성에 대한 강렬한 감각의 흥미 있는 예이다 : '그 생각은 거의 우연히 떠올랐다. 우리는 여성의 시간의 많은 유형들에 대해(노동시간과 사랑시간에 대해, "자유"시간과 "해방"시간에 대해, 연구시간에 대해) 반복해서 숙고하고 있었다. 우리들 중 한 사람이 덮개 위에 유리잔을 놓자는 제안을 했다. 그것은 옛날에 시간을 재던 방법이었다. 그러고 나서, 음악적 시간이 마음에 떠올랐다. 아마도 단지 말장난의 결과였던 것 같다. 또 어떤 사람은 덮개에 쉰베르크 작품의 악보를 놓을 것을 제안했다. "모든 것을 적당한 때에"라는 작품이었다. 나중에 우리는 그 악보를 따라갈 수 없었다. 그러는 동안에 우리는 쉰베르크에 대한 토론을 시작했다. 우리들 중의 일부는 그를 좋아했고 다른 사람은 좋아하지 않았다. 또 다른 사람들은 그에 대해 거의 알지 못했다. 어떤 사람이, 쉰베르크에 대한 현저히 차이가 나는 독해(음조해체의 드라마인가 새로운 음악적 전형을 구축하기 위한 시도에서의 궁극적 실패인가)는 우리에게 중요한 의미가 있다고 말했다. 다른 사람들은 동의하지 않았다. 무조성의 12음계 음악, 낡은 질서의 붕괴, 그리고 새로운 사물의 질서를 향한 "자발적"이고 고통스럽지 않은 여행의 불가능성'(The Women of the Centre Collective, Magale 1980: 137에서 인용).

러났기 때문에, '사회화된' 노동을 단순한 방식으로 시기구분하는 것도 어렵게 되었다.) 어떤 페미니스트가 1970년대 말에 표현했듯이,

> 우리는 우리의 일상적 삶이 정치적이라는 사실을 입증하기 위해 싸웠다. — 우리는 자율적인 정치적 행위자들이다. 우리는 산업 노동계급의 '중심성'이라는 거룩한 신화에 도전했다. 우리는, 사회적 삶이 일차적인 정치적 중요성을 갖고 있음을 강조했다. 여성이, '확산된 공장'의 선을 따라 이탈리아 자본주의의 새로운 재구조화의 일부이자 한 무리(parcel)로서 관련되어 있는 한, 특히 그러하다.
>
> (Red Notes 1978: 114)

아우또노미아의 페미니스트 요소들의 중심적 특징은 '가사노동에 대한 임금' 캠페인이었다.45 '가사노동에 대한 임금' 캠페인은 임금을 위한 단순한 캠페인으로 일관되게 오해되어 왔다. 고르즈(Gorz 1982: 40)는, 많은 사람들 중의 한 사례로서, 이 캠페인을 노동의 폐지가 아니라 모든 활동을 시장관계 속으로 번역하는 것을 추구하는, 노동자주의 정치의 한 예로 사용한다. 그래서 그것을 '소외의 극치'로 보는 것이다. 사실상 그 캠페인은 오히려, 계급구성 틀과의 통접 속에서 이루어진, 특수성의 정치 — 가정에서 여성의 조건, 전 지구적인 비임금 노

---

45. '가사노동에 대한 임금' 캠페인은 〈롯따 페미니스따〉(Lotta Feminista)의 '지역 주부들의 1972년 강령적 선언'(the 1972 Programmatic Manifesto of Housewives in the Neighbourhood)에서 출현했다(Bono and Kemp 1991; Edmond and Fleming 1975; Federici 1982; Fortunati 1995 참조; 그리고 이 경향에 대한 열띤 논쟁 중의 일부로는 Malos 1982 참조). 나는 아우또노미아 권의 한 측면으로서, 그것의 후속적 발전을 평가하지 않으면서, 단지 이 캠페인의 초기 이론만을 고려하고 있을 뿐이다.

동자 일반의 문제적 상태(James 1975) — 와의 세련된 교전이다. 그래서 '가사노동에 대한 임금'은, 페데리치(Federici 1982)가 주장하듯이, 가사노동에 반대하는, 그리고 노동 일반에 반대하는 임금으로 이해되어야 한다.

이 관점을 위한 기본적 텍스트는 마리아로사 달라 코스타와 셀마 제임스(Dalla Costa, M and James, S. 1972)의 『여성의 힘과 공동체의 전복』(*The Power of Women and the Subversion of the Community*)이다. 달라 코스타와 제임스는 여성이라는 주체를 '주부'로 만들어 내는 역사적으로 구조화된 실천으로서의 비임금 '가사노동'에 대한 분석을 발전시킨다. 그들은, 가정과 작업장의 구분, 그리고 임금에 의한 후자의 가치화는 사회화된 — 그리고 따라서, 정치적인 — 활동으로부터 여성의 소외를 가져오는 기초라고 주장한다. 가사노동 경제와 가족은, '자연적이고' 자율적인 영역이기는커녕, 노동하는 사람을 그의 노동을 팔기 위해 재생산의 영역으로부터 '해방시킴'에 있어서뿐만 아니라 그 노동과 자본주의적 관계 일반을 재생산함에 있어서, 자본주의적 생산에 통합되어 있다. '자연[본성]'에 관한 담론들에도 불구하고, 아니 오히려, 그 담론들 때문에, 실제로 내밀하게 사회적으로 구조화되고 통제되는 어떤 과정 속에서 말이다(Fortunati 1995도 참조). 여성의 가사노동에의 종속을 (어떤 불의나 자본에서 독립적인 탈맥락화된 가부장제로서보다는) 자본에의 통합으로 분석함으로써, 이 관점은, 여성이, 자본주의적 관계에 의해, 노동하는 남성들과 똑같이 착취될 뿐만 아니라 그 내부에 똑같이 뒤엉키는 방식에 대한 이해를 가능케 한다.[46] 실제로, '가사노동'은 이중으로 종속된 것으로 이해된다. 첫째로는 임금 없는 노동으로서 자본에 의해, 그리고 둘째로는, (임금노동의 전통적 공간으로 받아들여진) '생산'에 대한 전통적 강조 때문에, 여성을 '현실' 정치의 영역에서 '비생산적' 범주라고 배제하는 좌파 자체에 의해. 임금의 정치(학)은 그러므로 모든 사람을 착취에서 완전히 동등하게 만들려고 하는 노력이 아니라(Dalla Costa and James 1972: 35), '여성의 노동'의 풍부함을 ─ 그리고 중요하게는 비임금 노동의 다른 형태들을 ─ 자본주의적 노동의 범주 속에 포함시킴으로써 임금 노동과 비임금 노동 사이의 구분을 횡단하여 노동거부를 일반화하는 환경을 형성하려는 노력이다. 페데리치(Federici 1982: 221)가 표현하듯이, 가사노동에 대한 임금 요구는 '그것에 의해, 우리의 자연[본성](nature)이 끝나고 우리의 투쟁이 시작하는 요구이다. 왜냐하면 가사노동에 대한 임금을 원하는 것은 우리의 자연[본성]의 표현으로서의 노동을 거부하는 것을 의미하기 때문이다'. 이와 동시에, '가사노동'에 포함되어 있는 '신체적 정동적 성적 서비스들의 특유한 결합' 때문에, 노동과 사회적 재생산의 자연[본성]과 속성들에 관한, 그 이전의 모든 종류의 '은폐된' ─ 혹은 구속되

---

46. 이 분석은 자본주의적 사회체 속에서의 가족에 대한 들뢰즈와 가따리(Deleuze and Guattari 1983)의 분석과 공명한다. 들뢰즈와 가따리는, 자본 '외부에서' 그것[가족─옮긴이]의 사유화와 자연화가 가장 필요하게 된 것은, 정확히 가족이 생산과 재생산의 자율적 모델이기를 중지했을 때(모든 동일성들이 추상적 흐름의 공리화를 통해 형성됨에 따라 자본주의적 사회체가 직접적으로 연합과 결연의 관계들을 책임지게 되었을 때)라고 주장한다 : '그것[가족─옮긴이]이 사유화되어 그 장 외부에 놓여졌기 때문에, 물질적인 것의 형식 혹은 인간적 재생산의 형식은 관계상에서 서로 모두 동등하다고 쉽사리 가정될 수 있는 사람들을 낳는다 ; 그러나 사회적 경제적 재생산의 형식은, 그 장 내부에서, 자본에서 도출되는 기능으로서는 바로 자본가를, 노동 역량에서 도출되는 기능으로서는 바로 노동자를 각각 그들이 필요한 곳에서 낳도록 물질적인 것의 형식을 미리 형성해 왔다.'(263)

고 주변적인―관계들과 문제들은 정치화된다(Federici 1982: 220). 그래서 가사노동의 복잡성의 이러한 전경화(前景化)는, 아우또노미아에 있어서, 전체로서의 사회적 공장의 생산을 구성하는 많은 속성들에 대한 고찰과 정치화를 위한 중요한 출발점이다.[47]

보수지불에의 요구로 좁게 해석되면, 그 캠페인은 많은 문제를 야기한다. 예를 들어, 노동 일(日)을 측정할 수단의 부족을 고려하면 임금이 어떻게 정확하게 계산될 수 있겠는가? 가사노동 '파업'이 계급구성의 다른 부문들에서의 투쟁에 대한 공동체의 지지라는 필요한 측면들을 어떻게 극복할 수 있겠는가? 그렇지만, 일반화된 노동거부의 광범위한 맥락에서 보면, 그러한 어려움들은 제약이라기보다는 생산적 문제화와 정치화의 장소들로 된다. 임금을, 서로 다르게 구조화된 사회적 집단의 생산 속에서 필요와 통제를 결합하는, 확산된 공리화의 네트워크로 전경화(前景化)함에 있어서, '가사노동에 대한 임금'은, 다른 갇힌 소수자 집단들이 그들 자신의 특수성을 제기하고 또 임금(여기서 임금이 사회적 임금임을 명심하라)의 지평 위에서 공동체의 기초를 발견하도록 열어놓았다. 그리고 실제로, 『여성의 힘과 공동체의 전복』의 정식화들 속에서는 적어도, '가사노동에 대한 임금'은 자신의 정치(학)을 다른 소수자들과의 포함적 이접의 일종으로 제시했다. 뚜렷한 페미니스트 입장도 또 뚜렷한 계급 입장도 취하지 않으면서 ― '한편에서는 계급이 페미니즘에 종속되는 것을 거부하고, 다른 한편

---

47. 이러한 맥락에서 해러웨이(Haraway 1991: 166)가 현대의 전 지구적 '가내노동 경제'를 현대에 일반화된 노동의 '여성화'라고 서술하는 것은 주목할 만하다.

에서는 페미니즘이 계급에 종속되는 것을 거부하면서'(Dalla Costa and James 1972: 9) — '가사노동에 대한 임금'은 다른 소수자 관심들에 대립하여 게토화된 주변적 동일성으로 빠져들지 않고 특수성을 설명할 수 있도록 만들었다. 『여성의 힘과 공동체의 전복』은, 요구들과 실천들이 분명하고 초시간적인 '입장들'을 나타낸다기보다 투쟁의 관점과 그때그때의 쟁점들을 나타낸다는 것에 대한, 즉 요구들과 실천들의 맥락적이고 제한적인 성격에 대한 주석들과 언급들로 어지르져 있다. 달라 코스타와 제임스(Dalla Costa and James 1972: 54)는 이렇게 쓴다. '가사노동에 대한 임금요구는 단지 출발을 위한 하나의 기초이다. … 이 관점의 실천적이고 지속적인 번역은, 이탈리아와 그 밖의 곳에서 운동이 직면하고 있는 과제이다.' 이것은 추상적 입장일 뿐만 아니라 특유한 전략적 문제들로 번역되는 것이다. 따라서 분리주의의 문제는, '이 경향들이 얼마나 오랫동안 운동을 계속 전진시킬 것인가, 그리고 언제 그것들이 그 대립물로 전화할 것인가'(53)와 관련된, 불확실성의 조건 속에서 주조된다. 반면, 아이 부양, 동등한 임금, 그리고 낙태 서비스에의 접근권 등의 특수한 정치(학)은 필연적으로 좀더 광범위한 페미니즘적 및 계급적 틀 안에 들어 있는 것으로 제시되었다. 이런 맥락에서 볼 때, 가사노동에 대한 임금을 쟁취하려는 투쟁은 처음에 보인 것만큼 불가능한 입장이 아니다. 그리고 실제로 카펜치스(Caffentzis 1992)는, 미국에서 자연화된(naturalized) 재생산 공간에 대한 거부는 비임금 부문에서 — 'blackpowerlonghaireddopesmokingflagrantqueerhousewifelesbians'[흑인권력장발마약흡입범죄의동성애주부레스비언]라는 이상한 공동체에서(230) — 의 투쟁의 다른 측면들과 어우러져 작용함으로써, 미국의 케인즈주의 축적모델을 위기로 몰아넣는 과정에서 중심적 역할을 수행한, 사회적 지출의 증가를 강제했다고 주장했다.

임금이 늘어날 수 있다면, 소비비용은 줄어들 수 있다. 대중 긴축의 시대에 이것은 매우 중요했다(각주 30을 참조). 여기에서 하나의 혁신적인 실천적 발전은 '자율인하(autoreduction)' 혹은 자기인하(self-reduction)의 실천이었다. 자율인하는 1970년대 초, 대규모 주택지에서 지대지불을 집단적으로 인하했던 실천에 그 기원들 두고 있다. 그러나 그것은 공공 교통과 공공시설과 같은 여타의 사회적 소비 영역으로 빠르게 확산된다. 1974년에 삐네롤로와 또리노 사이를 통근하는 사람들은, 자신들이 내는 버스요금이 30 퍼센트 가량이나 인상되었음을 발견했는네 이때 이들은 요금지불을 거부했고 그들의 요금할인 티켓을 대용했으며 요금의 공식적 인하를 강제했다(Ramirez 1975: 144; Cherki and Wieviorka 1980 참조). 이것은 공장과 공동체에 기반을 둔 일련의 자율인하 위원회를 창출했는데, 이 위원회는 실제로 많은 공익사업 법안에서 인하를 제정했다. 이 실천은 자주, 전기 공급을 끊기를 거부한, 국가통제 전기회사에서 일하는 노동자들의 도움을 받았다.[48] 1977년 운동이 발전함에 따라, 이 실천은, 영화관이나 비싼 레스토랑에서 요금지불을 거부하거나 혹은 '자율적 가격책정'(무상쇼핑) 원정을 모험적으로 시도하고 있었던 〈프롤레타리아 청년 써클〉 및 〈대도시 원주민들〉과 함께, 민중문화 영역을 포함하는 것으로 확장되었다(Bifo 1980: 154~5).

---

48. 서비스 요금의 자율인하를 옹호하는 두 개의 리플렛으로는 Comitati autonomi operai di Roma(1976)를 참조하라.

〈대도시 원주민들〉과 〈라디오 알리체〉

내가 고찰하고자 하는 것으로, 아우또노미아에서 소수자 발명의 세 번째 측면은 〈대도시 원주민들〉(Metropolitan Indians)과 소집단 〈아/뜨라베르소〉(A/traverso), 그리고 〈라디오 알리체〉(Radio Alice)라는 그들의 특유한 대항문화적이고 기술적인 배치들이다. 내가 이 장의 처음에서 주장했듯이, 오뻬라이스모와 아우또노미아는 정치적 언어의 일종의 탈영토화를 수행했다. 〈대도시 원주민들〉과 〈라디오 알리체〉에서 언어의 탈영토화는 정통 맑스주의를 넘어 지배적 문화형식으로, 그리고 사회운동 그 자체의 문화로 확장되었다. (운동 전체의 정치적 경제적 관심과의 접속 속에서) 패러디와 반어에 커다란 비중을 두면서, 〈대도시 원주민들〉은 그들의 얼굴에 칠을 하고 '자율적 가격책정' 원정에 집단적으로 나섰으며 PCI 시위를 패러디했다. (예를 들어 그들은 연사들 앞에서 고개를 숙여 절을 했고 다음과 같은 노래를 불렀다 : '우리는 불량배들이며 도발자들이다. 진짜 공산주의자들은 라마(Lama)와 꼿시가(Cossiga)뿐이다.'[49] 그리고 그들은 PCI 시위대들이 나타나지 않으면 시위를 소집했고 그때 그들은 행진을 하는 대신, 공개토론을 조직하고 밀수품, 마약, PCI의 '창백한 얼굴'에 반대하는 상관없는 리플렛들을 나눠주었다.[50] 그러나 〈대도시 원주민들〉은 새로운 공식화된 동일성을 벼려내기 위해 이런 짓을 하지는 않았다. 또레알따(Torealta 1980)는, 주류

---

49. Lama와 Cossiga는 각각 노동조합과 PCI에서 유명한 인물이었다.
50. 이 리플렛들 중의 두 가지로는 Morris(1978: 70)와 Red Notes(1978: 57)를 참조하라. 그리고 〈대도시 원주민들〉의 이미지로는 E il '77(1977)과 Grimshaw and Gardner(1977: 16)을 참조하라.

미디어가 그들의 칠한 얼굴을 분명한 동일성의 기호로 부각시키려 했고 그렇게 해서 그들이 운동 전체와 맺고 있는 관계 혹은 그들의 실천의 '횡단적' 성격을 감추려 했다고 주장한다. 그는, 얼굴을 칠하는 전술이 일관된 자율적 대항문화의 표지로 이해되어서는 안 되며, '모든 방식으로 가능한 용어들을 전유하고 언어를 상상적 해결의 과학으로 취급하는' '미래 인간에 대한 임의적 성격묘사'로 이해되어야 한다고 주장한다(102). 우리는 〈대도시 원주민들〉을, 들뢰즈가 사회적 공장과 통제사회의 변조적 '분체성(dividuality)'이라고 표현한 것과 직접적으로 교전하려 하는, 자기가치화의 형식으로 생각할 수 있다. 또레알따는, 사회화된 노동의 조건이 냉확하게 구획된 가치의 매트릭스를 파괴했으며 그리하여 이 과정의 정치적 주체는 등가물과 동일성의 형식으로 퇴각하는 것과는 다른 것을 행해야만 한다고 주장한다. 그는 이렇게 쓴다.

확산된, 그리고 요동치고 불확정적인 임금(그리고 임금의 문제는, 정의상, 모든 기호들의 일반적 지시대상이다)과의 관계 속으로 떠밀려 들어간 … 사회적 주체에게 있어서, '양심의 고통'과 '정치경제'에 관한 담론은 완전히 쓸모없다. 우리는 목적과 양심이라는 공격수단을 가지고서 덧없음과 분산에 대항해 싸울 수는 없다.
그래서 시뮬레이션의, 그리고 임의적인 것의 사회적 조건이 존재하게 된다. 하나의 정확한 동일성으로 환원될 수 없는 사회적 주체가 발생한다.
(Torealta 1980: 103)

이처럼, 1977년의 로마 대학 점거 이후에, 또레알따(Torealta 1980:

104)는, '그날 이후에, 인구의 청년층의 새로운 필요에 대한 엄청난 말들이 쏟아져 나왔다 ; 그날, 수많은 자기비판적이고 뉘우치는 말들이 만들어졌다. 그러나 오직 〈대도시 원주민들〉만은 침묵을 지키고 있었다'고 쓴다. 그들이 침묵을 지녔던 이유는, 적어도 또레알따의 묘사를 따르면, 그들의 방식이 도발과 창조의 방식이었고, 어떤 특수한 것에 안착하기보다 필요와 가능성을 열어젖히려 하는, 차이의 행사라는 방식이었기 대문이다.

예를 들어 보자. 루치아노 라마(〈노동자 총연맹〉서기)가, '파시스트들에 의해 점거된 대학을 방어하라'는 PCI 요구의 선두에 서서, 점거된 로마 대학 캠퍼스에 들어왔을 때, 그는 자본가들과 수정주의자들은 '웃음바다에 묻힐' 것이라는 경고를 담은 그래피티가 그려진 공간에 들어섰다. 그 그래피티는 고데레 오뻬라이오(Godere Operaio)와 고디멘또 스뚜렌떼스꼬(Godimento Studentesco)('노동자의 기쁨'과 '학생의 즐거움' — 공식 노동자조직의 이름을 이용한 익살)에 의해 서명되어 있었다(Red Notes 1978: 52). 라마가 연설하기로 되어 있었던 운동장에는 또 다른 연단이 있었고 거기에는 라마를 그린 모사화가 걸려 있었다. 그런데 그것은 성 발렌타인의 하트와 'Nessuno L'Ama'('라마는 아무것도 아니다' 혹은 '아무도 그를 사랑하지 않는다')라는 글귀를 포함하고 있었다. 라마가 연설을 시작했을 때, 한 무리의 〈대도시 원주민들〉이 찬송가조로 '희생하라, 희생하라, 우리는 희생을 원한다!', '우리에게 더 많은 교회와 더 적은 집을 지어 달라', 그리고 '우리는 더 열심히 일하고 더 적게 받기를 원한다!' 등의 노래를 부르기 시작했다(53). 이 사건은 특징적으로 반란으로 이어졌다. 그러나 그것은 어떤 강령도 제시하지 않았고 연사에게 어떤 직접적인 공격도 가하지 않았다. 적어도 처음에는 그렇지 않았다. 그리고 아무도 연단을 점거하지 않았다. 오히려 그것은 에마르지나띠에 대해 사용된 긴축과 노동의 표현들을 이용하고 되돌려줌으로써 긴축협상의 체제를 침식하려고 의도한 사건('이제 떠나라. 그러면 우리가 당신 대신에 무엇이 이루어질 수 있는지 살펴 볼 것이다')이었다.

더욱 두드러진 대항문화 집단들 중에서 두 번째 — 그리고 창조적 아우또노미아의 가장 흥미 있는 구성들 중의 하나 — 로 들 수 있는 것은 소집단 〈아/뜨라베르소〉(A/traverso)와 〈라디오 알리체〉이다. 〈아/뜨라베르소〉는 일반지성과 질적 노동에 내한 오뻬라이스모적이고 자율주의적인 이해(〈라디오 알리체〉를 운영한 많은 사람들이 〈뽀떼레 오뻬라이오〉 소속이었다; Collectif A/traverso 1977: 104~9), 언어에 대한 다다이즘적 접근법, 예술과 일상생활의 분리를 파괴하는 역사적 전위적 기획, 그리고 미국의 팝과 대항문화의 배치였다. 〈아/뜨라베르소〉의 좀더 이론적인 텍스트들 속에서, 맑스의 일반지성 테제는, 언어의 단순화, 수학화, 그리고 코드화를 통해 자본주의적 관계 속에 뒤얽혀든 '기술적-과학적 지적 노동을 탐구하기 위해 반복해서 이야기되었다(Collectif A/traverso 1977: 104). 그러나 네그리가 좀더 최근에 보이는 하바마스주의적 소통 행동의 경향과는 달리, 〈아/뜨라베르소〉는 일반지성과 언어가 자본주의적 동일성과 등가의 일반적 관계 속에 완전히 연루되어 있는 것으로 생각했다.

인간적 삶의 모든 측면들을 추상노동으로, 임금과 교환가능한 것으로 환원하는 것에 기초한 생산체제는 언어의 논리로부터 분리될 수 없다. 인간의 언어는 자본주의에 의해 생산의 단순한 도구로 환원되며 그리하여 이해가능성이라는 기준들 내부에 코드화되고 감금된다. 그래서 그것은 모든 모순을 뽑아내 버려야 하며, 그리고―그 모순이 주체/계급의 실존 속에 놓여 있음을 고려할 때―주체를 뽑아내 버려야 한다.

(Collectif A/traverso 1977: 109~10)

시니스뜨렛세(sinistresse)[51] 운동이라고 알려진 정치적 속어의 이미 발전된 형태 위에 터하면서, 〈아/뜨라베르소〉는 정치적 표현의 전통적 양식을 파열하기 위하여 다다이스트의 무의미(nonsense)를 연구했다. 다른 한편, 그들은 이 실천을 문학이나 예술보다는 운동과 사회화된 노동자의 지형 안에 위치시키려 했다. 그들은 이 실천을 '마오―다다이즘(Collectif A/traverso 1977: 115)이라고 불렀다. 모리스(Morris 1978)는, 막끼옥끼(Macciocchi 1978)를 따라, 그것을 '의미론적 일탈(semiological delinquency)'이라고 불렀다.[52] 노동거부는 그 기획에 중심적이었고 어떤 의미에서 그것은 접속적인 연결, 혹은 소집단 〈아/뜨라베르소〉가 가따리를 따라 '횡단적' 연결이라고 부른, 그들 실천의 다양한 측면을 가로지르는 연결이었다.

---

51. [옮긴이] 왼손을 뜻하는 sinistra에서 나온 말로 주로 1968년 이후 이탈리아의 급진운동에서 나타난 신좌파를 뜻한다.

52. 그러한 움직임은 물론 모든 운동에 특징적이지 않았다. 또 그것은 언제나 대중적이지도 않다. 1977년 9월에 있었던 '억압에 관한 회의'에서 (프랑스 망명지에서 보내온 편지의 형식으로) 〈아/뜨라베르소〉(A/traverso)의 비포(Bifo)가 한 개입은, '우리는 그 흐름이 그 흐름을 거슬러 가고 있을 때조차도 그 흐름을 거슬러 가야만 한다'라는 표현으로 시작하는데, 그것은 환멸에 빠져 있던 청중들 중의 적어도 한 사람에 의해서 단순성과 직접성으로 대중과 소통할 필요에 대한 주장으로 환영되었다(Kunzle 1980: 115~6 참조).

정보의 게릴라 전쟁, 뉴스 유통의 조직적 파열, 방송과 사실-알리기 사이
의 관계의 단절 … 등이 노동 조직화 및 노동의 지배에 대항하는 일반적
투쟁 내부에서 발견될 수 있다.
생산의 흐름 및 당국에 의해 주어진 기호들의 전송에 대한 방해와 전복은
직접적 행동의 영역을 나타낸다.[53]

(Collectif A/traverso, Guattari 1984: 236~7에서 인용)

아/뜨라베소의 기획은, 1976년 방송에 대한 규제완화 이후에 널리
퍼진, 자유 라디오 중에서 가장 유명한 것의 하나였던, 〈라디오 알리체〉에서
가장 효과적으로 발전되었다(Downing 1980).[54] 〈라디오 알리체〉는 자신들의
실천을 특징짓기 위해 '마오-다다이즘'뿐만 아니라 '가따뢰즈(Guattareuze)'[55]
라는 혼성어도 사용했다(Collectif A/traverso 1977: 71). 실제로, 움베르또 에꼬
(Umberto Eco 1977a)가 중시하듯이, 알리체라는 이름은 『거울 나라의 엘리스
』(Through the Looking Glass)에 대한 들뢰즈(Deleuze 1990)의 논의에서 따
온 것이다.[56] 들뢰즈를 따라, 〈라디오 알리체〉의 모험은 '지하운동' 그 자

---

53. 또 '노동할 권리'에 대한 마오-다다이스트 패러디('노동이 당신을 자유롭고 아름답게
   만든다', Morris 1978: 70)를 참조하라. 그리고 Guattari(1984: 238~40)에 씌어진 〈아/
   뜨라베르소〉(A/traverso)에 대해서도 참조하라.
54. Downing(1980: 204)은, 1978년 6월에 그 나라의 인구밀집지역을 꽤 평등하게 가로질
   러 약 2,275개의 라디오 방송국과 503개의 텔레비전 방송국이 퍼져 있었다고 보고한
   다. 〈라디오 알리체〉는 볼로냐 주거지에 있는 한 아파트 건물의 두 개의 방에 자리잡
   은 낡은 군사 송신기를 사용하여 1976년 2월 9일에서 1977년 3월 12일까지 전파 송신
   을 했다(Cowan 1978; Grimshaw and Gardner 1977 참조).
55. [옮긴이] Guattari와 Deleuze를 합친 조어.
56. 1977년 운동에 대한 비판에서 움베르또 에꼬는, 〈라디오 알리체〉가 그것의 마오-다다이
   즘의 전위적이고 학술적인 기원에 대해 그렇게 정직하지 않았다고 주장했다(Umberto
   Eco 1977a: 116). 그리고 그는 또 『안티-오이디푸스』와 그것의 욕망하는 기계의 '은
   유'는 진지하게 읽힐 필요가 있으며 쉬운 구호로 환원되어서는 안 된다(116)고 주장했
   다. 그리고 그는 또 노동자들은 [그것을-옮긴이] 실제로 이해하지 못했으며(1977b:

체가 아니라 표면들, 무의미, 사건들의 세계를 열어내려 했다. 〈라디오 알리체〉는, 그것의 특수한 초점인 '프롤레타리아 청년 써클들'과 함께,[57] 가정, 노동, 성차별, 개별화하는 관계들과 같은 갇힌 공간들을 열어젖히려 했고, 언어를 강렬하고, '비생산적'이고, 촉감적이고, '정치적으로 만들려고 했으며, 그들이 표현하듯이, '공인되지 않은 것(unstated)', '불가사의한 것(uncanny)'을 끌어내려고 했다(Collectif A/traverso 1980: 133).[58] 알리체의 전파는 음악(Collectif A/traverso 1977의 방송사본은 프랑크 잡파, 롤링스톤즈, 돈 체리, 밥 딜런, 몬테베르디, 지미 헨드릭스, 제퍼슨 에어플

126), (암암리에 위험스러운) 실천적 방식으로 '실험실 언어'를 사용하고 있었다(1994: 172)고 주장했다. 비포와 빠스뀌니(Bifo and Pasquini 1977)는 이러한 주장에 대해, 그들의 실천이 좀더 폭넓은 정치운동 및 노동거부와 맺는 관계를 주장하는 것으로 대응했다 : '에꼬의 글에서, 모든 것은 규범과 위반 사이의 다소 추상적인 게임으로 환원될 수 있었다 …. 하지만 이렇게 보는 것은, 규범의 이러한 위반 뒤에, 그리고 그것의 언어적 태도적 변형 뒤에 실천적이고 집단적인 주체가 있다는 것을 잊는 것이다. 그 주체는 그 해석의 코드들을 위반할 수 있는 행동과 기호들을 생산했다. 왜냐하면 그 주체의 사회적 실천이 삶시간의 착취적 사회에의 희생이라는 생산주의적 코드를 위반할 수 있기 때문이다'(Morris 1978: 69에서 인용). 비포와 빠스뀌노(Bifo and Pasquini 1977: 135)가 보기에, 이해를 하지 못한 것은 노동자들이 아니라(실제로 그들은 노동자들이 피아프-미라피오리에서의 투쟁에서 '마오-다다이즘'을 실행하고 있었다고 주장했다) 부르주아지들 혹은 '창백한 얼굴들'이었다.

57. 1975년 봄에서 여름에 이르는 기간에, 하나의 새로운 주체인 청년 프롤레타리아들이 무대에 나타났다. 그들은 더 이상 전위를 언급하는 낡은 틀을 갖고 있지 않았다 ; 그들은 정치학의 범주들로 환원될 수 없게끔 별개의 질서들을 매우 횡단적인 방식으로 이동한 주체였다. 그래서 그들은 (개량주의자들과 파시스트들에 의해) 범죄학, 정신의학, 사회학, 스펙터클의 범주로 곧장 환원되었다(Collectif A/traverso 1977: 89~90; 번역은 저자).

58. 이 프로젝트에서 〈아/뜨라베르소〉(A/traverso)는 소수적인 것에 관한 들뢰즈와 가따리의 정식화에 직접적으로 영향을 받았다. Collectif A/traverso(1977: 67~72) 선집은 상세한 소수문학 명제를 포함하고 있다. 그리고 가따리의 〈라디오 알리체〉 경험은 그로 하여금 프랑스 자유라디오의 발전에 기여하도록 고무했다. 하지만, 그 운동은, 그와 유사하게 급진화된 환경이 없었기 때문에, 좀더 몰적인(molar) 매체 형태 속으로 급속히 포섭되었다.

레인, 비틀즈 등을 포함한다), 토론 프로그램, 시청자전화참가프로그램, 시 등의 복합체였다. '빈곤이라는 협박을 멈추라. 욕망의 가치 — 사용가치 — 노동가치. 노동계급 귀족과 룸펜프롤레타리아트. … 빈곤이란 무엇인가? 노동이란 무엇인가? 시간은 재전유되어야만 한다. 몇 시인지를 잊는 것은 우리의 권리이다'(Collectif A/traverso, Guattari 1984: 237). 그러나 〈라디오 알리체〉의 가따뢰즈는 전통적 방송틀 내부의 언어와 라디오 내용에 한정되지 않았다. 그들은 라디오의 사회주의적 잠재력에 대한 브레히트(Brecht 1993)의 이론들에 영향을 받았기 때문에, 〈라디오 알리체〉는 생산자와 청중 사이의 관계의 생산적 잠재력을 발전시키는 것에 특히 관심을 갖고 있었다. 그들은 이 잠재력이 라디오 테크놀로지의 지배적 배열에 의해 탈취되었다고 보았다. 그래서 〈라디오 알리체〉는 라디오 테크놀로지를 상호작용과 소통의 폭넓은 환경 내부의 한 점으로 제시했다. 가따리(Guattari 1996a: 75)가 알리체에 대해서 쓰면서 표현했듯이, '라디오는, 삐앗짜 막지오레에서의 격의 없는 만남에서 일간 신문에 이르는 — 게시판들, 벽화들, 포스터들, 리플렛들, 회합들, 공동체 활동들, 축제들 등에 의한 — 모든 범위의 소통수단들 중에서 중심적인 한 요소를 이룰 뿐이다.'[59]

---

59. 가따리(Guattari 1996a: 74~5)는 계속한다 : '우리는 프랑스의 지역라디오 유격대들의 기술관리적 생각과는 멀어도 매우 멀다. 그들은 우리와는 반대로, 라디오를 통해 자신을 표현하는 사람들은 그들의 특수한 이익을 재현한다고 주장한다. 또 우리는 전통적 좌파의 생각들과도 거리가 멀다. 이들은 무엇보다도, 당 노선이나 특정한 동원적 명제들 외의 어떤 것도 그들의 주파범위에서 표현되어서는 안 된다는 생각을 갖고 있다.' '사회 집단에 의한 직접적 발언이라는 그러한 가정은 … 사회적 재현의 전통적 체계를 근본적으로 위험에 빠뜨린다. 그것은 파견자, 대표자, 권위 있는 대변인, 지도자, 기자 … 등과 같은 특정한 생각을 의심한다. 이런 조건 속에서 우리는 새로운 표현의 문제를

〈라디오 알리체〉에 의해 발전된 종류의 소집단들의 기계[론]적 소통과 현실화는, 아우또노미아 오뻬라이오(autonomia operaio)의 좀더 중앙집권화된 형식들 및 당시에 출현하고 있었던 비밀밴드들과는 매우 다른 조직 모델을 제시했다. 그래서 물리에(Moulier 1989: 42)는, 그것이 '조직에 관한 논쟁의 조건을 크게 변화시켰으며 집중화를 옹호하는 주요한 주장들 중의 하나를 꺾었다'고 주장했다.[60] 그것은, 1977년 봄 볼로냐 시위에 알리체가 개입했을 때 매우 분명히 나타났던 조직양식이다. 〈라디오 알리체〉는, 시위와 점거의 와중에 공중전화 부스의 호출자들에게 자신의 주파수 채널을 개방하면서, 스스로 참가한 사람들이 그 사건에 관해 지속적으로 소통하고 그것을 그들 스스로 조정하는 것을 가능케 했다. 그들은 행동에 대해 보도했으며, 경찰과 활동가들의 위치에 대해 중계했고 가능한 행동들과 피해야 할 도시 지점들을 제안했다. 이것은, 에꼬(Eco 1994)가 '대용(token) 통신원' 양식이라고 서술한, 자유 라디오의 공통된 구조적 특징이었다. 여기에서 공중전화 부쓰에서 걸려온 전화는 즉각적으로 어떤 매개도 없이 방송으로 중계되었다. 〈아/뜨라베르소〉는 이것을 전통적인 시청자참가프로그램들의 '십자말풀이'식 접근을 붕괴시키는 것으로 보았다. 왜냐하면 시청자참가프로그램들은 제한되고 구조화된 반응들에 기초하고 있었기 때문이다(Downing 1980: 207. 알리체의 경우에, 그러한 배열(arrangements)은 무

발견할 어떤 진리들을 기대할 수 있다.'

60. *Primo Maggio*에 실린 어떤 글은, 알리체가 방송을 시작하자마자 그것은 즉흥 음악연주회에 2천 명을 동원할 수 있었으며 평균 3만 명의 청취자를 가졌다고 보도했다(Red Notes 1978: 41).

장경찰에 의해, '군사적 공동활동(coordination)'이라는 혐의로, 방송이 폐쇄될 것을 대비한 구실이었다. 폐쇄 그 자체는 숨겨놓았던 마이크로 실황으로 전송되었고 마지막 말을 방송하면서는 독특하게 다음 문장을 읽었다 : '경찰: 거기 손들어! B: 우리는 우리의 손을 위로 쳐들었다. 그들은 우리에게, 이것이 "전복 활동의 중심지"라고 말하고 있다.'(Red Notes 1978: 33).[61] 알베르따니(Albertani 1981: n.p.)는, 그 소집단의

---

61. 〈라디오 알리체〉의 폐쇄는 아우또노미아에 대한 총체적 억압의 일부였다. 이 억압은 정말로 복잡한 경로를 걸었다. 그리고 그것에 대한 상세한 설명은 이 장의 범위를 멀리 넘어서 있다. 그럼에도 불구하고 어느 정도는 이야기될 필요가 있다. 사법적 소송과 범죄적 기소에서, 아우또노미아의 복잡하고 변화하는 영역은, 이탈리아는 이 당시에 '국제 반혁명의 가장 근대적인 실험실'이었다는 드보르(Debord's 1983a: 19)의 평가를 분명히 확인해줄 정도로 효율적으로, 위계적이고 조직화된 몸체로 반전되었다. 그 과정에서 중심적이었던 것은 〈붉은여단〉(BR)이 그 운동을 가로지르는 동일성 – 형성 체제의 단단한 결정(結晶)을 가능케 하는 응집적 '행위자'의 일종으로 배치된 것이다. 〈붉은여단〉은 언제나 다소 정통적인 노동자주의 형성체였다. 그리고 그것이 공장들로부터 '국가의 심장에 대한 공격을 수행하는' 정치로 움직임에 따라, 그것은 점차 사회 운동에 대한 억압에 기능적으로 되면서 시선을 집중시켰다. Sanguinetti(1982)가 주장하듯이, 〈붉은여단〉이 비밀기관의 도움을 받았는가 — 그것은 파시스트 테러리즘을 돕거나 심지어 제도화하는 1969~1973/4년 사이의 '긴장 전략' 이래의 은밀한 국가실천과 맞아떨어질 것이다 — 아닌가의 문제는 〈붉은여단〉의 실천의 반동적 효과들을 고려하기 위해 제외해 두는 것이 나을 것이다. 확실히 〈붉은여단〉의 접근법은 아우또노미아의 분산 정치(학)으로부터 멀리 떨어져 있었다. 이 점은 〈붉은여단〉의 입장을 '교황의 심장을 공격하라! 모든 권력을 무장한 성직자들에게!'라는 슬로건으로 대체한 〈대도시 원주민〉(Metropolitan Indian)의 다소 재치 있는 패러디 속에서 드러난다(Red Notes 1978: 124). 그럼에도 불구하고 증가된 폭력, 의회-밖 운동 전체를 가로지르는 막연한 역사적 연결고리를 구실로, 그리고 일부 비밀 조직들 및 아우또노미아의 양상을 구성하는 일부의 폭력적 수사와 실천 및 의 도움을 받아, 사법부는 아우또노미아와 〈붉은여단〉의 은밀한 연계를 '드러내고' 그 모두를 기소하고자 했다. (그렇지만 많은 '회개한' 여단원들은, 흔히 모순되게도, 아우또노미아에 연루된 사람들이라는 이유로 형을 크게 감면 받았다.) Lotringer and Marazzi(Semiotext(e) 1980: 19에 실림)는 그러한 동일화의 특유한 기법들을, 국가가 그저 자신의 적의 형태를 만들어 내는 방법의 일부라고 서술했다 : 그것은 '아우또노미아에 특징적인 유동성을 의태했다.' 들뢰즈(Deleuze 1980: 182~4)는 사법적 절차를 고찰하면서, 그 기소는 민주적 법의 두 가지 근본원리를 어겼다고 주장한다. 그 두 가지 원리란 첫째 정의는 '동일시 가능한 일관

일부 구성원은 옥상으로 도망을 쳐서 볼로냐 거리를 관통해 달리는 자동차에서 방송을 계속했다고 전한다. 그것은 멋진 이미지를 만들어 냈던 것이다.

결론

이 장은 오뻬라이스모와 아우또노미아의 소수적 구성양식들과 구

성'의 원리에 합치해야만 하는데, 거기에서 고소의 내용과 주체는 정밀하고 모순되지 않은 동일성을 가져야만 한다는 것이고 둘째 범행의 청취에서 '사실들'은 '이접과 배제의 원리'('A이거나 그렇지 않으면 B이다 ; 만약 B라면, A가 아니다' ; 182)에 합치해야만 한다는 것이다. 그래서 사법부는 분명한 주체들의 계열을 제시하지 못했고(깔로게로 판사의 공리에는 오직 하나의 등식, 즉 〈노동자의 힘〉 = 아우또노미아 = 〈붉은여단〉 이라는 등식만이 있다), 모든 모순들의 포함과 축적의 원리를 가진 『안티-오이디푸스』의 포함적 이접을 복제한 '동일화의 난교(亂交) 파티'를 제시했을 뿐이다. 결정적 단서는, 총체적 평면이 전체에 책임을 지는 단위들로 분할됨에 따라, 포함적 이접의 평면의 구축이 법의 범죄적 주체들을 생산하는 데 기여했다는 것이었다. 따라서 정치활동, 텍스트, 문서고 모음(네그리의 모든 작품과 파일이 저인망 방식으로 조사되어 그의 기소의 토대를 형성한다 — 사상에 대한 기소 과정에 대한 냉정한 원고로는 Negri(1988d)를 참조하라)에서부터 불가사의한 전화통화(알도 모로 수상의 부인에게 걸려진 〈붉은여단〉의 전화통화는 처음에는 네그리의 것으로 돌려졌다)까지, 그리고 우리가 네그리의 경우를 넘어서 더 나아간다면, 만화(〈붉은여단〉과 국가의 입장의 유사성을 설명하는 주요도시의 연속만화는 오직 〈붉은여단〉만이 가질 수 있었던 알도 모로 수상 납치에 대한 사전인지를 드러내는 것이라고 말해졌다 ; 그 연속만화에 대해서는 Semiotext(e) 1980: 300~14) 참조)까지의 모든 것이 아우또노미아/〈붉은여단〉의 연결점으로 사용되었다. 일단 '연결'되면, 기소들 — 그것은 '전복적 연합', '국가권력에 대항하는 봉기'와 같은 엄숙하고 막연하며 혼탁한 형태를 취했다 — 에서 일관성을 유지할 필요가 없었다. 왜냐하면 그것의 특정한 내용이 일반화된 범죄사실을 변화시킬 수 없었기 때문이다. 그 때문에 피고에 대한 기소들은 지속적으로 변화했는데(그것은 카프카를 자랑스럽게 여기도록 만들 '끝없는 유예'의 일종이었다), 그것은 12년까지 예방적 구금을 할 수 있는 가능성에 의해, 모순적 증언들을 증거로 사용하기, 피고들에게 기소증거를 제시하지 않기 등에 의해 가능해졌다(Italy '79 Committee 1982; Portelli 1985; Red Notes 1981 참조).

성방식들 중의 일부를 고찰했다. 나는, 오뻬라이스모와 아우또노미아의 입장에서 볼 때, 노동은 분명히 닳아서 낡아버린 정치(학)의 중심 장소였다고 주장했다. 사회적 공장 명제에 따라, 노동자들은 사회화된 노동의 일반화된 지평으로 간주되었다. 그 명제는 풍부한 속성들 (attributes)과 실천들이 자본주의적 생산 및 가치화의 체제에 포섭됨에 따라 '대중' 노동자들에게, 그 후에 '사회화된' 노동자들에게 생산적 중심성을 부여했다. 그렇지만 그것이 그들에게 정치적 동일성을 부여하지는 않았다. 왜냐하면 뜨론띠가 주장했듯이, 노동 내부에서 형성된 동일성들은 자본주의적인 '노동자' 동일성이기 때문이다. 그래서 나는, 노동이라는 동일성을 씌하는 네 도움을 주고 징치직 구성을 재촉한, 오뻬라이스모의 일련의 '가둠의(cramping)' 전술을 설명했다. '노동거부', '계급구성', 그리고 '관점의 역전' 등이 그것이다. 이러한 배치에 뒤이은 정치적 기획은 노동을, 또 노동자라는 주체를, 그리고 아우또노미아의 발전과 더불어서는 '자기가치화'의 실천들을 파열시킨 집단적 구성의 형식들 속에 있다.

자기가치화는, 긴축 조치나 인간적인 것에 대한 본질주의적 이해들에 의해 규정된 필요의 자연화에 대항하여, 계급구성 속에서 (삶의 형식이자 방식으로서) 확장하고 변화하는 '필요'의 과정으로 제시되었다. 필요의 이 확장 과정 속에서 자기가치화는 아우또노미아 자체 속에서 동일성을 향한 경향을 피하기 위한 메커니즘이었다. 왜냐하면 운동의 모든 소수자들은, 그들이 그들 자신을 계급구성의 일부로 생각하는 한에서, 자신들의 특수한 필요들, 욕망들, 실천의 새로운 형식들을 주장하고 발전시킬 수 있었고 또 이것들을 교전, 경합, 동맹, 그리고 투쟁

등을 통해 운동을 횡단하여 분배할 수 있었다. 그러나 자기가치화는 또한 사회적 임금의 문제에도 연결되었다. 자기가치화가, 우리가 소수 정치(학)의 틀에 따라, 아우또노미아의 '작은 계략들'이라고 부를 수 있는 것을 사회적 전체에 연결한 것은 사회적 임금을 통해서였다. 사회적 임금은 특정한 형태의 '잉여가치 반환요구'의 자리였으며 수행된 노동과 무관한 임금을 쟁취하기 위해서는 더 적은 노동, 더 많은 임금을 쟁취하기 위한 대중노동자들의 투쟁에 이어서 지속적인 투쟁과정이 필요했다. 실제로 사회적 임금을 인상하기 위한 정치적 혁신과 투쟁은, '자율적 가격결정'과 '자율인하'의 실천에서 나타나는 것처럼, 동시적인 경향이 있었다.

1977년 운동의 출현과 더불어 구성의 기획이 에마르지나띠라는 형상을 중심으로 유통했다. 이 '주변인들'은, '가사노동에 대한 임금'에 의해 이론화된 가사 노동자들과 마찬가지로, 자본주의적 관계 '외부'에 있지 않았다. 그들은 사회적 공장의 생산성에 중심적이었다. 그들은 또, 각각의 '특수한' 소수자적 관심이 그와 뒤얽힌 다른 소수자적 관심과의 통접 속에서 그 자신의 필요와 투쟁의 초점을 구성해 낸다는 점에서, 혼합적이고 포함적인 이접의 형식에 접근하는 경향이 있었다. 그들의 노동거부와 자기가치화의 실천을 다루면서 나는, 사회적 공장 내부에서 독립적 외부가 아니라 집합적 구성의 확장과 탈영토화를 찾는 그들의 정치(학) 속에, 운동의 평면을 가로지르는 다양한 동일성들, 필요들, 문화들을 포용하고 분배하는 경향이 있다고 주장했다.

이 장은, 오뻬라이스모와 아우또노미아의 구성기법과 구성양식, 그리고 소수적 구성의 특수한 사례들을 논의하는 과정에서, 어떠한 주체적 충만성에 대한 거부를 유도하며 특수한 소수자적 교전을 고무하는 기법들에 초점을 맞추었다. 내가 지적했듯이, 이러한 접근은 언제나 출현하는 자율적 집단성에 대한 과도한 일반화와 단순화된 주장을 향한 오뻬라이스모와 아우또노미아에 들어 있는 하나의 경향과 언제나 긴장을 일으킨다. 이것을 라이트는 '모든 것을 설명하려 하다가 너무나 자주 거의 아무 것도 명백하게 밝히지 못하는 포괄적 범주들을 향한 경향(Wright 2002: 224)이라고 표현한 바 있다. 라이트(Wright 2002: 224)는, 이러한 경향의 가장 해로운 측면은 사회화된 노동자의 이론이었다고 주장한다. 그가 보이게 이 범주는, 밧탓지아(Battaggia)를 인용하면, 자기가치화와 더불어 '사회석 행위의 복수성을 종합하는 매우 우아한 도구였으나 바로 그것의 과도한 종합적 측면 때문에 그 복수성을 평면화시키며 그것들의 특유성을 부정하는' 범주였다. 이것은 중요한 점이다. 사회화된 노동자는 여러 가지 점에서 4장과 5장의 관심사였기 때문에, 나는 이 비판과 약간 교전해 보고 싶다.

내가 4장에서 주장했듯이, 네그리에게서 사회적 노동자가 발전되는 방식 속에서 우리가, 과도하게 일반화된 생산의 지평과 다중의 이론을 위해 계급구성의 특유성과 복잡성을 평면화하는 경향이 있는 하나의 종합을 탐지할 수 있다는 것은 실제로 사실이다. 여기에서 실제적인 문제는 사회적 노동자와 다중 그 자체의 특유한 윤곽과 경험에 대한 상세한 설명이 부족하다는 것이 아니다. 그리고 하트와 네그리는 『제국』에서 다중이 아직 완전히 설명되지 않았고 텍스트 속에 다소 시적이고 구체화되지 않은 방식으로 존재한다는 점을 기꺼이 인정했다(Hardt et al. 2002: 185). 사회적 노동자가 통제의 체제들로부터 그 자신을 자율적으로 구성하는 것으로 보이는 방식은 지구화된, 그리고 준안정적인 생산의 존재론이라는 문제적인 기반개념에서 발생한다. 다중이 자본주의적 관계로부터의 집단적 자율의 장으로 이해되는 것을 고려하면, 다중은 안정된 집단적 전체가 아니라 개방적 복수성이라고 말하는 것으로는 충분치 않다(Hardt and Negri 2000: 103). 왜냐하면 다중은 개방적 복수성이라는 명제는 그 개방적 복수성을 교전, 투쟁, 그리고 구성을 위한 구체적 참조점들이 없는 상태로 내버려 두기 때문이다. 네그리가 노동거부의 현대적 생존가능성을 고려하는 문제로 되돌아 올 때에 이 점은 가장 분명하게 드러난다. 초기 작품에서 네그리는 '자본의 구체성에 접근하는 노동의 유일한 본질은 노동거부이다'(1988b: 226. 이 장의 처음에 인용한 문장도 참조하라)라고 제안했던 반면, 이제 그는, 삶정치적 생산의 맥락 속에서 이 정치적 모델은 불필요하다고 주장한다.

고전적 사보타지나 러다이트[자본주의 발흥기의 기계파괴운동–옮긴이]적 거부의 가능성은 더 이상 존재하지 않는다. 왜냐하면 우리는 바로 그 속에 있기 때문이다. 오늘날 노동자들은 그들 자신의 두뇌 속에 노동의 도구들을 지니고 다닌다. 그러므로 우리가 어떻게 노동을 거부하거나 노동을 사보타지할 수 있겠는가? 우리가 자살을 해야만 한단 말인가? 노동은 우리의 존엄성이다. 노동거부는 포드주의 사회에서는 상상할 수 있었다. 그러나 오늘날 그것은 점차 생각할 수 없게 되고 있다. 노동에 대한 명령의 거부가 있지만 그것은 완전히 다른 문제이다.[62]

(Negri n.d.: n.p.)

그렇지만 사회화된 노동자에 대한 네그리의 전개가, 사회화된 노동자가 쓸모없는 정치적 형상임을 의미하지는 않는다. 4장에서 내가, 사회화된 노동자의 지평은 일단의 관계들로 혹은 자본주의적 공리화와 통제의 과정에 내재적인 생산양식으로 간주될 수 있다고 말했다면 이 장에서 나는, 사회화된 노동자의 정치(학)이 소수적, 프롤레타리아적 방식으로 간주될 수 있다는 것을 보여주려 했다. 사회화된 노동자라는 개념은 그 자체로 허구적 종합을 필요로 하지 않으며 오히려 특유한 환경 속에서 정치적 배치의 복잡성과의 교전을 피할 수 없게 만든다. 이 교전이, 적어도 오뻬라이스모와 아우또노미아의 경우에, 직접적 노동의 영역, 투쟁의 창조성, 대항문화와 계급의 관계, 그리고 기술적 배치의 탈영토화의 가능성 외부에서 필요의 문제, 스타일의 문제, 대안적 가치의 문제, 생산성의 문제 등을 불러 모으는 한에서, 나는 그것이 여전히 유용한 정치적 형상이라고 주장하고 싶다. 오뻬라이스모와 아우또노미아는 사회화된 노동의 체제 및 출현하고 있는 통제사회들

---

62. 여기서 네그리의 표현은 현대의 생산체제에서 일어나고 있는 다소 극적인 변화에 대한 그의 감각을 설명하는 데 도움을 준다. 그렇지만 그것은 또한 그의 초기 작품에서 '노동거부'의 의미와는, 그리고 내가 이 장에서 그 개념을 설명한 방식과는 매우 다른 감각을 드러낸다. 내가 주장했듯이, 노동거부는, 단순한 '러다이트주의' 혹은 (노동 그 자체에 외부적인 무엇으로서의) '명령'에 대한 거부가 아니라, 노동자들의 충만함과 자본주의적 배치에 내재적인 정치활동에의 충동에 대한 거부를 위한 가둠의(cramping) 메커니즘이다. 일반지성과 사회적 개인의 시대에 — 이 때 어떤 사람들에게는 정동(affect), 소통능력, 그리고 기술적 전문성이 전면에 부상한다 — 노동거부는 '자살적' 자기파괴가 아니라 이 형성체들(그것들이 자본에서 태어나고 또 자본에 기능적인 한에서)에 내재하는 공리화하는 관계들에의 비판적 개입일 것이다. 노동거부가 이러한 배치에 더 이상 적실하지 않을 이유는 없다. 우리가, 네그리가 그렇게 이해하는 것으로 보이는 것처럼, 노동 자체를 자율적 자기생산의 표현으로 이해하지 않는 한에서는 말이다.

과 교전하는 단지 하나의 계기, 하나의 실험만을 제공할 뿐이다. 그렇지만 나는 이 조류가, 프롤레타리아적인 통제의 정치(학)의 첫 번째 계기들 중의 하나로서, 현대의 갇힌 공간들에서 정치적 구성의 발전을 위하여 비판적으로 탐구되어야 할 일정한 활력을 갖고 있다고 주장하고 싶다. 비르노(Virno 1996c: 243)의 설명을 빌면, 그것은 아마도 '우리 등 뒤의 미래'와 같은 어떤 것을 제공하고 있는지 모른다.

결론 : 정치의 이상한 기쁨

코뮤니즘, 소수정치, 그리고 민주주의에 대한 비판

불가능성과 기쁨

6장

결론: 정치의 이상한 기쁨

일종의 광범하게 퍼진 민주적 합의가 우리로 하여금, '민주주의'가 더욱더 자주, 경제적 기술적 힘들의 행동의 자유만을 보증하는 것에만 기여한다는 것을, 그래서 어떠한 정치도 오늘날 그 자신의 확장 이외의 어떤 다른 목적에도 종속되지 않는다는 것을 망각하도록 만드는 것으로 보인다.

(Nancy 1991 : xxxvii)

어떤 사람이 궁극적 해방의 예감을 가졌을 때, 그 다음날 그 사람의 투옥이 변함없이 계속된다고 하더라도 혹은 그 투옥이 좀더 철두철미하게 이루어진다 할지라도 혹은 그 투옥이 결코 끝나지 않을 것이라고 명백하게 말해진다 할지라도, 그것은 그 예감이 틀렸다는 반증이 되지는 못한다.

(Kafka 1999 : 391)

빠올로 비르노(1996d: 189)는 현재의 정치적 사유와 실천의 상태에 대한 어떤 공통적 감정을 표현한다. 그것은 다음과 같은 서술로 표현된다. '정치적 행동이란 무엇인가라고 아무도 내게 묻지 않는다 하더라도 마치 나는 그것을 알고 있는 것처럼 보인다. 만약 내가 그것을 묻는 누군가에게 그것을 설명해 주어야만 한다면 마치 알고 있는 것처럼 생각했던 그것은 앞뒤 맞지 않는 비정합적인 생각으로 사라져버린다.' 이것은 문제이다. 그러나 그것은 전적으로 새로운 것은 아니다. 실제로 정치의 자연[본성] 속에 잠재성에 대한, 잠재적인 것에 대한, 미결정된 세계에 대한 개방성을 갖는 것이 포함되어 있는 한에서, 일정한 정도의 불확실성은 (비록 '비일관성[지리멸렬함]'은 아니라 할지라도) 정치의 중심적 특징의 하나이다. 그럼에도 불구하고 정치는 필연적으로 배열(ordering) ― '무엇을 할 것인가?'라는 질문을 중심으로 하는 형식들 및 잠재력의 계층화 ― 의 형식에 종속된다. 왜냐하면 그것은 현존하는 것의 복잡성과의 구체적 교전을 통해 다른 세계를 불러내려는 시도이기 때문이다. '비일관성'의 정치(학)의 다른 극에서 나타나는 문제는, 그러한 배열과 교전이 너무 자주 진리와 확실성의 체제들을 통해 발생했고 그래서 그 배열과 교전이 실험이나 창조로 특징지어지는 만큼이나 독단과 원한(ressentiment)의해 특징지어져 왔다는 것이다. 맑스주의가 이러한 계층화 형태의 유일한 수단이었다고 말한다면 아마도 잘못일 것이다. 사회민주주의적 합의에서 정치적 잠재성의 말소는 적어도 그만큼 효과적이고 또 분명히 그보다 더 확산적이다. 그럼에도 불구하고 정통 맑스주의와 레닌주의 모델은 정치(학)의 혁신을 삭탈(削奪)하는 유능한 역할을 수행했기 때문에 정치(학)을 생각하고 그것의 잠재력을 열어내려는 가장 진지한 시도는 (특히 학술계 내부에서는) 1970년대 이래로 맑스주의로부터 상당히 먼 곳에서 진행되었고 사람들에 의해 인지되었던 무기력한 영역에서 벗어나기 위해 모종의 '탈정치(학)' 혹은 '문화정치(학)'을 감행했다. 들뢰즈의 작업은 많은 점에서 정치(학)을 정설과 독단으로부터 떼어내어서 발본적으로 다시 생각하려는, 그리고 그 나름의 특수한 방식으로 '무엇을 할 것인가?'의 문제를 밝히려는 이와 유사한 욕망에 기인한다. 그러나 들뢰즈는 맑스주의와의 연결고리를 끊기보다 그것과의 좀더 미묘한 관계를 맺는 방식으로 작업했다. 그 관계는, 들뢰즈가 죽을 때까지 자신을 맑스주의자로 묘사할 만큼 그의 작품에 충분한 영향을 미친 그러한 관계였다.

들뢰즈 자신은 1960년대에 비로소 맑스에게로 왔다. 그의 말에 따르면, 그는 맑스와 니체를 함께 읽었다(Deleuze 1995a: 51). 그리고 이 두 사상가 ― 이 두 사람은 20세기의 최악의 공포들 중의 일부와 연루되어 왔다 ― 가 포스트구조주의자에 영향을 받은 사상 속에서 어떻게 다듬어졌는지를 고찰하는 것은 흥미롭다. 국가사회주의들 가운데에서도 가장 억압적인 것이, 그리고 완전히 현존하는 역사적 민중이 (도래할 민중을 위한) 맑스와 니체의 '불순한(untimely)' 사상을 자신 속에 재영토화한 결과가 그러했기 때문에, 맑스와 니체를 그들의 지배적 이미지와는 반대로 읽을 필요는, 사람들이 들뢰즈의 철학적 방법의 세부에 대해 논의하기 오래 전에도 명백했다.[1] 논쟁의 여지는 있지만 전후 프랑스 사상은 크게 보아 니체의 철학을 국가사회주의로부터 분리시켜 냈다. 그러므로 우리는, 그다지 많은 감수성을 다치게 하지 않고도, 들뢰즈를 니체주의자로 볼 수 있다. 그러나 맑스주의의 동일성이 아직도 너무 많은 몰적 흡인력을 갖고 있어서인지, 들뢰즈를 맑스주의자로 보는 것은 좀더 문제적으로 보인다. 맑스주의적 동일성의 위

---

1. 철학적 대포를 가지고 수행했던 자신의 초기 교전 양식을 설명하면서 들뢰즈는, '나는 나 자신을 어떤 저자를 등 뒤에서 덮쳐서 그의 자식이지만 괴물스러운 자식인 어린아이를 그에게 주는 것으로 이해했다'고 썼는데 이것은 유명하다(N: 6).

험에 대한 감각은 들뢰즈 자신에 의해서도 표현되는데, 이 때 들뢰즈는 맑스를 억압적인 몰적 사유를 하는 인물로 묘사한다(Deleuze and Parnet 1987: 14). 그러므로 맑스에 대한 들뢰즈의 관계를 따름에 있어서 우리는, 동시적으로 일정한 분리를 유지하지 않을 수 없다. 나는 그밖의 어떤 것도 제안하고 싶지 않다. 이 책의 초점은 들뢰즈의 정치(학)에 대한 이해를 한정하기(circumscribe)보다 그것에 뭔가를 더하려는 시도로 이해되어야 한다. 들뢰즈-맑스의 공명을 고찰하는 일은 들뢰즈를 한정된 맑스주의로 환원하는 것이 아니다. 그러한 공명이 무엇을 해야 하는가 하는 것은 오히려 들뢰즈와 맑스 사이의 연결과 혼합의 지점들을 탐구하는 것이다. 그러나 이렇게 하는 과정에서, 우리는 맑스에 대한 들뢰즈의 관계가 맑스 쪽으로 막연하게 머리를 끄덕이는 것으로 나타나지 않음을 알 수 있다. 오히려 이와는 달리 오뻬라이스모가 맑스로 돌아감으로써 맑스주의의 동일성을 극복하려 애썼던 것과 다소 유사하게, 들뢰즈의 맑스주의는 핵심적인 맑스적(Marxian) 문제의식으로 (물론 다르게) 돌아가는 것으로 가장 잘 이해될 수 있다.

들뢰즈는 민주주의에 대한 코뮤니즘의 비판을 간단히 고찰함으로써 맑스와의 교전을 수행한 바 있다. 나는 이 책의 결론을 맺기 위해 이 교전 속에 들어 있는 맑스적 문제의식을 중심으로 그것의 주장 중의 일부를 요약하고 싶다. 이것은 들뢰즈의 정치(학)을 정치(학)에 대한 좀더 지배적인 이해라는 더욱 폭넓은 문맥 속에 자리 잡도록 도와줄 것이다. 그리고 나서 이 장은 민주적 정치의 커가고 있는 사회적 공간 외부에 놓여 있는 이러한 정치적 관점에서 발생하는 정서적 조건에 대한 고찰로 끝맺음된다. 코뮤니즘적 정치의 '쾌활함과 기쁨'이라는 하트와 네그리의 혁신에서 출발하면서 이 장은 카프카와 푸코의 특유한 기쁨과 유머에 대한 들뢰즈의 독해를 고찰한다.

코뮤니즘, 소수정치, 그리고 민주주의에 대한 비판

낸시(Nancy 1991: 31)는, 본질, 동일성, 혹은 '노동'으로 구성된 존재양식에 대한 그의 비판에서, 공동체는 '사회적, 경제적, 기술적, 그리고 제도적인 노동의 비작동이다'라고 쓴다. 이 때 그는, 이 비작동이 정치의 실천이라고 주장하기 위하여 정치적인 것을 배제한다(158). 내가 바디우의 비판에 반대하면서 1장에서 주장했듯이 들뢰즈와 가따리가 『철학이란 무엇인가?』에서 '정치(학)'이라는 영역을 생략한 것도 이와 비슷한 이유 때문이다. 들뢰즈에게 있어서 정치(학)은 예술, 과학, 그리고 철학의 영역을 가로지르면서 삶에 내재적이며 어떠한 자율적 특성(properties)도 갖지 않는다. 그것은 발명과 창조의 과정 자체이다. 적어도 발명이 동일성과 관계의 계층화된 몰적 형식들을 벗어나서 '새로운 대지'를 불러들이는 과정인 한에서는 말이다. 정치(학)은 이와 동시에 그 자체로 동일성과 등가 형식에 대한 문제화이며 사회적인 것을 가로지르는 발명, 창조 그리고 생성의 과정이다. 그렇지만 이 책이 보여주려고 노력한 것처럼, 이렇게 정치(학)을 발명과 차이로 설명하는 것은 단지 하나의 출발점일 뿐 그 자체로 충분한 것이 아니다. 실제로 들뢰즈의 정치(학)에 대한 피상적 독해의 위험은, 그것이 자본을 위한 변호론으로 되는 것이다. 왜냐하면 자본은 점차 차이의 기계로 작동하고 있기 때문이다. 하트와 네그리가 주장하듯이,

> 사람들이, 지금 대치하고 있는 권력이 동일성에 대한 순수한 관념에, 그리고 자기와 타자의 경직된 대립에 의존한다고 가정할 때, 혼성적 동일성들 혹은 다문화주의는 해방적 기획으로 보일 수 있다. 그러나, 우리가『제국』에서 그러하다고 주장한 것처럼, 주권적 권력이 더 이상 순수한 동일성들에 의존하지 않으며 오히려 혼성화와 다문화적 형성들을 통해 작동할 때, 그 기획들은 해방과의, 심지어는 경합과의 어떤 필연적 연관도 상실한다. 사실상, 그것들은 제국적 권력 자체와 공모적일 수 있다.
>
> (Hardt et al. 2002: 182)

들뢰즈 자신은 이러한 위험을 충분히 알고 있었다. 그리고 그가『차이와 반복』에서 그 문제를 (비록 좀 추상적인 수준에서였지만) 조명했을 때, 그가 가진 매우 다른 의향의 기호로서 맑스를 사용한다는 점은 중요하다. 맑스가 자본을, 헤겔주의적인 대립과 모순과는 달리 '분화(differenciation)'의 과정으로 진행시킨 것에 대해 논하면서 들뢰즈는 이렇게 말한다.

> 분명히 이 지점에서 차이의 철학은 아름다운 영혼들의 담론 속으로 되돌아가는 것을 경계해야만 한다. 차이가, 차이에 불과할 때에는, 사회적 장소들 및 기능들의 이념(Idea)과 평화적으로 공존한다 … 그러나 맑스의 이름은 이 위험으로부터 그것을 구해내기에 충분하다.
>
> (Deleuze 1994a: 207)

그래서 들뢰즈는 정치적 사유는 차이에 대한 단순한 긍정보다 자본주의적 사회체의 동학과의 교전에서 시작해야만 한다고 제안한다. 그리고 들뢰즈가, 자신과 가따리는 맑스주의자였다(N: 171)고 말하는 것은 이러한 명제 때문이다. 이 책은 이러한 정치(학)을 '민중이 없는'(Deleuze 1989: 216) 조건에서 수행되는 삶의 갇힌 상황과의 강렬하고 창조적인 교전으로서의 소수정치(학)이라는 형상을 통해, 그리고 자본주의적 생산의 흐름들과 공리들에 대항하면서 그것에 내재적인 구성의•평면으로서의 프롤레타리아트라는 문제틀을 통해 고찰했다. 이러한 형상들의 통접을 통해 나는, 들뢰즈의 정치(학)이 자본주의의 동학에 초점을 맞춘 점에서 '맑스주의적'일 뿐만 아니라 '코뮤니즘적'이라고 주장했다. 여기에서 코뮤니즘은 삶의 체제들, 관계들, 힘들과의 내재적 교전이다. 왜냐하면 그것은 자본 속에서 그것들의 극복을 향해 배치되기 때문이다. 코뮤니즘이라는 형상을 통해 맑스에 대한 들뢰즈의 관계를 제시하는 것은 그의 정치(학)을 '경제적인 것'에서 '문화적인 것'으로의 단계적 이행이라는 지배적인 신그람시주의적 탈맑스주의 모델과는, 그리고 생산의 지형에 반대하는 것으로서의 사회민주주의 정치학의 영역과는 매우 다른 궤적 속에 놓는 것이다. 프롤레타리아트라는 형상, 그리고 노동, 기계, 자본의 배치에 대한 나의 고찰을 통해서 그리고 3, 4, 5장에서의 노동거부에 대한 고찰을 통해서 나는 이 궤적의 약간의 관심사들과 초점을 만들었기를 희망한다. 그렇지만 이 정치(학)이 민주주의에 대한 비판을 어떻게 제시하는가를 좀더 분명하게 표시할 필요가 있다. 왜냐하면 이 형상[민주주의-옮긴이]은, 바디우(Badiou 2002)가 최근에 주장했듯이, 우리 시대의 비난할 수 없는 역사외적 상징 혹은 물신과 같은 그 무엇으로 작용하게 되었기 때문이다.

들뢰즈에게서와 마찬가지로 맑스의 정치(학)은 사회적 관계의 총체성의 정치화로부터 출발한다. 그 자체로, 그것은 자유민주주의적 정치 모델, 즉 '시민'이나 '민중'과 같은 범주들 속에 나타난 자율적 개인들 사이의 협상의 영역을 자본의 평면과 착취를 거의 문제시하지 않은 채 남겨두는 것으로 비판한다. 그러나 맑스의 정치(학)과 들뢰즈의 정치(학)은 사회민주주의적 정치(학)의 정치활동 공간보다 좀더 넓고 풍부한 정치활동 공간을 제시하는 것에 그치는 것이 아니다. 그것이 자본주의적 사회체 속에 구성된 동일성과 실천의 형식을 비판하고 문제시하는 한에서, 이 정치(학)은 사회민주주의적 정치(학)에 대한 명확한 항의이다. 정치(학)은 사회민주주의의 '등가 사슬'의 확장을 지향해야 한다(Laclau and Mouffe 1985)는, 그리고 민주주의의 확장은 초기 사회주의적 기획의 핵심 원리였다(Laclau 2001)는 라클라우와 무폐의 탈맑스주의적 주장과는 아주 대립되는 방식으로, 어떤 맑스주의적 조류는 계속해서 맑스를 명백히 반(反)민주주의적인 정치(학)을 제안하고 있는 것으로 읽는다. 예를 들어 바르뜨(Barrot)와 까맛떼와 같은 이탈리아의 코뮤니즘적 좌파와 연결된 보르디가와 여타의 이론가들에게서, 민주주의는 자본의 출현과 기능에 내재적이어서 '사회가 생산양식의 성격에 의해 결정된 사회계급들로 분화되는 것과 정치적 평등을 조화시키려는'(Bordiga n.d.: n.p.) 그것의 노력은 민주주의의 일탈이 아니라 민주주의의 본질이다.[2] 그 자체로, '맑스주의적 코뮤니즘은 그 자신을 민주주의에 대한 비판이자 부정으로 제시한다'(Bordiga n.d.:

n.p.). 들뢰즈의 입장도 다르지 않다. 들뢰즈가 보기에, '좌파 입장에' 선다고 하는 것은 민주주의의 문제가 아니다(Deleuze 1997a: *G comme Gauche*; Stivale 2000). 민주주의는 등가와 관련되어 공리화된 몰적 주체들의 평면을 구성한다. 그리하여 민주주의 정치는 '일종의 격자', 즉 모든 사건들과 문제들을 통합적이고 총체화하는 틀 속으로 내보내고 또 흐르게 하는 이해방식 및 지각방식이다(Deleuze 1998a: 40~1; Massumi 1992: 123~6 참조).3 맑스에게서와 마찬가지로 들뢰즈에게서도 민주주의는 자본의 탈영토화하고 또 재코드화하는 힘에 내재적이다.4 들뢰즈에게서 좌파의 입장에 선다는 것은 그보다는 오히려, 내가 1장에서 지적했듯이,

---

2. 국제 코뮤니스트 그룹(The Internationalist Communist Group 1987: n.p.)은 그것을 이렇게 표현한다 : ' "민주적 이상" 같은 것은 없다. 아니 좀더 정확하게 표현하면, … 민주적 이상은 자본주의 독재의 현실의 이상적 이미지일 뿐이다.'

3. '신 철학자들'의 '무가치한' 사상에 대한 그의 비판에서 들뢰즈(Deleuze 1998d: 40~1)는, 어떻게 그러한 생각이 선거 정치의 틀 속에서 대안적 가능성을 닫아버리는 데 기여하는지를, 그리고 하나의 분명한 국가철학을 재도입하는 데 기여하는지를 보여준다 : '선거에 대한 그들의 입장이 무엇이건 간에, 그들은 자신을 선거적 틀에 완벽하게 잘 기입했다. 그러한 입장에서 볼 때, 맑스주의, 마오주의, 사회주의 등의 모든 것은 시들해 진다. 그 이유는, 실제의 투쟁들이 새로운 적들, 새로운 문제들을 만들고 새로운 수단이 생겨나게 되기 때문이라기보다 유일한 것으로서의 그(THE) 혁명이 어디서나 그리고 언제나 불가능하다고 선언되어야 하기 때문이다. 이것이, 매우 다른 방식으로 기능하기 시작하고 있던 모든 개념들(권력, 저항, 욕망, 심지어 "빈민들"조차도)이 다시 한 번 일반화되고 권력, 법, 국가 등등의 진부한 통일성 속에서 재결집되는 이유이다.'

4. 들뢰즈와 가따리(Deleuze and Guattari 1994: 98~9)는 이렇게 쓴다 : '세계 자본주의의 거대한 상대적 탈영토화는 근대의 민족국가 위에서 재영토화될 필요가 있는데, 그것은 민주주의에서 하나의 결론을 찾는다.' 그들은, 민주주의와 자본의 본질적 상보성을 보여주면서 나아가 '민주적 대화'라는 용어로 사고되는 어떤 철학도 본질적으로는 상품과 같은 개념을 생산하는 것이라고 비판한다 : '물론 철학을 동의가능한 정신의 상업으로 이해하는 것은 유혹적일 수 있다. 그런 철학은 개념을 그 자신의 상품, 아니 오히려 그것의 교환가치로 삼을 것이다 …. 만약 이것이 이른바 철학이라면, 마켓팅이 개념을 전유하고 광고가 시인이나 사상가처럼 탁월한 사상가로 돋보이게 되는 이유도 이해할 수 있다.'

세계를 소수적 생성의 관점에서 인식하는 것이다. 이것은 민주주의의 기획에 의해 틀 지워진 것에 못지않게 전 지구적인 기획이다. 그것은 전 지구적 평면에 대한 상이한 지각(perception)이다. 어떤 의미에서 좌파의 입장에 선다는 것은, 다수성을 거부하고 다수자는 '아무도-아님'이고, 정치(학)은 소수자들의, '누구나-임'의 전 지구적(global) 평면을 가로질러 발생한다(*ATP*: 105)고 제안하는 것이다. 그리하여, 들뢰즈와 가따리(1994: 108)가 '새로운 대지와 아직 존재하지 않는 민중'에 대해 또 그것을 위해 글을 쓸 때, 그들은 '이 민중과 세상은 우리의 민주주의들 속에서는 발견되지 않을 것이다. 민주주의들은 다수자들이다. 그러나 생성은 본질적으로 언제나 다수자를 피하는 그 무엇이다'고 주장한다. 그들이 민주주의와 그것의 '속류성'을 싫어하는 힘, 그리고 궁극적으로 이 형식이 어떤 실제적 정치(학)을 제공할 수 없다는 것에 대한 그들의 감각은 그들이 다음과 같이 쓸 때 분명히 나타난다. '가난한 사람들이 그들의 구역이나 집단거주지에서 바깥으로 나왔을 때 어떤 사회민주주의가 발사 명령을 내리지 않았던가?'(Deleuze and Guattari 1994: 107).5

---

5. 이 구절은 민주적 합의의 권리들과 이론들에 대한 토론으로 계속된다. 그 주장의 힘을 살리기 위하여, 그것은 길게 인용할 만한 가치가 있다 : '민주적 국가에 재영토화된 권리들은 인간도 철학도 구하지 못한다. 인권은 우리로 하여금 자본주의를 축복하도록 만들지 않을 것이다. 민족들, 국가들, 그리고 시장을 도덕화할 수 있는 "합의"로서의 보편적 여론을 형성함으로써 친구들의 사회 혹은 심지어 현자들의 사회를 회복하려고 주장하는 소통철학은 상당한 순수함과 교활함을 요구한다. 인권은 권리를 가진 사람들의 내재적 실존양식에 대해서는 아무 것도 말해 주지 않는다. 우리가 인간인 것의 수치스러움을 경험하는 것은 쁘리모 레비(Primo Levi)에 의해 서술된 극단적 상황 속에서만이 아니다. 우리는 그것을 일상의 사소한 상황 속에서, 민주주의들에서 자주 출몰하는, 실존의 비천함과 천박함 앞에서, 이러한 실존양식과 시장을-위한-사상의 만연 앞에서, 그리

그러므로 들뢰즈의 소수정치(학)의 코뮤니즘이 거주하는 장소는, 자본주의적 생산의 동학에 대한 분석에 (그것의 널리 퍼진, 확산된, 그리고 보편적인 배치와 그것의 탈주선들 속에) 뿌리박은 정치의 통접 속에, 그리고 사회민주주의적 정치의 외부에 있는, 그리고 많은 점에서 그것에 대립하는 사회체의 평면을 가로지르는 정치의 정립 속에 있다. 신자유주의적 노동 강화에서부터 기업금융 흐름 및 추상적이고 확산적인 '테러'에 대한 전쟁에 의해 이끌리는 새로운 제국적 통제의 군사적 동맹에 이르기까지, 사회적 삶의 점차 더 많은 측면들이 오로지 형식적 민주주의 정치로부터의 어떤 가능한 진보적 도전의 범위 너머에서 작동하는 때에, 이러한 틈짜기를 유토피아적인 것으로 보는 것은 정말로 이상한 비난일 것이다. 이것은, 들뢰즈가 '개혁'과 '혁명' 사이의 모종의 불필요한 이분법에 빠져들었다고 말하는 것은 아니다. 소수적 술어 속에서 사고하는 것은 특수한 개입으로부터 어떤 거대한 희망된 위기 및 궁극적 모순으로의 퇴각이 아니다. 내가 2장에서 서술했듯이, 소수정치(학)은 사회관계에 대한 깊숙하고 특수한 심문이다. 그러나 그것은, 소수정치(학)이 민주적 정치의 격자를 횡단하지 않고 오히려 그 격자의 적절한 작동을 유지하는 동일성들, 언어들, 억압들, 착취들, 그리고 실천들을 파괴하고 탈영토화하는 교전이라고 주장하는 것이다.

이 책은 이 교전의 기법들과 실천들뿐만 아니라 개입의 수많은 특

고 우리 시대의 가치들, 이상들, 그리고 여론들 앞에서도 경험한다.'(Deleuze and Guattari 1994: 107)

유한 장소들과 계기들을 고찰하려고 노력했다. 이 속에서 나는 그러한 교전이 민중의 안전함으로부터가 아니라 민중의 갇혀있고 불가능한 입지에 대한 감각으로부터 발생한다는 것을 여러 가지 점에서 살펴보았다. 만약 사람들이 그 자신을 오늘날 민주주의라는 정치적 격자로부터 빼내면 (이것은 그것에 대한 비판에서 퇴각하는 것과 같은 것이 아니다) 사람들은 분명히 불가능성의 감정에 사로잡힌 채 남게 된다. 사람들은 오늘날의 사회체에서 정치의 실제적 불가능성에 관해 거의 의도적일 정도로 천진난만해 보인다. '반자본주의적' 주제들의 재출현에도 불구하고 사람들은 분명히 그들 자신을 자본에 대한 대안적 사회 실험의 첨단에 배치하고 있지 않다. 그러므로 이 불가능성의 한 가운데에서 우리가 식별할 수 있는 정치적으로 추진력 있는 정서적 조건이 무엇인지를 살펴보는 것은 가치 있는 일이다.

불가능성과 기쁨

나는 소수정치적 실천과 코뮤니즘적 실천의 특유한 정서적 조건에 대한 논의로 이 장을 매듭짓고 싶다. 하트와 네그리는 이 논의를 위한 유용한 출발점이다. 왜냐하면 『제국』은 현대의 코뮤니즘적 정서에 대한 매우 장엄한 호소로써 끝맺고 있기 때문이다. 예컨대 그것은 마지막 줄에서 '코뮤니스트인 것의 억누를 수 없는 쾌활함과 기쁨'(Hardt and Negri 2000: 413)을 주장한다. 요점은 삶에 대한 긍정으로, '권력의 궁핍'에 대항하는 다중이라는 구성적 존재에 대한 긍정으로 설정된다. 그것은 완전히 추상적인 정식화가 아니다. 왜냐하면 그것은 새로운 '투사'의 기획 속에 위치 지워지기 때문이다. 이것은 소비예프 교의와 도덕성, 의무와 규율로 착종된 제3인터내셔널의 금욕적 투사가 아니라 스페인 내전에서 반식민주의 투쟁에 이르는 혁명적 정치사의 투사이다. 그리고 그것은 분산되고 이주적인 노동에 내재적인 조직화와 선동의 모델을 가진 세계의 산업노동자들 속에서 하나의 원형(原型)을 얻는다. 다중은 생물정치적 구성의 완전히 새로운 지형 위에 있다. 그러나 그것은 직접적으로 정치적인 투쟁의 발전을 위해서 코뮤니즘 운동으로부터 배울 수 있는 것으로 보인다.

그렇지만 '투사'는 행위주체(agent)의 이상한 선택이다. 카프카가 그렇게 불렀을 법한 것처럼, 코뮤니즘 운동의 '작은 일기들' 속에 나타나는 투사 모델의 역사는 상당히 많은 비판을 받은 것 중의 하나였다. 페미니즘적, 대항문화적, 좌익코뮤니즘적, 상황주의적 관점들에서 볼 때, 투사는 정치적 실천의 금욕적 모델로, '행동'에의 헌신이라는 물신화된 양식을 통해 형성되는 모델로 비판되어 왔다. 그것은 까맛떼(Camatte 1995)가 정치적 '비합법조직활동(rackets)'이라고 부르는 구조에 내재적인 모델이다. 이 모델에서 집단들은 그 집단 외부의 사람들(덜 '전투적인' 태도를 가진 사람들)에 대항하는 정치적 개념들 및 이론들과의 등가 속에서 출현하며 헌신과 행위의 추동력에 의해 재촉되어 더욱더 자기본위적이고 거만한 행동에로 이른다. 전투적 형식들은 정치적 변화를 촉진하기보다 전문화된 역할들, 타인들에 대한 적의, 그들 자신이 유지하는 종류의 정치적 진실 외부에 있는 모델들과 투쟁들에 대한 공포, 대의를 가진 존재에 대한 불안, 그리고 피로함을 생산하는 것으로 끝나는 경향이 있다. 신문팔기나 거듭되는 회의와 같은 따분한 반복을 통해서건 아니면, 좌익 게릴라에서 그것의 논리적 결과를 발견하는, 좀더 거대한 자기희생적 활동으로 나아가도록 가속되는 것을 통해서건 말이다.[6] 전투적 활동 대신에 쾌활함과 기쁨의 자리에 있는 것, 그것을 경험하는 사람들은, 비록 비판이 제기될 수 있다 할지라도, 그 경험을 매우 다른 상황에 제시하기가 더욱 쉽다. 이것은, 『자가중독도시』(*Autotoxicity* 1997: n.p.)가 서술하고 있는 하나의 경험에서처럼, '항공훈련회사의 지방 출장소를 겸하고 있는 심리적 간이 숙박소'의 한 가운데 있는 존재와 흡사하다.

하트와 네그리의 투사가 갖고 있는 쾌활함과 기쁨은 분명히 점차 자율적으로 되는 삶정치적 생산에 대한 그것[투사─옮긴이]의 내재적 관계의 산물이다. 이 삶정치적 생산은 내가 4장에서 주장했듯이 현대의 자본에 대한 『제국』의 개념화와 다중의 출현에 중심적이다. 그리고 이 기쁨의 선언의 일부, 그리고 다중의 도래하는 코뮤니즘은 의심할 바

---

6. 예를 들어, Bill Ayer(2001)가 Weather Underground[베트남 전쟁과 미국에서의 인종주의에 항의하여 1969년에 형성된 미국의 급진운동─옮긴이]에서의 자신의 삶에 대해 쓴 자서전은 '전투성'이 점차 자기희생적이고 편집광적으로 되어가는 경향에 대한 매력적인 통찰이다. 베트남 전쟁을 멈추고 '전쟁을 집으로 가져가라'는 충동에 이끌려, Weather Underground의 구성원들은 SDS(Students for a Democratic Society) 주위의 비교적 분산된 정치적 대항문화적 형태로부터, 대의를 해치면서 점차 모든 것을 그 집단 밖에서 제기하는 (그렇게 되자 그 집단의 모든 사람들이 그 집단에 충분한 헌신을 하지 않는 것으로 보였다) 끊임없이 강박적인 도시 게릴라 활동으로 이동했다. 비합법적 경향이 최고조에 달했을 때, Ayers는 각성제에 의해 자극되는 그 숨 막히는 분위기를, '그 집단은' 가장 '잔인하고 과도한 비판 대회', '고백, 희생, 재탄생, 감사를 포함하는 정화하는 의식(儀式)'의 고조된 과정 속에서 열심히 규제를 하는 초자아의 태도를 취했다'(154)라고 서술한다. 연인과의 정서적 관계라거나 브레히트의 시에 대한 애호와 같은 전투적이지 않은 어떤 것에의 결착은, Ayers가 표현한 것처럼, '내 자신을 연대와 희생 속에서 전쟁에 투신할'(198) 필요에 비추어 '낭만적 과거의 죽은 손'(155)으로 이해되었다.

없이 좌파에게 모종의 낙관주의와 긍정의 가능성을 가져다주려는 시도이다. 실제로 발라크리쉬난(Balakrishnan 2000: 142)이 주목하듯이, 『제국』은 역사의 종말에 대한 신자유주의적 진단전문의사들의 낙관주의(이들의 작업은 일반적으로 신중한 어투로 끝맺는다)조차 능가하는 것으로 보이는 낙관주의를 제공한다. 이것은 실제로, 발라크리쉬난(Balakrishnan 2000: 142)이 쓰고 있듯이, '기껏해야 '투명한 눈의 비관주의'를 표명했던 좌파의 전통적 입장을 뒤집는다. 그리고 이 점에서 『제국』은 매우 독특하다. 작은 긍정을 즐겁게 받아들임으로써 변화의 긍정적 첨단과 하나가 되는 느낌을 갖지 않는 것은 어렵다. 정치적 교전에 뿌리를 둔 긍정적 감수성을 향한 하트와 네그리의 노력은 중요하다. 그러나 만약 우리가 그것을 오늘날의 생산의 존재론에 대한 그들의 분석에서 기인하는 것으로 보지 않으면, 혁명적 정치(학)의 높은 지점들에 대한 그들의 호소와 전투성에 대한 그들의 표현은 오늘날의 정치적 실천의 정서적 가능성들을 사고하는 일에 적합지 않다. 현대의 노동과 통제의 체제 한가운데에서 정치적 기쁨은 그렇게 쉽지 않다.

그러므로 들뢰즈의 소수정치(학)도 정치적 구성에 내재적인 기쁨이라는 특정한 정서적 조건을 그려내고 긍정하는 일에 관심을 갖고 있다고 나는 주장하고 싶다. 그렇지만 들뢰즈에게서는 기쁨의 출현 조건이 매우 다르며 정치적 구성의 매우 실제적인 어려움들에 대한 훨씬 더 실용적인 감각 속에서 발견된다고 나는 주장하고 싶다. 2장에서 서술되었듯이 소수정치(학)은 출현하고 있는 자율성에서 발생하지 않고 어떤 손쉬운 혹은 필연적인 출구도 제공하지 않는 그리고 불화, 긴장, 그리고 불가능성으로 꽉 찬 복잡하고 갇힌 관계들에서 발생한다. 나는, 이러한 조건이 정치적 발명과 문화적 발명의 양식을 유발한다고 주장했다. 내가 명료하게 고찰하지 못한 것은 그것이 유발하는 낯선 유머와 기쁨이다. 이 교전의 특유한 정서적 조건에 대한 들뢰즈의 감각은 카프카와 푸코에 대한 그의 논의에서 나타난다.

들뢰즈는, 푸코의 '스타일'이 갖는 많은 다양한 측면들 중에서 '하나의 강렬한 폭력'이라는 측면은 '사물들 속에서 참을 수 없는 것'을, 그리고 '지배되고 통제되고 그리고 나서 용기로 전화하는 것'(N: 103)을 알아보는 것에서 탄생했다고 주장한다. 마치 요점을 예시하기라도 하려는 듯이, 들뢰즈는, 푸코가 '몇몇 시위에서 폭력의 충동으로 떨고 있었다'(N: 103)고 쓴다. 들뢰즈에게 있어서 이 폭력은 푸코의 작품의 힘에, 즉 현존하는 것에 대한 그것의 계보학적 해체의 힘에, 그리고 그 자신으로부터 해방되려는 푸코 자신의 열망에 내재적이었다. '일단 미지의 땅을 위한 새로운 개념들을 발명해야만 한다면, 방법들과 도덕적 체계들은 붕괴하며 사유는, 푸코가 표현했듯이, "위험스런 행위"로, 그 첫 번째 희생물이 바로 자기 자신인 하나의 폭력으로 된다'(N: 103). 이 폭력에 중심적인 것은 자유민주주의 사회의 외관상의 역사적 만발에 대한 푸코의 비판(이것은 『감시와 처벌』과 같은 작품들에 나타난다)이다. 그 사회는 생산적 통제의 거대한 미로인 것으로 밝혀진다. 제임슨(Jameson)은 그 견딜 수 없는 것을 하나의 거대한 건축물로 지어올리는 것으로 보이는 이러한 비판 형식을, 무력하게 만드는 비판적 생산(a disempowering critical production)이라고 서술했다.

발생한 것은, 더욱더 총체적인 어떤 체계 혹은 논리의 시력이 강력하면

할수록 — 감옥규율을 다룬 푸코가 그 분명한 예이다 — 독자가 더욱더 큰 무기력함을 느끼게 된다는 것이다. 그러므로 더욱 밀폐되고 끔찍한 기계를 구축함으로써 이론가가 이기는 한에서 그는 바로 그만큼 진다. 왜냐하면 그의 작품의 비판적 능력은 그에 의해 마비되고, 사회적 변형의 충동들은 말할 것도 없고 부정과 반란의 충동들까지 그 모델 자체 앞에서 점차 헛되고 사소한 것으로 생각되기 때문이다.

(Jameson 1991: 5~6)

들뢰즈는 『감시와 처벌』을 이와는 매운 다른 방식으로 서술한다. 그는, 푸코의 폭력의 한 가운데에서 그리고 견딜 수 없는 것에 대한 그의 감각에서 발생하는 이러한 글쓰기의 한 가운데에서 푸코의 삶과 작업이 특정한 '충격' 유머를 표현했다고 주장한다. 실제로, 제임슨과는 반대로, 들뢰즈는 『감시와 처벌』에 나타나는 기괴한 처벌들에 대한 푸코의 설명을 '매우 희극적인 사건들(passages)'(N: 107)을 생산하는 것으로 생각한다.7 견딜 수 없는 것의 한 가운데에서 터뜨리는 이 폭소는 들뢰즈가 보기에 푸코의 작품의 급진적인 정치적 강렬도에 핵심적이다. 카프카가 『심판』(분명히 모든 것을 포괄하는 통제 기구를 다룬 또 하나의 작품)을 공중 앞에서 읽었을 때 청중들이 '매우 절도 없이'(K: 95; Deleuze 1998e 참조) 포복절도했다고 한 막스 브로트(Max Brod)의 설명을 이용하면서(그렇게 보인다), 『감시와 처벌』에 대한 토

---

7. 들뢰즈와 가따리(Deleuze and Guattari 1983: 373)는 맑스의 작품을, 이와 유사한 익살과 매료에 의해 이끌리는 것으로 본다 : '맑스의 블랙 유머, 『자본』의 원천은 [미친 자본주의 기계에 대한 … 그의 매료이다'.

론에서 들뢰즈는 이렇게 쓴다.

> 처벌이라는 신성한 희극은 우리가 엄청나게 많은 심술궂은 발명들, 냉소
> 적 담론들, 그리고 소심한 공포들에 직면하여 터뜨리는 발작적 폭소 속으
> 로 무너져 내릴 기본적 권리를 가질 수 있음을 의미한다. 어린아이로 하
> 여금 자위를 못하게 하는 기계들에서부터 어른을 가두기 위한 감옥기계
> 에 이르기까지의 일련의 모든 현상들은 수치, 고통 혹은 죽음이 침묵시킬
> 수 없는 예기치 못한 폭소를 폭발시킨다. … 발레(Vallés)는 공포 속에서
> 혁명가들이 발휘하는 독특한 쾌활의 감각을 고문자들의 공포스런 쾌활과
> 이미 대비한 바 있다. 증오가 충분히 강하면 뭔가가 구출될 수 있다. 증오
> 라는 상반된 감정의 기쁨이 아니라 삶을 불구로 만드는 모든 것을 파괴하
> 기를 바라는 것의 기쁨인 하나의 위대한 기쁨이.
>
> (Deleuze 1988: 23)

하트와 네그리가 기쁨을 생산적 자율의 한가운데에 놓음에 반해,
그리고 사회관계의 가두는 힘에 대한 이론가들의 무력화 효과들에 대
한 제임슨의 진단과는 달리, 들뢰즈는 갇힌 공간과의 교전에서 그리고
그것에 대한 비판에서 솟아오르는 특정한 기쁨과 유머를 본다. 들뢰즈
와 가따리는, 갇힌 공간의 한 가운데에서 느끼는 이 기쁨이 정치(학)
에서 분리할 수 없다고 주장하는 데 까지 나아간다.

> 카프카의 쾌활, 혹은 그가 쓴 것의 쾌활은 그것의 정치적 실재성 및 그것
> 의 정치적 전망만큼이나 중요하다. … 우리는 다음과 같은 것 이외의 어떤
> 다른 천재성의 기준을 알지 못 한다 : 그것을 관통하는 정치, 그리고 그것
> 이 소통하는 기쁨. 우리는 천재성을 고뇌로, 비극으로, '사사로운 관심'으

로 바꾸는 모든 독서를 '저급하다'고 '신경증적'이라고 부를 것이다. 예컨대 니체, 카프카, 베케트, 혹은 그 누구든 : 그들을 읽으면서 자기도 모르게 많이 웃거나 정치적 전율을 느끼지 않는 사람들은 모든 것을 추하게 만들고 있는 것이다.

(*K*: 95~6)

갇힌 공간과 기쁨의 내재성에 대한 이러한 감각을 마음속에 가지고서 나는 이 책을 정치적 '비일관성[지리멸렬함]'(incoherence)에 대한 비르노(Virno 1996d)의 문제로 되돌아가는 것으로 마무리 짓고 싶다. 비르노(Virno 1996d)는 일반지성으로 가득 찬 현대의 노동의 주요한 특징은, 그리고 정치적 실천을 안출하는 것이 어려운 이유는 예전에는 정치를 보존하고 양육하는 공간이었던 노동(Work) 외부의 '행위(Action)'(발명, 우연성, 비판적 실천, 지식, 그리고 특정한 '명인적 기예(virtuosity)' 등)가 포섭되었다는 것이다. 오늘날, '정치는 오늘날의 생산과정 안에서 발견될 수 있는 것들보다 훨씬 취약하고 빈약한 소통적 네트워크와 인지적 내용을 제공한다. 행위(Action)는 노동(Work)보다 훨씬 덜 복잡한 것으로 보인다'(Virno 191). 하트와 네그리(Hardt and Negri 2000)는 삶의 모든 것이 생산적 배치 속에 포섭되었다는 자신들의 주장 속에서 이러한 조건을 인식한다. 이러한 환경 속에서 정치(학)은 이제 맑스의 프롤레타리아트의 교훈을 받아들여야만 한다. 정치(학)은 자본의 다면성(manifolds) 속에 존재한다. (전 지구적인 사회적 공장이라는 광범한 의미에서 고려된) 노동에 내재적인 정치(학)을 정립함에 있어서 하트와 네그리의 이러한 인식은 정말로 시의적절하다. 그렇지만 내가 4장에서 주장했듯이, 하트와 네그리는 삶의 자본 속으로의 포섭을 그 자체로 자본으로부터의 자율을 향한 운동으로 보는 경향이 있다. 그래서 비르노가 식별하는 문제로부터의 출구는, 행위의 노동 속으로의 포섭이 그 자체로 정치(학)의 표현으로 되도록 하는 것이다. 들뢰즈는 다른 길을 택하는데 이 점에서는 비르노와 더 가깝다. 들뢰즈에게도, 자본주의적 공리는 삶 자체를 포섭한다. 그러나 이것의 효과는 자율이 아니라 통제의 더욱더 복잡한 메커니즘을 생산하는 것이다(*N*: 175). 그러므로 정치적 구성이 출현하고 정치적 '비일관성[지리멸렬함]'의 문제가 극복될 수 있는 것은 갇힌 그리고 분산된 공간으로 경험되는 자본주의적인 사회적 생산의 한 가운데에서이다.

들뢰즈는 물론 이것이 정치(학)을 어려운 과제로 남겨 놓는다는 비르노의 생각에 동의할 것이다. 내가 오뻬라이스모와 관련하여 주장했듯이, 소수정치(학)은 확실히 낙관주의의 정치(학)은 아니다. 그러나 그것은 그 때문에 덜 생산적이지는 않다. 왜냐하면 정치(학)의 끊임없는 활기, 논쟁, 발명(그리고 이상한 기쁨)이 출현하는 것은 삶의 갇힌 조건들에 대한 승인 그리고 그것과의 교전 속이기 때문이다. 소수정치(학)은 갇힌 공간, 작은 계략, 그리고 내밀한 탈영토화의 과정인 동시에 '새로운 대지'와 '도래할 민중'을 불러내는 일종의 '불가능한' 기획이다. 비록 이것이 현대의 이론이 극복하기 위해 애써온 약간 곤혹스런 유토피아주의 혹은 목적론적 사유와 같은 것으로 들릴지라도, 들뢰즈와 가따리의 정치(학)에서 그것은 각별하게 기능적인 효과를 갖는다. 그것은 정치적 실천의 지연이나 목적론의 긍정이기보다 정치적 실천이 완전한 충만함을 달성한다는, 도래할 민중이 '도착한다'는 어떤 관념을 지속적으로 문제시하기 위한 메커니즘이다. 즉 정치를 '부재하는' 민중의 극들과 '새로운 대지' 사이에 위치시킴으로써, 소수정치(학)은 그것의 불완전성, 그것의 어려움들, 그리고 그것의 '불가능성들'과 더불어 살수 있고 또 심지어 그것에 의해 키워질 수 있는 정서적 조건을 발전시키기 위해 애쓴다. 그것은 하나의 환경으로, 즉 '다시 실패하라. 더 잘 실패하라'는 베케뜨(Beckett 1989: 101)의 명령(injunction)이 삶의 긍정으로 나타나는 하나의 환경으로 발전한다.

참고문헌

Abse, T. (1985) 'Judging the PCI', *New Left Review* 153: 5~40.

'After Marx, April' Collective (1981) 'We want to riot, not to work', *Anarchy* 33: n.p.

Albertani, C. (1981) 'The return of the social revolution. Or, well dug, old mole!', *La Politica in Prima Persona*, Rising Free.

Alliez, É. (1980) 'Hegel and the Wobblies', trans. W. Pagnotta, *Semiotext(e) : Italy : Autonomia−Post-political Politics* 3(3): 118~9.

—— (1997) 'Questionnaire on Deleuze', *Theory, Culture and Society* 14(2): 81~7.

Alliez, É. and Feher, M. (1985) 'The luster of capital', *Zone* 1/2: 315~59.

Althusser, L. and Balibar, É. (1972) *Reading Capital*, trans. B. Brewster, London: New Left Books. [김진엽 옮김, 『자본론을 읽는다』, 두레, 1991.]

Anonymous (1980) 'Let's do justice to our comrade P.38', trans. R. Gardner, *Semiotext(e) : Italy : Autonomia−Post-political Politics* 3(3): 120~1.

Ansell Pearson, K. (1997) *Viroid Life : Perspectives on Nietzsche and the Transhuman Condition*, London: Routledge.

—— (1999) *Germinal Life : The Difference and Repetition of Deleuze*, London: Routledge. [이정우 옮김, 『싹트는 생명』, 산해, 2005.]

Antagonism (2001) *Bordiga versus Pannekoek*, London: Antagonism.

Aufheben (1998) *Dole Autonomy versus the Re−imposition of Work : Analysis of the Current Tendency to Workfare in the UK*, Brighton: Aufheben.

—— (1999) 'What was the USSR? Towards a theory of the deformation of value. Part III: left communism and the Russian revolution', *Aufheben* 8: 24~44.

Autotoxicity (1997) 'Notes towards a bioautography (On the passage of a few more people through an even briefer period of time)', *Autotoxicity* 3: n.p.

Avrich, P. (1987) *Bakunin and Nechaev*, London: Freedom.

Ayers, W. (2001) *Fugitive Days : A Memoir*, Boston: Beacon Press.

Bad Attitude (1995) 'Claiming what's ours', Bad Attitude 8: 10~11, 23.

Badiou, A. (1998) 'Penser le surgissement de l'événement: Entretien avec Alain Badiou', *Cahiers du Cinéma, Cinéma 68*, Numéro hors-série: 10~19.

—— (2001) Paper presented in the 'Politics/Ethics' session at *Immanent Choreographies : Deleuze and Neo-Aesthetics*, Tate Modern, London 21 September 2001, available at ⟨http://www.tate.org.uk/modern/programmes/webcasting/deleuze.htm.⟩

—— (2002) 'Le balcon du present', paper presented at *Return(s) to Marx?, Institut Français du Roaume-Uni*, London, 31 May.

Bakunin, M. (1973) *Bakunin on Anarchy : Selected Works by the Activist-Founder of World Anarchism*, trans. S. Dolgoff, London: Allen and Unwin.

—— (n.d.) *Bakunin on Violence : Letter to S. Nechayev June 2 1870*, New York: Anarchist Switchboard.

Balakrishnan, G. (2000) 'Virgilian visions', *New Left Review* 5:142~48.

Baldi, G. (1985) 'Negri beyond Marx', *Midnight Notes* 8: 32~6.

Balestrini, N. (1989) *The Unseen*, trans. L. Heron, London: Verso.

Balibar, E. (1988) 'The notion of class politics in Marx' trans. D. Parent-Ruccio, and F. R. Annunziato, *Rethinking Marxism* 1(2): 18~51.

—— (1991) 'From class struggle to classless struggle', trans. C. Turner, in E. Balibar and I. Wallerstein, *Race, Nation, Class : Ambiguous Identities*, London: Verso.

—— (1994) 'In search of the proletariat: the notion of class politics in Marx', *Masses, Classes, Ideas : Studies on Politics and Philosophy before and after Marx*, trans. J. Swenson, London Routledge.

Barrot, J. [G. Dauvé] (1987) *What is Situationism : Critique of the Situationist International*, London: Unpopular Books.

Beckett, S. (1954) *Waiting for Godot : A Tragicomedy in two Acts*, trans. S. Beckett, New York: Grove Press. [오증자 옮김, 『고도를 기다리며』, 민음사, 2000.]

―― (1979) *The Beckett Trilogy : Molloy, Malone Dies, The Unnamable*, trans. S. Beckett and P. Bowles, London: Picador.

―― (1989) *Nohow On (Company, Ill Seen Ill Said, Worstward Ho)*, London: Calder.

Bell, D. (1956) *Work and its Discontents*, Boston: Beacon Press.

Benjamin, W. (1983) *Charles Baudelaire : A Lyric Poet in the Era of High Capitalism*, trans. H. Zohn, London: Verso.

―― (1986) *Reflections : Essays, Aphorisms, Autobiographical Writings*, trans. E. Jephcott, New York: Schocken Books.

―― (1992) 'Theses on the philosophy of history', *Illuminations*, trans. H. Zohn, London: Fontana. [반성완 옮김, 「역사철학테제」, 『발터 벤야민의 문예이론』, 민음사, 1983.]

Bensmaïa, R. (1994) 'On the concept of minor literature: From Kafka to Kateb Yacine', trans. J. C. Gage, in C. V. Boundas and D. Olkowski, *Gilles Deleuze and the Theatre of Philosophy*, London: Routledge.

Berardi, F. (n.d.) *Present Change in Italy : A view from a Seventies Perspective*, ⟨http://tell.fll.purdues.edu/RLA‑Archive/1993/Italian‑html/Berardi.Franco.htm⟩ (accessed 16 January 2002).

Bestor, A. E. (1948) 'The evolution of the socialist vocabulary', *Journal of the History of Ideas* 9(3): 259~302.

Beyle (1979) 'The rise and fall of autonomia operaia', *International Review* 16: 20~26.

Bifo [F. Berardi] (1980) 'Anatomy of autonomy', trans. J. Becker, R. Reid, A. Rosenbaum, *Semiotext(e) : Italy : Autonomia ‑ Post‑political Politics* 3(3): 148~70.

―― (n.d.) 'Interview on "The Factory of Unhappiness"', by Snafu and M.

Fuller, May-June 2001, posted 11 June 2001 to Nettime. Available at
⟨http://amsterdam.nettime.org/Lists-Archives/nettime-bold-0106/msg
00150.html⟩

Bifo and Pasquini, A. (1977) 'Indiens, c'est vite dit', in F. Calvi (ed.) *Italie 77 : Le 'Mouvement', Les Intellectuels*, Paris: Éditions du Seuil.

Big Flame (1971) *Italy* 1969~1970.

Black, B. (1987) 'The abolition of work', *Semiotext(e)* : USA, J. Fleming and P. Lamborn Wilson (eds), 13:15~26.

Blanchot, M. (1997) *Friendship*, trans. E. Rottenberg, Stanford: Stanford University Press.

Blissett, L. (1997) *Anarchist Integralism : Aesthetics, Politics and the Après-Garde*, London: Sabotage Editions.

Blissett, L. and Home, S. (n.d.) *Green Apocalypse*, London: Unpopular Books.

Bologna, S. (n.d.) 'The factory-society relationship as an historical category', trans. E. Emery, unpublished, from the Red Notes Italian Archive.

—— (1978) 'Contradictions in the theory or a defeat of the practice?', in Red Notes (eds) *Italy 1977~8 : 'Living with an Earthquake'*, London: Red Notes.

—— (1980a) 'Workerist publications and bios', trans. L. Venuti, *Semiotext(e) : Italy : Autonomia-Post-political Politics* 3(3): 178~81.

—— (1980b) 'The tribe of moles', trans. Red Notes, *Semiotext(e) : Italy : Autonomia-Post-political Politics* 3(3): 36~61.

—— (1991) 'Theory and history of the mass worker in Italy' [part one] trans. P. Martin, *Common Sense* 11: 16~29. [이원영 편역, 「이딸리아에서 대중노동자의 이론과 역사」, 『이딸리아 자율주의 정치철학·1』, 갈무리, 1997.]

Bonefeld, W. and Holloway, J. (eds) (1996) *Global Capital, National State and the Politics of Money*, London: Macmillan. [이원영 옮김, 『신자유주의와 화폐의 정치』, 갈무리, 1999.]

Bono, P. and Kemp, S. (1991) *Italian Feminist Thought : A Reader*, Oxford:

Blackwell.

Bordiga, A. (n.d.) (orig. 1922) 'The democratic principle', Antagonism Press Bordiga Archive, ⟨http://geocities.com/CapitolHill/Lobby/3909/bordtdp.html⟩ (accessed 2 March 2002).

—— (2001) *Murdering the Dead : Amadeo Bordiga on Capitalism and Other Disasters*, London: Antagonism Press.

Bordwell, D. (1993) *The Cinema of Eisenstein*, London: Harvard University Press.

Bovenkerk, F. (1984) 'The rehabilitation of the rabble; how and why Marx and Engels wrongly depicted the lumpenproletariat as a reactionary force', *Netherlands Journal of Sociology* 20(1): 13~41.

Brecht, B. (1993) 'The radio as an apparatus of communication', *Semiotext(e) : Radiotext(e)* 6(1): 15~17.

Briefs, G. A. (1937) *The Proletariat : A Challenge to Western Civilization*, London: McGraw-Hill.

Briggs, A. (1967) 'The language of "class" in early nineteenth-century England', A. Briggs and J. Saville (eds) *Essays in Labour History*, London: Macmillan.

Brown, N., Szeman, I, Hardt, M. and Negri, A. (2002) 'The global coliseum: on *Empire*', *Cultural Studies* 16(2): 177~192.

Burroughs, W. S. (1985) 'The limits of control', *The Adding Machine : Collected Essays*, London: John Calder.

Bussard, R. L. (1986) 'The lumpenproletariat in leftist thought: the Marxist and Bakuninist traditions', L. C. Davis (ed.), *The E. C. Barksdale Student Lectures 1985~1986*, Texas: University of Texas.

—— (1987) 'The "dangerous class" of Marx and Engels: the rise of the idea of the lumpenproletariat', *History of European Ideas* (8)6: 675~92.

Caffentzis, C. G. (1975) 'Throwing away the ladder: the universities in the crisis', *Zerowork* 1: 128~42.

—— (1992) 'The work/energy crisis and the apocalypse', Midnight Notes Collective (ed.) *Midnight Oil : Work, Energy, War, 1973~1992*, New York: Autonomedia.

—— (1997) 'Why machines cannot create value; or, Marx's theory of machines', J. Davis, T. A. Hirschl and M. Stack (eds) *Cutting Edge : Technology, Information Capitalism and Social Revolution*, London: Verso.

—— (1998) 'The end of work or the renaissance of slavery? A critique of Rifkin and Negri', ⟨http:///aries.gisam.metu.edu.tr/autonomia/negri/caffentzis.html⟩ (accessed 24 August 1999).

Camatte, J. (n.d.) *Origin and Function of the Party Form*, ⟨http://www.geocities.com/cordobakaf/camatte_origins.html⟩ (accessed 15 June 2002).

—— (1978) *Community and Communism in Russia*, London: no publisher given.

—— (1995) *This World We Must Leave and Other Essays*, A. Trotter (ed.), New York: Autonomedia.

Carpignano, P. (1975) 'U.S. class composition in the sixties', *Zerowork* 1: 7~32.

Carr, G. (1975) *The Angry Brigade*, London: Gollancz.

Cherki, E. and Wieviorka, M. (1980) 'Autoreduction movements in Turin', trans. E. A. Bowman, *Semiotext(e) : Italy : Autonomia – Post-political Politics* 3(3): 72~8.

Chevalier, L. (1973) *Labouring Classes and Dangerous Classes in Paris During the First Half of the Nineteenth Century*, trans. F. Jellinek, London: RKP.

Clarke, T., Gray, C., Radcliffe, C. and Nicholson-Smith, D. (1994) *The Revolution of Modern Art and the Modern Art of Revolution*, [written in 1967 but unpublished] London: Chronos.

Clastres, P. (1989) *Society Against the State : Essays in Political Anthropology*, trans. R. Hurley, New York: Zone. [홍성흡 옮김, 『국가에 대항하는 사회』, 이학사, 2005.]

Cleaver, E. (1970) *On the Ideology of the Black Panther Party (Part 1)*, San Francisco: Black Panther Party.

—— (1972) 'On lumpen ideology', *The Black Scholar*, November-December:

2~10.

Cleaver, H. (1979) *Reading Capital Politically*, Brighton: Harvester. 〔권막학 옮김, 『자본론의 정치적 해석』, 풀빛, 1996.〕

—— (1992) 'The inversion of class perspective in Marxian Theory: from valorisation to self-valorisation', trans. M. Hardt, in W. Bonefeld, R. Gunn and K. Psychopedis, (eds) *Open Marxism*, volume II, *Theory and Practice*, London: Pluto Press. 〔이원영·서창현 옮김, 「마르크스주의 이론에 있어서의 계급 관점의 역전」, 『사빠띠스따』, 갈무리, 1998.〕

Cleaver, K. (1975) *On the Vanguard Role of the Black Urban Lumpen Proletariat*, London: Grass Roots.

Cohn, W. H. (1972) Paul Lafargue: Marxist Disciple and French Revolutionary Socialist, unpublished Ph.D. thesis, University of Wisconsin.

Cohn-Bendit, G. and Cohn-Bendit, D. (1969) *Obsolete Communism : The Left-Wing Alternative*, trans. A. Pomerans, London: Penguin.

Collectif A/traverso (1977) *Radio Alice, Radio Libre*, Paris: Jean-Pierre Delarge.

Collective A/traverso (1980) 'Radio Alice - free radio', trans. R. Gardner and S. Walker, *Semiotext(e) : Italy : Autonomia - Post-political Politics* 3(3): 130~4.

Comitati autonomi operai di Roma (1976) *Autonomia Operaia*, Rome: Savelli.

Cowan, S. (1978) 'The unhappy adventures of "Alice" in blunderland: counter-culture, revolt and repression in the heart of Italy's "red belt" ', *Radical America* 11(6):66~77.

Cuninghame, P. (2001) 'For an analysis of autonomia: an interview with Sergio Bologna', *Left History* 7(2): 89~102.

Dalla Costa, M. and James, S. (1972) *The Power of Women and the Subversion of the Community*, London: Falling Wall.

Dauvé, G. (2000) 'Back to the Situationist International', *Aufheben* 9: 47~8.

Dauvé, G. and Martin, F. (1997) *The Eclipse and Re-Emergence of the Communist Movement*, (revised edition), London: Antagonism Press.

de Gaudemar, J. -P. (1985) 'The mobile factory', *Zone* 1/2: 285~291.

Debord, G. (1977) *Society of the Spectacle*, Detroit: Black and Red. [이경숙 옮김, 『스펙타클의 사회』, 현실문화연구, 1996.]

—— (1983) *Preface to the Fourth Italian Edition of The Society of the Spectacle*, trans. L. Forsyth and M. Prigent, London: Chronos.

Debray, R. (1995) 'Remarks on the spectacle', trans. E. Rauth, *New Left Review* 214: 134~141.

Deleuze, G. (n.d.a) 'Nietzsche's burst of laughter', trans. C. J. Stivale, from *Le Nouvel Observateur* April 4 1967: 41~2. Online posting on Deleuze-Guattari list September 9 1997. Revised version posted July 4 2002. Available ⟨http://lists.village.virginia.edu/cgi-bin/spoons/archive1.pl?list=deleuze-guattari.archive⟩

—— (n.d.b) 'Codes', Deleuze seminar 16.11.1971, trans. R. Josh, Web Deleuze, ⟨http://www.webdeleuze.com/sommaire.html⟩ (accessed 24 June 2002).

—— (n.d.c) 'This book is literally proof of innocence', trans. T. S. Murphy, ⟨http://lists.village.virginia.edu/~forks/TNDeleuze.htm⟩ (accessed 17 October 1997)

—— (1977) 'Three group problems', trans. M. Seem, *Semiotext(e)* : Anti-Oedipus 2(3): 99~109.

—— (1980) 'Open letter to Negri's judges', trans. Committee April 7, *Semiotext(e)* : *Italy : Autonomia - Post-political Politics* 3(3): 182~184.

—— (1983) *Nietzsche and Philosophy*, trans. H. Tomlinson, London: Athlone. [이경신 옮김, 『니체와 철학』, 민음사, 2001.]

—— (1988) *Foucault*, trans. S. Hand, Minneapolis: University of Minnesota. [허경 옮김, 『푸코』, 동문선, 2003.]

—— (1989) *Cinema 2 : The Time-Image*, trans. H. Tomlinson and R. Galeta, London: Athlone. [이정하 옮김, 『시네마・2』, 시각과언어, 2005.]

—— (1990) *The Logic of Sense*, trans. M. Lester and C. Stivale, C. V. Boundas (ed.), New York: Columbia. 〔이정우 옮김, 『의미의 논리』, 한길사, 1999.〕

— (1992) *Cinema 1: The Movement-Image*, trans. H. Tomlinson and B. Habberjam, London: Athlone. 〔유진상 옮김, 『시네마·1』, 시각과 언어, 2002.〕

— (1994a) *Difference and Repetition*, trans. Pttered', trans. C. V. Boundas, in C. V. Boundas and D. Olkowski (eds) *Gilles Deleuze and the Theatre of Philosophy*, London: Routledge.

— (1995a) 'Le "Je me souviens" de Gilles Deleuze', *Le Nouvel Observateur* 1619: 50~51 [1993 interview with Deleuze by Didier Eribon].

— (1995b) *Negotiations: 1972~1990*, trans. M. Joughin, New York: Columbia.

— (1997a) *L'Abécédaire de Gilles Deleuze avec Claire Parnet*, directed by P. -E. Boutang, Paris: Editions Montparnasse.

— (1997b) *Essays Critical and Clinical*, trans. D. W. Smith and M. A. Greco, Minneapolis: University of Minnesota. 〔김현수 옮김, 『비평과 진단』, 인간사랑, 2000.〕

— (1997c) 'One less manifesto', trans. E. dal Molin and T. Murray, in T. Murray (ed.) *Mimesis, Masochism, and Mime: The Politics of Theatricality in Contemporary French Thought*, Ann Arbor: University of Michigan.

— (1997d) 'Desire and pleasure', trans. D. W. Smith, in A. I. Davidson (ed.), *Foucault and his Interlocutors*, London: University of Chicago. 〔서울사회과학연구소 편, 「욕망과 쾌락」, 『탈주의 공간을 위하여』, 푸른숲, 1997.〕

— (1998a) 'How do we recognize structuralism?', trans. M. McMahon and C. J. Stivale, in C. J. Stivale, *The Two-Fold Thought of Deleuze and Guattari: Intersections and Animations*, London: Guilford.

— (1998b) 'Wherever they can see it', trans. from Arabic by M. Kamal,

Discourse 20(3): 34~5.

── (1998c) 'The grandeur of Yasser Arafat', trans. T. S. Murphy, *Discourse* 20(3): 30~3.

── (1998d) 'On the new philosophers and a more general problem: an interview with Deleuze', trans. B. Augst, *Discourse* 20(3): 37~43.

── (1998e) 'Humour, irony and the law', trans. J. McNeil, in S. Watson, D. Thater and C. J. Clover (eds) *Stan Douglas*, London: Phaidon.

── (2004) 'Five propositions on psychoanalysis', Desert Islands and Other Texts, 1953~1974, ed. D. Lapoujade, trans. M. Taormina, New York: *Semiotext(e)*.

Deleuze, G. and Guattari, F. (1977) 'Balance sheet - program for desiring-machines', trans. R. Hurley, *Semiotext(e) : Anti-Oedipus* 2(3):117~35.

── (1983) *Anti-Oedipus : Capitalism and Schizophrenia* Volume I, trans. R. Hurley, M. Seem and H. R. Lane, London: Athlone. 〔최명관 옮김, 『앙띠 오이디푸스』, 민음사, 2000.〕

── (1986) *Kafka : Toward a Minor Literature*, trans. D. Polan, London: University of Minnesota. 〔이진경 옮김, 『카프카』, 동문선, 2001.〕

── (1988) *A Thousand Plateaus : Capitalism and Schizophrenia* Volume II, trans. B. Massumi, London: Athlone. 〔김재인, 『천개의 고원』, 새물결, 2001.〕

── (1994) *What is Philosophy?*, trans. H. Tomlinson and G. Burchill, London: Verso. 〔이정임 · 윤정임 옮김, 『철학이란 무엇인가』, 현대미학사, 1999.〕

Deleuze, G. and Parnet, C. (1987) *Dialogues*, trans. H. Tomlinson and B. Habberjam, London: Athlone. 〔허희정 옮김, 『디알로그』, 동문선, 2005.〕

Deleuze, G. and Sanbar, E. (1998) 'The Indians of Palestine', trans. T. S. Murphy, T. S., *Discourse* 20(3): 25~9.

Derrida, J. (1994) *Spectres of Marx : the State of the Debt, the Work of Mourning, and the New International*, trans. P. Kamuf, London: Routledge. 〔양운덕 옮김, 『마르크스의 유령들』, 한뜻, 1996.〕

Donzelot, J. (1977) 'An antisociology', trans. M. Seem, *Semiotext(e)*: Anti-Oedipus 2(3): 27~44.

—— (1979) 'The poverty of political culture', trans. C. Venn, *Ideology and Consciousness* 5: 73~86.

—— (1991) 'Pleasure in work', trans. C. Gordon, in G. Burchell, in C. Gordon and P. Miller (eds) *The Foucault Effect: Studies in Governmentality*, London: Harvester.

Downing, J. (1980) *The Media Machine*, London: Pluto.

Draper, H. (1972) 'The concept of the "lumpenproletariat" in Marx and Engels', *Economie et Sociétés* 2285~2312.

Dyer-Witheford, N. (2000) *Cyber-Marx: Cycles and Circuits of Struggle in High-Technology Capitalism*, Urbana: University of Illinois press. [신승철·이현 옮김, 『사이버-맑스』, 이후, 2003.]

é il '77 (1977) [A3 collection of photographs from the Movement of '77].

Echanges et Mouvement (1979) *The Refusal of Work: Facts and Discussions*, London: Advocom.

Eco, U. (1977a) 'La communication subversive neuf ans après 68', in F. Calvi (ed.) *Italie 77: Le 'Mouvement', Les Intellectuels*, Paris: Éditions du Seuil.

—— (1977b) 'Une nouvelle langue: l'italo-indien', in F. Calvi (ed.) *Italie 77: Le 'Mouvement', Les Intellectuels*, Paris: Éditions du Seuil.

—— (1994) 'Independent radio in Italy', *Apocalypse Postponed*, Bloomington: Indiana University Press.

Edmond, W. and Fleming, S. (1975) *All Work and No Pay: Women, Housework, and the Wages Due*, Bristol: Power of Women Collective and Falling Wall Press.

Elson, D. (1979) 'The value theory of labour', in D. Elson (ed.) *Value: The Representation of Labour in Capitalism*, London: CSE Books.

Engels, F. (1943) *The Condition of the Working-Class in England in 1844*, trans. K. Wischnewetzky, London: George Allen and Unwin. [김세균

감수, 「잉글랜드 노동계급의 처지」, 『칼 맑스 프리드리히 엥겔스 저작 선집 · 1』, 박종철출판사, 2000.]

Ewald, F. (1994) Forward to G. Deleuze 'Désir et plaisir', *Magazine Littéraire* 325: 58.

Fanon, F. (1967) *The Wretched of the Earth*, trans. C. Farrington, London: Penguin. 〔남경태 옮김, 『대지의 저주받은 사람들』, 그린비, 2004.〕

Fatuous Times (n.d.) 'Play is everything work is not', 3: n.p.

Federici, S. (1982) 'Wages against housework', E. Malos (ed.), *The Politics of Housework*, London: Allison and Busby.

Fortunati, L. (1995) *The Arcane of Reproduction : Housework, Prostitution, Labor and Capital*, trans. H. Creek, New York: Autonomedia. 〔윤수종 옮김, 『재생산의 비밀』, 박종철출판사, 1997.〕

Foucault, M. (1970) *The Order of Things : An Archaeology of the Human Sciences*, New York: Pantheon.

—— (1972) *The Archaeology of Knowledge*, trans. A. M. Sheridan Smith, London: Tavistock. 〔이정우 옮김, 『지식의 고고학』, 민음사, 2000.〕

—— (1977) 'Nietzsche, genealogy, history', *Language, Counter-Memory, Practice : Selected Essays and Interviews*, trans. D. F. Bouchard and S. Simon, Ithaca, NY: Cornell University Press.

—— (1979) 'The life of infamous men', M. Morris and P. Patton (eds) *Michel Foucault : Power, Truth, Strategy, Sydney* : Feral Publications.

—— (1980) *The History of Sexuality* Volume I: *An Introduction*, trans. R. Hurley, New York: Vintage. 〔이규현 옮김, 『성의 역사 · 1』, 나남, 2004.〕

—— (1982) 'The subject and power' trans. L. Sawyer, in H. L. Dreyfus and P. Rabinow, *Michel Foucault : Beyond Structuralism and Hermeneutics*, Brighton: Harvester.

—— (1990) *The Care of the Self : The History of Sexuality* Volume III, trans. R. Hurley, London: Penguin. 〔이영목 옮김, 『성의 역사 · 3: 자기에의 배려』, 나남, 2004.〕

——— (1991) *Discipline and Punish : The Birth of the Prison*, trans. A. Sheridan, Harmondsworth: Penguin. [오생근 옮김, 『감시와 처벌』, 나남, 2003.]

——— (1992) *The Use of Pleasure : The History of Sexuality* Volume II, trans. R. Hurley, London: Penguin. [문경자 · 신은영 옮김, 『성의 역사 · 2: 쾌락의 활용』, 나남, 2004.]

——— (1996) *Foucault Live : Collected Interviews, 1961~1984*, trans. L. Hochroth and J. Johnston, New York: Semiotext(e).

Fox Piven, F. and Cloward, R. A. (1972) *Regulating the Poor : The Functions of Public Welfare*, New York: Vintage.

Freeman, J. (n.d.) (orig. 1970) *The Tyranny of Structurelessness*, London: Anarchist Workers Association.

Gambino, F. (1976) *Workers' Struggles and the Development of Ford in Britain*, London: Red Notes.

Genet, J. (1989) *Prisoner of Love*, trans. B. Bray, London: Picador.

Gilroy, P. (1982) 'Steppin' out of Babylon—race, class and autonomy', in Centre for Contemporary Cultural Studies (eds) *The Empire Strikes Back : Race and Racism in 70s Britain*, London: Hutchinson.

——— (1987) *'There Ain't No Black in the Union Jack' : The Cultural Politics of Race and Nation*, London: Hutchinson.

——— (1993) *The Black Atlantic : Modernity and Double Consciousness*, London: Verso.

Gilroy, P. and Simm, J. (1985) 'Law, order and the state of the left', *Capital and Class* 25: 15~55.

Goodchild, P. (1996) *Deleuze and Guattari : An Introduction to the Politics of Desire*, London: Sage.

Gorz, A. (1982) *Farewell to the Working Class : An Essay on Post-Industrial Socialism*, trans. M. Sonenscher, London: Pluto.

——— (1985) *Paths to Paradise : On the Liberation from Work*, trans. M. Imrie, London: Pluto.

Gould, J. and Kolb, W. L. (eds) (1964) *A Dictionary of the Social Sciences*, London: Tavistock.

Gray, A. (1998) 'New Labour—New Labour discipline', *Capital and Class* 65: 1~8.

Gray, C. and Radcliffe, C. (1966) 'The provo riots', *Heatwave* 2: 15~21.

Grimshaw, M. and Gardner, C. (1977) ' "Free Radio" in Italy', *Wedge* 1: 14~17.

Guattari, F. (1980a) 'Why Italy?', trans. J. Johnston, *Semiotext(e) : Italy : Autonomia—Post-political Politics* 3(3): 234~7.

—— (1980b) 'The proliferation of margins', trans. R. Gardner and S. Walker, *Semiotext(e) : Italy : Autonomia – Post-political Politics* 3(3): 108~11.

—— (1984) *Molecular Revolution : Psychiatry and Politics*, trans. R. Sheed, Harmondsworth: Penguin. [윤수종 옮김, 『분자혁명』, 푸른숲, 1998.]

—— (1995a) *Chaosophy*, S. Lotringer (ed.) New York: Semiotext(e).

—— (1995b) *Chaosmosis : An Ethico-aesthetic Paradigm*, trans. P. Bains and J. Pefanis, Sydney: Power Publications. [윤수종 옮김, 『카오스 모제』, 동문선, 2003.]

—— (1996a) *Soft Subversions*, S. Lotringer (ed.), trans. D. L. Sweet and C. Wiener, New York: Semiotext(e).

—— (1996b) *The Guattari Reader*, G. Genosko (ed.) London: Blackwell.

—— (1998) 'Pragmatic/machinic: discussion with Félix Guattari (19 March 1985)', in C. J. Stivale, *The Two-Fold Thought of Deleuze and Guattari : Intersections and Animations*, London: Guilford.

Guattari, F. and Negri, A. (1990) *Communists Like Us : New Spaces of Liberty, New Lines of Alliance*, trans. M. Ryan, New York: Semiotext(e). [조정환 편역, 「자유의 새로운 공간」, 『미래로 돌아가다』, 갈무리, 2000.]

Hall, S. (1974) 'Deviancy, politics, and the media', in P. Rock and M. McIntosh (eds) *Deviancy and Social Control*, London: Tavistock.

Hall, S., Crither, C., Jefferson, T., Clarke, J., Roberts, B. (1978) *Policing the Crisis : Mugging, the State, and Law and Order*, London: Macmillan.

Haraszti, M. (1977) *A Worker in a Worker's State : Piece-Rates in Hungary*, trans. M. Wright, Harmondsworth: Penguin.

Haraway, D. J. (1991) *Simians, Cyborgs, and Women : The Reinvention of Nature*, London: Free Association Books. 〔민경숙 옮김, 『유인원, 사이보그, 그리고 여자』, 동문선, 2002.〕

Hardt, M. (1990a) The Art of Organization: Foundations of a Political Ontology in Gilles Deleuze and Antonio Negri, unpublished Ph.D. dissertation, University of Washington. 〔김상운 · 양창렬 옮김, 『들뢰즈 사상의 진화』, 갈무리, 2004.〕

―― (1990b) 'Review', *Rethinking Marxism* 3(2): 173~81.

―― (1994) 'Toni Negri's practical philosophy', in M. Ryan and A. Gordon (eds) *Body Politics : Disease, Desire, and the Family*, Oxford: Westview Press.

―― (1995) 'The withering of civil society', *Social Text* 45: 27~44. 〔김상운 · 양창렬, 「시민사회의 쇠퇴」, 『자율평론 2호』, 2002.〕

Hardt, M. and Negri, A. (1994) *Labor of Dionysus : A Critique of the State-Form*, London: University of Minnesota. 〔이원영 옮김, 『디오니소스의 노동 · 1, 2』, 갈무리, 1996.〕

―― (2000) *Empire*, London: Harvard University Press. 〔윤수종 옮김, 『제국』, 이학사, 2001.〕

―― (2001) 'Adventures of the multitude: response of the authors', *Rethinking Marxism* 13(3/4): 236~43.

Hardt, M., Negri, A. Brown, N. and Szeman, I. (2002) ' "Subterranean passages of thought": *Empire's* Inserts', *Cultural Studies* 16(2): 193~212.

Heelas, P. (2002) 'Work ethics, soft capitalism and the "turn to life" ', in P. du Gay and M. Pryke *Cultural Economy : Cultural Analysis and Commercial Life*, London: Sage.

Heatwave (1966) 2.

―― (1993) 1 (facsimile of the 1966 issue), London: Boomerang Press.

Hirst, P. Q. (1972) 'Marx and Engels on law, crime and morality', *Economy and Society* 1(1) 28~56.

Hoffman, A. (1996) *Steal This Book*, London: Four Walls Eight Windows.

Holland, E. W. (1997) 'Marx and poststructuralist philosophies of difference', *South Atlantic Quarterly : A Deleuzian Century?* 96(3): 525~41.

—— (1998) 'From schizophrenia to social control', E. Kaufman and K. J. Heller (eds) *Deleuze and Guattari : New Mappings in Politics, Philosophy, and Culture*, London: University of Minnesota.

—— (1999) *Deleuze and Guattari's* Anti-Oedipus: *Introduction to Schizoanalysis*, London: Routledge. 〔조현일 옮김, 『프로이트의 거짓말』, 접힘펼침, 2004.〕

Holloway, J. (1995) 'From scream of refusal to scream of power', in W. Bonefeld, R. Gunn, J. Holloway and K. Psychopedis (eds) *Emancipating Marx : Open Marxism 3*, London: Pluto.

Horowitz, I. and Liebowitz, M.(1968) 'Social deviance and political marginality: toward a redefinition of the relation between sociology and politics', *Social Problems* 15(3) 280~96.

Howe, D. (1973) 'Fighting back: West Indian youth and the police in Notting Hill', *Race Today* 5(11): 22~7.

Huelsenbeck, R. (1966) (orig. 1920) 'What is Dadaism and what does it want in Germany?', *Heatwave* 2: 11.

Hunnicutt, B. K. (1988) *Work Without End : Abandoning Shorter Hours for the Right to Work*, Philadelphia: Temple University Press.

Illich, I. (1981) *Shadow Work*, London: Marion Boyars: 〔박홍규, 『그림자 노동』, 분도출판사, 1988.〕

International Communist Current (1992) *The Italian Communist Left 1927~45 : A Contribution to the History of the Revolutionary Movement*, London: ICC.

Internationalist Communist Group (1987),
　　　'Communism against democracy', *Communism* 4. Available at
　　　⟨http://www.geocities.com/Paris/6368/communism/c4_communis
　　　m_demo.htm⟩

Internationale Situationniste (1970), Amsterdam: Van Gennep.

Italy '79 Committee (London) and Committee Against Repression in Italy (New York) (1982) *The Italian Inquisition*, London: Red Notes.

Job Shirkers Alliance (n.d.) *Scroungers Fight Back* [anti-JSA leaflet].

Jackson, G. (1971) *Soledad Brother : the Prison Letters of George Jackson*, London: Penguin.

James, S. (1975) 'Wageless of the world', in W. Edmond and S. Fleming (eds) *All Work and No Pay : Women, Housework, and the Wages Due*, Bristol: Power of Women Collective and Falling Wall Press.

Jameson, F. (1991) *Postmodernism, or, The Cultural Logic of Late Capitalism*, London: Verso. [정정호 · 강내희 편, 『포스트모더니즘-후기자본주의의 문화논리』, 터, 1989.]

Kafka, F. (1953) *The Trial*, trans. W. Muir and E. Muir, Harmondsworth: Penguin. [박환덕 옮김, 『심판』, 범우사, 1999.]

—— (1954) 'An introductory talk on the Yiddish language', in *Dearest Father : Stories and Other Writings*, New York: Schocken.

—— (1978) *Wedding Preparations in the Country and Other Stories*, Harmondsworth: Penguin.

——(1999) *The Diaries of Franz Kafka, 1910~23*, ed. M. Brod, trans. J. Kresh and M. Greenberg, London: Penguin.

Kamunist Kranti/ Collectivities (1997) *A Ballad Against Work*, Faridabad: Collectivities.

Katsiaficas, G. (1997) *The Subversion of Politics : European Autonomous Social Movements and the Decolonization of Everyday Life*, New Jersey: Humanities. [윤수종 옮김, 『정치의 전복』, 이후, 2000.]

Kenyon, J. (1972) 'Unemployment and its repercussions', transcript of a speech given at the 'People not Paupers' conference, Birmingham, 27 May.

Knabb, K. (ed. and trans.) (1981) *Situationist International Anthology*, Berkeley: Bureau of Public Secrets.

Kraniauskas, J. (2000) 'Empire, or multitude: transnational Negri', *Radical Philosophy* 103: 29~39.

Kunzle, M. (ed.) (1980) *Dear Comrades : Readers' Letters to 'Lotta Continua'*, trans. P. Anderson and H. Partridge, London: Pluto Press.

Laclau, E. (2001) Paper presented at *15 Years : Hegemony and Socialist Strategy*, Tate Modern, London, 3 June.

Laclau, E. and Mouffe, C. (1985) *Hegemony and Socialist Strategy : Towards a Radical Democratic Politics*, London: Verso. [김성기 옮김, 『사회변혁과 헤게모니』, 터, 1990.]

Lafargue, P. (1989) (orig. 1883) *The Right to be Lazy*, trans. C. H. Kerr, Chicago: Charles H. Kerr. [조형준 옮김, 『게으를 수 있는 권리』, 새물결, 1997.]

Lazzarato, M. (1996) 'Immaterial labor', trans. P. Colilli and E. Emory, in P. Virno and M. Hardt (eds) *Radical Thought in Italy : A Potential Politics*, London: University of Minnesota. [자율평론 기획, 「비물질노동」, 『비물질노동과 다중』, 갈무리, 2005.]

Leadbeater, C. (2000) *Living on Thin Air : The New Economy*, London: Penguin.

Lenin, V. I. (1965) *'Left-Wing' Communism, An Infantile Disorder*, Beijing: Foreign Languages Press. [김남섭, 『공산주의에서의 "좌익" 소아병』, 돌베개, 1989.]

Linebaugh, P. (1991) *The London Hanged : Crime and Civil Society in the Eighteenth Century*, London: Penguin.

Linebaugh, P. and Rediker, M. (1990) 'the many-headed hydra: sailors, slaves, and the Atlantic working class in the eighteenth century', *Journal of Historical Sociology* 3(3): 225~52.

—— (2000) *The Many-Headed Hydra : Sailors, Slaves, Commoners, and the Hidden History of the Revolutionary Atlantic*, London: Verso.

Linebaugh, P. and Ramirez, B. (1975) 'Crisis in the auto sector', *Zerowork* 1: 61~85.

Lip : How French Workers are Fighting the Sack (1973) Bristol: RSM Publications.

Lumley, R. (1980) 'Review article: *Working Class Autonomy and the Crisis* –

Italian Marxist Texts of the Theory and Practice of a Class Movement :
1964~7', Capital and Class 12: 123~135.

―― (1990) *States of Emergency : Cultures of Revolt in Italy from 1968 to*
1978, London: Verso.

Lyotard, J. -F. (1977) 'Energumen capitalism', trans. J. Leigh, *Semiotext(e) :*
Anti-Oedipus 2(3): 11~26.

―― (1993) *Libidinal Economy*, trans. I. Hamilton Grant, London: Athlone.

Macciocchi, M. -A. (1978) *Après Marx, Avril*, trans. From Italian to French, M.
Causse, D. Guillerm, G. Hug and Y. Moulier, Paris: Éditions du Seuil.

Macey, D. (1993) *The Lives of Michel Foucault*, London: Vintage.

McRobbie, A. (2002) 'From Holloway to Hollywood: happiness at work in the
new cultural economy', in P. du Gay and M. Pryke *Cultural Economy :*
Cultural Analysis and Commercial Life, London: Sage.

Magale, L. (1980) 'The city in the female gender', trans. V. Buonocore,
Semiotext(e) : Italy : Autonomia – Post-political Politics 3(3): 136~144.

Malos, E. (ed.), (1982) *The Politics of Housework*, London: Allison and Busby.

Marx, K. (1970) *A Contribution to the Critique of Political Economy*, trans. S.
W. Ryazanskaya, London: Lawrence and Wishart.

―― (1973a) *Grundrisse : Foundations of the Critique of Political Economy*
(Rough Draft), trans. M. Nicolaus, Harmondsworth: Penguin: 김호균
옮김, 『정치경제학 비판 요강·1,2,3』, 백의, 2000.

―― (1973b) 'The eighteenth brumaire of Louis Bonaparte', trans. B. Fowkes, in
Surveys From Exile, Harmondsworth: Penguin. 〔임지현·이종훈 옮김, 「루이
보나빠르뜨의 브뤼메르 18일」, 『프랑스 혁명사 3부작』, 소나무, 1991.〕

―― (1973c) 'The class struggles in France: 1848 to 1850', trans. Jackson, P.,
in *Surveys From Exile*, Harmondsworth: Penguin. 〔임지현·이종훈
옮김, 「1848년에서 1850년까지 프랑스에서의 계급 투쟁」, 『프랑스
혁명사 3부작』, 소나무, 1991.〕

―― (1973d) *A Workers' Inquiry*, Detroit: Bewick/ed.

—— (1974a) *Capital : A Critique of Political Economy*, Volume III, London: Lawrence and Wishart. 〔김수행 옮김, 『자본론 · 3』, 비봉출판사, 1990.〕

—— (1974b) 'Critique of the Gotha Programme', trans. J. de Bres, *The First International and After*, D. Fernbach (ed.), Harmondsworth: Penguin. 〔김세균 감수, 「고타 강령 초안 비판」, 『칼 맑스 프리드리히 엥겔스 저작 선집 · 4』, 박종철출판사, 2000.〕

—— (1975a) 'A contribution to the critique of Hegel's philosophy of right. Introduction', *Early Writings*, trans. R. Livingstone and G. Benton, Harmondsworth: Penguin. 〔김세균 감수, 「헤겔 법철학의 비판을 위하여. 서설」, 『칼 맑스 프리드리히 엥겔스 저작 선집 · 1』, 박종철출판사, 2000.〕

—— (1975b) 'Friedrich List's book *Das Nationale System der Politischen Oekonomie'* in K. Marx and F. Engels *Collected Works*, Volume 4, *1844~45*, London: Lawrence and Wishart.

—— (1976) *Capital : A Critical Analysis of Capitalist Production*, Volume I, trans. B. Fowkes, London: Penguin. 〔김수행 옮김, 『자본론 · 1』, 비봉출판사, 2004.〕

—— (1978) *The Eighteenth Brumaire of Louis Bonaparte*, Beijing: Foreign Languages Press. 〔임지현 · 이종훈 옮김, 「루이 보나빠르뜨의 브뤼메르 18일」, 『프랑스 혁명사 3부작』, 소나무, 1991.〕

Marx, K. and Engels, F. (1973) *Manifesto of the Communist Party*, Beijing: Foreign Languages Press. 〔남상일 옮김, 『공산당 선언』, 백산서당, 1989.〕

—— (1974) *The German Ideology*, C. J. Arthur (ed.), London: Lawrence and Wishart. 〔김세균 감수, 「독일 이데올로기」, 『칼 맑스 프리드리히 엥겔스 저작 선집 · 1』, 박종철출판사, 2000.〕

—— (1976) *Collected Works*, Volume 5, 1845~47, London: Lawrence and Wishart.

—— (1978) *Collected Works*, Volume 10, 1849~51, London: Lawrence and Wishart.

—— (1981) *The Marx-Engels Correspondence : The Personal Letters*, 1844~1877,

F. J. Raddatz (ed.), trans. E. Osers, London: Weidenfeld and Nicolson.

—— (1988) 'The Alliance of Socialist Democracy and the International Working Men's Association', in *Collected Works*, Volume 23, 1877~74, London: Lawrence and Wishart.

—— (1992) *Collected Works*, Volume 46, 1870~82, London: Lawrence and Wishart.

—— (1995) *Collected Works*, Volume 47, 1883~86, London: Lawrence and Wishart.

Massumi, B. (1987) 'Harbinger or Hiccup? Autonomy in Exile: An Introduction to Toni Negri', *Copyright* 1(1): 64~73.

—— (1992) *A User's Guide to Capitalism and Schizophrenia : Deviations from Deleuze and Guattari*, London: MIT. 〔조현일 옮김, 『천개의 고원 사용자 가이드』, 접힘펼침, 2005.〕

—— (1996) 'The autonomy of affect', in P. Patton (ed.) *Deleuze : A Critical Reader*, Oxford: Blackwell.

—— (1997) 'Deleuze, Guattari, and the philosophy of expression', *Canadian Review of Comparative Literature* 24(3): 745~82.

—— (1998) 'Requiem for our prospective dead (toward a participatory critique of capitalist power)', E. Kaufman and K. J. Heller (eds) *Deleuze and Guattari : New Mappings in Politics, Philosophy, and Culture*, London: University of Minnesota.

May, T. (1994) *The Political Philosophy of Poststructuralist Anarchism*, Pennsylvania Pennsylvania State University Press.

Mehlman, J. (1977) *Revolution and Repetition : Marx/Hugo/Balzac*, London: University of California Press.

Midnight Notes (1981) *Space Notes* 4.

—— (1992) *Midnight Oil : Work, Energy, War 1973-1992*, New York: Autonomedia.

Montano, M. (1975) 'Notes on the international crisis', *Zerowork* 1: 33~60.

Moreiras, A. (2001) 'A line of shadow: metaphysics in counter-Empire', *Rethinking Marxism* 13(3/4): 216~26.

Morris, M. (1978) 'Eurocommunism vs. semiological delinquency', in P. Foss and M. Morris (eds) *Language, Sexuality and Subversion*, Sydney: Feral Publications.

—— (1994) '"Too soon too late": reading Claire Johnston, 1970~81', in C. Moore (ed.) *Dissonance : Feminism and the Arts, 1970~1990*, St Leonards, Australia: Allen and Unwin and Artspace.

—— (1998) 'Ecstasy and economics', *Too Soon Too Late : History in Popular Culture*, Bloomington: Indiana University Press.

Moulier, Y. (1989) 'Introduction', trans. P. Hurd, in. Negri *The Politics of Subversion : A Manifesto for the Twenty-First Century*, Cambridge: Polity Press.

Mullarkey, J. (1997) 'Deleuze and materialism: one or several matters?', *South Atlantic Quarterly : A Deleuzian Century?* 96(3): 439~463.

Murphy, T. S. (n.d.) *Revised Bibliography of the Works of Gilles Deleuze*, Web Deleuze, ⟨http://www.webdeleuze.com/TXT/ENG/GDBIB2.htm⟩ (accessed 15 March 2002).

Mustapha, A. -K. and Eken, B. (2001) 'Introduction: communism in the grand style', *Rethinking Marxism* 13(3/4): 1~7.

Nancy, J. -L. (1991) *The Inoperative Community*, trans. P. Connor, L. Garbus, M. Holland and S. Sawhney, Oxford: University of Minnesota.

—— (1996) 'The Deleuzian fold of thought', trans. T. Gibson and A. Uhlmann, P. Patton (ed.) *Deleuze : A Critical Reader*, Oxford: Blackwell.

Nechayev, S. (1989) (orig. 1869) *Catechism of the Revolutionist*, trans. H. Sternberg and L. Bott, London: Violette Nozières Press, Active Distribution, and A.K. Press.

Négation (1975) *Lip and the Self-Managed Counter-Revolution*, trans. P. Rachleff and A. Wallach, Detroit: Black and Red.

Negri, A. (n.d.) 'Globalisation⋯. multitude etc.', trans. E. Emery, http://slash.autonomedia.org/article.pl?sid=02/01/05/003250&mode=nested⟩. (accessed 5 January 2002) [Transcription of a paper given by Negri in 2001 at the Literature Faculty of the La Sapienza University, organized by the group Laboratorio Sapienza Pirata.]

—— (1979a) 'Capitalist domination and working class sabotage' in Red Notes (ed.) *Working Class Autonomy and the Crisis : Italian Marxist Texts of the Theory and Practice of a Class Movement : 1964~79*, London: Red Notes and CSE Books. [윤수종 옮김, 『지배와 사보타지』, 새길, 1996.]

—— (1979b) 'The workers' party at Mirafiori' in Red Notes (ed.) *Working Class Autonomy and the Crisis : Italian Marxist Texts of the Theory and Practice of a Class Movement : 1964~79*, London: Red Notes and CSE Books.

—— (1979c) 'Note on the "social worker" ' in Red Notes (ed.) *Working Class Autonomy and the Crisis : Italian Marxist Texts of the Theory and Practice of a Class Movement : 1964~79*, London: Red Notes and CSE Books.

—— (1987) 'Interview with Toni Negri' with A. Jardine and B. Massumi, trans. B. Massumi, *Copyright* 1: 74~89.

—— (1988a) *Revolution Retrieved : Writings on Marx, Keynes, Capitalist Crisis and New Social Subjects (1967~83)*, London: Red Notes. [영광 옮김, 『혁명의 만회』, 갈무리, 2005.]

—— (1988b) 'Archaeology and project: the mass worker and the social worker', in *Revolution Retrieved : Writings on Marx, Keynes, Capitalist Crisis and New Social Subjects (1967~83)*, London: Red Notes. [영광 옮김, 「고고학과 기획: 대중노동자와 사회적 노동자」, 『혁명의 만회』, 갈무리, 2005.]

—— (1988c) 'Crisis of the planner-state: communism and revolutionary organisation', in *Revolution Retrieved : Writings on Marx, Keynes, Capitalist Crisis and New Social Subjects (1967~83)*, London: Red Notes. [영광 옮김, 「계획자국가의 위기: 코뮤니즘과 혁명적 조직화」,

『혁명의 만회』, 갈무리, 2005.]

—— (1988d) 'Negri before his judges', in *Revolution Retrieved : Writings on Marx, Keynes, Capitalist Crisis and New Social Subjects (1967~83)*, London: Red Notes. [영광 옮김, 「법정에 선 네그리」, 『혁명의 만회』, 갈무리, 2005.]

—— (1989) *The Politics of Subversion : A Manifesto for the Twenty-First Century*, trans. J. Newell, Cambridge: Polity Press. [장현준 옮김, 『전복의 정치학』, 세계일보사, 1991.]

—— (1991a) *Marx beyond Marx : Lessons on the* Grundrisse, trans. H. Cleaver, M. Ryan and M. Viano, London: Pluto Press. [윤수종 옮김, 『맑스를 넘어선 맑스』, 새길, 1994.]

—— (1991b) *The Savage Anomaly : The Power of Spinoza's Metaphysics and Politics*, trans. M. Hardt, Oxford: University of Minnesota. [윤수종 옮김, 『야만적 별종』, 푸른숲, 1997.]

—— (1992) 'Interpretation of the class situation today: methodological aspects', in W. Bonefeld, R. Gunn and K. Psychopedis (eds) *Open Marxism : Volume II, Theory and Practice*, London: Pluto Press. [윤수종 옮김, 「오늘날 계급상황에 대한 분석」, 『지배와 사보타지』, 새길, 1996.]

—— (1994) 'The physiology of counter-power: when socialism is impossible and communism so near', trans. M. Hardt, in M. Ryan and A. Gordon (eds) *Body Politics : Disease, Desire, and the Family*, Oxford: Westview Press. [「대항 권력의 생리학: 사회주의는 불가능하고 공산주의가 아주 가까이 있을 때」, 『비판 2호』, 박종철출판사, 1997.]

—— (1996) 'Constituent republic', trans. E. Emery, in P. Virno and M. Hardt (eds) *Radical Thought in Italy : A Potential Politics*, London: University of Minnesota. [조정환 편역, 「제헌적 권력: 대중 지성으로 소비예뜨를」,

『미래로 돌아가다』, 갈무리, 2000.]

──── (1998) 'Back to the future', trans. M. Hardt, [Transcription of an interview
video *Retour vers le Futur*]. [조정환 편역, 「미래로 돌아가다」, 『미래로
돌아가다』, 갈무리, 2000.]

──── (1999) *Insurgencies : Constituent Power and the Modern State*, trans.
M. Boscagli, London: University of Minnesota.

Negri, A. et al. (1988) 'Do you remember revolution?', in A. Negri, *Revolution
Retrieved : Writings on Marx, Keynes, Capitalist Crisis and New Social
Subjects (1967~83)*, London: Red Notes. [이원영 편역, 「당신은 혁명을
기억하는가?」, 『이딸리아 자율주의 정치철학 · 1』, 갈무리, 1997.]

Neville, R. (1971) *Play Power*, London: Paladin.

Nicolaevsky, B. (1997) *The Revolution is Not a Masonic Affair : Boris Nicolaevsky's
study of 'Secret Societies in the First International'*, London: Unpopular
Books.

Nietzsche, F. (1968) *The Will to Power*, W. Kaufmann (ed.), trans. W. Kaufmann
and R. J. Hollingdale, New York: Vintage Books. [강수남 옮김, 『권력에의
의지』, 청하, 1988.]

──── (1973) *Beyond Good and Evil : Prelude to a Philosophy of the Future*,
trans. R. J. Hollingdale, London: Penguin. [김정현 옮김, 『선악의 저편,
도덕의 계보』, 책세상, 2002.]

──── (1980) *On the Advantage and Disadvantage of History for Life*, trans. P.
Preuss, Cambridge: Hackett.

──── (1982) *Daybreak : Thoughts on the Prejudices of Morality*, trans. R. J.
Hollingdale, Cambridge: Cambridge University Press.

──── (1989) *On the Genealogy of Morals and Ecce Homo*, trans. W. Kaufmann
and R. J. Hollingdale, New York: Vintage Books.

Nous sommes Tous des Casseurs : Youth Revolt in France, March 1994
(n.d.) no publisher.

Pagès, Y. (1998) *No ©opyright : Sorbonne 68 Graffiti*, Paris: Verticales.

Panzieri, R. (1976) (orig. 1964) 'Surplus value and planning: notes on the reading of "Capital" ', trans. J. Bees, in CSE (eds), *The Labour Process and Class Strategies*, London: Stage 1.

—— (1980) (orig. 1961) 'The capitalist use of machinery: Marx versus the "objectivists" ', trans. Q. Hoare, in P. Slater (ed.) *Outlines of a Critique of Technology*, Trowbridge: Ink Links.

Parker, A. (1993) 'Unthinking sex: Marx, Engels, and the scene of writing', in M. Warner (ed.) *Fear of a Queer Planet : Queer Politics and Social Theory*, London: University of Minnesota.

Partridge, H. (n.d.a) 'The ungovernable factory: the breakdown of the capitalist system of production in the car factories of Turin', [draft article about the late 1970s from the Red Notes Italian Archive].

—— (n.d.b) 'The changing working class at Fiat: politics and changing forms of struggle', [draft article about the late 1970s from the Red Notes Italian Archive].

—— (1996) 'Labour's challenge to capital in Fiat: the influence of Southern immigrants in a changing industrial culture', *Labour History Review* 61(1): 71~101.

Pascal, R. (1982) *Kafka's Narrators : A Study of His Stories and Sketches*, Cambridge: Cambridge University Press.

Patton, P. (2000) *Deleuze and the Political*, London: Routledge. [백민정 옮김, 『들뢰즈와 정치』, 태학사, 2005.]

Perlmutter, S. (1988) Intellectuals and Urban Protest: Extraparliamentary Politics in Turin, Italy 1968~76, unpublished Ph.D. thesis, Harvard.

Piotte, J. -M. (1987) 'Le cheminement politique de Negri', M. -B. in Tahon and A. Corten (eds) *L'Italie : Le Philosophie et le Gendarme*, Québec: VLB Éditeur.

Platania, F. (1979) '23 years at Fiat', in Red Notes (eds) *Working Class Autonomy and the Crisis : Italian Marxist Texts of the Theory and*

Practice of a Class Movement : 1964~79, London: Red Notes and CSE Books.

Portelli, A. (1985) 'Oral testimony, the law and the making of history: the "April 7" murder trial', *History Workshop* 20: 5~35.

Processed World (1982) 5.

—— (1991) 'Just the facts, ma'am: an autobiography', C. Penley and A. Ross (eds) *Technoculture*, Oxford: University of Minnesota.

Pyziur, E. (1968) *The Doctrine of Anarchism of Michael A. Bakunin*, Chicago: Gateway.

Ramirez, B. (1975) 'The working class struggle against the crisis: self-reduction of prices in Italy', *Zerowork* 1: 143~150

Rawick, G. P. (1972) *From Sundown to Sunup : The Making of the Black Community*, Westport: Greenwood.

Recherches (1977) *Les 'Untorelli'* 30.

Red Notes (eds) (1978) *Italy 1977~8 : 'Living with an Earthquake'*, London: Red Notes.

—— (1979) *Working Class Autonomy and the Crisis : Italian Marxist Texts of the Theory and Practice of a Class Movement : 1964~79*, London: Red Notes and CSE Books.

—— (1981) *Italy 1980~81-'After Marx, Jail!' : The Attempted Destruction of a Communist Movement*, London: Red Notes.

Reeves, R. (2001) *Happy Mondays : Putting Pleasure Back into Work*, London: Momentum.

Ritter, H. R. (1976) 'Friedrich Engels and the East European nationality problem', *East European Quarterly* 10(2): 137~152.

Riot Not to Work Collective (1982) We Want to Riot, Not to Work: The 1981 Brixton Uprisings, London: A Distribution.

Rohan, M. (1988) *Paris '68 : Graffiti, Posters, Newspapers and Poems of the Events of May 1968*, London: Impact.

Rose, N. (1999a) *Powers of Freedom: Reframing Political Thought*, Cambridge:

Cambridge University Press.

—— (1999b) 'Inventiveness in politics', *Economy and Society* 28(3): 467~93.

Rosenberg, N. (1982) *Inside the Black Box: Technology and Economics*, Cambridge, N.Y.: Cambridge University Press.

Ross, A. (ed.) (1997) *No Sweat: Fashion, Free Trade, and the Rights of Garment Workers*, London: Verso.

Rothbart, R. (1978) 'Beyond full employment', *Now and After* 7~14.

Rovatti, P. A. (1973) 'The critique of fetishism in Marx's *Grundrisse*', *Telos* 17: 56~69.

Rubin, J. (1970) *Do It! Scenarios of the Revolution*, New York: Ballantine Books.

Rühle, O. (1981) (orig. 1939) *The Struggle against Fascism begins with the Struggle against Bolshevism*, London: Bratach Dubh.

Russell, B. (1983) (orig. 1932) 'In praise of idleness', in V. Richards (ed.) *Why Work? Arguments for the Leisure Society*, London: Freedom.

Ryan, M. (1989) *Politics and Culture: Working Hypotheses for a Post-Revolutionary Society*, London: Macmillan. [나병철·이경훈 옮김, 『포스트모더니즘 이후의 정치와 문화』, 갈무리, 1996.]

Sakolsky, R. and Koehnline, J. (eds) (1993) *Gone to Croatan: Origins of North American Dropout Culture*, New York and Edinburgh: Autonomedia/ A.K. Press.

Sanguinetti, G. (1982) *On Terrorism and the State: The Theory and Practice of Terrorism Divulged for the First Time*, trans. L. Forsyth and M. Prigent, London: Chronos.

Semiotext(e) (1980) *Italy: Autonomia – Post-political Politics* 3(3).

Slater, H. (2001) *Divided We Stand: An Outline of Scandinavian Situationism*, London: Infopool. Also available at ⟨http://www.infopool.org.uk⟩.

Sofri, A. (1974) *Potere Operaio: Organising for Workers' Power*, Rising Free reprint 3, London: Rising Free.

Spivak, G. C. (1996) *The Spivak Reader*, D. Landry and G. MacLean (eds), London: Routledge.

Sprinker, M. (ed.) (1999) *Ghostly Demarcations: A Symposium on Jacques*

Derrida's Specters of Marx, London: Verso.

Stallybrass, P. (1990) 'Marx and heterogeneity: thinking the lumpenproletariat', *Representations* 31: 69~95.

Stallybrass, P. and White, S. (1986) *The Politics and Poetics of Transgression*, London: Methuen.

Stivale, C. J. (2000) *Summary of Gilles Deleuze's ABC Primer* [Deleuze 1997a], 〈http://www.langlab.wayne.edu/Romance/FreD_G/FRED%26GAB Cs.html〉 (accessed 15 January 2001).

Strike (1924) Eisenstein, S. (dir.), Hendring Russian Classics edition (video).

Surin, K. (1994) ' "Reinventing a physiology of collective liberation": going 'beyond Marx' in the Marxism(s) of Negri, Guattari, and Deleuze', *Rethinking Marxism* 7(2): 9~27.

—— (1997) 'The "epochality" of Deleuzean thought', *Theory, Culture and Society* 14(2): 9~21.

Take Over the City: Community Struggle in Italy (n.d.) [No publication details, possibly by Rising Free].

Tarrow, S. (1989) *Democracy and Disorder: Protest and Politics in Italy 1965~1975*, Oxford: Clarendon.

Taylor, L. and Taylor, I. (1968) 'We are all deviants now – some comments on crime', *International Socialism* 34: 29~32.

Terranova, T. (2000) 'Free labor: producing culture for the digital economy', *Social Text* 63: 33~58.

Thirion, A. (1929) 'A bas le travail!', *Variétés*, special issue (June) on Surrealism in 1929, 43~6.

Thoburn, N. (2001) 'Autonomous production? On Negri's "new synthesis" ', *Theory, Culture and Society* 18(5): 75~96.

—— (2002) 'Difference in Marx: the lumpenproletariat and the proletarian unnamable', *Economy and Society* 31(3): 434~60.

—— (2003) 'The hobo anomalous: class, minorities and political invention in the Industrial Workers of the World', *Social Movement Studies* 2(1): 61~84.

Thompson, E. P. (1967) 'Time, work-discipline, and industrial capitalism', *Past and Present* 38: 56~97.

Torealta, M. (1980) 'Painted politics', trans. L. Venuti, *Semiotext(e): Italy: Autonomia - Post-political Politics* 3(3): 102~6.

Traugott, M. (1980) 'The mobile guard in the French Revolution of 1848', *Theory and Society* 9: 683~720.

Tronti, M. (1972a) 'Struggle against labor', *Radical America* 6(3): 22~25.

—— (1972b) 'Workers and capital', *Telos* 14: 25~62.

—— (1973) 'Social Capital', *Telos* 17: 98~121.

—— (1979a) 'The strategy of the refusal', in Red Notes (eds) *Working Class Autonomy and the Crisis: Italian Marxist Texts of the Theory and Practice of a Class Movement: 1964~79*, London: Red Notes and CSE Books.

—— (1979b) 'Lenin in England' in Red Notes (eds) *Working Class Autonomy and the Crisis: Italian Marxist Texts of the Theory and Practice of a Class Movement: 1964~79*, London: Red Notes and CSE Books. [이택진 옮김, 「영국의 레닌」, 『자율평론 3호』, 2002.]

Trotsky, L. (1961) *Terrorism and Communism: A Reply to Karl Kautsky*, Michigan: Ann Arbor/ University of Michigan.

Unwaged Fightback: A History of Islington Action Group of the Unwaged 1980~86 (1987), London: Campaign for Real Life.

Virno, P. (1980) 'Dreamers of a successful life', trans. J. Becker, *Semiotext(e): Italy: Autonomia-Post-political Politics* 3(3): 112~117.

—— (1996a) 'Notes on the "general intellect"', trans. C. Casarino, in S. Makdisi, C. Casarino and R. E. Karl (eds) *Marxism beyond Marxism*, London: Routledge. [자율평론 기획, 「일반지성에 관하여」. 『비물질노동과 다중』, 갈무리, 2005.]

—— (1996b) 'The ambivalence of disenchantment', trans. M. Turits in P. Virno and M. Hardt (eds) *Radical Thought in Italy: A Potential Politics*, London: University of Minnesota.

—— (1996c) 'Do you remember counterrevolution?', trans. M. Hardt, in P. Virno and M. Hardt (eds) *Radical Thought in Italy: A Potential Politics*, London: University of Minnesota. [이원영 편역, 「당신은 반혁명을 기억하는가?」, 『이딸리아 자율주의 정치철학 · 1』, 갈무리, 1997.]

—— (1996d) 'Virtuosity and revolution: the political theory of exodus', trans. E. Emory, in P. Virno and M. Hardt (eds) *Radical Thought in Italy: A Potential Politics*, London: University of Minnesota.

Virno, P. and Hardt, M. (eds) (1996) *Radical Thought in Italy: A Potential Politics*, London: University of Minnesota.

Walters, W. (1994) 'The discovery of "unemployment": new forms for the government of poverty', *Economy and Society* 23(3): 265~90.

Wagenbach, K. (1984) *Franz Kafka: Pictures of a Life*, trans. A. S. Wensinger, New York: Pantheon.

Werckmeister, O. K. (1997) *Icons of the Left: Benjamin and Eisenstein, Picasso and Kafka after the Fall of Communism*, London: Chicago University Press.

Wright, S. J. (1988) Forcing the Lock: The Problem of Class Composition in Italian Workerism, unpublished Ph.D. dissertation, Monash University, Australia.

—— (2002) *Storming Heaven: Class Composition and Struggle in Italian Autonomist Marxism*, London: Pluto.

Zerowork (1975) Political Materials 1.

—— (1977) Political Materials 2.

Zizek, S. (2001) 'Have Michael Hardt and Antonio Negri rewritten the *Communist Manifesto* for the twenty-first century?', *Rethinking Marxism* 13(3/4): 190~8.

—— (2004) *Organs without Bodies: On Deleuze and Consequences*, London: Routledge.

찾아보기

갈무리 신서

1. 오늘의 세계경제 : 위기와 전망

크리스 하먼 지음 / 이원영 편역

1990년대에 자본주의 세계경제가 직면한 위기의 성격과 그 내적 동력을 이론적·실증적으로 해부한 경제 분석서.

2. 동유럽에서의 계급투쟁 : 1945~1983

크리스 하먼 지음 / 김형주 옮김

1945~1983년에 걸쳐 스딸린주의 관료정권에 대항하는 동유럽 노동자계급의 투쟁이 어떻게 전개되어 왔는가를 실증적으로 분석한 역사서.

7. 소련의 해체와 그 이후의 동유럽

크리스 하먼·마이크 헤인즈 지음 / 이원영 편역

소련 해체 과정의 저변에서 작용하고 있는 사회적 동력을 분석하고 그 이후 동유럽 사회가 처해 있는 심각한 위기와 그 성격을 해부한 역사 분석서.

8. 현대 철학의 두 가지 전통과 마르크스주의

알렉스 캘리니코스 지음 / 정남영 옮김

현대 철학의 역사에 대한 비판적 분석을 통해 철학에서 마르크스주의의 역할은 무엇인가를 집중적으로 탐구한 철학개론서.

9. 현대 프랑스 철학의 성격 논쟁

알렉스 캘리니코스 외 지음 / 이원영 편역·해제

알뛰세의 구조주의 철학과 포스트구조주의의 성격 문제를 둘러싸고 영국의 국제사회주의자들 내부에서 벌어졌던 논쟁을 묶은 책.

11. 안토니오 그람시의 단층들

페리 앤더슨·칼 보그 외 지음 / 김현우·신진욱·허준석 편역

마르크스주의 내에서 그리고 밖에서 그람시에게 미친 지적 영향의 다양성을 강조하면서 정치적 위기들과 대격변들, 숨가쁘게 변화하는 상황에 대한 그람시의 개입을 다각도로 탐구하고 있는 책.

12. 배반당한 혁명

레온 뜨로츠키 지음 / 김성훈 옮김

혁명적 마르크스주의의 입장에서 통계수치와 신문기사 등 구체적인 자료를 바탕으로 소련 사회와 스딸린주의 정치 체제의 성격을 파헤치고 그 미래를 전망한 뜨로츠키의 대표적 정치분석서.

14. 포스트모더니즘 이후의 정치와 문화

마이클 라이언 지음 / 나병철·이경훈 옮김

마르크스주의와 해체론의 연계문제를 다양한 현대사상의 문맥에서 보다 확장시키는 한편, 실제의 정치와 문화에 구체적으로 적용시키는 철학적 문화 분석서.

15. 디오니소스의 노동·I

안토니오 네그리·마이클 하트 지음 / 이원영 옮김

'시간에 의한 사물들의 형성'이자 '살아 있는 형식부여적 불'로서의 '디오니소스의 노동', 즉 '기쁨의 실천'을 서술한 책.

16. 디오니소스의 노동·II

안토니오 네그리·마이클 하트 지음 / 이원영 옮김

이딸리아 아우또노미아 운동의 지도적 이론가였으며 『제국』의 저자인 안토니오 네그리와 그의 제자이자 가장 긴밀한 협력자이면서 듀크대학 교수인 마이클 하트가 공동집필한 정치철학서.

17. 이딸리아 자율주의 정치철학·1

쎄르지오 볼로냐·안토니오 네그리 외 지음 / 이원영 편역

이딸리아 아우또노미아 운동의 이론적 표현물 중의 하나인 자율주의 정치철학이 형성된 역사적 배경과 맑스주의 전통 속에서 자율주의 철학의 독특성 및 그것의 발전적 성과를 집약한 책.

19. 사빠띠스따

해리 클리버 지음 / 이원영·서창현 옮김

미국의 대표적인 자율주의적 맑스주의자이며 사빠띠스따 행동위원회의 활동적 일원인 해리 클리버 교수(미국 텍사스 대학 정치경제학 교수)의 진지하면서도 읽기 쉬운 정치논문 모음집.

20. 신자유주의와 화폐의 정치

워너 본펠드·존 홀러웨이 편저 / 이원영 옮김

사회 관계의 한 형식으로서의, 계급투쟁의 한 형식으로서의 화폐에 대한 탐구, 이 책 전체에 중심적인 것은, 화폐적 불안정성의 이면은 노동의 불복종적 권력이라는 것을 이해하는 것이다.

21. 정보시대의 노동전략 : 슘페터 추종자의 자본전략을 넘어서

이상락 지음

슘페터 추종자들의 자본주의 발전전략을 정치적으로 해석하여 자본의 전략을 좀더 밀도있게 노동의 관점에서 분석하고 또 이로부터 자본주의를 넘어서려는 새로운 노동전략을 추출해 낸다.

22. 미래로 돌아가다

안토니오 네그리·펠릭스 가따리 지음 / 조정환 편역

1968년 이후 등장한 새로운 집단적 주체와 전복적 정치 그리고 연합의 새로운 노선을 제시한 철학·정치학 입문서.

피닉스 문예